1페이지
한국사
365

일러두기

이 책의 인명·지명 중국어 표기는 주로 한자음으로 표기했으나, 단 일부는 가독성을 고려하여 현지음에 가깝게 표기했다.

세상의 모든 지식이 내 것이 되는

1페이지 한국사 365

◆ THE STORY OF KOREAN HISTORY ◆

심용환 지음

빅피시
BIG FISH

어려운 역사를 가장 쉽게 이해하는 365 수업

《세상의 모든 지식이 내 것이 되는 1페이지 한국사 365》는 매일 하나씩, 365개의 주제를 읽으며 한국사에 대해 쉽고 재미있게 이해할 수 있는 책입니다. 월요일부터 일요일까지 사건, 인물, 장소, 유적·유물, 문화, 학문·철학, 명문장 총 일곱 분야의 주제를 다루고 있어, 관심 있는 주제부터 읽어도 좋고 처음부터 차례대로 읽어도 좋습니다.

한국사를 처음 배우는 사람, 다시 배우는 사람 혹은 기초부터 차근차근 교양을 쌓고 싶은 사람, 시험을 대비하는 사람 모두에게 이 책은 정답을 제공할 것입니다. 글은 짧고 쉽게 쓰였지만, 내용은 7000년의 역사를 다룬 만큼 깊고 방대하기 때문입니다. 매일 1페이지씩 읽으면서 나만의 교양 지식을 만들어보세요.

Monday 사건	한국사 기원부터 현대까지 중요한 역사적 사건
Tuesday 인물	한국사에 큰 영향을 미쳤거나 인상적인 인생을 살다간 인물
Wednesday 장소	역사적·문화적으로 중요한 지역, 장소, 공간
Thursday 유적·유물	선사 시대부터 조상들이 남긴 문화적 성취
Friday 문화	우리 민족의 생활문화와 문화예술
Saturday 학문·철학	고대부터 현대까지 역사적 영향을 끼친 철학과 학문
Sunday 명문장	지금까지 그리고 앞으로도 길이 남을 시대의 명문장

1페이지 한국사 읽는 법

❶ 주제와 관련된 카테고리
❷ 주제
❸ 주제에 대한 설명
❹ 주제와 관련된 인용문과 이미지 자료
❺ 주제와 관련된 짧은 지식

재미있는 주제를 읽다가 더 알아보고 싶으면 다른 관련 도서를 읽거나, 인터넷 검색을 하며 지식을 확장해보세요. 더 유익한 공부가 될 것입니다. 모든 지식과 공부의 출발점이자 친절한 안내서로 이 책을 활용하세요.

365일 체크리스트

다 읽은 페이지를 체크하면서 365일을 채워보세요.

	Mon	Tue	Wed	Thu	Fri	Sat	Sun
1week	☐	☐	☐	☐	☐	☐	☐
2week	☐	☐	☐	☐	☐	☐	☐
3week	☐	☐	☐	☐	☐	☐	☐
4week	☐	☐	☐	☐	☐	☐	☐
5week	☐	☐	☐	☐	☐	☐	☐
6week	☐	☐	☐	☐	☐	☐	☐
7week	☐	☐	☐	☐	☐	☐	☐
8week	☐	☐	☐	☐	☐	☐	☐
9week	☐	☐	☐	☐	☐	☐	☐
10week	☐	☐	☐	☐	☐	☐	☐
11week	☐	☐	☐	☐	☐	☐	☐
12week	☐	☐	☐	☐	☐	☐	☐
13week	☐	☐	☐	☐	☐	☐	☐
14week	☐	☐	☐	☐	☐	☐	☐
15week	☐	☐	☐	☐	☐	☐	☐
16week	☐	☐	☐	☐	☐	☐	☐
17week	☐	☐	☐	☐	☐	☐	☐
18week	☐	☐	☐	☐	☐	☐	☐
19week	☐	☐	☐	☐	☐	☐	☐
20week	☐	☐	☐	☐	☐	☐	☐
21week	☐	☐	☐	☐	☐	☐	☐
22week	☐	☐	☐	☐	☐	☐	☐
23week	☐	☐	☐	☐	☐	☐	☐
24week	☐	☐	☐	☐	☐	☐	☐
25week	☐	☐	☐	☐	☐	☐	☐
26week	☐	☐	☐	☐	☐	☐	☐

27week	☐	☐	☐	☐	☐	☐	☐
28week	☐	☐	☐	☐	☐	☐	☐
29week	☐	☐	☐	☐	☐	☐	☐
30week	☐	☐	☐	☐	☐	☐	☐
31week	☐	☐	☐	☐	☐	☐	☐
32week	☐	☐	☐	☐	☐	☐	☐
33week	☐	☐	☐	☐	☐	☐	☐
34week	☐	☐	☐	☐	☐	☐	☐
35week	☐	☐	☐	☐	☐	☐	☐
36week	☐	☐	☐	☐	☐	☐	☐
37week	☐	☐	☐	☐	☐	☐	☐
38week	☐	☐	☐	☐	☐	☐	☐
39week	☐	☐	☐	☐	☐	☐	☐
40week	☐	☐	☐	☐	☐	☐	☐
41week	☐	☐	☐	☐	☐	☐	☐
42week	☐	☐	☐	☐	☐	☐	☐
43week	☐	☐	☐	☐	☐	☐	☐
44week	☐	☐	☐	☐	☐	☐	☐
45week	☐	☐	☐	☐	☐	☐	☐
46week	☐	☐	☐	☐	☐	☐	☐
47week	☐	☐	☐	☐	☐	☐	☐
48week	☐	☐	☐	☐	☐	☐	☐
49week	☐	☐	☐	☐	☐	☐	☐
50week	☐	☐	☐	☐	☐	☐	☐
51week	☐	☐	☐	☐	☐	☐	☐
52week	☐	☐	☐	☐	☐	☐	☐
53week	☐	☒	☒	☒	☒	☒	☒

미래에 대한 최선의 예언자는 과거다.

—

조지 고든 바이런
George Gordon Byron

위화도 회군

1388년에 이성계와 정도전 일파가 권력을 장악한 사건이다. 당시 새로 들어선 중국의 명나라는 과거 원나라가 고려를 지배하면서 누렸던 여러 이권을 요구하며 말썽을 일으켰다. 특히 철령위 설치를 통보하며 영토까지 요구하자 최영의 주도로 요동정벌이 추진된다. 이성계는 작은 나라가 큰 나라를 치는 것, 여름에 군사를 출병하는 것, 명과 싸우는 사이에 왜구가 침략할 위험, 장마철에 전쟁할 때 생기는 문제 등을 이유로 들면서 출병에 반대한다(이를 4불가론이라 한다). 하지만 우왕은 최영을 팔도도통사로 삼아 요동 출병을 결정하는데 공교롭게도 이성계가 5만여 명의 원정군을 이끌게 된다.

압록강 앞에 위화도라는 작은 섬이 있는데 보통 요동 출병에 앞서 병사와 군마를 정비하기 위해 머물렀다. 이성계는 이곳에서 조민수 등과 합세하여 군을 돌렸고 개경으로 쳐들어와 최영 일파를 무력화한 후 군권을 장악한다.

최영은 유배된 후 처형됐고 우왕이 폐위된 후 그의 아들인 창왕도 폐위된다. 또 정도전 등의 혁명파가 국정을 주도하는 가운데 과전법이라는 토지 개혁이 실시되고, 마지막 국왕인 공양왕마저 몰아내려는 시도가 점쳐지자 정몽주 등이 이를 막으려 하지만 끝내 실패한다. 결국 1392년에 조선 왕조가 창건되며, 475년간 지속된 고려 시대는 막을 내린다.

○ 위화도 회군을 군사 쿠데타에 비유하는 경우가 많다. 군사 쿠데타는 프랑스의 나폴레옹이 권력을 장악한 방식으로, 민주주의 국가를 수호해야 할 군대가 불법적으로 권력을 장악하는 행위이다. 하지만 위화도 회군 당시는 왕조 사회였기 때문에 단지 군사를 움직였다는 이유로 두 사건을 동일하게 볼 수는 없다.

○ 당시에는 천명과 민본이라는 가치가 중요했다. 백성을 행복하게 하는 민본 통치가 이루어지는 것을 하늘의 뜻으로 봤고 그렇지 못하면 천명이 옮겨갈 수 있다고 본 것이다. 즉, 왕씨가 국왕이어도 백성을 잘 통치하지 못하면 이씨가 왕이 될 수도 있다는 주장이다. 이는《맹자》에 나오는 주장으로 정도전 등은 고려 말의 혼란상을 두고 하늘이 고려를 버렸다고 해석했고, 최영이나 정몽주와는 반대의 입장에서 왕조 교체를 합리화했다.

002

Tuesday

정도전

조선 왕조의 설계자로, 실천적인 개혁가에서 저돌적인 혁명파로 거듭난 고려 말의 정치가다. 공민왕은 당대의 저명한 유학자 이색을 성균관 대사성으로 임명하여 고려의 교육 기관 성균관을 개혁하려 했다. 이색은 유학 사상의 새로운 조류인 성리학을 가르치며 100여 명의 인재를 길러낸다. 이들을 신진 사대부라 하는데, 고려의 마지막 충절이라고 여겨지는 정몽주와 고려 왕조를 멸망시킨 정도전(1342년~1398년)이 모두 이 부류였다.

정도전은 공민왕 9년에 과거에 합격한 후 성균관박사, 태상박사 등 여러 관직을 거친다. 당시 원나라가 중국에서 밀려난 후 몽골 지역에서 북원이 되고, 한족이 세운 명나라가 들어서는 등 국제 질서의 혼란기였다. 이 와중에 이인임 등의 권문세족은 북원과의 관계를 복원하고 싶어 했고, 정도전은 친명파의 입장을 견지하다 격심한 갈등 끝에 결국 유배를 갔다. 나주에서의 유배 생활 후 고향에서 야인 생활을 하는데, 많은 학자가 이때 정도전이 진정으로 일반 민중의 삶을 체험하며 혁명파로 거듭났다고 추정한다. 유배에서 풀려난 후에도 개경 출입은 금지됐고 수차례 인재 양성을 시도하지만 이 또한 실패한다. 결국 좌절의 연속 끝에 1383년 이성계를 찾아갔고 그와 평생의 우의를 쌓는다.

정도전은 다시 9년간의 격렬한 정치 투쟁 끝에 조선 왕조를 세웠고 1398년 이방원에게 암살당하기 전까지 약 6년간 건국 사업에 혼신을 다한다. 《조선경국전》을 집필하여 법에 근거한 통치 문화를 만들었고, 《고려국사》를 집필하여 조선 왕조의 역사적 당위성을 밝혔으며, 《불씨잡변》을 통해 불교가 아닌 성리학을 통한 국가 운영의 정당성을 설파했다.

수도 한양을 설계한 것은 물론 진법을 편찬하여 요동정벌을 추진하는 등 정력적인 활동을 펼쳤으며, 무엇보다 재상 중심의 통치를 주장하며 왕이 아닌 과거 시험을 통해 선발된 신하들이 통치하는 나라를 꿈꿨다.

○ 정도전은 우리나라는 물론 동아시아 역사에서 상당히 독특한 위치를 차지하는 인물이다. 우선 그는 《맹자》의 역성혁명 사상을 실천하고자 했다. 통상 중국 역사에서는 혼란기 끝에 새로운 왕조가 들어서면 그제야 유학자들이 천명이라는 이름으로 왕조의 권위를 합리화하며 민본 통치를 요구한다. 이에 반해 정도전은 '왕조의 설계자'라고 불릴 만큼 직접 혁명과 건국을 기획하고 주도했다.

003

Wednesday

경복궁

경복궁은 조선 왕조의 정궁이자 외국인 관광객이 많이 찾는 우리나라의 대표적인 문화유산이다. 하지만 경복궁은 한반도에 지어진 도성 중 예외적인 형태의 건축물이다. 삼국 시대부터 고려 시대까지 지어진 궁궐이나 대규모의 건축물이 지형에 의존하여 비교적 자유롭게 만들어진 데 반해 경복궁은 중국의 전통적인 도성 설계를 따랐다. 평지를 선택하여 땅을 고르고 근정전을 중심으로 각각의 건축물이 사각형 형태로 퍼져 나가듯 공간을 구성했는데, 이와 유사한 건축물은 한반도에 없다시피 하다. 이성계는 여러 우려와 반대에도 불구하고 강력하게 천도를 추진했고, 결국 정도전이 새 나라의 수도 건립을 담당한다. 정도전은 중국 고대의 관제를 기술한 책인《주례》의 내용을 바탕으로 도성을 설계하려 했다. 이상적인 유교 국가의 상징으로 수도를 건설하고 싶었던 것이다.

경복궁은 '전조후침(前朝後寢)', '좌묘우사(左廟右社)'의 원칙을 따른다. 즉, 근정전을 기준으로 앞쪽에는 관리들이 일하는 공간이 주를 이루고, 뒤쪽에는 왕과 왕실 가족의 공간인 침전과 후원이 자리 잡고 있다. 또 경복궁의 왼편에는 종묘, 오른편에는 사직단이 있는데 이러한 방식도 고대 중국의 예법을 따른 것이다. 초기 경복궁은 침전보다는 편전, 왕과 신하들이 국정을 논의하고 업무를 수행하는 공간이 우세한 경향을 띠었다. 초기 경복궁은 오늘날과는 달리 750칸 정도로 소박한 규모였다가 조선 말기 흥선대원군이 이를 9천여 칸으로 복원한다. 왕실의 위상을 새롭게 정립하기 위해 복원했기 때문에 건축의 규모에서 차이가 난 것이다.

경복궁은 이성계의 의지와 정도전의 노력으로 탄생한 공간이지만, 세종의 공간이기도 하다. 세종만이 유일하게 평생 경복궁에서 성실하게 집무하면서 유교적 이상 국가를 만들기 위해 노력했던 것이다. 이에 비해 대부분의 국왕은 경복궁보다 창덕궁에서 집무를 봤다. 임진왜란 때 불탄 이후 광해군은 다른 궁궐을 열심히 복원했지만 경복궁 재건은 꺼리는 등 오랜 기간 버림받았다.

경복궁은 일제 강점기 때 또 다른 수난에 직면한다. 조선총독부 정사가 경복궁을 가로막는 형태로 지어졌고 편의에 따라 일부 건물을 헐어버렸기 때문이다. 다행히 1995년 김영삼 정부 때 광복 50주년 기념으로 총독부 건물이 철거됐고 이보다 앞서 경복궁 복원 작업이 진행되면서 오늘날의 모습을 찾을 수 있었다.

004

Thursday

도자기

청화백자

흙으로 빚고 유약을 바른 후 높은 온도에서 구워서 만든 그릇이다. 토기를 만들어 음식을 먹거나 저장하는 방식은 이미 신석기 시대부터 광범위하게 나타났지만 1,200도가 넘는 고온에서 도자기를 생산하는 기법은 중국의 기술이 독보적이었다.

송나라 때는 청자가 제작됐고 원나라 때는 백자가 유행했다. 명나라 때는 백자에 청색 무늬를 새겨 넣은 청화백자가 만들어졌고 청나라 때는 각양각색의 화려한 도자기가 제작된다.

중국 도자기의 발전사는 한국 도자기의 발전사에 직접적인 영향을 줬다. 고려 시대 때는 송나라의 영향을 받아 청자가 제작됐고 무신 집권기 때 비로소 상감청자가 개발되면서 독자적인 예술성을 가진 제품으로 거듭난다.

중국에서 백자가 유행하기 시작한 고려 말부터는 백자 생산을 시도하는데, 제조법을 제대로 모르는 상태에서 청자에 백색토를 입히는 방식으로 구워냈기 때문에 백자가 아닌 분청사기가 만들어진다. 과도기에 만들어진 제품이기에 상감청자와 비할 수는 없지만 독특한 아름다움을 뽐냈다. 조선 시대에 들어오면서 백자 생산이 본격화됐고 조선 중기 이후에는 청화백자 생산이 일반화된다. 하지만 임진왜란 이후 전반적으로 국가 생산력이 떨어지면서 상감청자 같은 독보적인 도자기를 생산해내지 못했고, 청나라에서 보여준 다양한 색감의 도자기 문화가 등장하지도 않았다.

청자는 전남 강진에서 생산한 것이 유명했고 백자는 경기도 광주나 이천의 것이 유명했다. 고려 시대 때는 '소'라는 특수행정구역에서 도자기 생산을 전담했고 조선 시대 때는 국가에서 '관요'를 설치하여 직접 도자기 생산을 관리했다.

임진왜란 당시 일본에서 우리나라의 도공을 대거 끌고 간다. 인질로 끌려간 이삼평은 일본 역사상 처음으로 고령토를 발견했고 그로 인해 아리타 자기를 비롯한 독자적인 도자기 발전을 이룬다. 이 때문에 서양에서는 임진왜란을 도자기 전쟁으로 부르기도 한다. 매번 도자기를 수입하던 유럽에서는 17세기 네덜란드에서 델프트 도자기가 만들어지는 등 뒤늦게 제작에 성공하여 독보적인 자기 생산을 이루어낸다.

005

Friday

탕평

조선 후기의 정치 문화. 붕당 정치의 갈등을 극복하고자 숙종 때 제기됐고 영조와 정조 때 적극적으로 추진됐다. 조선 중기 이후 북인, 남인, 노론, 소론 등 사림파는 각양각색으로 분화됐고 시기에 따라 대북, 소북, 청남, 탁남 등으로 끊임없는 분열 양상을 보여 왔다. 숙종은 신하들이 파당을 짓고 갈등하는 것을 비판적으로 봤으나, 왕권 강화를 위해 오히려 신하들 간의 다툼을 적극적으로 이용하여 '환국'이라는 인위적인 정계 개편을 시도한다. 인현왕후와 장희빈 그리고 숙빈 최씨로 이어지는 숙종의 유명한 로맨스는 서인에서 남인, 다시 남인에서 서인으로의 권력 교체라는 배경이 있었던 것이다.

숙종의 환국은 서인이 노론과 소론으로 분화하고 남인과 소론이 몰락하는 등 여러 문제를 일으킨다. 그로 인해 특정 붕당에 권력이 집중됐고 영조는 이를 해결하고자 본격적으로 탕평책을 추진한다. 집권 초기, 소론이 주도한 이인좌의 난을 겪은 후 영조의 의지는 한층 강화된다. 영조는 '계붕당, 계사치, 계승음'을 통치 이념 3대 원칙으로 여겼는데 무엇보다 붕당 정치를 경계했다. 영조의 탕평책을 보통 '완론 탕평'이라 부르는데, 각 붕당의 온건파들을 중심으로 정국을 운영했기 때문이다.

이에 반해 정조의 탕평책을 '준론 탕평'이라 한다. 영조 집권 말기 탕평파가 형성되는 등 붕당 정치를 해소하려는 노력이 부작용을 낳았고 사도 세자의 죽음을 두고 벽파, 시파 같은 새로운 파당 정치가 벌어지기도 했다. 정조는 각 붕당의 정체성을 드러내는 인사들을 등용하여 적극적으로 토론하고 쟁명하며 합의를 구하고 본인의 의사를 관철해가는, 더욱 적극적인 탕평책을 추진한다. 영조보다 정조에 대한 평가가 높은 것은 이런 이유 때문이다.

하지만 정조 사후 세도 정치가 본격화되면서 안동 김씨 같은 소수의 문벌 가문이 권력을 장악함에 따라 탕평의 노력은 수포로 돌아가고 만다.

○ 영조의 통치 이념 3대 원칙인 '계붕당'은 붕당을 경계한다, '계사치'는 사치를 경계한다, '계승음'은 음주를 경계한다는 의미다.

006

Saturday

성리학

중국 송나라 때 주희에 의해서 집대성된 신유학. 중국에서는 보통 '이학(理學)'이라고 부르는데 이황의 영향으로 우리나라와 일본에서는 성리학이라 부른다.

유학은 고대 중국에서 공자, 맹자 등에 의해 개창된 가장 전통적이고 체계적인 사상이었다. 진시황은 분서갱유를 일으켜서 유학자들을 죽이고, 유교 경전을 불태우는 만행을 저지른다. 이후 한나라가 들어서면서 사라진 유교 경전을 복원하고, 경전의 뜻을 해석하는 훈고학이 발전했다. 당나라부터는 과거 시험을 통해 관리를 선발했기 때문에 유교 경전은 과거 시험 과목 정도로 의미가 퇴색한다. 더구나 불교가 크게 유행하면서 유학은 점점 사회적 영향력을 상실한다.

성리학은 이러한 배경에서 나온 사상으로, 학문의 목표가 과거 시험이나 출세가 아닌 훌륭한 인물, 성인군자가 되는 것이다. 더구나 불교는 인도에서 넘어온 철학으로 사변적 성격이 강하고 철학적이고 논리적인 학문이었기 때문에 이에 대응하기 위해 새로운 형식의 학문 발전이 필요했다. 따라서 성리학은 '이기(理氣)론'을 중심으로 고도의 이론을 발전시킨다.

이(理)는 만물의 본질인데 그 자체로 순수하고 순결한 도덕성을 의미한다. 즉, 자연과 인간의 본질은 도덕성이라는 의미로, 유교 특유의 도덕주의를 이론화한 것이다. 기(氣)는 만물 그 자체다. 사람도 기 덩어리이고, 책상도 기 덩어리다. 우주 만물이 모두 기이며, 기의 순환으로 다양한 모양을 띠는데 그러한 기의 세계에 도덕이라는 본질이 있다는 주장이다. 결국 세상의 본질은 불교가 이야기하는 무의미한 윤회의 과정이 아닌 의미가 넘치는 도덕적 순환의 과정이다. 따라서 인간은 열심히 학문함을 통해 '참인간'이 돼야 한다. 즉, 공부에 힘쓰다 보면 훌륭한 사람이 된다는 주장으로, 이를 '격물치지(格物致知)'라고 한다.

송나라에서 발전한 성리학은 명나라, 청나라 때에는 관학, 즉 국가의 공식 학문이 된다. 이러한 경향에 반발하여 도덕적 실천을 강조하는 양명학, 실용성을 강조하는 사공학 등 중국에서는 지속적으로 새로운 유학 사상이 발전해 나간다.

우리나라의 경우 성리학은 고려 말 안향에 의해 최초로 소개된다. 이후 이제현, 이색을 거쳐 신진 사대부의 개혁 사상으로 거듭난다. 조선 시대에 성리학은 더욱 심화 발전하여 이황, 이이 때는 독자적인 조선 성리학으로 성장한다. 하지만 새로운 사상을 수용하지 못하고 사고방식이 극도로 경직되는 등 조선 후기 성리학은 사회 발전에 커다란 걸림돌이 되고 만다.

명문장

대한민국 임시 헌장

제1조 대한민국은 민주 공화제로 한다.

제2조 대한민국은 임시정부가 임시 의정원의 결의에 의하여 통치한다.

제3조 대한민국의 인민은 남녀, 귀천 및 빈부의 계급이 없고 일체 평등하다.

제4조 대한민국의 인민은 종교, 언론, 저작, 출판, 결사, 집회, 통신, 주소 이전,
　　　신체 및 소유의 자유를 가진다.

제5조 대한민국의 인민으로 공민 자격이 있는 자는 선거권과 피선거권이 있다.

제6조 대한민국의 인민은 교육, 납세 및 병역의 의무가 있다.

제7조 대한민국은 신(神)의 의사에 의해 건국한 정신을 세계에 발휘하고 나아
　　　가 인류 문화 및 평화에 공헌하기 위해 국제 연맹에 가입한다.

제8조 대한민국은 구황실을 우대한다.

제9조 생명형, 신체형 및 공창제(公娼制)를 전부 폐지한다.

제10조 임시정부는 국토 회복 후 만 1개년 내에 국회를 소집한다.

1919년 3.1 운동의 여파로 4월에 대한민국임시정부가 수립된다. 정부 수립에 앞
서 결성된 임시 의정원은 우리나라 최초의 헌법인 임시 헌장을 공포, 헌법에 근거
하여 정부를 수립했다. 민주 공화정과 민족의 일체 평등을 주장한 헌법 정신은 제
헌 헌법과 현행 헌법에 고스란히 반영돼 있다.

008

Monday

임진왜란

일본의 침략으로 1592년부터 1598년까지 벌어진 전란. 조선은 건국 이후 특별한 외침 없이 200년간의 평화기를 보냈다. 이에 반해 일본은 무로마치 막부가 몰락하면서 약 100년간의 전국 시대에 돌입한다. 각지의 영주가 독립 세력을 구축하고 대립하는 군웅할거의 시대가 도래한 것이다. 더구나 당시 유럽에서는 포르투갈, 네덜란드 상인들이 신항로 개척에 성공해서 동남아시아에 무역항을 설치하여 중국과의 무역을 활발하게 전개했고 일부는 일본까지 찾아왔다. 덕분에 각종 서양 도구를 습득할 수 있었고 특히 조총을 활용한 전법이 만들어지면서 일본군의 전투 방식이 크게 바뀐다. 결국 도요토미 히데요시가 통일에 성공하고 조선을 침공한다.

초반에는 치욕적인 패배의 연속이었다. 수도 한양이 함락되는 데 3주가 채 걸리지 않았고 평양은 두 달 만에 뺏겼다. 신립이 탄금대에서 배수진을 쳤지만 쉽사리 패배했고 오랫동안 관리되지 않던 군사 체계가 각종 문제를 일으켰다.

하지만 곽재우를 비롯한 수천의 의병이 거병하여 각지에서 치열한 유격전을 전개했고 오랫동안 사대 관계를 통해 우의를 다져온 명나라가 원군을 파병한다. 명나라 군대의 지원으로 평양성을 수복하고 권율이 행주산성에서 끝내 왜군의 진로를 막았다. 또 의병과 관군이 연합해 진주성 등에서 치열한 접전을 벌이며 왜군의 기세를 꺾기 시작한다. 바다에서는 이순신의 활약이 결정적이었다. 옥포에서의 승리를 시작으로 한산도 대첩 등 여러 결정적 전투에서 승리를 거두며 남해 제해권을 장악했다. 왜군 입장에서는 보급로에 큰 문제가 발생한 것이다.

그러나 벽제관 전투에서 패배한 명나라가 전투보다 협상을 선호하면서 전쟁은 장기화된다. 류성룡 등이 전투 재개를 독촉했으나 외국 군대가 남의 나라에서 목숨 걸고 싸울 리 없었다. 명나라와 일본은 약 3년간 협상을 벌였고 결국 타협은 실패로 끝난다.

1597년 협상 실패 이후 정유재란이 일어난다. 왜군이 다시 쳐들어온 것이다. 당시 수군은 원균이 감독했는데 칠천량 해전에서 대패했고 왜군은 전라도를 공략해 남원성에서 끔찍한 살육전이 벌어지는 등 조선은 큰 어려움에 직면한다. 하지만 직산 전투에서 조명 연합군이 왜군을 격파했고 명량에서 이순신이 기적적인 승리를 벌이면서 전쟁은 다시 원점으로 돌아간다. 결국 도요토미 히데요시가 사망하면서 왜군은 본국으로 돌아가기 시작했고 재침을 우려한 이순신이 노량에서 이들을 크게 격파한 후 전사한다.

009

Tuesday

이성계

조선의 창업 군주. 이성계(1335년~1408년)는 함경도 출신에 5천 명의 사병을 거느렸던 지방의 실력자이자 활쏘기가 출중했던 탁월한 무장이었다. 고려 말 홍건적과 왜구의 침입은 국가 운영에 근본적인 위협이 됐다. 10만 명이 넘는 대규모 부대인 홍건적이 두 차례 침입했는데 한때는 수도인 개경이 함락되고 공민왕이 복주(오늘날 안동)로 피난 갈 정도의 거대한 위협이었다. 왜구 역시 마찬가지였다. 해안가는 물론 내륙까지 침탈을 일삼았고 수백 척의 군선을 몰고 와 직접 개경을 공격할 정도였는데 특히 우왕 때는 가공할 기세로 전토를 유린했다.

심각한 혼란이 거듭되는 가운데 이성계는 최영과 더불어 홍건적과 왜구의 침략을 막아내는 데 혁혁한 공을 세웠다. 홍건적에 의해 점령된 수도를 탈환하는 전투, 원나라 장수 나하추와의 전투, 공민왕을 몰아낼 목적으로 원에서 보낸 덕흥군과 1만 군사를 격퇴하는 전투에서 모두 승리했다. 무엇보다 우왕 3년에 경상도와 전라도 내륙까지 쳐들어와 큰 피해를 입힌 왜군을 무찌른 황산대첩의 주역이기도 하다. 이 밖에 여진족 호바투의 군대를 무찌르는 등 크고 작은 전투에서 승리를 거둔다.

같은 시기 공민왕의 개혁이 실패하고 집권 후반기에는 실정을 거듭한다. 우왕대 사회가 더욱 혼란해지면서 최영과 이성계 같은 신흥 무인 세력의 영향력이 강화됐고 결국 정도전 등이 이끄는 신진 사대부와 연합하여 조선 왕조를 창건한다.

맹장보다는 덕장으로 불렸는데 국왕이 된 이후에도 이런 모습은 계속됐다. 사람을 한번 신뢰하면 든든히 뒷받침을 해주는 리더십으로 혁명파의 많은 인재가 조선 개국 전후로 중요한 역할을 감당한다. 하지만 세자 책봉을 둘러싼 갈등과 아들 이방원의 저돌적인 도전에 의해 왕자의 난 이후 권력을 상실하고 쓸쓸한 말년을 보낸다.

○ 이성계는 전형적인 아웃사이더였다. 고려는 문벌귀족 위주의 철저한 개경 중심 사회였다. 이성계가 중앙 정계에 진출할 수 있었던 힘은 역설적이게도 고려 말기의 혼란상 때문이었다. 더구나 최영이 이성계를 든든히 후원했다는 배경도 무시할 수 없다.

010

Wednesday

서원

성리학을 공부하는 사설 교육 기관. 성리학을 창시한 주희는 서원과 향약의 보급을 위해 많은 노력을 기울였다.

서원은 성리학을 공부하는 사설 교육 기관이고, 향약은 유교 윤리를 향촌 사회에 보급하는 자치 규약이다. 우리나라에서는 조선 중기 이후 사림파에 의해 서원과 향약이 뿌리내리기 시작했다. 중종 대에 조광조는 향약의 보급을 강력히 주장한다. 또 주세붕은 경상북도 영주 풍기에 군수로 내려가서 조선 최초로 백운동서원을 만든다. 이후 명종 대에 같은 고을에 군수로 내려간 이황은 백운동서원을 보고 크게 감격한다. 성리학 국가임에도 서원 보급이 미진했기 때문이다. 이황은 상소를 올렸고, 명종은 서원의 이름을 소수서원으로 고치고 노비와 전답을 내린다. 이황은 향약의 보급을 위해서도 많은 노력을 기울였다. 그리고 이때부터 서원과 향약의 보급이 활발해진다. 이황 스스로 도산서당을 지었고 이는 사후 도산서원으로 발전했다. 이이는 해주 지역에서 향약 보급에 힘쓰며 조선의 향촌 공동체에 어울리는 유교 문화 보급에 성공한다.

서원은 교육 기능과 배향 기능을 함께한다. 애초에 성리학의 목표는 성인군자가 되는 것이었기에 초기 서원은 훌륭한 유학자를 배출하며 유학 발전에 중요한 역할을 했다. 하지만 수많은 관리가 유명한 서원에서 배출되면서 서원을 이끄는 재야의 유학자들이 국가에 영향력을 행사하는 경우가 발생했다. 송시열이 대표적이었는데 이런 사람들을 산림이라고 불렀다. 더 심각한 문제는 서원이 출세와 연줄을 위한 공간이 됐다는 것이다. 조선 시대 때는 사회적으로 성공하려면 과거 시험에 합격하는 수밖에 없었다. 그런 상황에서 붕당 정치가 발전하면서 당파별로 세력을 확장하기 위해 경쟁적으로 서원 짓기가 시도됐다. 서원이 본연의 기능을 잃었기 때문이다.

서원의 구조는 조선 최고의 교육 기관인 성균관과 같다. 입구를 통해 들어가면 좌우에는 동재, 서재라고 해서 학생들의 기숙사가 있고 중앙에는 학문을 논하는 명륜당이 있다. 또 서원 맨 뒤에는 성현을 배향하는 공간이 있다. 서원마다 정몽주, 김종직처럼 각자 존경하는 인물을 따로 모신다.

한국의 서원은 구조적으로 사찰과 유사하다. 하지만 모든 사람이 학문함을 통해 참된 사람이 될 수 있다는 상징적인 의미를 강조하기 위해 완만한 오르막 형태로 짓는다. 불교와는 다른 길을 걷는다는 것을 분명히 하기 위함이다.

011

Thursday

신라 금관

황남대총, 금관총, 천마총 등 신라 왕릉에서 발견된 금관은 그 화려함과 아름다움으로 인해 가장 인기 있고 유명한 문화재다. 하지만 왜 만들어졌는지, 어떻게 사용됐는지, 어떤 의미를 지니고 있는지에 대해서는 알려진 바가 거의 없다. 평소에 사용된 것이 아닌 무덤에 부장하는 고급 예술품이라고 보는 견해도 있는데 이는 문헌에 기록된 바가 없고 금관 외에도 금과 은, 금동으로 만든 다양한 장식품이 사용됐다는 것을 고려하면 반대 견해도 가능하다.

신라 금관은 보통 3개의 나뭇가지 모양과 2개의 사슴뿔 모양으로 장식돼 있다. 나무와 사슴 형태는 1세기경 러시아 호흐라치 고분에서 발견된 금관과 유사하기 때문에 고대 스키타이 미술에 영향을 받았다고도 본다. 나뭇가지 모양은 신라인들의 수목 신앙과 관련 있다고 해석하기도 하고, 신라의 시조 김알지가 나무 위에서 태어난 것을 상징했다고도 본다. 금을 소중히 여기는 문화는 농경 민족보다 흉노를 비롯한 유목 민족의 문화이기 때문에 이들과의 관련성에서 의미를 찾기도 한다.

신라 금관은 대형 고분이 만들어지는 5세기에 절정을 이룬다. 하지만 불교문화가 보급되고 중앙 집권화가 강화되면서 대형 무덤을 만들고 화려한 부장품을 채우는 문화는 사라진다.

012

Friday

반민특위

친일파 처단을 위해 제헌 국회가 만든 '반민족행위특별조사위원회'의 약칭으로, 활동은 실패한다. 1945년 해방 이후 세 가지 민족 과제가 있었다. 통일 정부 수립, 토지 개혁 실시, 친일파 처단을 통한 민족정기 수립이 그것이다.

1948년 국회는 반민법을 공포하여 관련 특별위원회, 특별 검찰부, 특별 재판부를 구성한다. 우리 역사에서 유일하게 수사, 재판까지 담당하는 기구가 만들어진 것이다. 위원장은 민족 지사 김상덕이었다. 그는 2.8 독립선언 학생 대표였고 대한민국임시정부에서 오랫동안 헌신한 인물이다.

반민특위는 종로 화신백화점 사장으로 유명했던 친일 기업인 박흥식을 시작으로 이광수, 최린 등 거물급 친일파들을 줄줄이 체포하면서 국민들의 열화가 같은 성원을 받는다. 당시 잡혀온 친일파들의 소회도 크게 화제가 됐다. 이광수는 일제가 망할 줄 몰랐다는 변명형, 최린은 자신을 찢어 죽이라는 반성형, 박중양은 조국을 위해서 친일을 했다는 확신형, 이종형은 빨갱이들이 자신을 친일파로 몰고 있다는 이념형으로 각양각색의 모습을 보였다.

하지만 반민특위는 친일파들의 강력한 반발에 난항을 겪는다. 당시 관료의 상당수, 특히 경찰은 일제 강점기 친일 부역자들이 여전히 실권을 장악하고 있었다. 친일 경찰 세력은 테러리스트 백민태에게 권총과 수류탄 등 무기를 지원하여 김상덕을 비롯한 반민특위 지도부 암살 계획을 세웠고, 강원도 조사부에서는 특위 책임자를 호위하는 경관이 오발 사건을 가장하여 특위 위원의 암살을 시도할 지경이었다. 반민특위에 반발하여 검사 10여 명이 퇴진하거나 반민특위 위원이었던 김준연이 오히려 활동을 무력화하려고 노력하거나 이종형 같은 친일 세력이 '반공구국궐기대회'를 열면서 반민특위를 용공 단체로 모는 등 다양한 저항이 벌어졌다. 이 와중에 국회 프락치 사건, 반민특위 습격 사건이 일어나면서 반민특위는 강제로 와해된다. 국회 내에 북한과 협력하는 용공 분자가 있다는 주장으로 국회의원 여럿이 체포됐고 경찰이 수십 명의 병력을 끌고 직접 반민특위를 습격하여 무장 해제를 자행하는 사건이 벌어진 것이다. 대통령 이승만은 오히려 이런 상황을 두둔하며 반민특위 활동을 노골적으로 막았다. 약 300여 명을 체포하며 친일파 처단에 앞장섰던 반민특위는 사실상 단 한 명도 처벌하지 못한 채 1년여 만에 활동을 종료한다.

013

Saturday

민족주의

민족의 해방과 번영을 목표로 하는 정치 사회 이념. 보통 민족주의는 프랑스대혁명의 산물로 규정한다. 혁명은 신분 제도를 타파했고 루이 14세 같은 절대 군주가 사라지면서 그 빈자리를 국민이 채우게 된다. 절대 왕정에서 국민(민족) 국가로 바뀐 것이다. 나폴레옹의 정복 전쟁을 통해 민족에 대한 자각은 전 유럽으로 확산되는데 비스마르크가 주도한 '독일 제2제국', 마치니, 카보우르, 가리발디의 '통일 이탈리아'의 이상 같은 것들이 민족주의의 결과물이라고 할 수 있다.

　한편 민족주의는 영국, 프랑스에서 풍미했던 계몽주의에 대한 반발로도 설명된다. 독일을 비롯한 중동부 유럽에서는 서유럽의 이성 중심 사고에 반발하며 낭만주의가 풍미했고 그것이 '독일 민족에 대한 예찬' 같은 비합리주의적인 사상으로 발전했다는 것이다.

　한국 민족주의의 시작은 통상 애국계몽운동에서 찾는다. 보안회, 헌정연구회, 대한자강회 같은 단체들은 '교육을 통한 인재 양성, 산업 발전을 통한 부국 달성'을 목표로 했다. 하지만 1905년 을사조약 이후 대한제국의 멸망이 기정사실에 이르자 1907년 신민회 등을 결성하면서 독립운동 단체로 발전한다. 미국식 공화주의를 받아들여 대표를 직접 선출하는 방식은 모두 이때 등장한다. 이씨 왕조에 대한 충성이 아닌 한민족이 스스로 독립 국가, 즉 민족 국가 혹은 국민 국가를 세우겠다는 생각을 하게 된 것이다. 이때부터 본격적으로 민족 해방 운동이 시작된다.

　민족주의 독립운동은 1919년 3.1 운동과 대한민국임시정부 수립에서 절정을 이룬다. 더구나 1917년 러시아혁명의 영향을 받은 한인 사회주의자들이 등장하면서 좌파(공산주의)와 우파(민족주의)라는 개념도 성립한다.

　'민족'이라는 개념이 서양의 근대 사상에 영향을 받아 형성됐는지에 대해서는 논란이 많다. 조선을 비롯한 동아시아 대부분의 나라가 오랜 기간 고유의 문자와 문화를 발전시켰고 현재도 전통을 유지한 채 민족과 국가를 이루고 있기 때문이다.

○ 민족주의를 이해하는 가장 쉬운 방법은 머릿속에 있는 위인들의 이름을 적어보는 것이다. 이승만, 김구, 안창호, 전봉준, 김옥균, 김유신, 강감찬, 이순신…. 이들은 왜 위인일까? 나라와 민족을 위해 헌신했기 때문이다. 의식을 하든 못 하든 한국은 민족주의의 영향이 매우 강하고 역사 교육은 철저히 민족주의에 근거해서 이루어지고 있다.

공허한 말만 있다면
어찌 일을 이룰 수 있겠습니까?

Sunday

주인이 대답했다.

"뜻을 세우는 것보다 앞서는 것은 없습니다."

손님이 물었다.

"뜻을 이미 세웠다면 무엇을 해야 합니까?"

주인이 대답했다.

"뜻을 세운 뒤에는 무실(務實)만 한 것이 없습니다."

손님이 물었다.

"무슨 말입니까?"

주인이 대답했다.

"아침 내내 밥상을 차려도 조금도 배부르지 않는 것처럼 공허한 말만 있을 뿐 실질이 없다면 어찌 일을 이룰 수 있겠습니까? 지금 저 경연 자리와 상소하는 글에 나라를 다스릴 만한 좋은 지략과 곧은 논의가 없는 것은 아니지만 단 하나의 폐단도 개혁되지 않고 단 하나의 정책도 시행되는 것을 볼 수 없으니 이것은 실질적인 효과에 힘쓰지 않았기 때문입니다."

(…) 만약 자신의 뜻을 진실 되게 하고자 한다면 여색을 좋아하듯이 선을 좋아하여야 반드시 선을 얻고, 악취를 싫어하듯이 악을 미워하여야 결단코 악을 제거할 수 있습니다. 조용히 혼자 있거나 어두운 곳에 숨어 있을 때에도 삼가고 두려워하기를 게을리하지 않고, 남들이 보지 않고 듣지 않을 때에도 경계하고 조심하는 것을 잊지 않아야 합니다.

(…) 만약 간사함을 물리치고자 한다면 귀에 거슬리지 않는 말을 하는 자는 잘못된 것이 아닌지를 판단해야 하고, 행적이 공명하거나 바르지 않은 자는 그 숨겨진 간특함을 살펴야 합니다. 건의하는 바가 없는 자는 나라를 걱정하는 뜻이 없음을 알아야 하고, 작위나 녹봉에만 집착하는 자는 어려울 때 목숨을 바치는 절개가 없음을 알아야 합니다.

조선의 대표적인 유학자 율곡 이이의 글이다. 이이는 《동호문답》이라는 글에서 조선 시대 역대 국왕과 신하들에 대해 일일이 논평했고 개혁을 위해 지녀야 하는 임금과 신하의 덕과 능력 그리고 실질적인 사회 개혁안에 대해 구체적으로 논했다. 담대하고 자신만만하면서 동시에 민생을 개선하고 백성을 구하고자 하는 적극적인 의지를 가졌던 호방한 선비의 모습이다.

015

Monday

병자호란

1636년 청나라의 침공으로 벌어진 전쟁. 남한산성에 갇힌 인조의 항복으로 전쟁은 마무리됐지만 이후 조선은 청나라를 사대의 예로 섬기게 됐다.

임진왜란 당시부터 만주에서는 여진족의 세력이 커지기 시작했다. 누르하치는 조선에 원군을 보내겠다고 호언했고 이후 쇠락해가는 명나라와의 대결에서 지속적으로 승리하면서 만주 일대의 패권을 장악한다. 누르하치의 뒤를 이은 홍타이지는 국호를 후금에서 청으로 바꿨고 본격적인 명나라 정벌에 앞서 조선에 우의를 강요한다.

하지만 광해군을 몰아내고 집권한 인조는 명나라에 대한 사대주의를 거둘 생각이 전혀 없었다. 그로 인해 정묘호란이 벌어졌고 결국 조선은 청나라와 '형제의 맹약'을 맺는다. 이후 청나라는 '군신의 의'를 요구했고 갈등이 심각해지는 가운데 결국 병자호란이 발발했다.

청나라 군대는 평안도 지역의 성을 일일이 격파하지 않고 곧장 수도로 향한다. 조선 조정에서는 평안도 방어선, 황해도 방어선 등 여러 전략을 모색하지만 전투를 수행할 인력이 부족했고 군사 체계가 허술했기 때문에 탁상공론만 거듭할 뿐이었다. 더구나 청나라 군대의 빠른 진격 속도에 제대로 된 준비 없이 남한산성으로 피난을 간다. 남한산성이 천혜의 요새였던 것은 분명했지만 충분한 군대와 군량미를 확보하지 못했기 때문에 결국 인조 일행은 고립된다.

인조를 구원하기 위해 각지에서 관군과 의병이 몰려오지만 모조리 격파당했고 강화도도 쉽게 함락당한다. 최명길은 거듭 화의를 주장하며 목숨 걸고 청나라 막사를 오갔고 김상헌을 비롯한 주전파는 최후 결전을 주장했다. 당시 주전파의 영향력은 막강했지만 그다지 현실적인 방략은 아니었다. 명나라에 대한 사대의 예를 끝까지 지켜야 하고, 오랑캐 앞에서 굴복할 수 없다는 막연한 주장이었기 때문이다. 또 전쟁을 주장하면서도 딱히 승리의 비책 같은 것을 제시하지도 못했다.

남한산성을 지키던 병사들조차 항복을 요구하는 상황에서 인조는 송파 삼전도로 나가 머리를 아홉 번 조아리는 예식을 통해 항복하고, 청나라를 사대의 예로 섬길 것을 맹세했다.

○ 최명길은 무작정 화의를 주장하지 않았다. 오히려 평안도와 황해도를 구원할 방략을 제시했고 화의를 위해서라도 적절한 때 기습전 등을 벌여 전세를 만회하고 싶어 했다. 굴욕적인 화의가 아닌 자주적인 화의를 도모했던 것이다.

016

인물

견훤

후백제를 세운 왕으로, 경상북도 상주 출신에 아버지는 아자개였다. 견훤(867년
~936년)은 하급 군인 출신으로 출정하는 곳에서 백성들의 신망을 얻었다.

> 삼국의 처음에는 마한이 먼저 일어나고 뒤에 혁거세가 발흥했다. 그러므로 진
> 한과 변한이 그 뒤를 따라 일어난 것이다. (…) (그러나) 신라 김유신은 잃은
> 영토를 찾기 위해 황산을 거쳐 사비성에 이르러 당나라 군사와 합세해 백제를
> 멸망시켰다. 나는 지금 완산(전주)에 도읍하여 의자왕의 오래된 억울함을 설
> 욕하고자 한다.

《삼국사기》〈견훤열전〉의 내용이다. 그는 오늘날 전라도 일대에 나라를 세우는
데, 즉위 직후 교서에서 이미 후백제 창건의 당위성을 설파한다. 삼한 중 마한이
으뜸이고 마한을 계승한 것이 백제인데, 신라에 의해 백제가 망했기 때문에 다시
백제를 세우겠다는 주장이다. 이미 이 주장에는 반신라 노선이 명확히 담겨져 있
기도 하다.

영토로 보면 후백제가 후고구려나 신라에 비해 작아 보이지만 어떤 지역보다
평야와 인구가 많아서 왕건보다 병사가 두 배나 많았다는 기록이 있을 정도다. 따
라서 후삼국 시대에 가장 강성했던 나라로 통상 후백제를 꼽는다.

무장 출신 견훤은 시종일관 전투를 통해 승부하려고 한다. 궁예에 이어 왕건과
18년간 치열한 접전을 펼쳤고 팔공산 전투에서는 왕건의 부대를 궤멸시키기까지
했다. 당시 왕건은 혼자 살아 돌아왔다. 또 신라에 대해서도 같은 강경책을 펼쳤
고, 고려와 신라가 동맹을 맺자 원군을 끌고 경주에 난입하여 경애왕을 죽이고 경
순왕을 왕위에 앉히기도 했다. 하지만 이런 강공 위주의 전략은 신라가 고려에 자
발적으로 항복하는 데 큰 영향을 미쳤고, 고창 전투에서 견훤이 패하자 일대의 호
족이 모두 왕건에게 넘어가는 등 큰 문제를 일으켰다.

하지만 결정적으로 견훤을 무너뜨렸던 것은 집안 문제였다. 큰 아들 신검이 견
훤을 몰아내고 제위를 찬탈했기 때문이다. 이때 역설적이게도 견훤은 왕건을 찾아
간다. 그리고 936년 평생을 다퉈온 왕건과 함께 신검 토벌에 나선다. 결국 스스로
세운 나라를 스스로 무너뜨린 후 얼마 되지 않아 깊은 고뇌 속에서 등창에 걸려 죽
고 말았다.

부석사

경북 영주에 있는 사찰로, 의상(625년~702년)이 세웠다. 의상은 원효와 더불어 한국 불교사에서 가장 중요한 인물이다. 원효와 함께 당나라 유학을 떠났고 당나라에서 크게 흥기하던 화엄종에 입문하여, 2대 종사 지엄에게 배우며 큰 깨달음을 얻었다. 의상이 수도하는 동안 한 여인이 의상을 깊이 연모했으나 결국 뜻을 이루지 못하고 안타까워하며 물가에 뛰어들어 자결한다. 이후 의상이 수도를 마치고 서해를 건너 돌아오는 길에 풍랑에 휩싸이자 자결한 여인이 용신으로 거듭나서 그를 안전하게 신라까지 모셨다고 한다. 돌아와서도 의상에 대한 기존 불교 교단의 저항은 심했던 듯하다. 특히 부석사를 지을 때는 온갖 방해가 있었다고 하는데, 용신이 된 여인은 큰 돌을 들어 올리는 이적을 일으켜서 의상을 도왔다고 한다. 그렇게 지어진 사찰의 이름이 뜰 '부(浮)', 돌 '석(石)' 자를 사용한 부석사다. 설화 같은 이야기지만 그만큼 의상이 고승으로 인정을 받았기 때문에 남아 있는 일화라고 볼 수 있다.

부석사는 무량수전의 배흘림기둥, 조사당벽화 등 문화재가 가득한 곳이기도 하다. 무량수전은 봉정사 극락전과 더불어 현존하는 가장 오래된 건축물 중 하나다. 기둥의 중앙부를 좀 더 도톰하게 만들어서 건축물의 안정감과 유려함을 더하는 배흘림기둥이 유명하고, 주심포식 건축물의 대표적인 예로 소개된다.

사실 부석사는 '위치의 미학'으로 많은 학자의 찬사를 받곤 한다. 태백산맥에서 소백산맥이 발원하는 자리에 위치하기 때문에 오르기는 힘들지만 한번 오르면 잊을 수 없는 풍광을 누릴 수 있기 때문이다.

애초에 사찰이 산속에 있었던 것은 아니다. 삼국 시대 때는 대형 사찰이 수도의 중앙에 위치했고, 절과 탑의 규모가 엄청났다. 하지만 선종이 등장하고 조선 시대 불교 탄압 정책이 강화되는 등 여러 가지 이유로 산사가 발전하게 됐다.

O 주심포식은 기둥 상단부에만 화려한 포를 만들어 넣는 방법이다. 처마 밑에 아름다운 포를 연이어 만들어 넣는 다포식과는 양식이 다르다.

O 한국 불교를 상징하는 삼보사찰은 경남 양산의 통도사, 경남 합천의 해인사, 전남 순천의 송광사다. 삼보는 불(佛), 법(法), 승(僧)을 의미한다. 통도사는 신라 시대 자장이 창건한 절로, 부처님의 사리를 보관한 곳이다. 해인사는 대장경, 즉 부처님의 말씀을 보관한 곳이다. 송광사는 지눌, 혜심 같은 명승을 많이 배출했기 때문에 승려를 상징하는 사찰이 됐다.

O 충북 보은의 법주사, 충남 공주의 마곡사, 경북 안동의 봉정사, 전남 순천의 선암사 등 총 7개의 사찰이 유네스코 세계유산에 등재됐다.

018

Thursday

무령왕릉

백제 무령왕과 왕비의 능으로, 충청남도 공주시 송산리 고분군에 있다. 무령왕릉은 기존의 백제 고분과 상당히 다르다. 백제는 고구려 계통의 이주민이 세운 정권이기 때문에 무덤 양식도 고구려를 계승했다. 하지만 무령왕릉은 벽돌무덤으로, 중국 남조의 양식을 따랐고 부장품의 상당수도 일본과 중국에서 건너온 것들이다.

무령왕은 6세기 초반에 동성왕이 살해된 후 집권한 왕이다. 백제는 4세기 근초고왕 이래 줄곧 내리막길을 걷고 있었다. 특히 5세기 고구려의 광개토대왕과 장수왕이 등장하면서 급속도로 위축된다. 백제 아신왕은 광개토대왕에게 두 차례나 큰 패배를 했고 장수왕 때는 수도와 한강 유역을 빼앗긴다. 백제는 한강 일대에서 발흥했고 경기도를 중심으로 충청도, 전라도까지 세력을 확대한 나라이기 때문에 장수왕의 남진 정책은 심각한 위기를 초래했다. 결국 오늘날에는 공주라고 불리는 웅진으로 피난을 왔으나 이후 수차례 국왕이 바뀌는 등 불안정한 정국이 지속된다.

무령왕은 이런 난국을 타개하고자 각종 노력을 펼쳤다. 왕족을 대거 등용하거나 귀족 세력을 적절히 안배하는 등 정치 안정을 꾀하면서 수리 시설 보급 등 농업 생산력 향상에 심혈을 기울인다. 무엇보다 중국, 일본과의 적극적 외교를 통해 난국을 타개하고자 했는데, 당시 중국은 크게 두 세력으로 분열돼 자웅을 겨루던 남북조 시대였다. 무령왕은 지리적으로 가까운 남조와 오랫동안 교류했던 일본과의 관계 강화에 힘쓴다. 그런 시대 상황이 무령왕릉에 오롯이 반영됐는데, 벽돌로 만든 무덤 양식은 물론 중국산 청자, 백자, 일본산 금강송까지 백제의 부흥 노력을 고고학적으로 확인할 수 있는 중요한 공간이다.

○ 무령왕의 의지는 이후 성왕에게 계승된다. 그는 수도를 사비(오늘날 부여)로 옮겼고, 국호도 남부여로 바꾼다. 신라의 진흥왕과 연합하여 한강 유역을 잠시 수복했지만 고구려와 신라의 책략에 의해 빼앗기고 만다. 이에 분노한 성왕은 관산성에서 신라와 전투를 벌이다 전사한다. 이때 관산성 성주가 김무력인데 김유신의 할아버지다.

모내기법

모내기법은 모판을 만들고 따로 모를 낸 후 벼를 키우는 방식으로, 오늘날 농촌에서도 흔히 볼 수 있다. 다른 말로는 이앙법이라고도 한다.

모내기법은 조선 전기만 해도 남부 지방 일부에서 시행됐다. 수확량은 높았으나 가뭄이 들면 한 해 농사를 망칠 수 있는 우려 때문이었다. 하지만 조선 후기에 들어서 모내기법은 전국으로 확산되어 보편적인 농법으로 정착했다.

모내기법은 여러모로 유익했다. 우선 같은 토지에서의 생산량이 훨씬 뛰어났기 때문에 농업 생산력에 큰 발전을 이룰 수 있었다. 같은 노동력을 투입해 몇 배나 생산할 수 있는 기회가 도래한 것이다. 따라서 여유 있는 농민들은 토지를 빌리거나 매입하여 농사의 규모를 확대한다. 이를 '광작'이라 불렀다. 광작을 통해 성공한 농민들을 '부농'이라 불렀는데 이들은 조선 후기 지방에서 세력을 장악하며 전통적인 양반 지주와 대립하는 등 사회 변동의 주요 세력으로 등장한다.

모내기법은 동시에 사회 모순을 강화시켰다. 광작이 횡행하면서 농민층의 분화가 가속화됐고, 부농이 등장했지만 농업 경영에 실패해 임노동자가 되거나 상업 혹은 광업으로 직업을 옮기는 등 새로운 사회 현상을 발생시켰다.

한편 모내기하는 동안에는 농토가 비어서 이때 보리를 경작할 수 있었다. 보리는 소작료 수취 대상이 아니었기 때문에 소작인들의 생계에 도움을 주기도 했다. 격렬한 사회 변화에도 불구하고 제도적 개선은 쉽게 이뤄지지 않았다. 소작지의 절반 이상을 소작료로 내야 하는 당시의 심각한 경제 모순은 개선되지 않았고 일제 시대 들어서 더욱 가속된다.

020

실존주의 문학

1950년대 후반 대한민국에서 가장 영향력이 강했던 문예 사조로, 지금도 교양 문학으로 자리매김하고 있다. 실존주의의 철학적 기원은 키에르케고르(1813년~1855년), 문학적 기원은 프란츠 카프카(1883년~1924년) 정도가 이야기된다.

덴마크 출신의 무명 철학자였던 키에르케고르는 당시 주류를 이루던 헤겔을 비판했다. 주관적인 인간의 실존적 불안에 주목하며 '신 앞에 선 단독자', 유한한 인간의 '기투' 등을 강조했다. 당시에는 전혀 주목받지 못했던 그의 사상은 제1차 세계 대전 이후 독일과 프랑스에서 각광받는다. 독일에서는 하이데거, 야스퍼스 등이 프랑스에서는 사르트르, 퐁티 등이 등장하며 철학의 주류를 형성하는데 이를 현상학, 실존주의 철학 등으로 지칭한다.

이전까지의 철학이 사물의 본질을 파악하고, 인간의 이성과 합리성을 강조했다면 실존주의 철학자들은 본질이 아닌 현상, 세계 그리고 세계 안에 실존하는 인간을 탐독했다. 본질은 결정돼 있지 않고 선택할 수 있으며 인간은 자기기만에서 벗어나 실존적 자유를 추구해야 한다는 주장이다.

문학적으로는 프란츠 카프카의 《변신》, 《판결》, 《성》 같은 작품들을 최초의 실존주의 작품이라고 보고, 사르트르의 《구토》, 카뮈의 《이방인》, 《페스트》 등이 세계적인 성공을 거두기도 했다. 열심히 책을 읽는 척하지만 단지 그런 척하며 도서관을 다니는 인간, 단지 햇빛이 눈에 부셔서 사람을 쏘아 죽인 인간, 전염병이 창궐하는 자리에서 각자의 맹목성에 빠져드는 인간 등 한편으로는 부조리하고 비합리적이면서 다른 한편으로는 그 이상의 인간이고자 하는 실존주의적 세계관이 문학, 희곡 등으로 한 시대를 풍미했다.

제1차 세계 대전 이후 세계적으로 큰 영향력을 행사한 실존주의는 우리나라에서도 인기가 많았다. 다만 1950년대에는 극히 허무주의적이고 관념적인 흐름으로 수용된 측면이 크다. 분단과 전쟁의 상처, 가난과 희망 없는 당시의 시대상과 결합하여 유럽에서 보여준 적극적이고 도전적인 모습은 찾기 힘들었다. 하지만 이러한 문예적 상황에서 1960년대에는 《무진기행》을 쓴 김승옥, 《광장》을 쓴 최인훈 같은 걸출한 인물들이 등장하여 한국 소설의 새 장이 펼쳐지기도 했다.

○ 한국에서 실존주의를 논할 때 파스칼의 《팡세》, 톨스토이의 《부활》, 도스토옙스키의 《죄와 벌》, 니체의 《자라투스트라는 이렇게 말했다》를 언급할 때가 많다. 모두 학창 시절 필독서로 꼽히는 책들이다.

021

Sunday

3.1 독립선언서

우리는 이에 우리 조선이 독립국임과 조선인이 자주민임을 선언하노라. 이를 세계만방에 알려 인류가 평등하다는 큰 뜻을 밝히며, 이를 자손만대에 깨우쳐 민족마다 스스로 생존해야 한다는 정당한 권리를 영원히 누리도록 하노라.

반만년 역사의 권위에 기대어 이를 선언하는 것이며, 이천만 민중의 정성을 합하여 이를 널리 밝히는 것이며, 한결같이 항구적인 민족의 자유로운 발전을 위하여 이를 주장하는 것이며, 인류다운 양심의 발로에 뿌리를 둔 세계 개조의 큰 기운에 순응하여 함께 나아가기 위하여 이를 제기하는 것이다. 이것은 하늘의 밝은 명령이며, 시대의 대세이며, 모든 인류가 공존하고 공생하는 권리의 정당한 발동이다. 천하의 그 누구라도 이를 저지하거나 억제하지 못할 것이다.

구시대의 유물인 침략주의와 강권주의에 희생을 당하여 유사 이래 몇천 년 만에 처음으로 다른 민족에게 압제를 당하는 고통을 맛본 지 이제 십 년이 지났다. 우리 생존권을 빼앗겨 잃은 것이 그 얼마나 되며, 정신상 발전에 장애를 입은 것이 그 얼마며, 민족의 존엄과 영광을 훼손당한 것이 그 얼마며, 참신함과 독창성으로 세계 문화의 큰 조류에 이바지하고 보탤 기회를 잃어버린 것이 그 얼마인가?

(…) 우리는 이에 떨쳐 일어났도다. 양심이 우리와 함께 있으며, 진리가 우리와 더불어 나아가는도다. 남녀노소 가림이 없이 음침하고 답답한 옛 둥우리에서 힘차게 뛰쳐나와 삼라만상과 더불어 흔쾌한 부활을 이루어내게 됐도다. 천백 세대 조상의 신령이 우리를 음지에서 보살피고, 전 세계의 기운이 우리를 밖에서 보호하나니, 착수가 곧 성공이다. 다만 앞에 놓인 광명을 향하여 힘차게 나아갈 따름이로다.

3.1 독립선언서 내용의 일부다. 침략주의와 제국주의를 비판하며 사해 평등주의와 평화주의를 기반으로 독립을 선언했다. 또 민족과 민중의 권위를 이야기하면서 민족사의 정통을 세우려고도 했다. 독립선언서는 내용이 생각보다 긴데 일본이 조선을 점령하는 것은 일본에도 좋지 않고 무엇보다 동양 평화에 위협이 된다는 사실을 논리적으로 강조하고 있다. 3.1 운동 하면 태극기가 떠오르지만 운동의 시작은 독립선언서의 낭독과 보급으로 이루어졌다는 사실을 기억할 필요가 있다.

022

Monday

왜구의 침략

고려 말 왜구의 침략이 심각했다. 공민왕 사후 우왕 대에 왜구는 문자 그대로 전국을 유린했다. 동해, 서해, 남해의 모든 해안가가 약탈 대상이었고 내륙까지 쳐들어왔다. 왜구는 소규모 무리를 지어 국지적으로 침략하여 방어하기 쉽지 않았다. 또 조선 시대 때 왜구는 명나라의 동남 해안가를 광범위하게 약탈하기도 했다.

이에 대응하기 위해 조선은 지방군을 진관 체제로 편성한다. 쉽게 말해 지역 단위 방어 체제를 구축한 것이다. 예를 들어 왜구가 부산 일대를 공격하면 부산 일대에 편제된 진관이 왜구를 상대하는 식이다. 한 진관이 패배하면 주변의 진관이 맞서 싸우는 구조이니 부산 일대에 쳐들어온 왜구는 순차적으로 경상도의 부대를 상대할 수밖에 없었다.

하지만 이런 식의 대처법은 임진왜란 당시 큰 문제가 됐다. 일본이 4만 명이 넘는 정규군을 단숨에 파병하여 전면전을 일으켰기 때문이다. 대군이 주로 북방에서 밀려 내려온 경험을 반추하면 임진왜란은 한반도 역사에서 매우 예외적인 상황이었다. 결국 진관 체제는 임진왜란을 통해 붕괴하고 말았다.

명나라는 왜구의 침략에 어떻게 대응했을까? 왜구는 주로 남중국 해안에 출몰했는데 우선은 해안가에 사는 주민들을 내륙으로 이주시켰다. 이는 조선도 마찬가지였다. 이른바 공도 정책이라 불렸는데, 섬에 백성을 살지 못하게 한 것이다. 이 때문에 조선 숙종 때는 독도를 두고 외교 분쟁이 발발하기도 했다.

그럼에도 불구하고 왜구의 침략이 계속되자 명나라는 척계광을 파견한다. 척계광은 주변에서 흔히 볼 수 있는 등나무를 수차례 찌고 삶아서 단단한 방패를 만드는 데 성공했고, 일본식 장검을 막기 위해 삼지창을 개발하기도 했다. 이렇게 훈련된 중국 남부의 군대는 임진왜란 당시 평양성 수복의 큰 공을 세우기도 했다.

○ 왜구가 발생한 이유는 첫째, 일본의 정치 혼란 때문이고 둘째, 쓰시마와 규슈 일대의 어려운 경제 사정 때문이었다. 농사짓기에 적합하지 않은 환경 때문에 자주 조선의 변경을 침략한 것이다. 세종은 이에 대응하기 위해 부산포, 제포, 염포 등 세 곳의 항구를 개항하거나 계해 약조를 맺어 무역을 관리하는 등 다양한 정책을 펼쳤다. 임진왜란 후에도 부산 초량에 왜관을 열어 왜구 문제를 관리했다.

023

Tuesday

세종대왕

세종대왕(1397년~1450년)은 조선을 넘어 우리나라 역사상 최고 군주로 꼽히는 인물이다. 조선 4대왕으로, 1418년부터 1450년까지 재위했다.

　세종은 아버지 태종과 다른 길을 걸었다. 태종 이방원은 권력을 장악하기 위해 고려의 마지막 충절 정몽주, 조선의 건국자 정도전을 제거했다. 또 이후 왕권을 강화하기 위해 자신을 도왔던 처남 민무구, 민무질을 비롯한 여러 공신을 가차 없이 제거했다. 큰 아들 양녕대군이 군주의 자질이 없자 셋째 충녕대군을 군주로 세우는 과정에서 외척의 발호가 염려되어 충녕대군의 장인 심온을 죽였다. 이에 반해 세종은 인위적인 권력 강화를 시도하기보다 가치와 비전을 설정하고 신하들과 힘써 그 일을 이루면서 리더십을 확보했다. 집권 초기 심온의 억울한 죽음을 재조사해 이에 연루된 아버지의 측근들을 제거할 수 있었으나 그렇게 하지 않은 것이 대표적인 예다.

　세종은 자기 자신을 '수성의 군주'로 간주했다. 할아버지와 아버지가 이룬 나라를 잘 운영하는 것을 목표로 삼았고 스스로 '공 세우기'를 경계했다. 또 유교 국가의 군주로서 유교적 가치를 성실히 이루기 위해 노력했다. 유교적 관점에서 백성은 먹을거리가 풍족해야 윤리적 삶을 살 수 있으며, 농업이 가장 이상적인 노동이었다. 이에 따라 세종은 《농사직설》의 편찬을 주도하고 각종 천문 기구를 제작해 농업 생산력 향상에 힘썼다.

　이러한 세종의 특별한 리더십 때문에 오늘날에도 수많은 신하가 기억된다. 집현전은 과학 기술과 학문 발전의 요람으로 평가받으며, 황희와 맹사성 같은 이들은 명재상으로 추앙받는다. 김종서와 최윤덕은 4군 6진을 개척하여 한반도의 지배권을 공고히 했고, 정인지, 정초, 이순지 등은 각종 과학 기술에 중요한 성과를 일구어냈다. 한편으로는 아버지 태종에 의해 불필요한 정쟁의 요소가 제거됐기 때문에 세종이 좋은 조건에서 정력적으로 사업을 추진할 수 있었다는 지적도 있다.

　널리 알려진 사실과는 달리 한글 창제를 둘러싼 신하들의 반대는 거의 없었다. 한글이 공개되지 않은 상황에서 최만리가 상소를 올린 정도였고, 창제 이후에 실용성과 쓰임새를 인정받았기 때문에 별 문제없이 민간에 보급됐다. 애초에 한자의 대체어가 아닌 보조어나 여성과 백성의 언어로 제작됐기 때문이다. 그럼에도 불구하고 백성의 문자 사용을 우려한 신하들의 지적이 있었는데 세종은 글을 통해 법을 알고, 이를 통해 자신을 지킬 수 있다면서 문자의 사용을 옹호했다.

024

Wednesday

풍납토성과 몽촌토성

풍납토성과 몽촌토성은 백제의 도성이다. 백제의 시조 온조가 한성 일대에 정착했다는 기록은 있었지만, 그곳이 어디인가를 두고 오랜 기간 여러 주장이 난무했다. 현재는 풍납토성이 먼저 만들어진 백제 초기의 도성이고, 몽촌토성이 이후에 만들어졌다는 것으로 의견이 모인 상태다.

풍납토성은 1997년 아파트 개발 당시 유물이 나오면서 본격적인 연구가 시작됐다. 풍납토성은 오늘날 올림픽대교와 천호대교 사이에 위치했는데, 이곳은 한강이 꺾여 내려오는 곳으로 물이 풍부하고 물길이 잔잔하다. 규모는 신라의 수도였던 경주 월성이나 고구려의 도성과 비슷하다.

풍납토성에서 한강 상류로 올라가면 암사선사유적지가 나온다. 국내의 대표적인 신석기 유적지로, 신석기 유적지와 고대 도성이 이곳에 있었다는 것은 그만큼 입지 조건이 좋았다는 것을 의미한다.

풍납토성이 한강변에 위치하고 지대가 낮고 평평한 데 비해 몽촌토성은 좀 더 안쪽 구릉지에 만들어졌다. 올림픽공원이 몽촌토성인데, 1988년 이곳을 공원화하면서 성벽에 나무를 심고 토사를 쌓아 아름다운 언덕으로 만들었다. 많은 사람이 이곳이 성이었다는 것을 인식하지 못하고 성벽을 아름다운 언덕 정도로 오해한다. 원래는 나무가 없고, 성벽이 더 높고 가팔랐다. 현재 높이에서 4m 정도 아래가 당시의 평지였다는 점을 고려하면 몽촌토성도 거대한 규모였다는 것을 알 수 있다.

두 성 모두 판축법으로 만들어졌다. 말 그대로 판에다 흙을 채우고 다져서 흙판을 만든 후 그것을 쌓아서 성과 도로를 만든 것이다. 현재 근처에 한성백제박물관이 만들어져서 당시 백제 문화를 자세히 살펴볼 수 있다.

○ 몽촌토성이 공원화되면서 원형을 유지할 수 있었다면 풍납토성은 아파트 개발 붐으로 인해 성벽과 일부 시설만이 간신히 복원된 상태다. 개발을 통해 경제적 이득을 도모하려고 했던 지역 주민들과 문화유산을 복원하고 싶었던 학자들 간에 오랜 갈등이 있었다.

025

Thursday

고구려 벽화

무용총 무용도

고분은 부장품, 묘지석 등 당시의 유물과 기록이 남아 있어 고대 사회를 알 수 있는 중요한 열쇠다. 고구려는 돌무지무덤과 굴식돌방무덤이 발전했다. 돌무지무덤은 돌을 쌓아 만든 무덤으로, 시간이 흐를수록 돌을 다듬어서 쌓는 등 정교한 형태로 발전했다. 대표적인 고분은 장군총이다.

굴식돌방무덤은 입구를 통과하면 안에 돌로 만든 방이 있는 형태다. 방의 중앙에는 시신이 안치돼 있고 벽에는 벽화가 그려진 경우가 많다. 황해도 안악 3호분이나 평안도와 중국 길림성 집안 등에서 진행된 고구려 고분 발굴을 통해 다량의 벽화가 발견됐다. 고구려 벽화는 당시 귀족들의 생활상은 물론 그들의 정신세계를 이해하는 데도 큰 도움을 줬다.

026

Friday

왕실 태교

> 옛날에는 부인이 아이를 임신하면 옆으로 누워 자지 않고 비스듬히 앉지 않으
> 며 한쪽 발로 서지 않고 맛이 야릇한 음식을 먹지 않았다. 사특한 색깔을 보지
> 않고 음란한 소리를 듣지 않으며 밤이 되면 장님에게 시를 외우고 바른 일을
> 말하게 했다.
>
> – 이이,《성학집요》중

오늘날이나 조선 시대나 태교를 대하는 태도는 비슷했다. 정확히 말하면 조선 시대의 태교 문화가 지금까지 이어지고 있다고 보는 편이 정확할 것이다. 더구나 조선 시대 왕실에서는 왕자의 탄생이 가장 중요한 사업이었기 때문에 임신 후 산전 조리와 출산 후 산후 조리에 각별한 신경을 썼다. 왕실 문화는 양반 문화에 영향을 줬고 곧 조선 사회 전반에 퍼져나갔다. 따라서 오늘날 한국의 태교 문화를 이해하기 위해서는 조선 왕실의 태교 문화부터 살펴봐야 한다.

왕비는 매일 아침 자리에서 유교 경전이 새겨진 옥판의 내용을 숙고하며 소리 내어 읊었다. 특별히 옥에 경전을 새긴 것은 옥을 귀중히 여기는 동양 문화 때문이다. 옥뿐 아니라 홍수정, 자수정 등으로 만든 반지, 팔찌, 목걸이를 만지거나 바라보는 것도 좋게 여겼고 궁중 악사가 연주하는 음악을 듣기도 했다. 좋은 것만 보고, 좋은 것만 생각하고, 좋은 것만 듣는 것이 태교의 기본이었던 것이다.

그러다 임신하면 몸가짐을 각별히 조심해야 하는데《동의보감》에서는 임신 후 성생활을 엄금하고 술을 마시거나 약에 술을 타먹는 행동을 금하라고 권했다. 유교적이라기보다 미신적인 것인 것도 많았다. '최생부'라고 순산을 기원하는 부적을 만들었고 진통이 오기 전에는 태운 부적을 물에 섞어 마시기도 했다. 또 비스듬하게 눕거나 모서리 같은 곳에 앉지 못하게 했고 외다리로 서지도 못하게 했다.

임신 7개월이 되면 산실청을 비롯한 출산 관련 기관이 만들어졌고 활쏘기, 총 쏘기 같은 각종 군사 훈련을 금했다. 또 사형 집행도 하지 못했다. 출산과 관련하여 부정 타는 행위를 일체 금지한 것이다.

출산 후 왕비가 젖몸살을 비롯하여 각종 질병에 시달리는데 이를 위한 의학적인 노력도 지속됐다. 궁귀탕이나 만삼을 중요시 여겼고 해독 기능을 하는 검은콩도 귀하게 여겼다. 무엇보다 '수라' 즉, 밥 잘 먹는 것을 가장 귀중하게 생각했다.

불교

Saturday

싯다르타(기원전 563년경~기원전 483년경)가 인도에서 개창했으며 중국을 거쳐 삼국 시대 때 한반도에 전파됐다. 통일신라와 고려를 거치며 국교로 발전했고 한민족에게 중요한 문화적 영향을 미쳤다. 조선이 숭유억불 정책을 취하면서 불교가 쇠퇴하기도 했다.

싯다르타 사상의 핵심은 '연기와 자비'다. 연기란 '말미암아 일어나다'라는 뜻으로 '인연'과 같은 말이다. 모든 존재는 상호 의존적인데 고통과 괴로움도 그러한 인연으로 말미암는다는 것이다. 따라서 고통과 번뇌의 사슬을 끊기 위해 자비로운 삶을 살아야 한다고 봤다.

불교의 핵심 교리는 '고집멸도', '삼법인' 등으로 표현된다. 모든 존재는 고통에 빠져 있는데 잘못된 것에 집착하기 때문이고 이를 극복하기 위해서는 욕망을 극복하고 해탈에 이르러야 한다는 것이다.

불교는 인도에서 번성했으며 동남아시아, 동북아시아로 퍼져나간다. 동남아시아에서는 개인의 해탈을 추구하는 상좌부 불교가 발달했고, 동북아시아에서는 중생 구제를 강조하는 대승 불교가 주류를 이루었다.

삼국 시대 불교는 왕권 강화의 수단으로 활용됐다. 불교를 공인해 국왕 중심의 권력을 강화하며 귀족 집단의 신화적 세계관을 혁파하고자 한 것이다. '진(眞)', '흥(興)', '법(法)' 같은 단어들은 모두 불교 용어들인데, 왕명을 '진흥왕', '법흥왕' 식으로 표현한 것을 보면 불교 수용의 저의가 고스란히 드러난다. 법흥왕 당시에는 흥륜사를 세우려고 했는데 많은 신하의 반대가 있었기 때문에 이차돈이 순교하는 사건까지 발생한다. 이차돈의 목을 치니 하얀 피가 쏟아져 나왔다는 설화는 불교 공인을 둘러싼 왕과 귀족 간의 갈등을 드러낸다. 삼국의 제왕들은 절, 탑, 불상 같은 불교 건축과 예술을 후원하면서 왕권의 위상을 강조했다. 황룡사 9층 목탑이나 미륵사지 석탑 같은 것들이 대표적이다. 그리고 불교의 발전으로 인해 거대한 무덤을 만들거나 신화적인 세계관을 강조하는 문화가 쇠퇴했다.

통일신라 시대 원효와 의상이 등장하면서 불교는 왕권 강화의 수단이 아닌 불교 그 자체의 의미를 지니며 발전한다. 고려 시대 때 절정에 이르렀다.

돛대와 헌 옷

선비가 이 세상을 살아가는 것은 배를 타고 가는 것과 비슷하다. 재주를 노로 삼고 운명을 순풍으로 삼아야 편히 갈 수 있다. 재주와 운명이 좋아도 뜻이 낮으면, 배가 온전하고 바람이 순조롭더라도 뱃사공이 적임자가 아닌 것과 같다. (…) 강과 바다가 크고 작은 것은 다르지만 배를 타는 것은 마찬가지다. 돛대를 세우고 돛을 다는 것은 나아가기 위해서요, 닻줄을 매고 닻을 내리는 것은 멈추기 위해서다. 또 반드시 헌 옷가지가 있어야 배가 새는 것을 막을 수 있다. (…) 의로움을 돛대로 삼고 신실함을 돛으로 삼으며, 예의 바름을 닻줄로 삼으며 공경하고 신중하고 청렴하고 부지런함을 헌 옷으로 삼는다면, 아무리 무거운 짐이라도 실을 수 있고 아무리 먼 곳이라도 갈 수 있으며 아무리 통하지 않는 곳이라도 통할 수 있다.

– 이제현,《여한십가문초》중

이제현(1287년~1367년)은 고려 말 대학자다. 안향과 더불어 최초로 성리학을 수용한 인물이며 정몽주, 정도전 등 신진 사대부를 배출한 이색의 스승이기도 하다.

이 글은 중국으로 가는 신예를 위해서 쓴 글이지만 안타깝게도 신예는 고려 말 국정 농단의 주역이 돼《고려사》〈간신열전〉에 실렸다.

029

Monday

나당 전쟁

신라와 당나라의 전쟁으로, 신라가 승리한다. 나당 연합군에 의해 660년에 백제, 668년에 고구려가 멸망한 후 상황은 더 복잡해진다. 백제부흥운동과 고구려부흥 운동이 연거푸 전개됐고 당나라는 신라마저 정벌하고자 했다. 당나라는 고구려에 안동 도호부, 백제에 웅진 도독부를 설치했고 신라를 계림 도독부로 칭하며 본색을 숨기지 않았다. 흑치상지, 복신, 도침 등은 백제의 수도인 사비성을 탈환하기 위해 치열한 전투를 전개하며 약 3년간 백제부흥운동을 주도했다. 백제 부흥 군은 왕자 풍의 노력으로 한때 왜군의 지원까지 받아 백강 전투에서 기회를 엿보았으나 끝내 패배한다. 더구나 복신이 도침을 죽이고, 풍이 복신을 죽이는 등 내분이 심해지면서 자멸의 길로 들어섰다. 특이하게도 흑치상지는 투항 이후 당나라에서 큰 군공을 세우며 이름을 날렸다. 이후 백제 지역을 두고 당나라와 신라가 주도권 다툼을 벌인다. 당나라는 입장을 바꿔 남아 있는 백제 유민과 왜를 지원하면서 신라를 몰아내고자 했다. 하지만 백제가 멸망한 지 약 11년 후인 671년, 신라군은 사비성을 점령했고 백제 지역을 완전히 장악한다. 이후 신라와 당나라의 싸움은 과거 고구려 영토였던 평양과 황해도 일대에서 벌어진다. 백제에 대한 지배 의지에 비해 신라는 초창기부터 고구려 정벌에 소극적이었다. 따라서 신라는 검모잠이 이끌던 고구려부흥운동을 지원하며 당나라의 공격을 막아내려고 한다. 하지만 오늘날 임진강 일대인 호로하에서 검모잠이 패배했고 고구려부흥운동은 결국 실패로 끝난다. 당나라는 기세를 몰아 신라를 침공하지만 매소성에서 이근행이 이끄는 20만 대군이 패배하고 기벌포에서는 설인귀의 수군이 격퇴당하면서 끝내 신라를 굴복시키지 못했다. 결국 삼국 중 유일하게 신라만이 살아남았고 두 배 이상의 영토를 확보하는 등 삼국 경쟁에서 최종 승리자가 된다. 통일신라는 이후 적극적인 통합 정책을 펼쳐서 고구려와 백제 유민들을 포섭하고자 한다. 고구려 부흥 군의 지도자 안승을 고구려왕으로 임명한다든지 백제 유민들에게 관직을 주는 등 여러 노력을 벌인다. 통일신라는 진국을 9주로 나누어 '삼한이 일통'했음을 강조했고 군대도 9서당으로 구분하여 백제인은 물론 고구려인과 말갈인까지 끌어들인다. 또 지방에 5소경을 설치해 수도 경주에 치우친 부분을 보완하고자 했다. 하지만 완전한 의미의 삼국 통일이 아니었다는 점, 결국 경주 진골귀족만을 위한 사회 시스템이 유지됐다는 점 등 많은 한계를 드러냈다.

정약용

정약용(1762년~1836년)은 정조 대 명신이자 조선 후기 최고의 실학자다. 정조 집권 시절 정력적으로 개혁 사업을 도왔고, 특히 화성 건설에서 탁월한 재능을 보이기도 했다. 하지만 정조 사후 천주교도라는 혐의로 강진에서 무려 18년간 고단한 유배 생활을 보낸다. 형 정약종은 천주교 신앙을 당당하게 고백한 후 참수를 당했고 다른 형인 정약전과 정약용 또한 유배 길에 오른 것이다. 정약전은 흑산도, 정약용은 강진으로 유배를 떠났는데 함께 내려가다 나주 율정에서 헤어졌다. 각 유배지에서 큰 학문적 업적을 이뤘으나 형제는 이후 영원히 만나지 못했다.

정약전은 죽기 전까지 동생 정약용과 편지로 교류했고 흑산도 유배지에서 《자산어보》를 남긴다. 흑산도 생태를 관찰한 기록으로, 우리나라 최초의 해양 생물학서로 봐도 무방하다.

정약용의 학문적 업적은 유명하다. 《목민심서》, 《흠흠신서》, 《경세유표》를 포함하여 182책 503권의 《여유당집》을 남겼다.

정약용은 기존의 조선 성리학에 근본적인 이견을 제시하면서 새로운 학문적 지평을 열었다. 그는 태극이나 이치 같은 성리학의 근본 개념을 단지 만물에 깃든 속성일 뿐 실체가 아니라고 봤다. 선교사 마테오 리치가 창조자와 창조의 속성을 구분하면서 성리학의 이기론을 비판했는데, 상당히 영향받았다는 것을 짐작할 수 있다.

또 정약용은 인간의 선천적인 도덕성을 부정한다. 기존의 성리학자들은 사람 안에 '사덕(四德)'이 있고 양명학자들도 '양지(良知)'가 있다고 했는데 이를 전면 부정한 것이다.

정약용은 인간을 '혈기(血氣)적 존재'로 보았다. 인간 안에 단지 '도덕적 욕구'만이 존재한다고 본 것이다. 선하고자 하는 열망, 악을 미워하는 욕구만이 존재한다는 것이다. '욕구'라는 개념은 유학사에서 상당히 독특한 부분이다. 이전까지 유학자들은 보통 '욕구'를 '사욕'과 거의 동의어로 인식하고 부정적으로 보았다. 하지만 정약용은 '욕구'를 '도덕적 욕구'로 해석했고 긍정적으로 이해했다. 그리고 이러한 특성을 인간의 고유성으로 판단했다.

정약용은 '자유 의지'를 강조한다. 이는 '자주지권(自主之權)'이나 '권형', '권능' 등의 말로 쓰이는데 도덕적 욕구를 실천해야 한다고 강조한 것이다. 도덕적 욕구를 실천하는 것은 현실에서 도덕적 삶을 살아야 한다는 것인데 그러려면 '의지'가 중요하다. 욕구만으로 실천할 수는 없으니 말이다.

031

Wednesday

불국사

경주 토함산 중턱에 있는 사찰. 경덕왕 때 재상을 지냈던 김대성이 전생의 부모를 위해 석굴암을, 현생의 부모를 위해 불국사를 지었다고 한다.

신라 불교 예술의 걸작은 대부분 삼국 통일 전후에 집중된다. 국력이 강성했고 진취적 기상이 강했던 데다 불교에 대한 관심이 깊어지는 때였기 때문에 가능했다.

불국사 각각의 공간은 불교적 세계상을 표현하려고 했다. 청운교와 백운교를 통해 마주하는, 석가탑과 다보탑이 있는 대웅전은 석가여래의 피안 세계를 상징한다. 연화교와 칠보교를 통해 만나는 극락전은 아미타불의 극락세계, 뒤편의 비로전은 비로자나불의 연화장 세계를 나타낸다고 한다. 비탈에 건축했고, 건물의 배치 양식과 절의 구성 양식이 파격적이다.

불국사의 극치는 돌에 있다. 인공석과 자연석을 어우러지게 배치했고, 아치를 비롯하여 곳곳에 돌을 활용한 다양한 건축학적 발상이 배어 있다. 대웅전 경내에 있는 석가탑과 다보탑은 두말할 필요가 없는 한국 예술의 걸작이다. 보통 석가탑이라 부르는 불국사 삼층석탑은 안정감과 상승감이 완벽에 가까운 조화를 보인다. 다보탑은《법화경》에 등장하는 온갖 보석으로 치장한 상상의 탑을 형상화한 것이다.

현재 불국사의 목조 건축물은 모두 조선 후기와 박정희 정권기에 복원되거나 재현된 것들이다. 신라 시대 때는 규모가 좀 더 컸을 것으로 짐작된다.

032

Thursday

승무

일반인들에게 널리 알려진 민속 무용으로, 대표적인 무형 문화재다. 이름에 드러나듯 스님이 추는 춤 정도로 생각하는데 따져보면 생각보다 간단치 않다. 불교 예식에 승무가 포함돼 있지도 않을뿐더러 민간에서 오랫동안 전승된 춤 예술이기 때문이다.

승무의 연원을 문헌상으로 확인하기는 어렵다. 부처가 설법할 때 연꽃을 들자 가섭존자가 그 뜻을 홀로 깨닫고 빙긋이 웃었다고 하는 '염화미소'의 화두를 기원으로 보기도 하고, 황진이가 지족선사를 유혹하기 위해 만든 춤에서 비롯됐다는 주장도 있다. 이 밖에 파계승이 번뇌를 잊기 위해 북을 두드린 데서 연원했다는 설, 수도하는 승려가 스승의 모습을 흉내 내는 데서 기원했다는 설 등 여러 설이 있지만 정확한 연원을 확인하기는 어렵다.

또 무형 문화재의 전수 형식 자체가 스승과 제자의 몸과 몸으로 전수되는 형태인데, 아직까지는 이를 학술적으로 개념화하거나 미학적인 비평으로 해석하는 문화가 정착되지 못했기 때문에 일반인들 입장에서 이해하기 난해한 형편이다. 전수 형식이 무형이고 전수받는 제자에 따라 독창적 해석과 새로운 예술미를 추구하기 때문에 춤의 모양 또한 제각각이다.

흰색으로 어우러진 고깔, 버선, 늘어진 장삼의 움직임으로 독특한 춤사위를 선보이는데 절정부에서의 북소리는 많은 것을 느끼게 한다. 각종 전통 악기와 음률이 어우러지는 민속 무용의 극치다.

태백산맥

천만 부가 팔린《태백산맥》은 조정래가 쓴 대하소설로, 1948년부터 1953년까지를 다룬 장편 소설이다. 1948년은 분단이 확정된 해이고 1953년은 한국 전쟁 이후 분단이 고착화된 시절로, 작가는 이 시기를 정면으로 관통한다. 좌우 갈등, 분단 그리고 이념 전쟁을 벌이면서 수많은 사람이 희생당했던 '민족사의 매몰 시대', '현대사의 실종 시대'를 규명한 작품이다.

조정래는《태백산맥》이후《아리랑》,《한강》이라는 대하소설을 연이어 발표한다.《아리랑》은 1904년부터 1945년까지의 일제 강점기를 관통하는 소설로, 한반도뿐 아니라 일본, 하와이, 만주, 러시아 등 민족의 수난사를 입체적으로 그렸다.《아리랑》의 일부 내용을 두고 식민지 근대화론을 주장한 경제 사학자 이영훈과 논쟁이 벌어지기도 했다.《한강》은 1950년대 후반부터 1980년대 초반까지의 대한민국 역사를 써내려간 작품으로, 4.19 혁명, 군사 독재, 산업화의 명과 암을 관통한다.《아리랑》,《태백산맥》,《한강》을 읽으면 한국 근현대사 전체를 총괄할 수 있는데 그만큼 탄탄한 문학적 수준과 역사적 사실에 기반한 깊은 해석이 들어간 한국 문학사의 정수다.

대하소설은 1980년~1990년대 가장 인기 있는 장르였다. 박경리는 1897년부터 1945년까지, 즉 구한말부터 해방까지를 1994년부터 20년간 집필하면서 20권의 소설《토지》로 풀어냈다. 황석영은《장길산》이라는 의적 소설을 썼는데 일제 강점기 홍명희가 쓴《임꺽정》을 잇는 기념비적인 작품으로 평가받고 있다.

대하소설의 특징은 단순히 우리 역사를 장구하게 풀어내는 데 있지 않다. 오히려 민중의 질곡 어린 삶에 대한 깊이 있는 성찰을 특색으로 하는데 고단한 한국 현대사에 대한 고뇌, 더 나은 사회로 나아가려는 치열한 대안적 성찰을 바탕으로 하고 있다.

○ 1980년~1990년대는 그야말로 활자 붐이었다. 홍명희가 쓴《임꺽정》은 명종 대 의적 이야기로, 대하소설의 붐을 타고 1985년에 출간돼 엄청난 매출을 기록했다. 홍명희는 해방 후 월북하여 북한에서 부수상까지 지낸 인물이다. 남한의 사계절 출판사에서 북한에 있는 후손과 계약을 맺으면서 출간한 최초의 남북 계약 소설이기도 하다.

034

Saturday

임나일본부

삼국 시대 때 일본이 한반도 남부에 진출했고 일부 지역을 직접 지배했다는 주장으로, '남선경영론'이라고도 한다.

임나일본부설을 두고 오랫동안 논란이 있었다. 《일본서기》, 《고사기》 같은 고전 문헌을 근거로 일부 학자들이 일본의 조선 지배를 주장했고, 일제 강점기 때 각종 주장이 쏟아져 나왔다. 핵심은 일본이 변한의 소국 중 하나인 구야국, 다른 말로 임나가라를 점령하고 이곳을 기점으로 한반도 남부에서 막강한 영향력을 행사했다는 것이다. 이를 증명하기 위해 《일본서기》의 기록을 주요 자료로 제시했으며 중국의 역사서는 물론 광개토대왕 비문까지 끌어들였다. 비문 내용 중에 왜, 백제, 신라 그리고 고구려의 전쟁을 다루는 내용이 있는데 이를 '왜가 백제와 신라를 점령하고 조공을 받는다'라고 해석한 것이다. 이에 대한 한국 역사학자들의 반박이 이루어지면서 격렬한 학술 논쟁으로 비화되기도 했다. 재일 역사학자 이진희는 일본군 장교가 광개토대왕 비문의 일부를 조작했다고 주장하여 한때 큰 파문이 일기도 했다.

하지만 이런 주장은 설득력이 떨어진다. 우선 《일본서기》는 실증성이 떨어지는 문서이고, 임나일본부 관련 사료는 중국이나 우리나라 문헌에 전혀 등장하지 않는다. 무엇보다 4세기에서 6세기경에 삼국은 중앙 집권 체제를 강화하며 격렬한 경쟁 관계로 발전하고 있던 반면 일본은 비로소 국가가 형성되는 단계였다. 바다 건너 다른 나라를 지배할 수준이 아니었던 것이다.

현재는 일본학계에서도 전향적인 연구가 많이 이루어져서 통상 임나일본부를 실효적 지배로 보지 않고 무역을 위한 연락 기관 정도로 이해하고 있다. 다만 《삼국사기》를 비롯한 여러 사서에 '왜'라는 세력이 빈번히 등장한다는 점, 전방후원분같이 일본과 가야 지역에서만 발견할 수 있는 독특한 형태의 유적이 다수 존재한다는 점, 무엇보다 삼국과 왜의 교류가 활발했다는 점을 고려해야 한다. 단순히 제국주의적 관점에서 지배와 피지배 관계가 아닌 체계적인 연구를 통해 실증적으로 재구성을 해야 한다는 말이다.

○ 자국의 영광을 화려하게 강조하고 싶은 유사 역사학은 어느 시대에나 넘쳐난다. 일제 시대 때는 가마쿠라 막부의 영웅이었던 미나모토노 요시쓰네가 죽지 않고 몽골로 건너가 칭기즈칸이 됐다는 주장마저 있었다.

여권통문

혹 이목구비와 사지오관(四肢五官)의 육체에 남녀가 다름이 있는가. 어찌하여 병신처럼 사나이가 벌어주는 것만 앉아서 먹고 평생을 깊은 집에 있으면서 남의 제어만 받으리오. 이왕에 우리보다 먼저 문명개화한 나라들을 보면 남녀 평등권이 있는지라. 어려서부터 각각 학교에 다니며, 각종 학문을 다 배워 이목을 넓히고, 장성한 후에 사나이와 부부의 의를 맺어 평생을 살더라도 그 사나이에게 조금도 압제를 받지 아니한다. 이처럼 후대를 받는 것은 다름 아니라 그 학문과 지식이 사나이 못지않은 까닭에 그 권리도 일반과 같으니 이 어찌 아름답지 않으리오. (…) 슬프도다. 과거를 생각해보면 사나이가 힘으로 여편네를 압제하려고, 한갓 옛말을 빙자하여 "여자는 안에서 있어 바깥일을 말하지 말며, 오로지 술과 밥을 짓는 것이 마땅하다(居內而不言外, 惟酒食是議)"고 하는지라. 어찌하여 사지육체가 사나이와 같거늘, 이 같은 억압을 받아 세상 형편을 알지 못하고 죽은 사람의 모양이 되리오. 이제는 옛 풍속을 모두 폐지하고 개명 진보하여 우리나라도 다른 나라와 같이 여학교를 설립하고, 각기 여자아이들을 보내어 각종 재주를 배워 이후에 여성 군자들이 되게 할 목적으로 지금 여학교를 창설하오니, 뜻을 가진 우리 동포 형제, 여러 여성 영웅호걸님들은 각기 분발하는 마음으로 귀한 여자아이들을 우리 여학교에 들여보내시려 하시거든, 바로 이름을 적어내시기 바라나이다.

1898년 9월 1일 서울 북촌 지역의 양반집 부인 300여 명이 기고한 《여권통문》의 일부다. 처음으로 여성들이 집단적으로 자신들의 권리와 사회적 의지를 드러낸 글로, 여학교 설립을 바탕으로 남성과 동등한 권리를 갖자는 우리나라 여성 운동의 효시다. 당시 〈제국신문〉이나 〈황성신문〉 같은 계몽지에서도 이 행동을 '놀랍고 신기한' 혹은 '희한한' 일로 바라보았으나 이목을 끌지는 못했다.

036

Monday

3.1 운동

일본 제국주의에 대항하여 민족의 독립을 선언한 운동. 1919년 3월 1일에 시작하여 4월 초에 절정에 달했다. 이 기간 동안 약 100만 명 이상이 참여했으며 3.1 운동이 완전히 소멸되는 연말까지 약 200~250만 명이 독립을 외쳤다.

3.1 운동은 참여 인원도 엄청났지만 전국적인 시위였다. 참여 인원 1만 명이 넘는 곳이 43곳에 달했고 15회 이상 반복된 지역도 많았다. 서울, 개성, 평양 같은 대도시는 물론 성천, 함흥, 강계, 하동 같은 지방에서도 만세 운동이 지속됐다. 서울은 총 64회의 집회가 진행됐는데, 그중 13일간은 매일 집회가 이루어졌다. 의주 37회, 시흥 23회, 고양 22회, 수원 20회 등 각지에서 격렬한 시위가 이어졌으며 용정, 혼춘, 우수리스크, 블라디보스토크, 필라델피아 등 해외에서도 한인들이 있는 곳에서 독립이 선포됐다. 3.1 운동은 1926년 6.10 만세운동, 1929년 광주학생항일운동과 더불어 3대 운동으로 분류되지만 6.10 만세운동은 참여 인원이 수천 명이었고, 광주학생항일운동 역시 2만~3만 명 규모였다.

3.1 운동은 왜 일어났을까? 제1차 세계 대전이 끝나면서 국제 평화에 대한 해법으로 미국의 윌슨 대통령은 민족자결주의를 주장한다. 식민지 체제를 해체하자는 제안이었는데 이는 독립운동가들의 관심을 불러일으킨다. 때마침 고종이 죽게 되는데 민중들 사이에서는 '고종 독살설'이 광범위하게 퍼진다. 식민 통치에 대한 반감이 고종의 죽음을 계기로 모아진 것이다. 그뿐 아니라 약 한 달 앞선 2월 8일 도쿄에서는 한인 유학생들을 중심으로 독립 선언식이 있었으며, 송계백, 김마리아 등이 국내로 건너와 천도교, 기독교 등 종교계와 접촉하면서 운동의 불씨를 마련한다. 손병희를 중심으로 한 천도교는 중앙화 된 조직의 이점을 활용하여 자금을 모금하고 서울에서 이의 제기를 준비하는 등 운동을 주도했고, 개교회 중심의 기독교 세력은 주로 평안도에서 교회 네트워크를 바탕으로 활약한다. 3월 1일 33인의 민족 대표가 태화관에 모여서 독립 선언식을 갖고 탑골 공원에서 학생 대표가 독립 선언을 하면서 운동이 시작된다.

3.1 운동은 비폭력 평화주의를 표방하지만 지방과 농촌에 급속도로 파급되면서 폭력화된 실력 저항의 모습을 띠기도 한다. 또 3.1 운동에서는 유관순을 비롯한 여학생들의 활약이 눈에 띈다. 여성 선교사들이 세운 이화학당, 배화학당을 통해 여권 의식이 발달했기 때문이다.

037

Tuesday

이순신

이순신(1545년~1598년)은 조선 시대 장군이자 임진왜란의 영웅으로, 세계 해전사에 기록될 만큼 임진왜란 때 큰 역할을 했다.

이순신의 첫 승전은 옥포해전이었다. 옥포와 합포 일대에서 왜선 30척을 격파했고, 이후 적진포해전, 사천해전 등에서 승리를 거뒀다. 거북선을 실전에 배치해 당포해전에서 승리를 거둔 후, 다시 당항포와 한산도에서 큰 승리를 거뒀다. 이후 안골포해전, 부산포해전에서 승리했고, 1593년 삼도수군통제사가 된 이후 다시 한 번 당항포, 장문포해전에서 승리를 거둔다.

이후 군세를 정비하던 1597년에 정쟁에 휘말려 군권을 박탈당했고 혹독한 고문을 당한 후 백의종군하는 처지에 몰렸다. 하지만 몇 달 후 군권을 넘겨받은 원균이 칠천량에서 대패하며 조선 수군이 큰 위기에 처하자 이순신이 다시 소환된다. 12척의 배로 130여 척의 배를 상대한 진도 명량해전이 그것이다. 이후 노량해전에서 승리해 최종적으로 왜군을 몰아냈지만 마지막 전투에서 사망했다. 7년간 27전 27승의 경이적인 전과를 올린 것이다.

이순신이 처음부터 무명을 떨쳤던 것은 아니다. 무과도 서른이 넘어서 합격했고 함경북도 끝자락인 조산 만호로 재직할 때는 여진족에게 고초를 치른 적도 있었다. 1586년의 일로, 상급자 이일의 소홀함 때문에 벌어졌지만 전투에서 패배했다는 책임을 물어 장형을 당하고 백의종군까지 했다. 이순신은 류성룡을 비롯한 남인과 가까웠는데 결국 남인의 추천으로 1589년 이후 수군으로 임무가 바뀌었고 1592년 임진왜란이 일어나기 전까지 전라좌수영에서 군권을 관할했다. 전란 가능성에 대한 여러 예측과 무분별한 군사 전략이 난무하고 왜군에 대한 대비가 소홀하는 등 여러 문제가 횡행했지만, 성실하게 군영을 관리해온 노력이 임진왜란 때 빛을 발한다.

《난중일기》를 보면 원균과 사이가 극도로 나빴음을 알 수 있다. 이순신의 입장에서 원균은 지나치게 술을 즐기고, 정치가들과 어울리며 본분에 소홀했다. 더구나 경상도 수군을 모두 잃고 전장에서 바닷가에 떠밀려온 왜군의 목이나 베던 원균이 몹시 못마땅했던 것이다.

임진왜란 말기에는 이순신에게 가슴 아픈 일들이 연이어 터진다. 오랜 기간 정신적 지주였던 어머니가 돌아가셨고 명량해전 승리 얼마 후 막내아들 면이 죽었다.

038

Wednesday

독도

울릉도의 부속 도서로, '우산도', '삼봉도', '가지도', '자산도' 등으로 불렀다. 경상도 방언으로 '독섬'이란 돌섬을 말하는데, 독도라는 이름이 이것에서 기원했다고 본다.

조선 시대 지도에는 울릉도와 독도의 위치가 바뀌어 그려지는 경우가 종종 있었다. 실측이 이루어지지 않던 시절에 울릉도의 부속 도서로 인식됐기 때문에 나타난 오류다. 조선 시대에는 오랫동안 섬을 비워두는 공도 정책을 실시했다. 15세기 초부터 1883년까지 왜구 침입 문제 때문에 실시한 것인데 이것이 의도치 않게 일본의 영유권 주장에 빌미를 줬다.

1693년과 1696년에는 '안용복 사건'이 발생한다. 안용복은 울릉도에 고기잡이를 하러 갔다 일본 어민에게 피랍된다. 하지만 그는 이를 기회로 울릉도와 독도 일대에서의 불법 어로 행위를 따졌고 호키슈(현 돗토리현)에서 '울릉은 일본 지역이 아니다'라는 각서를 받는다. 이를 계기로 일본 막부를 대행한 쓰시마 도주와 조선 조정은 울릉도와 독도 일대의 조업권을 두고 공식적인 논의를 시작한다.

3년 후에 안용복은 어부들을 동원해 울릉도 인근 해역에서 조업하던 일본 어민을 내쫓고 관리 복장을 하여 다시금 호키슈에 가서 따진다. 덕택에 그는 관리를 가장하고 외교에 물의를 일으킨 죄로 유배당했지만, 이 과정을 통해 일본 막부에서는 울릉도와 독도 일대가 조선 땅임을 공식적으로 인정했다. 또 조선은 섬을 순찰하는 수토제를 시행하게 된다.

독도 문제가 다시 등장한 것은 20세기 초반 일본 제국주의가 조선을 침탈하면서부터다. 일본은 1904년 한일 의정서를 통해 조선 영토를 영유할 권리를 획득한다. 그리고 다음 해 시마네현 고시를 통해 독도를 편입한다. 해방 이후 1952년 소위 '이승만 평화선'에 독도가 편입되면서 한일 간의 독도를 둘러싼 외교 공방이 재개된다. 일본은 미국에게 항복하면서 제주도, 울릉도, 거문도 등을 포기했을 뿐 독도는 포함하지 않았다고 주장했다. 1965년 한일 협정 당시에도 결국 독도에 대한 합의는 이루어지지 못한다.

039

Thursday

불상

부처의 형상을 표현한 조각상. 불교의 발전에 비해 불상의 발달은 뒤늦은 편이다. 인도에서는 조각상을 만드는 문화가 없었고 거대한 사원이나 스투파를 만들어 불교 신앙을 표현했다. 스투파는 거대한 돌무덤 혹은 돌탑과 같은 모형인데 탑으로 발전한다. 그리고 1세기~2세기경 쿠샨 왕조가 들어서면서 불상 제작이 본격화된다.

불상 제작은 간다라 문화의 영향을 받았다. 기원전 4세기경 알렉산드로스 대왕이 중앙아시아 일대까지 정복전을 벌였고 그로 인해 그리스의 문화가 오늘날 파키스탄 일대인 간다라에 영향을 미친다. 초기 간다라에서 만들어진 불상은 그리스식 옷을 입고 서양인의 얼굴을 한 것이 대부분이지만 이후 인도 굽타 왕조가 들어서면서 불상 조각은 좀 더 인도적이고 동양적인 형태로 발전한다.

불상이 제작되는 배경에는 대승 불교의 영향도 크다. 초기 불교는 수행자가 스스로 깨달음을 얻는 것을 강조했다. 하지만 불교가 널리 퍼져나가고, 민간에 보급됨에 따라 일반 민중들이 믿고 숭배할 수 있는 형태로 변화하면서 불상을 제작하는 문화가 각별히 발전했다.

불상 조각은 인도를 넘어 동아시아의 보편적인 문화로 발전했다. 고구려, 백제, 신라 역시 불교를 수용하면서 다양한 불상을 제작한다. 현재 고구려의 불상은 흔치 않은데 '연가칠년명 금동여래입상'이 대표적이다. 이름에서 알 수 있듯 금동으로 만든 서 있는 부처님의 형상인데 예술성이 뛰어나다. 백제와 신라의 불상은 석상이나 벽에 새긴 부조 형태의 불상이 많이 남아 있다. '서산 마애삼존불입상', '배리 석조삼존불입상' 등이 그것이다. 삼국 시대 불상 예술의 극치는 단연코 '반가사유상'이다. 오른쪽 다리를 꼬고, 한 손을 얼굴에 댄 채 사색하는 모습으로 금동이나 돌, 나무로 다양하게 제작됐다. 현재 일본의 국보 1호 역시 고류지 목조 반가사유상인데 삼국과 일본 간의 문화 교류를 가늠할 수 있는 작품이다.

고려 시대가 되어 불교가 대중화되면서 다양한 계층에 의해 각양각색의 불상이 제작되는데, 예술성은 삼국 시대보다 못하다. 조선 시대에 들어선 이후 불교 예술은 침체기로 들어간다.

고사관수도

조선 초기에 활동한 문신이자 서화가인 강희안 (1417년~1464년)이 그린 문인화(文人畵). 강희안은 세종 때 관료가 돼 세조 때까지 활동했다. 집현전에서는 《용비어천가》, 《동국정운》 등의 편찬에 참여했고, 《양화소록》이라는 원예서를 쓰기도 했다.

그가 그린 〈고사관수도〉는 명나라의 절파 화풍에 영향을 받았다. 깎아지르는 절벽이나 흐드러진 나무를 주변에 배치하는 것, 먹으로 강렬하게 묘사하는 방식, 중앙에 인물을 배치하는 형태가 명나라 화풍이기 때문이다. 깊은 생각에 빠진 선비의 모습이 그윽이 드러난다.

계유정난 이래 세종 때의 수많은 학자들이 세조에 의해서 죽임을 당할 때 강희안도 고초를 치른 후 간신히 살아난다. 강희안의 인생과 세종 이후의 격동기를 돌아본다면 그림을 통해 많은 감상을 누릴 수 있을 것이다. 다만 정작 강희안은 그림 그리는 일에 큰 가치를 부여하지 않았다고 한다.

041

Saturday

골품제

6세기 신라의 법흥왕은 골품제를 공식화한다. 골품제는 골족과 두품층으로 구성된 신분 제도인데, 왕족인 성골, 귀족인 진골이 골족이고 그 밑에 6두품부터 1두품까지 하급 귀족들이 있었다. 다시 그 밑에는 평민과 천민이 있었으니 매우 복잡한 신분 제도인 셈이다. 신라가 진한 소국 중에 하나로 성장했고, 주변국을 복속하면서 나라를 이루었기 때문에 이러한 신분 제도가 만들어졌다고 본다.

골품제는 엄격하게 운영됐다. 각 신분에 따라 가옥의 크기부터 입고 다니는 복식까지 까다롭게 규제받았다. 성골 계층이 왕실 근친혼으로 존속하기 어려웠다고 하지만 성골과 진골이 완전히 분리돼 왕권을 계승했던 기간이 매우 짧았다. 그러므로 근친혼으로 인한 유전 문제에 크게 집착할 필요는 없다.

골품제는 신분에 따라 관직 승진에 엄격한 제한을 두었다. 고위 관료가 되거나 지방 장관이 될 수 있는 권한은 오직 진골에게만 주어진 특권이었다. 6두품의 경우, 6관등인 아찬까지 승진할 수 있었는데 아무리 능력이 탁월해도 5관등 대아찬으로 오를 수는 없고 명예 직함은 중아찬까지만 가능할 뿐이었다.

무열왕 김춘추와 문무왕이 삼국을 통일한 후 신문왕 대가 되면 신라 왕권은 전성기를 맞이한다. 신문왕은 왕권 강화를 위해 여러 노력을 펼쳤는데 이때가 6두품에게 기회의 시대이기도 했다. 신분적 한계 때문에 고위 관료가 되진 못했지만 국왕의 정치적 조언자 역할을 하면서 막후 실세로서 활약할 수 있었기 때문이다. 하지만 혜공왕 이후 왕권이 몰락하자 6두품의 지위 역시 무너지고 만다.

○ 신라는 끝내 골품제의 틀을 깨지 못했다. 혜공왕이 암살당하면서 무열왕계 진골 혈통이 몰락했고 이때부터 진골귀족들의 치열한 왕위 경쟁이 전개된다. 대공의 난, 96각간의 난, 김헌창의 난 등 혼란기가 이어지면서 신라는 지방에 대한 지배력을 상실했고 경주 일대로 세력권이 줄어들면서 후삼국 시대가 시작된 것이다.

042

Sunday

하늘은 스스로 돕는 자를 돕는다

명나라 장수 가운데서도 장세작이란 자는 특히 앞장서 철군을 주장했다. 우리가 물러나지 않자 그는 화가 난 표정으로 순변사 이빈에게 발길질까지 해댔다. (…) 나(류성룡)는 다시 한 번 청했다. "병사들이 한번 물러나면 왜적의 기세는 더욱 등등해질 것이고, 주위의 백성들 또한 놀라 흩어지게 되면 임진강 북쪽도 지키기 어려워질 것입니다. 부디 좀 더 주둔하면서 형세를 판단한 후에 움직이도록 하십시오."

이에 (명나라) 제독도 그러마고 했으나 믿을 수가 없었다. 아니나 다를까 내가 물러 나오자 제독은 곧 개성으로 돌아갔고, 뒤이어 여러 부대도 개성으로 물러갔다. 이제 임진강을 지키는 부대는 부총병 사대수와 유격 관승선의 병사 수백 명밖에 없었다.

그대로 동파에 머물고 있던 나는 날마다 사람을 보내 다시 진격할 것을 요청했다. 그러면 제독은 이렇게 말하며 시간만 끌었다.

"날씨가 좋아져서 길이 마르면 당연히 진격할 것이오."

(…) 하루는 명나라 장수들이 군량이 바닥났다는 것을 핑계 삼아 제독에게 돌아갈 것을 주장했다. 그러자 제독은 화를 내며 호조판서 이성중, 경기 좌감사 이정형을 불러들였다. (군량 부족을 문제 삼아) 뜰아래 우리를 꿇어앉히고는 큰소리로 문책하는 것이었다. 나는 우선 사죄하면서 제독을 진정시켰다. 그러나 나라의 모습이 어쩌다 이 지경에 이르렀는가 하는 생각이 들자 눈물이 저절로 흘러내렸다.

– 류성룡, 《징비록》 중

류성룡(1542년~1607년)은 임진왜란 당시 좌의정과 병조판서를 겸했고, 후에는 도체찰사가 되어 군사 업무를 담당했으며, 이후에는 영의정, 훈련도감 제조 등을 맡아서 국난을 극복하고자 큰 노력을 기울었다. 임진왜란 당시 명나리의 원조는 육전에서 전세를 만회하는 데 중요한 역할을 했다. 하지만 평양성 수복 후 벽제관에서 패배를 당하자 명나라 군대는 진격을 거부하고 어설픈 화의를 도모하는 등 임진왜란이 장기화되는 데 결정적 역할을 했다. 스스로 나라를 지키지 못했던 조선의 답답한 처지가 반영된 글이다.

043

Monday

4월 혁명

1960년에 벌어진 대한민국 최초의 민주 혁명. 이승만의 독재 정권이 무너지고 제 2공화국이 들어선다. 대한민국은 독립운동 단계에서부터 민주 공화정을 표방했고, 해방 이후 미국의 영향 아래 민주 헌법을 제정했다. 하지만 초대 대통령인 이승만은 헌법을 두 차례나 뜯어고치고 경쟁자인 조봉암을 간첩으로 몰아서 사법 살인을 하는 등 독재자로 군림하기 시작한다. 무리한 국정 운영으로 민심이 근본적으로 와해되는 가운데 네 번째 대통령 선거에서는 엄청난 부정 선거를 통해 당선된다. 이를 3.15 부정 선거라고 하는데, 당일 마산에서 부정 선거를 규탄하는 마산 의거가 일어난다. 경찰 병력이 마산 시위를 진압하면서 무차별 발포를 했고 시위 도중 실종됐던 김주열 군이 4월 11일 눈에 최루탄이 박힌 채 발견되자 마산에서는 다시금 강력한 규탄 시위가 벌어진다.

4월 18일에는 서울에서 정치 깡패들이 대학생 시위대를 습격하여 수십 명이 다치는 사고가 발생했다. 결국 다음 날인 4월 19일 중고등학생과 서울 시민 약 10만여 명이 거리에 쏟아져 나온다. 이에 대응하여 이승만 정부는 계엄령을 선포했고, 무차별적인 시위 진압에 나서 수천 명의 사상자가 발생한다. 하지만 4월 25일 전국 대학 교수단 데모를 계기로 시위는 다시 격화됐고 미국도 하야를 권고하는 등 이승만 정권은 사면초가에 몰린다. 결국 이승만은 하와이로 망명을 떠나면서 과도기를 거쳐 내각 책임제 개헌 후 제2공화국이 수립된다.

> 유구한 역사와 전통에 빛나는 우리 대한 국민은 3.1 운동으로 건립된 대한민국임시정부의 법통과 불의에 항거한 4.19 민주 이념을 계승하고 (…)

위의 글은 현행 헌법 전문에 나오는 내용으로, 4.19 민주 이념을 계승하고 있음을 분명히 밝힌다. '3.1 운동'이나 '대한민국임시정부'를 언급하는 것이 독립운동 사이 정통성을 강조하는 구절이라면, 4.19 민주 이념을 계승한다는 것은 민주 공화국의 정체성을 정확히 표현하고자 한 것이다.

○ 자유당의 실권자이자 부통령 당선자였던 이기붕과 그 일가는 4월 혁명 당시 집단 자살을 한다. 아들 이강국을 이승만의 양자로 올렸고 그로 인해 이강국이 온갖 추태와 만행을 벌이면서 소동을 일으켰다. 또 자유당의 부정부패가 극에 달했고 이기붕이 그 상징적인 인물이었기 때문에 비참한 최후를 맞이할 수밖에 없었다.

044

Tuesday

김춘추

김춘추(?~661년)는 백제를 멸망시키고 통일신라 시대를 연 국왕으로, 탁월한 외교가로 평가받고 있다. 폐위당했던 진지왕의 손자다.

그는 왕손에, 최고급 진골귀족이었음에도 뒤늦게 정치에 등장한다. 642년 의자왕이 이끄는 백제군이 대야성에서 신라군을 격파하는데 이때 김춘추의 사위였던 김품석과 딸이 처형당한다. 그는 백제를 멸망시키겠다는 일념으로 고구려의 연개소문을 찾아가면서 외교 행보를 시작했다. 하지만 연개소문은 죽령 이북의 땅, 과거 고구려의 영토를 돌려달라는 역제안을 했고 협상은 실패하고 만다. 간신히 억류 생활에서 탈출한 그는 오히려 더욱 과감한 외교전에 뛰어들게 된다.

이 시기 김춘추는 김유신과의 결속을 다지며 무력 기반을 확보한다. 가야 출신의 진골귀족인 김유신은 오랫동안 자신의 신분적 열세를 만회하기 위해 김춘추와의 협력을 모색했다. 대야성 전투에서의 패배, 대고구려 외교전에서의 실패 등이 맞물리면서 둘의 관계는 급속도로 가까워진 듯하다.

김춘추는 일본에 찾아가 동맹을 도모했으나 백제와 왜의 오랜 동맹 관계를 깰 수 없었기 때문에 이 또한 실패한다. 하지만 김춘추는 여기에 굴하지 않고 중국 당나라를 찾는다. 오랜 경험과 실패의 교훈을 바탕으로 결국 당태종 이세민을 설득하는 데 성공하여 나당 동맹이 맺어진다.

한편 김춘추는 치열한 권력 투쟁에서도 승리를 거둔다. 상대등 비담의 반란을 진압하고 선덕여왕의 뒤를 이어 진덕여왕의 즉위를 도모한 후 진덕여왕 사후 무열왕으로 등극한 것이다. 내부적으로 왕권 강화에 주력하는 기간 동안 동북아 정세는 요동을 쳤다. 백제, 고구려와 신라의 각축전이 계속되는 가운데 당태종이 이끄는 100만 대군이 연개소문의 고구려에 패했다. 김춘추는 김유신을 중용하여 백제와의 전투에서 지속적으로 승리했고, 당나라 소정방이 이끄는 10만 대군과 연합한다. 결국 5만의 군사를 파견하여 660년에 백제를 멸망시킨다. 백제 멸망 직전에 김춘추는 사망하는데 이후 아들 문무왕과 김유신이 삼국 통일의 숙원을 달성한다.

045

Wednesday

창덕궁

태종 때 만들어진 조선 시대 궁궐로, 경복궁과 더불어 조선의 법궁 기능을 담당했다. 주요 국왕이 창덕궁에 머물렀으며 임진왜란으로 불탔지만 광해군에 의해 복원된 후 조선 후기에도 국왕이 주로 이곳에 머물며 국가를 운영했다.

창덕궁은 경복궁과 구조가 확연히 다르다. 평지가 아닌 비탈진 곳에 지어졌기 때문에 서쪽에서 동쪽으로 올라가는 형태이고, 건물도 계단식이다. 일반적으로 정문이 정남쪽에 있어야 하는데 창덕궁의 정문인 돈화문은 위치상 서남쪽 후미진 곳에 위치한다. 경복궁이 유교적 이상을 담은 정도전의 작품이라면, 창덕궁은 왕권 강화를 강조한 태종의 작품이라는 점을 고려해야 한다. 자연과 어우러지기 위해 노력했다는 것도 살펴야겠지만 후원을 비롯하여 왕이 머물면서 누릴 수 있는 부분을 한층 배려했다는 점도 간과해서는 안 될 것이다.

창덕궁과 관련된 일화도 다양하다. 조선 전기 궁궐 공사에서 중요한 역할을 감당한 박자청은 인정전 앞뜰 구조를 두고 태종과 대립하다 끝내 사다리꼴 형태로 공간을 만들었다. 태종이 직사각형 형태로 만들라고 한 것을 어겨서 측량을 게을리했다는 죄목으로 하옥까지 당했으나, 한 달 후 현장에 복귀하여 본인의 의지대로 건물을 지은 것이다.

낙선재 일대는 조선 후기 헌종의 손길이 미친 곳인데 후궁 경빈 김씨와의 사랑 이야기가 전해 내려온다. 헌종이 경빈 김씨를 아내로 맞이하고 싶었으나 왕실 어른의 반대로 실패한 후 그녀를 잊지 못해 후궁으로 들였고 너무나 기쁜 나머지 낙선재를 지었다는 이야기다. 그런데 《조선왕조실록》을 비롯한 역사책에는 기록되지 않았다. 낙선재는 순종의 아내 순정효황후, 영친왕의 아내 이방자 여사 그리고 덕혜옹주 등이 살았던 조선 왕실 최후의 거처이기도 했다. 이곳은 근처 상량정과 정취가 어우러져서 사계절의 아름다움을 뽐내는 곳이다.

창덕궁의 후원은 30만㎡가 넘는 큰 공간으로, 주변에 울창한 숲과 후원의 건물들이 아름답게 어우러진다. 혹자들은 중국의 '이화원', 일본의 '가쓰라리큐'와 더불어 아시아 3대 정원이라고도 한다. 부용지, 주합루 등은 산세와 절묘하게 어우러져서 물과 나무, 건물과 숲, 자연과 사람을 합일의 경지에 이르게 한다.

046

Thursday

팔만대장경

1236년부터 1251년까지 16년 동안 부처의 힘으로 외적을 물리치기 위해 만들어진 대장경으로, '재조대장경'이라고도 부른다.

대장경은 동아시아 불교문화의 절정이자 국난 극복의 간절한 소망이다. 983년 송나라에서 최초로 대장경을 만들었고 1034년 요나라에서도 제작된다.

대장경은 불교 경전 편찬 사업 정도로 여기면 된다. 불교 국가였던 고려에서도 1011년부터 약 70년간의 작업을 통해 1087년 초조대장경을 만들었다. 하지만 1232년 몽골의 침략에 의해 초조대장경이 불에 탄다. 또 몽골의 침략이 계속 이어졌기 때문에 국난 극복을 위해 두 번째로 대장경 작업에 들어가는데 초조대장경을 만들었던 경험을 살려 16년 만에 완성한다. 완성된 경판의 숫자가 8만 개였기 때문에 팔만대장경이라고 부른다.

대장경에는 '경장', '논장', '율장' 등이 담겨 있다. 부처님의 말씀을 경장, 말씀에 대한 해석을 논장, 수행자가 지켜야 할 계명을 율장이라 부르는데 당시 편찬된 거의 모든 경전을 담았다고 한다. 새겨진 글자 수는 약 5,200만 자인데,《조선왕조실록》의 글자 수와 버금가는 숫자다.

팔만장의 경판을 쌓으면 백두산 높이에 이른다고 하는데, 경판 제작에 들어간 원목만 1만 그루 이상으로 추정한다. 탁월한 글씨체와 정성스러운 판각 작업으로 인해 예술성의 진가를 인정받고 있는데 애초에는 강화도에서 제작했으나 현재는 해인사로 옮겨 보관하고 있다.

조선 시대 때 일본 사신들이 지속적으로 팔만대장경을 내어 달라고 요청했고 한국 전쟁 당시 미군에 의해 이 지역이 폭격을 당할 뻔했을 정도로 수차례 위기를 겪었지만 끝내 보존돼 현재에 이른다.

047

Friday

붕당

중국과 조선의 독특한 정치 문화. 중국에서는 여타의 문명권과 다르게 일찍부터 관료 제도가 발전한다. 이미 전국 시대부터 본격화됐고 당나라 이후 과거제도가 도입되면서 유교적인 소양을 지닌 사대부가 국가를 운영하는 시스템이 일반화된다. 특히 송나라와 명나라 때는 관료의 영향력이 강화되면서 신하들 간에 정파가 생기고 정파 간의 격렬한 정쟁이 벌어지는 것이 사회적으로 큰 문제가 되기도 했다.

조선은 선조 때 심의겸과 김효원 간의 갈등을 계기로 서인과 동인으로 갈라진 것이 시작이었다. 심의겸은, 당시 사림파의 신진 인사로 촉망받던 김효원이 세도가였던 윤원형과 가깝게 지내는 것을 못마땅하게 여겼고, 김효원은 심의겸이 장원급제한 자신의 동생 심충겸을 이조 전랑이라는 관직에 추천하는 것을 잘못됐다고 여겼다. 이조 전랑 직을 두고 김효원과 심의겸의 갈등이 사림파 전체의 갈등으로 발전했고, 결국 이이의 적극적인 중재에도 불구하고 사림파는 둘로 나뉘고 만다. 이후 정여립 모반 사건을 계기로 서인의 영수 정철이 동인을 대상으로 엄청난 정치 탄압을 벌였고, 이러한 서인을 어떻게 할지를 두고 동인은 다시 북인(강경파)과 남인(온건파)으로 나뉜다.

광해군 때는 북인이 정권을 독점하는 것이 큰 문제가 됐고 결국 광해군이 실각하면서 북인 역시 축출된다. 이후 현종 때는 예송 논쟁, 숙종 때는 환국 등을 겪으며 서인도 노론과 소론으로 나뉘었다. 이쯤 되면 붕당 간의 갈등은 생사를 건 정치 투쟁으로 비화되고 만다.

이 밖에도 상황에 따라 일시적으로 분화하는 경우도 수두룩하다. 광해군 때는 북인이 분화하여 대북, 소북으로 나뉘었고, 숙종 때는 남인이 청남, 탁남으로, 다시 영정조 때에는 시파, 벽파 등으로 나뉘었다. 시파의 경우 소론과 남인은 물론 노론의 일부 인사까지 포함되기 때문에 붕당 정치는 상황에 따라 혼란스러운 모습을 보인다.

조선의 붕당 정치는 정파적 성격은 물론 학파적 성격을 지닌다. 북인은 주로 조식의 제자들이었고, 남인은 이황의 제자들이었다. 서인은 이이와 성혼이 주도했는데 나중에는 노론이 이이를, 소론이 성혼을 붕당의 시조로 여겼다.

○ 중국과 조선의 붕당 정치는 '제로섬 게임'이라는 위험성을 지닌다. 노론 입장에서 소론이나 남인은 소인배의 무리에 불과하기 때문에 공존과 경쟁, 소통과 합의 대상이 될 수 없다. 더구나 조선의 붕당 정치는 정쟁의 격렬함에 비해 붕당 간의 차별화된 정책이나 대안이 별로 없었다는 한계를 지닌다.

048
Saturday

이기론 논쟁

성리학 국가 조선은 치열한 사상 논쟁을 벌였다. 조선 초기에는 성리학에 대한 이해를 심화시키기 위해 노력했다. 고려 말에 성리학이 수용되긴 했지만 여전히 내세 문제나 개인적 문제에 관해서는 불교에 의존했는데, 조선 중기에 들어 불교의 도움이 필요 없는 유교만의 홀로서기가 시도된 것이다.

성리학은 김종직, 조광조 같은 사림파에 의해 발전하다 이황, 이이에 의해 만개한다. 성리학사에서 이황의 지위는 특별하다. 심성론(心性論) 분야에서 중국에서는 나타나지 않은 특별한 발전이 있었기 때문이다. 심성론은 인간의 마음과 본성에 관한 문제다. 인간은 선한 존재이지만 동시에 악한 존재이기도 하다. 이황은 선한 마음은 하늘이 준 순수한 본성에 있고, 악한 마음은 개인의 감정에 근거한다고 봤다. 이황은 우주 만물의 본질인 '이(理)' 즉, '도덕성의 가치'를 절대화했는데, 사람 안에도 절대적인 도덕적 본성이 있고 이를 잘 유지 보존해야 한다고 생각했다. 따라서 이황은 독실하고 경건한 삶의 태도를 강조했다. 이에 반해 이이는 '기(氣)' 즉, '현실 세계'에 대한 관심이 높았다. 사람의 마음과 본성은 나눌 수 없고 결국 개인의 노력 여하에 따라 선할 수도 있고 악할 수도 있다는 것이다. 또 개인적 훌륭함도 중요하지만 사회 개혁을 통해 모두가 훌륭할 수 있는 공동체를 만들어야 한다는 입장을 견지했다.

이런 논쟁은 이후에도 계속된다. 대표적인 논쟁은 조선 후기 '인물성동이론'으로, 사람과 사물의 본성은 같은가, 다른가를 둔 논쟁이다. 같다는 입장을 견지한 세력이 낙론, 다르다는 입장을 주장한 세력은 호론이다. 이황과 이이의 논쟁이 사회 개혁 논쟁으로 흘러간 것처럼 호론과 낙론의 논쟁은 이후 청나라 문물을 수용할 것인가, 서양 문물을 수용할 것인가로 발전했다. 나와 '다른' 사람들의 문화도 동등한 견지에서 바라볼 수 있는가의 문제였기 때문이다. 북학파, 개화파는 주로 개방적인 형태를 띠었기 때문에 낙론을 계승했다고 보고, 위정척사파는 호론을 계승했다고 평가한다.

○ 송시열은 윤휴와 박세당을 사문난적으로 몰았다. 쉽게 말해 윤휴와 박세당은 이단 사이비라는 주장이다. 이들은 주희와 다른 방식으로 유교를 해석할 수 있다는 온건한 주장을 펼쳤는데, 그로 인해 죽임을 당했다. 조선 후기에 다양성을 포기한 성리학 일변도의 발전으로 인한 심각한 부작용이었던 것이다.

049

Sunday

강수

강수(强首)는 (…) 얻는 바는 높고 깊어서 우뚝 솟은 당대의 인재가 됐다. 드디어 관직에 나아가 여러 벼슬을 거쳐 당시 이름이 널리 알려진 사람이 됐다.

강수가 일찍이 부곡(釜谷)의 대장장이 집 딸과 혼인 전에 정을 통했는데, 좋아하는 마음이 자못 돈독했다. 나이 20세가 되자 부모가 읍내의 처녀들 중에서 용모와 행실이 아름다운 자를 중매하여 장차 그의 아내로 삼으려고 했다. 강수는 두 번 장가들 수 없다며 사양했다. 아버지가 성내며 말하기를 "너는 이 시대에 이름이 나서 너를 모르는 나라 사람들이 없다. 그런데 미천한 사람을 배우자로 삼는다면 또 수치스럽지 않겠느냐?"라고 말했다. 강수가 두 번 절하고 말하기를 "가난하고 미천한 것은 부끄러운 것이 아닙니다. 도를 배우고도 그것을 실행하지 않는 것이 정말 부끄러운 것입니다. 일찍이 옛사람의 말을 들었는데 '조강지처는 마루에서 뜰에 내려오지 않게 하며, 가난하고 미천할 때에 사귄 친구는 잊을 수 없다'라고 했으니 미천한 아내라고 해서 차마 버릴 수 없는 것입니다"라고 했다.

(…) 문무왕(文武王)이 말하기를 "강수는 문장을 잘 지어 능히 중국과 고구려, 백제 두 나라에 편지로 뜻을 다 전했으므로 우호를 맺음에 성공할 수 있었다. 나의 선왕이 당나라에 군사를 청하여 고구려와 백제를 평정한 것은 비록 군사적 공로라고 하지만 또 문장의 도움이 있었기 때문인즉 강수의 공을 어찌 소홀히 여길 수 있겠는가?"

《삼국사기》〈강수열전〉에 나오는 글이다. 통일신라기 때 살았던 강수는 탁월한 문장가로 이름을 떨쳤으나 6두품이라는 신분적 한계가 있었다. 진골귀족이 될 수 없기 때문에 국가 고위직으로 나아갈 수는 없었으나 평민보다는 훨씬 지체 높은 신분이었다. 당시에는 신분이 낮은 여성과 결혼하면 지탄받았고 자식의 신분은 낮아졌다. 그럼에도 사랑을 선택한 강수는 우리 역사에서 보기 드문 로맨티스트였던 셈이다.

050

Monday

삼별초의 항쟁

삼별초는 좌별초, 우별초 그리고 몽골의 포로가 됐다가 탈출한 이들을 중심으로 만든 신의군을 통합한 부대로, 치안 유지를 위해 만든 야별초가 확대 발전했다. 최충헌의 아들 최우가 만들었고 최씨 무신 정권의 핵심 무력 기반으로 발전한다.

최우가 집권할 당시 몽골의 침략이 본격화된다. 1231년 1차 침입부터 1259년까지 크게 여섯 차례를 쳐들어왔다. 당시 최우는 강화도로 천도했고 삼별초를 비롯한 핵심 무장 세력을 강화도 방위에 집중시켰다. 백성들에게는 산과 섬에서 항전할 것을 주문했는데, 실상 자발적인 항쟁 조직을 꾸려 싸우는 수밖에 없었다.

용인 처인성에서는 승려 김윤후를 중심으로 치열한 항쟁이 벌어진다. 김윤후는 1차 침입 당시 살리타를 사살하면서 침략 자체를 막아내는 전과를 올리기도 했다. 다인철소, 처인 부곡 등 차별받던 지역의 백성들이 치열하게 항전한 것으로 유명하다. 이에 비해 30년 동안 무신 정권은 강화도 수비에 전력한 것을 제외하곤 이렇다 할 업적이 없었다.

당시 몽골은 중앙아시아, 인도 북부를 점령한 후 중동과 러시아로 힘을 뻗치고 있었고 한편에서는 여진족이 세운 금나라를 멸망시킨 후 남송과 고려를 압박하던 중이었다. 여섯 차례 쳐들어왔다고 하지만 다른 지역처럼 점령을 위해 집중적으로 힘을 쏟았다고 보긴 어렵다.

결국 30년간의 지속적인 침탈과 국가 전체를 지키지 못하는 무신 정권의 무책임한 방위 전략이 지속되면서 투항하자는 여론이 고조됐고, 1259년 원종이 직접 쿠빌라이를 찾아가 항복한 후 개경 환도를 결정한다.

이에 불복한 삼별초는 강화도에서 항전하다 진도로 근거지를 옮긴다. 배중손은 '고려 왕실은 12대에 끝나기 때문에 남쪽에 새로운 나라를 세워야 한다'는 도참설을 주장하며 천여 척의 배를 동원하여 진도에 용장성 등을 세우고 저항을 거듭한다. 하지만 여몽 연합군에 패배했고 김통정을 중심으로 제주도로 옮겨 항파두성을 쌓고 항쟁하다 결국 1273년에 패배한다.

삼별초의 항쟁은 오랜 기간 '외세에 대항한 민족 항쟁' 정도로 해석돼 왔다. 그러나 무신 정권이 몰락하고 왕권이 회복되는 가운데 벌어진 '내전'이라는 해석도 충분히 가능하다.

대조영

대조영(?~719년)은 발해를 건국한 고구려 유장이다. 발해의 건국은 7세기 후반 동북아시아의 국제 정세 변화와 긴밀한 관련을 맺는다. 돌궐이 세력을 만회하여 북방에서 당나라를 위협하기 시작했고 이 시점에 거란족의 일파였던 이진충은 영주(오늘날 랴오닝성 일대)에서 반란을 일으킨다. 이진충의 난은 당나라에 의해 진압되지만 오히려 동북방 일대에서 당의 지배력은 약화된다. 거란은 물론 동호족 계통인 해족, 고구려 유민과 말갈족 등이 당나라의 지배를 거부하고 저항하기 시작한 것이다. 이 와중에 대조영의 아버지였던 걸걸중상 그리고 걸사비우 등이 독자적인 세력을 구축하며 역사에 등장한다.

당나라는 이 문제를 해결하기 위하여 고구려 멸망 이후 일대를 관리하기 위해 만든 안동 도호부를 없애고, 고구려의 마지막 국왕이었던 보장왕의 손자 고보원을 충성국왕으로 임명하여 상황을 수습하고자 한다. 또 걸걸중상과 걸사비우 등에게도 관직을 내리는 등 포섭을 시도한다. 하지만 포섭 정책이 실패하자 당나라는 이해고라는 거란 출신의 장수를 보내 무력 진압에 나선다. 결국 치열한 전투 끝에 고구려 유민의 지도자였던 걸걸중상, 말갈족의 지도자였던 걸사비우 등이 전사하며 반란 세력은 큰 위기에 처한다.

아버지 걸걸중상의 죽음에 따라 자연스럽게 이들 집단의 지도자로 부상한 대조영은 기존의 근거지를 버리고 과거 고구려 영토의 중심지였던 남만주 지역으로 대탈출을 감행한다. 이해고가 이끌던 당나라 군대는 끈질기게 추격하지만 천문령에서 결전을 벌이다 결국 대조영에게 대패한다. 하지만 이후에도 당나라 군대의 추격은 계속됐기 때문에 대조영 일파는 다시 북쪽으로 도망쳐 모란강 유역의 동모산에 정착한다.

이러한 과정을 통해 대조영은 고구려 유민과 말갈족의 지도자로써 공고히 나라를 세우고 스스로 진국왕이라고 칭했다. 고구려를 계승한 발해가 건국된 순간이다. 이후 대조영은 만주 지역을 기반으로 압록강과 함경도 일대까지 세력을 확장해나간다.

대조영은 고구려 유장 출신이고, 아버지 걸걸중상은 이름으로 추정컨대 말갈족이었을 것이다. 일각에서는 고구려 유민과 말갈족을 분리해서 발해를 말갈족이 세운 나라라고 하기도 한다. 하지만 고구려는, 말갈족은 물론 여타의 북방 족속들이 함께 살았던 나라임을 고려해야 한다.

052

Wednesday

장소

서울역

1900년 경성역이라는 이름으로 역사에 등장했고, 현재는 철도와 지하철, 공항철도가 이어진 대한민국 교통의 심장부다. 서울역을 기점으로 북쪽에는 남대문, 시청, 광화문, 경복궁으로 이어지는 중심로가 있고 이 길의 왼편에는 서대문역, 독립문역을 지나 은평구로 이어지는 중심도로가 있다. 오른편에는 남대문시장, 명동, 충무로, 왕십리로 이어지는 대로가 펼쳐진다. 남쪽으로 내려가면 용산을 거쳐 한강을 지난 후 노량진, 영등포로 나아가니 이보다 교통의 요지일 수는 없을 것이다.

구한말 철도만큼 중요한 수단은 없었다. 철도가 놓이는 곳에서 교통 혁명이 일어났고 근대 문물의 유입, 물자의 유통을 비롯한 엄청난 사회 혁신이 일어났으니 말이다. 제국주의 국가들에게 철도는 식민지 개척의 수단이기도 했다. 철도를 놓으면 군대를 보낼 수 있기 때문이다. 러일 전쟁 역시 시베리아 횡단열차가 놓이기전에 조선의 지배권을 확보하려는 일본이 일으킨 전쟁이었다.

조선의 철도 부설권을 둘러싼 열강의 다툼은 격렬했다. 서울을 기점으로 부산으로 가는 경부선, 의주로 가는 경의선이 한반도의 중심축이었는데 우선 서울에서 인천으로 이어지는 경인선을 만든 후 단계적으로 건설됐다. 경인선은 미국, 경의선은 프랑스가 부설권을 확보했으나 결국 모든 철도는 일본에 의해 놓였다.

구 서울역사는 사적으로 지정돼 관리되고 있고 현재는 뒤편에 훨씬 큰 규모의 역사가 들어서 있다. 강우규 의사는 3대 총독으로 부임하는 사이토 마코토 총독을 폭살하기 위해 이곳에서 폭탄을 던졌다. 대부분의 의열 활동이 20대~30대의 청년들에 의해 이루어진 데 반해 강우규는 당시 이미 환갑을 넘긴 나이였다.

○ 원래 서울역 앞에는 고가도로가 있었다. 하지만 서울시의 고가도로는 대부분 철거됐고 2017년 이곳은 보행이 가능한 공중 정원으로 탈바꿈했다. 일명 '서울로 7017'이다.
○ 서울역 맞은편에 서울스퀘어가 있는데, 김우중 회장이 세운 대우그룹의 본사였던 건물이다. 김우중 회장은 정주영, 이병철과 더불어 대한민국 산업화의 대표적인 인물이었다. 《세계는 넓고 할 일은 많다》라는 자서전이 베스트셀러가 되기도 했고, 한때 재계 3위의 재벌이기도 했으나 대우그룹은 1997년 외환위기 이후 몰락하고 말았다.

053

Thursday

안동

안동은 경상북도의 중심지로, 전통문화를 대표하는 곳이다. 조선 시대 유교 문화 유산을 가장 많이 보유하고 있기 때문이다. 하회마을은 국내에서 가장 대표적인 전통 마을로, 영국 여왕 엘리자베스 2세가 직접 방문하기도 했다. 사실 하회마을을 다니다 보면 의아한 느낌이 든다. 기와를 얹은 양반집과 양인들이 사는 초가집이 한데 모여 있기 때문이다. 기와집 근처에 몰려 있는 초가집 사람들은 대부분 양반집에서 땅을 빌려서 농사를 짓는 소작농들이었다. 즉, 도적이 약탈을 시도할 때 소작농들이 모여서 양반집을 보호하는 형태였다고 보면 된다. 아름다운 전통 마을이라고는 하지만 신분제의 모습이 고스란히 드러나 있다.

안동에는 이황을 기리는 도산서원과 류성룡을 배향하는 병산서원이 있다. 류성룡은 이황이 가장 아끼는 제자였고 임진왜란 당시 전란을 수습하기 위해 혼신의 노력을 기울였던 인물이다. 병산서원은 국내에 존재하는 모든 서원 중 최고의 지세와 풍광을 자랑하는 공간이다. 서원을 마주한 병산은 깎아지르는 듯한 절벽의 형태이지만 나무가 적지 않아 위압감이 적고 보는 이의 마음을 평안하게 한다. 병산과 서원 사이에는 낙동강이 흐르는데 모래톱이 쌓여 있고 유속이 느리기 때문에 오랫동안 머무르기에 좋다. 서원의 경당과 병산 사이에는 만대루를 지었는데 이 또한 탁월하다. 만대루에 올라 자연을 벗하면서도 학문함을 잊지 않을 수 있고 만대루를 통해 병산의 압도함을 막을 수 있기 때문이다.

안동하면 임청각의 주인 이상룡을 기억해야 한다. 이상룡은 임시정부 국무령을 역임한 저명한 독립운동가다. 안동은 의병 활동이 활발하게 일어났던 곳이면서 상대적으로 매우 전통적이고 보수적인 곳이었다. 이런 곳에서 의병 항쟁을 시작한 이상룡은 입장을 바꾸어 애국계몽운동을 벌인다. 이후 1910년 조선이 강제 병탄을 당하는 와중에 신민회에 참여, 신흥무관학교 결성에 중요한 역할을 담당한다. 또 서로군정서를 이끌며 임시정부에 참여했고 1925년에는 국무령에 취임하기도 한다. 보수적인 양반 마을에서 태어나서 급진적인 무장 투쟁을 진행하고 민주공화국을 표방한 임시정부의 지도자로 선다는 것은 보통 결단이 아니었을 것이다. 또 그가 국무령으로 취임했던 때는 임시정부가 가장 어렵고 힘들었던 시절이었다. 이상룡은 가치와 이상을 따르는 위대한 삶을 살았던 것이다.

제사

조상이나 신령에게 음식을 바치며 추모하거나 기원을 드리는 의식. 중국을 중심으로 동아시아에서는 매우 이른 시점부터 조상에게 제사를 드리는 문화가 존재했다. 조상이 죽으면 귀신이 돼 후손을 돌본다는 믿음에 기인한 것인데 다른 문명권과는 확연이 구분되는 발상이다.

자연에도 신이 없는 것은 아니다. 바다의 신도 있고 강의 신도 있고 하늘을 주관하는 옥황상제도 있다. 하지만 자연신은 인간계에 개입하지 않는다고 믿었다는 것이다. 따라서 죽은 조상만이 가족과 공동체를 보호한다는 믿음이 발전했고 이에 따라 국가 공동체나 가족 공동체가 제사를 지내는 문화가 일찍부터 발전했다.

더구나 춘추 전국 시대 이후 유교가 등장하면서 종래의 전통문화를 흡수, 체계화하고 의무화한다. 부모에 대한 효도를 가장 중요시했고, 군주에 대한 충성을 강조했던 유교 문화 덕분에 동아시아에서의 제사는 좀 더 강한 도덕적 의미를 부여받게 된다.

유학 사상에는 특정한 신을 숭배하거나 별도의 성직자가 존재하지 않는다. 더구나 내세 사상도 없다. 따라서 모든 가정에서는 장자가 제사를 주관하고 국가에서는 국왕이, 지역에서는 해당 수령이 제사를 주관하는데 지극히 현세적인 복을 추구한다. 또 유학 사상이 심화되면서 공자, 맹자, 주희 같은 유교의 성현을 별도로 기리는 예식도 발전한다. 하지만 전통적인 무속 신앙이나 불교문화의 영향 또한 존재하는 것이 사실이다.

오랫동안 발전해온 동아시아의 제사 문화는 지역별로 차이를 보여 왔다. 우리나라에서는 도교 예식을 찾아보기 힘든 반면 중국에서는 도교 사당이 광범위하게 분포하고 있고 일본의 경우는 불교의 영향력이 매우 강하다.

대체적으로 유교, 불교, 도교, 무속 신앙이 차별적 요소를 갖고 공존하던 시기를 지나 기독교가 들어오거나 세속화가 본격화되면서 제사 문화도 많이 바뀌었다. 간략한 추모 예배로 대체되거나 아예 제사가 없어지는 경우가 다반사이니 말이다.

○ 종로구 숭인동에 동묘가 있다. 동묘는《삼국지》에 나오는 관우를 신으로 모시는 곳이다. 우리에게 관우는 유비의 의형제이자 뛰어난 용장이지만, 중국에서는 복을 주는 가장 유명한 신으로 현재도 사랑받고 있다. 동묘는 임진왜란 당시 명나라 군대가 주둔하면서 만들어졌다.

055

Saturday

지눌

지눌(1158년~1210년)은 고려의 고승이자 조계종의 창시자다. 수선사 결사를 주도하며 고려 불교의 개혁을 이끌었고 '돈오점수(깨달음은 단번에 하지만 번뇌의 소멸은 단계적으로 이루어진다)'를 주창했다.

고려 시대가 되면 교종과 선종은 양대 종단으로 발전한다. 교종은 불경을 탐독하며 수행하는 분파이고, 선종은 스승이 내려준 화두를 붙들고 수행하는 분파다. 고려 전기에는 교종과 선종의 통합 논의가 활발했다. 의천은 '교관겸수'를 주창하며 불교 개혁을 주도했다. 교종의 학문 탐독과 선종의 수행 방법을 함께 갖추어야한다고 보고 천태종을 창시했다. 하지만 의천은 왕족이었고 그가 주도했던 불교 통합 과정은 권력에 의한 일시적 통합 작업에 불과했다.

고려 중기 무신 집권기에는 좀 더 적극적인 불교 개혁이 모색됐다. 불교 개혁 운동을 주도한 인물은 지눌이었다. 오늘날 송광사의 전신이라 할 수 있는 수선사를 중심으로 결사운동을 벌였는데, 그도 의천처럼 '정혜쌍수' 즉, 선종과 교종의 수행 방법을 함께 닦아야 한다고 설파했다. 또 돈오점수라는 독자적인 선종 수행 방법을 제안했는데, 이후 한국 선종의 가장 중요한 수행 방법으로 자리매김한다.

고려 시대는 한국 불교의 전성기였다. 요세 역시 백련사 결사를 주도하며 참회 신앙을 강조했고, 혜심은 유교와 불교가 본질적으로 같다며 '유불일치설'을 주장했다.

○ 조선 시대로 들어오며 불교는 침체기에 빠진다. 태종은 도성 근처 70여 개의 절을 제외하고 전국적으로 절 소유의 땅과 노비를 몰수했다. 조선 왕조는 불교 종단을 인위적으로 줄였다. 11개에서 7개로 줄였고, 세종은 2개로 축소했다. 세조, 그리고 명종의 어머니인 문정왕후 등이 간혹 불교를 배려하는 정책을 펼쳤으나 일관적으로 이어지지 못했다.

조선경국전

옛날에는 토지를 관에서 소유하여 백성에게 줬으니, 백성이 경작하는 토지는 모두 관에서 준 것이었다. 천하의 백성으로서 토지를 받지 않은 사람이 없고 경작하지 않는 사람이 없었다. 그러므로 백성은 빈부나 강약의 차이가 그다지 크지 않았으며, 토지의 소출이 모두 국가에 들어갔으므로 나라 역시 부유했다.

토지 제도가 무너지면서 (…) 남의 토지를 겸병하여 부자는 밭두둑이 잇닿을 만큼 토지가 많아지고, 가난한 사람은 송곳 하나 꽂을 땅도 없게 됐다. (…) 국가에서는 팔짱을 끼고 구경만 하고 그 이득을 차지하지 못하니, 백성은 더욱 곤궁해지고 나라는 더욱 가난해졌다.
(…) 힘이 약한 사람은 또 세력이 강하고 힘이 센 사람에게서 토지를 빌려 그 소출의 반을 나누었으니, 이것은 경작하는 사람은 하나인데 먹는 사람은 둘이 되는 셈이다. 그리하여 부자는 더욱 부유해지고 가난한 사람은 더욱 가난해져서, 마침내는 스스로 살아갈 길이 없어서 농토를 버리고 직업이 없이 떠돌아다니거나 직업을 바꾸어 말업(末業)에 종사하기도 했으며, 심한 경우 도적이 되기도 했다. 아! 그 폐단을 어찌 다 말할 수 있으랴?

전하(殿下)는 (…) 그 폐단을 보고 개탄스럽게 여기어 사전(私田)을 혁파하는 일을 자기의 소임으로 정했다. 그것은 대개 경내의 토지를 모두 몰수하여 국가에 귀속시키고 인구를 헤아려서 토지를 나누어 주어서 옛날의 올바른 토지 제도를 회복시키려고 한 것이었는데, 당시의 구가(舊家) 세족(世族)들이 자기들에게 불편한 까닭으로 입을 모아 비방하고 원망하면서 여러 가지로 방해하여, 이 백성들로 하여금 지극한 정치의 혜택을 입지 못하게 했으니, 어찌 한탄스러운 일이 아니겠는가?

《조선경국전》은 조선 건국 후 국가 운영을 위해 만들어진 최초의 법전 중 하나로 정도전이 썼다. 조선은 건국 1년 전 과전법을 단행하여 권문세족의 토지를 혁파하고, 소작농에게 땅을 나누어주는 대대적인 토지 개혁을 실시했다. 토지 문제를 경제 모순의 근원으로 본 것이다.

057

Monday

을사조약

1905년 일본이 강제로 조선의 외교권을 박탈한 조약을 말한다. 1895년 청일 전쟁에서 승리를 거둔 일본은 조선에 대한 지배권을 두고 러시아와 경쟁을 벌인다. 1904년 러일 전쟁이 일어나는데 고종은 중립화 선언을 시도하는 등 주권을 지키기 위해 노력하지만 일본은 조선에 한일 의정서 체결을 강행하여 관철시킨다. 이는 일본과 조선이 동맹을 맺고, 군사 전략상 필요한 지역을 일본이 자유롭게 사용할 수 있다는 조약인데 이때부터 1910년 조선이 병합될 때까지 여러 차례 강제 조약을 맺게 된다. 같은 해에 제1차 한일협약을 맺어 외교 고문 스티븐스, 재정 고문 메가타 같은 외국인 고문이 내정을 간섭하기 시작한다.

1905년 러일 전쟁에서 일본이 승리하며 포츠머스 조약을 맺는다. 같은 시기 가쓰라-테프트 밀약(일본-미국), 제2차 영일 동맹(영국-일본)이 맺어지는데 모두 일본의 조선 지배를 인정한 조약들이다. 그리고 그해 11월 17일 외교권을 박탈하고 통감부를 설치하는 을사조약(제2차 한일협약)이 맺어진다.

을사조약은 그간 조선의 자치를 보장한다고 주장하며 비교적 온건파에 속했던 이토 히로부미가 주도했고, 이완용의 적극적인 노력에 힘입어 체결된다. 을사조약이 체결되는 과정에 방관자적인 태도를 보였던 고종은 이를 만회하고자 이준, 이상설, 이위종을 헤이그 만국평화회의에 파견하여 독립을 주장하지만 실패하고 강제 퇴위당하고 만다.

이후 1907년 한일신협약(정미 7조약)을 맺으면서 통감의 역할이 강화되고 일본인 관리들이 대거 조선에 진출하면서 차관 정치가 본격화된다. 또 이 시기 군대는 강제 해산당한다. 1909년에는 기유각서를 통해 사법권을, 1910년에는 경찰권을 박탈당했고 같은 해 8월 29일 조선의 식민지화를 강경하게 주장했던 데라우치 마사타케와 총리대신 이완용의 협의로 강제 병탄이 이루어진다.

일진회, 대한협회 등은 한일합방 청원운동을 벌였고 이완용은 조선이 식민화되는 것이 아닌 조선이라는 국호와 국왕 칭호 유지만을 요구하는데, 왕실을 보존하는 선에서 식민화가 완성된다.

058

Tuesday

전태일

전태일(1948년~1970년)은 대한민국 최초로 1970년에 분신자살로 노동 문제를 세상에 알린 노동 운동가다.

1960년대는 산업화에 따른 새로운 사회 문제가 발생하던 때였다. 이촌향도 현상이 본격화됐고, 많은 이가 청계천 일대의 무허가 판자촌에서 생활했다. 젊은 여성들은 일자리를 찾아 서울에 올라왔다가 속임을 당하여 염창동에 끌려가 성매매 여성이 되기도 했다. 많은 여성이 공장에 취직했는데 하루 15시간 이상의 고강도 노동과 열악하기 그지없는 근무환경으로 큰 고통을 당했다. 1층 건물을 반 층씩 두 개로 나눠 작업장을 만들었기 때문에 허리를 굽혀 일해야 했고, 30분인 점심시간 동안에도 일하는 자리에 앉아 밥을 먹어야 했다. 잔업수당이 있었기 때문에 잠안 오는 약을 복용하며 야근에 매달려야 했고 주말에도 일했다. 작업반장에 의한 성추행이나 폭행도 일상이었다. 농촌에서는 일자리를 구하기 쉽지 않았고 농업으로 먹고사는 것이 어렵던 상황에서, 수많은 사람이 서울로 몰려들어 힘겨운 생활을 연명했던 것이다. 도시 문제, 빈민 문제, 노동 문제, 여성 문제가 복합적으로 들끓었지만 사회적 인식이 따라오지 못했고 정치권은 관념적인 민주주의 투쟁에만 매몰돼 있었다.

동대문 평화시장 재단사였던 전태일은 이러한 현실에 문제의식을 가지게 됐고, 특히 어린 여성 노동자들의 참담한 현실에 큰 가책을 느꼈다. 1968년에 근로기준법이 있다는 사실을 알게 됐는데 '바보회'를 만들어 근로기준법을 노동자들에게 알리기 위해 노력하다 평화시장에서 쫓겨났다.

막노동으로 생계를 잇던 전태일은 노동청, 서울시, 청와대 등 공공기관에 노동자들의 현실을 알렸으나 정부도 노동자들의 편은 아니었다. 결국 전태일은 1970년 11월 14일 "근로기준법을 준수하라! 우리는 기계가 아니다!"라고 외치며 평화시장 앞에서 분신자살했다.

전태일의 죽음은 당시 엄청난 사회적 파장을 일으켰고, 정치권에서 비로소 노동 문제를 인식했다. 비로소 노동 문제가 사회적 의제로 떠오르기 시작한 것이다.

○ 전태일의 어머니 이소선을 비롯하여 뜻을 같이하는 이들은 이후 '청계노조'를 결성해 민주노조운동을 벌였고, 노동운동의 선구적 역할을 감당했다. 이들은 1970년대를 넘어 1980년대에도 지속적으로 활동했다. 1987년 노동자 대투쟁, 1995년 민주노총 결성 같은 한국 노동운동의 산파 역할을 한 것이다.

059

경주

Wednesday

경상북도에 소재한 신라의 수도. 경주만큼 오랫동안 명성을 이어온 곳도 없을 것이다. 신라 천 년의 수도였고, 고려 전기에는 '남경'이라 지칭하며 신성한 땅으로여겨졌다. 신라가 삼국의 최종 승리자가 됐고, 신라의 후예들이 고려 조정에서 문벌귀족이 되었기 때문일 것이다.

경주는 박정희 정권기 때 대대적인 관광지로 조성됐고, 한때 전국 고등학생들의 수학여행지였다. 불국사와 석굴암은 물론 안압지로 불렸던 동궁과 월지도 유명하다. 첨성대와 문무대왕릉, 곳곳에 동산 모양의 거대한 무덤도 자리 잡고 있다. 애초에 독보적인 문화유산이 집중돼 있고, 최근에는 황리단길이 개발되는 등 지역관광 활성화의 모범적인 성공 사례가 되고 있다.

경주 하면 신라를 생각하지만 조선 시대와도 연관이 깊다. 옥산서원, 양동마을은 세계문화유산으로 지정되기도 했는데, 조선의 숨결을 오롯이 느낄 수 있는 곳이다. 옥산서원은 이언적을 기리기 위해 만들어진 공간이다. 일반인에게는 낯설지만 조선 유학사에서는 조광조와 이황을 잇는 중요한 인물이다.

남산 하면 서울의 목멱산을 떠올리지만 신라에도 남산이 있다. 이곳에는 불교유적이 집중적으로 남겨져 있기 때문에 불교사와 불교 예술을 공부하는 이들이 필수적으로 찾는 곳이다.

김동리와 박목월의 고향도 경주로, 불국사 인근에는 동리목월문학관이 있다. 김동리는《무녀도》,《등신불》같은 작품을 발표하며 한국 문학사에 가장 중요한 인물이었고, 박목월 역시 청록파 시인으로 유명하다. 특히 김동리의 문학은 무당인 어머니와 기독교를 받아들인 아들의 갈등을 날카로운 시선으로 묘사하면서 샤머니즘과 고등 종교, 전통과 근대, 운명과 의지의 갈등을 탁월하게 표현하는 등 여전히많은 상상력을 던지는 작품이다.

덕수궁

Thursday

대한제국의 정궁으로, 원래 이름은 경운궁이다. 1907년 고종이 강제 퇴위당하고 조선의 마지막 황제인 순종이 즉위한다. 이때 순종이 장수를 기원하는 뜻에서 고종에게 덕수라는 칭호를 올렸고 '덕수 황제가 사시는 곳'이란 뜻으로 호칭이 바뀐다.

최근에는 조선의 4대 궁궐이나 5대 궁궐로 덕수궁을 경복궁이나 창덕궁과 함께 부른다. 그래서 경복궁이나 창덕궁처럼 오래된 궁궐로 생각하는 경우가 많지만 그렇지는 않다. 덕수궁은 월산대군의 저택으로, 임진왜란으로 궁궐이 불타자 머물 곳이 없던 선조가 임시 거처로 사용하던 곳이었다. 이후 광해군이 거처를 창덕궁으로 옮기면서 별궁으로 남아 있었다. 그리고 1897년 고종이 대한제국을 선포하면서 덕수궁은 대한제국의 정궁으로 재탄생한다.

덕수궁은 다른 궁궐과 느낌이 확연히 다르다. 중화전 같은 전통 건물과 석조전 같은 신식 건물이 함께 세워져 있기 때문이다. 또 규모가 작고 건물의 배치가 안정적이지 못한 느낌도 드는데, 외세의 침략 속에서 어렵사리 조선을 지키려고 했던 불안한 시대 상황이 건축에도 고스란히 반영된 듯하다.

고종이 덕수궁에서 통치했던 이유는 주변에 외국 공사관이 많았기 때문이다. 일본의 간섭에서 벗어나고자 러시아공사관에 피신했듯 당시 대부분의 공사관은 덕수궁 주변인 정동 일대에 밀집돼 있었다. 심지어 덕수궁과 러시아공사관을 잇는 비밀 통로도 있었다고 한다.

고종은 덕수궁을 중심으로 방사형의 새로운 도시를 설계하고 싶어 했다. 당시 유행하던 파리의 도시 구조처럼 개선문을 중심으로 파리 시내가 퍼져나가듯 말이다. 오늘날 종로구 일대는 두 가지 축으로 형성됐다고 보면 된다. 경복궁과 종로를 중심으로 만들어진 조선 전기의 서울 그리고 덕수궁을 중심으로 발전한 조선 후기의 서울이 그것이다.

○ 오늘날 덕수궁은 대한문을 통해 들어가기 때문에 대부분 대한문을 정문으로 알고 있다. 하지만 조선 궁궐의 정문에는 모두 '화(化)'라는 단어가 들어간다. 경복궁의 정문은 광화문, 창덕궁은 돈화문, 창경궁은 홍화문, 경희궁은 흥화문이듯 덕수궁의 원래 정문은 '인화문'이었다. 그러나 현재 서울시립미술관을 마주보는 자리였다고 추정될 뿐 남아 있지 않다.

○ 덕수궁의 석조전은 신고전주의 양식의 건물로, 황금과 대리석으로 만들어진 유일무이한 조선의 궁궐이다.

김명국

달마도

김명국(1600년~?)은 조선 중기의 화가로, 그의 이름은 몰라도 그가 그린 〈달마도〉는 유명하다.

김명국은 광해군부터 현종 대의 화가로, 오랫동안 도화서에서 일하면서 궁중 행사 기록화, 창덕궁 단청 등 각종 작업을 담당했다.

가장 주목되는 이력은 조선통신사를 따라 일본에 다녀온 것이다. 일본인들이 앞다투어 그의 그림을 얻으려 했고, 1643년에는 막부에서 김명국 같은 이를 보내달라는 요청까지 했다고 한다. 미천한 신분으로 시작하여 정6품까지 올랐는데, 술을 좋아하여 술에 크게 취한 후 붓을 들어 그림을 그렸다고 한다. 〈달마도〉뿐 아니라 〈설경산수도〉 같은 작품도 유명하다.

062

Saturday

사회주의

19세기 서양에서 시작한 좌익 급진주의 사상으로, 사회주의와 공산주의 용어 사용에 정확한 구분은 없다. 통상 이념적이고 사상적인 측면에서 이야기를 할 때는 사회주의라는 단어를 선호하고, 현실적이고 경제적인 측면에서 이야기할 때는 공산주의라는 용어를 선호한다.

사회주의 사상은 마르크스에 의해서 체계화됐지만 지역과 시기에 따라 다양한 면모를 지녀왔다. 자본주의의 모순, 계급 투쟁, 혁명을 통한 사회 전복 등이 핵심 개념인데, 레닌은 혁명가가 이끄는 정치 투쟁을 강조하면서 러시아혁명을 성공시켰고 마오쩌둥은 인간의 의지를 강조하면서 농촌 조직화에 성공하여 중국을 공산화했다. 이 밖에도 독일이나 북유럽에서는 민주주의와 결합하며 사회민주주의로 발전하거나 이탈리아 같은 남유럽에서는 아나르코생디칼리슴 같은 조합주의로 발전하기도 했다.

우리나라에서 사회주의는 1919년 3.1 운동 이후 본격적으로 소개됐다. 러시아 혁명이 일어나자 조선인 독립운동가들이 민족 혁명의 수단으로 관심을 가지기 시작했고, 대한민국임시정부가 표방했던 외교 독립론이 실패하자 그 위세가 더욱 높아졌다. 또 1920년대에는 사회주의가 식민지 조선에도 대유행을 했다. 학생들은 '마르크스 보이'라고 자청했고 독서회나 학생회를 조직하여 함께 사회주의 사상을 탐독했다. 임시정부 국무총리를 역임한 이동휘 같은 인물이 민족 혁명의 수단으로 사회주의를 받아들였다면, 박헌영, 김단야 등은 오롯이 사회주의자의 길을 지향했다. 1925년 일제는 치안 유지법을 만들었는데 사회주의운동이 심상치 않았기 때문이다.

화요회, 북풍회, 서울청년회 등이 조직되고 조선공산당 지도부를 네 차례에 걸쳐 꾸려냈으나 일제의 억압으로 끝내 붕괴됐다. 사회주의자들이 주축이 돼 학생운동, 농민운동, 노동운동이 본격화되기도 했다.

연해주를 비롯한 러시아 일대의 한인들은 일찌감치 사회주의를 받아들였고 중국에서도 중국 공산당 산하에 수많은 한인들이 참여했다. 1936년 중국 공산당이 연안에 정착하자 산하 기구로 무정, 김두봉 등이 이끄는 한인 사회주의 단체 조선독립동맹이 결성됐다. 만주에서는 중국 공산당 산하 동북 항일 연군이 치열한 항일 투쟁을 벌였는데, 김일성이 주도한 조국광복회를 비롯한 한인 사회주의자들의 활동도 활발했다.

063

Sunday

8조의 법

낙랑 조선민의 범금 8조는, 남을 죽이면 즉시 죽음으로 갚고, 남을 상해하면 곡식으로 배상하며, 남의 물건을 훔친 자가 남자이면 그 집의 노(奴)로 삼으며 여자이면 비(婢)로 삼는데, 자신의 죄를 용서받으려는 자는 1인에 50만(전)이 었다. 그러나 비록 죄를 사면받아 민(民)이 된다 할지라도 풍속에서는 오히려 이를 꺼려 결혼하려고 할 때 짝하려는 자가 없었다. 이 때문에 그 민들은 끝내 도둑질하지 않아 집의 문을 닫아 놓지 않았다.

중국 역사책《한서》〈지리지〉에 남겨져 있는 고조선의 법률이다. 문명이 등장하면서 전 세계적으로 법이 발전하기 시작했다. 그중 메소포타미아 문명의 함무라비 법전이 유명한데 한때 세계에서 가장 오래된 법전이라 불렸다. 하지만 우르남무 법전이 등장하는 등 새로운 발굴이 이어지고 있다.

동양에서는 춘추 전국 시대 때 법가가 등장했다. 공자는 법이 사람을 간사하게 만들기 때문에 도덕이 더 중요하다고 강변했지만, 한비자의 등장 이후 법사상은 결국 중국 사회에 뿌리내린다.

법률은 당시의 풍속을 반영하는데 8조의 법에서는 '경제적 배상', '노예 제도' 등을 확인할 수 있다. 부여 4조목의 법도 전해지고 있다.

064
Monday

계유정난

수양대군(1417년~1468년)의 제위 찬탈 사건. 세종의 둘째 아들이자, 문종의 동생, 단종의 삼촌인 수양대군은 한밤중에 김종서를 찾아간다. 이때 동행했던 심복 어울은이 철퇴로 김종서의 머리를 가격한다. 같은 시각 수양대군의 측근 한명회 등은 군대를 모은 후 궁궐을 장악하여 황보인을 비롯한 반수양대군파를 대대적으로 척살한다. 수양대군의 동생 안평대군도 강화도로 유배된 후 최후를 맞았다. 계유정난 2년 후인 1455년 결국 단종은 수양대군에게 왕위를 넘겼고 이에 분격한 성삼문 등이 거사를 시도했으나 발각돼 죽임을 당한다.

수양대군의 제위 찬탈은 유교 국가에서의 단순한 권력 교체가 아니었다. '효제충신(孝悌忠信)'이라는 핵심 가치와 충돌했기 때문이다. 연산군 대 유학자 이자(李耔)는《음애일기》에서 세조의 무리를 꾸짖었으며 조선 중기 이후 세력을 확장한 사림파는 끊임없이 이를 문제 삼았다. 결국 240년 후인 1691년 숙종은 성삼문을 비롯한 사육신의 관직을 회복하며 충신으로 공식 인정한다. 또 노산군(魯山君)의 명예를 회복하기 위해 단종이라는 묘호(임금이 죽은 뒤에 생전의 공덕을 기리어 붙인 이름)를 올렸다.

단종의 죽음을 둘러싼 논쟁은 근대에도 계속됐다. 1928년 말부터 약 1년간 이광수는 〈동아일보〉에《단종애사》라는 작품을 연재한다. 제목이 말해주듯 단종의 애통한 처지에 공명한 글이다. 김동인은 다르게 해석했다. 1941년 〈조광〉 64호부터 73호 사이에《대수양》이라는 소설을 연재했는데, 문종 사후 왕권의 정통성이 혼란에 빠졌고 이를 해결하기 위해 계유정난을 일으켰다고 봤다. 단종이 권력을 양보하자 수양대군이 적극적으로 왕권을 강화하며 조선 왕조를 발전시켰음을 강조하고 있다. 김동인은 사림파의 역사 해석이나 유교적 세계관을 비판하며 좀 더 개혁적인 관점에서 단종이 아닌 세조 중심의 해석을 시도한 것이다.

○ 계유정난을 다룬 드라마도 많다. 무엇보다 박정희, 전두환 전 대통령을 세조와 연장선상에 두고 쿠데타의 불가피함을 강조하거나 이를 비판하는 소재로 다뤄지기도 했다. 계유정난이 민주 공화국이라는 정체성을 추구하는 오늘날에도 관심을 가질 만큼 중요한 사건인가에 대해서는 의문이 드는 것도 사실이다.

065

Tuesday

영조

영조(1694년~1776년)는 조선 21대 국왕으로, 1724년부터 1776년까지 재위했다. 조선 후기, 개혁 정책을 추진했고 특히 탕평책을 통해 공존의 정치를 모색했다. 조선 국왕 중에는 유일하게 젊은 시절과 노년의 모습이 모두 그림으로 남아 있다.

> "아! 술은 맛난 음식이 아니라 진실로 광약이다. 아! 사람의 천성은 진실로 본래부터 착하게 되어 있는 것이다. 그러므로 비록 더러 기질의 차이가 있기는 하지만 또한 변화시켜서 착하지게 해야 할 터인데, 더구나 맑은 기질을 혼탁하게 만들고 아름다운 기질을 악하게 만드는 것이 술이 아니고 무엇이겠는가?"

영조는 철저한 금주론자였다. 심지어 제사상에 오르는 술조차 식혜 등으로 대체했고 전국적으로 금주령을 실시하여 이를 어기면 사형에 처하기도 했다. 사실 금주령은 조선 시대 때 빈번했다. 하지만 대부분 농사와 관련한 일시적인 조치였는데 영조만이 의지를 갖고 꾸준히 추진했다.

영조의 검소함 또한 유명하다. 정조가 지은 《영조행록》에는 "왕은 천성이 검소하여 어린 시절부터 비단옷을 입지 않고 명주 바지도 입지 않았으며, 입은 옷은 여러 번 세탁한 것이 많았고, 심지어 솜이 튀어나온 것들도 간혹 있었다. 드시는 반찬 역시 늘그막까지 몇 가지 안 되었지만 당연한 것으로 여겼으며, 만약 보통 때보다 그릇 수가 더 있으면 왕께서는 거절하고 들지 않았다. 곁에서 혹시라도 너무하시는 것 아니냐고 하면, 이르기를 '이것도 내게는 과하다'라고 했다. 남쪽 번신이 진상해 온 부채도 유선이 아니면 쓰지 않고, 또 쓰더라도 1년 이상 썼다"라는 기록도 남아 있다.

영조는 왕실의 사치스러운 생활을 집요하게 배격했다. 수입 제품과 사치품에 의존하던 삶을 조목조목 지적하면서 소박한 국산품으로 채우려 노력했고 그로 인해 왕실과 사대부의 생활 양상이 많이 바뀌었다. 여성들이 머리에 얹었던 가채 문화도 영조에 의해 배격됐다.

영조는 《속대전》을 편찬하고 엄격한 삼심제를 실시했으며 가혹한 형벌을 폐지하는 등 사법제도 개혁에 관심이 높았다. 또 불합리한 세금 집행을 개혁하기 위해 균역법을 실시했으나 성공적이지는 않았다. 양반들의 조세 저항이 매우 강했기 때문이다.

066

Wednesday

경부고속도로

서울에서 부산을 가로지르는 고속국도 제1호선. 1970년에 완공된 후 현재까지 확장, 개보수하면서 여전히 가장 중요한 도로로 활용되고 있다. 우리나라 최초의 고속도로는 1968년 서울과 인천을 잇기 위해 만든 경인고속도로다.

우리나라 최초의 철도가 경인선이었고 이후 경부선을 놓았듯 도로도 같은 과정을 거쳤다.

부산은 지금도 세계 다섯 손가락 안에 드는 무역항이다. 세계적인 무역항과 공항이 중국, 한국, 일본에 집중돼 있는데 인천공항과 더불어 부산항은 세계 무역에서 가장 중요한 곳이다. 1945년 해방 이후 지금까지 한국은 미국, 일본과의 협력을 통해 국가 발전을 도모했고 특히 박정희 정권의 경제개발계획이 경상권 개발에 집중돼 있었기 때문에 수도권과 경상권을 잇는 도로의 건설은 국가적인 숙원사업일 수밖에 없었다.

경부고속도로를 놓을 당시 논란이 많았다. 당시 대통령 박정희는 제2차 경제개발계획의 일환으로 경부고속도로 건설 사업을 추진했다. 독일의 아우토반을 보고 영감을 얻었는데, 유엔을 비롯한 국제기관의 전문가들이 모두 반대했다. 비슷한 형태의 일본 고속도로 건설 비용을 고려할 때 불가능한 사업이라고 판단했고 차라리 서울에서 속초나 강릉 쪽으로 가는 영동선 개발에 집중하라고 권고한 것이다.

하지만 1960년대 서울을 중심으로 엄청난 개발 사업이 추진됐고, 고속도로 건설 사업은 계획대로 추진됐다. 총 428km의 길이, 토공량 6천만m²에 수백 개의 대교, 중소 교량, 횡단 도로, 터널 등을 일본이 지출한 사업비 십분의 일 정도인 430억원에 만들어냈다. 관통 구간의 토지를 헐값에 매매하거나 무상 혹은 무상에 가까운 금액에 기증받았기에 지가를 낮출 수 있었다. 하지만 워낙 단기간에 건설됐기 때문에 이후 수십 배의 수리비가 지출되는 등 여러 문제가 생기기도 했다.

경부고속도로는 오늘날 양재동 일대를 관통한 후 한남대교를 통과해서 남산 터널을 넘어 강북의 중심지로 들어온다. 한남대교는 당시 세 번째 한강 다리였고, 강남은 농촌에 불과했다. 경부고속도로의 건설과 한강의 대규모 토목 공사 그리고 강남 개발이 이어지면서 서울은 급격하게 팽창된 것이다.

미륵사지 석탑

전라북도 익산에 있는 백제 무왕이 세운 탑으로, 탑은 부처의 사리를 봉안하는 곳이다. 사리를 봉안했다는 것은 탑이 곧 부처란 의미이기도 하다.

탑은 불상보다 훨씬 일찍 제작됐고, 숭배됐다. 탑은 인도의 스투파에 기원하는데 지역에 따라 만드는 방식에 차이를 보였다. 중국에서는 주로 전탑, 즉 벽돌로 탑을 만들었는데 당나라 때의 대안탑이 대표적이다. 일본은 나무를 사용했고 현재도 목탑이 많이 남아 있다. 이에 비해 한반도에서는 좋은 석재가 많았기 때문에 대부분 석탑을 만들었다.

백제 후기인 639년에 만들어졌다고 하는 미륵사지 석탑은 규모가 크고 형식은 목탑의 양식을 따랐다. 내부로 들어가는 공간도 있다. 무왕은 백제 부흥을 꿈꾸며 대규모 사원을 건설했고 사원의 중앙에는 목탑, 동서에는 석탑을 세웠다. 그런데 목탑과 석탑뿐 아니라 미륵사 자체가 사라졌는데 그나마 남아 있던 서쪽 석탑이 일제 시대 때 시멘트로 흉물스럽게 복원되기도 했다.

미륵사지 석탑은 2001년부터 해체, 보수 작업을 거쳐 2018년에 현재의 모습으로 복원됐다. 한반도에서 가장 오래되고 가장 큰 규모의 탑이다.

선불교가 발전하면서 승려의 사리를 보관하는 승려의 무덤, 즉 승탑이 별도로 만들어지기도 한다. 하지만 승탑은 규모가 작고 아담해서 쉽게 구분할 수 있다.

068

Friday

소작제

동아시아는 토지 문제로 오랫동안 고민해왔다. 동아시아 전체가 농경사회였기 때문에 토지는 곧 부의 근원이었다. 따라서 귀족이나 세도가가 갖은 기회를 이용해 토지를 넓혔다. 획득한 토지는 농민들을 고용해 경영을 맡겼는데, 이를 소작제도라고 불렀다.

자신의 농토를 경작한 농민은 국가에 내는 세금의 세율이 10%를 넘지 않았다. 이에 반해 남의 토지를 빌려서 경작하면 생산량의 50% 이상을 바쳐야 했다. 이런 현상이 반복되면 귀족이나 세도가는 더 풍요로워지고 소작농은 갈수록 어려워질 수밖에 없다. 따라서 귀족이나 세도가는 더욱 토지를 늘려갈 것이고 극단적인 경우에 농민들은 자신의 토지를 바치고 노비가 되기까지 했다.

이러한 문제를 해결하기 위해 중국 춘추 전국 시대 사상가 맹자는 '정전제'를 주장했다. 우물 정(井)자 모양으로 토지를 공정하게 나눠 여덟 가구에게 나눠주고, 한 구역은 공동으로 경작해 국가에 세금으로 바치자는 생각이다. 이렇게 운영하면 합리적인 조세 수취와 농민들의 안정적인 생활이 유지될 수 있다고 봤다. 정전제는 맹자 개인의 주장이 아닌 중국 고대 국가의 이상적인 경제 개혁안이기도 했다.

고려, 조선 시대 때도 소작제가 문제가 심각했다. 특히 고려 농민들은 '송곳 꽂을 땅도 없었다'라고 할 정도로 사정이 어려웠다. 이를 해결하기 위해 정도전을 비롯한 혁명파는 과전법을 단행해 소작 제도를 일정 정도 해체하는 데 성공했다.

하지만 조선 중기 소작제 문제는 다시 대두된다. 양반 지배 체제가 확립되면서 지배층에 의한 경제적 수탈이 광범위해지고 국가가 이 문제에 효율적으로 대처하지 못했기 때문이다. 조선 후기로 가면 상황은 더 심각해진다. 생산량의 50%를 떼어가는 것을 넘어 보릿고개 때 쌀을 빌려주면서 이자를 취하는 등 다양한 방법으로 추수 때 지주가 70~80%를 수취하는 일까지 발생한 것이다. 이 문제는 해결되지 못한 채 일제 강점기 때 더욱 심각해진다.

결국 해방 이후인 1949년 농지개혁법을 통해 지주 계급이 사라지면서 문제가 해결됐다. 하지만 최근에는 산업화와 자본주의 발전에 따른 또 다른 부의 세습 현상과 건물 임대료 같은 불로소득 문제가 대두되고 있다.

신문고

백성의 원통함을 풀기 위해 마련된 소원 제도다. 태종 때 만들었고 처음에는 '등문고'라고 부르다가 세종 때 '승문고'로 바뀌었으나 세조 이후 사라졌다. 그러다 영조 때 '신문고'라는 이름으로 부활했다. 신문고는 보통 대궐 밖에 있어 많은 사람이 접근할 수 있었을 거라고 생각하지만 그렇지 않았다. 창덕궁 안에 금천교를 건너면 진선문이 나오는데 이곳에 걸어둔 것이다.

> 신문고를 대궐 밖으로 내놓아야 한다는 의논은 비록 일리(一理)가 있는 듯하지만 내놓은 뒤의 일이 진실로 난처하게 된다. 또 징을 침은 역시 그전부터의 고유(固有)의 법이기에 전연 막아 버리는 일은 또한 경솔하게 의논할 수가 없다.
>
> -《정조실록》16권 중

이는 정조 때의 기록인데 조선 후기에 와서도 신문고를 어디에 둬야 할지를 두고 논란이 벌어진 것이다. 대궐 밖에 두면 많은 사람의 의견을 수렴할 수 있지만 행정 처리가 어렵고 오히려 법질서를 어지럽힐 수 있다는 고민 때문이었다. '징을 침'이란 말은 '격쟁과 상언'을 의미한다. 왕이 행차할 때 억울한 백성이 징이나 꽹과리로 왕의 주의를 끈 후 직접 억울함을 알리는 제도로, 이미 조선 중기 때부터 활발했고 궐 밖 행차가 잦았던 정조는 격쟁과 상언을 통해 민심을 듣고 백성의 고충을 해결하는 데 적극적이었다.

신문고가 효과적으로 활용됐다고 보기는 어렵다. 일반 백성이 궐내까지 들어와 북을 울리기란 쉽지 않았기 때문이다. 또《조선왕조실록》을 보면 신문고 관련 기록이 그리 많지 않고, 신문고를 운영하는 데 각종 전제 조건을 만드는 등 백성의 편의를 고려하기보다 행정의 효율성을 기준으로 운영되었다는 것을 확인할 수 있다.

흥미로운 점은 노비 송사에 관한 기록이 많다는 것이다. 보통 신문고 하면 '백성의 억울함'을 떠올리지만, 일반적으로는 복잡하고 까다로운 분쟁 소송의 도구로 활용됐다.

070

Sunday

조용히 즐기는 것이야말로
즐거움 아니겠는가

이곳에 집을 정한 지 이제 십여 년이다. 속세의 손님이 오지 않아 세상사를 듣지 못한다. 함께 다니는 사람은 산에 사는 승려뿐이고, 나를 아는 것은 강가의 새벽뿐이다. 명예와 이익을 잊고 수령이 있건 없건 내버려 둔 채 피곤하면 낮잠을 자고 즐거우면 시를 읊는다. 그저 해와 달이 뜨고 지며 강물이 쉬지 않고 흘러가는 모습만 볼 따름이다. 찾아오는 벗이 있으면 먼지에 덮인 평상을 쓸어놓고 기다리고, 용렬한 자들이 문을 두드리면 평상에서 내려가 만나본다.

(…) 샘물이 졸졸 흐르니 갈증을 해소할 수 있고, 강물이 넘실거리니 갓끈을 씻을 수 있다. 술이 있으면 걸러 오고 없으면 사다가 혼자 따라 혼자 마시면서 혼자 노래하고 혼자 춤춘다. 산새는 나의 노래 친구요, 처마의 제비는 나의 춤상대다. 높은 곳에 올라 멀리 바라보며 태산에 올랐던 공자의 기상을 떠올리고, 강가에서 시 읊으며 흘러가는 강물을 탄식한 공자를 본받는다. 거센 바람이 들이치지 않으니 좁은 집도 편안하고, 밝은 달이 뜰을 비추니 홀로 천천히 걸어 다닌다. 처마에서 빗물이 뚝뚝 떨어지면 베개를 높이 베고 꿈을 꾸며, 산에 눈이 날리면 차를 끓여 홀로 따르기도 한다.

(…) 갈대꽃은 바람에 흔들리고 줄풀은 하늘거리며 안개비가 내렸다 그쳤다 한다. 구름 덮인 강물이 만 리에 넘실거리니 누가 막을 수 있겠는가. 또 눈보라가 창문을 때리고 겨울 추위가 혹독하면 화로를 끼고 앉아 술동이를 열기도 하고, 책을 펴고 마음을 가다듬기도 한다. 드넓은 천지에 홀로 서서 조용히 즐기는 것이야말로 은자의 즐거움 아니겠는가.

- 길재, 《야은선생언행습유》 중

길재(1353년~1419년)는 은둔 생활을 통해 끝까지 고려에 대한 충정을 지킨 인물이다. 정몽주, 길재는 이후 김종직, 조광조 등을 거치며 조선 사림파 계보의 기원이 된다. 역설적이게도 사림파는 조선의 주류 세력으로 부상한다.

071

Monday

강제 징용

1937년 전개된 중일 전쟁은 일본 제국주의 식민 정책의 모든 것을 바꿨다. 전면전이 발발했기 때문에 국가 총동원령을 발동했고 물자 수탈, 인력 수탈 등 각종 강제 동원 정책을 펼쳤다.

강제 징용은 부족한 노동력을 메우기 위한 수단이었는데, 해외에 끌려가기도 했지만 국내에서 진행된 경우도 많았다. 전투복을 꿰매거나 각종 노무에 동원된 인력을 국내 약 550만 명, 해외 약 200만 명 정도로 추산하고 있다.

해외에서의 강제 징용은 일본 본토는 물론 사할린, 동남아시아, 미크로네시아까지 광활하다. 좋은 일자리를 찾아 1920년경부터 일본에 정착했던 조선인 노동자도 강제 징용이 본격화되면서 같은 처우를 받았다. 규슈나 사할린에는 탄광 노동이 많았다. 사할린의 경우에는 태평양 전쟁 이후 소련 땅이 되면서 아예 국내로 돌아오지 못하는 등 엄청난 고초를 겪기도 했다. 동남아시아에서는 포로 감시원으로 일하는 경우도 많았다. 일본군에 의해 체포된 미국인 병사를 감시하는 역할인데 감시뿐 아니라 노동까지 감당해야 했다. 그로 인해 종전 이후 미국인 포로에 지목돼 전범 재판에서 희생된 경우도 부지기수였다.

해외에 끌려가기 전에는 부산 일대에 머물면서 훈련을 받았는데 여기서부터 구타를 통한 길들이기가 시작됐다. 노동은 극도로 고됐고 식사와 거주 환경 등은 열악하기 짝이 없었다. 사고 위험이 높은 곳일수록 조선인 노동자들이 일을 감당했고 유사시에는 전투를 강요당하기도 했다. 목총을 들고 미끼가 되거나 수류탄을 짊어지고 전차에 뛰어들기를 강요하는 등 어처구니없는 사건이 발생했다. 해방 직후에는 일본인들의 분풀이 표적이 돼 학살을 당하기도 했다.

○ 일본군 위안부 문제나 한일 간의 역사 문제에 대한 모든 해석이 그렇듯 징용 문제도 민족 간의 갈등과 억압으로만 여긴다. 하지만 당시 징용으로 끌려갔던 대부분의 사람은 식민지 조선의 하층민들이었다. 민족 문제뿐 아니라 계급, 계층의 문제도 있었던 것이다.

072

정조

정조(1752년~1800년)는 조선의 22대 군주로, 1776년부터 1800년까지 재위했다. 할아버지 영조와 아버지 사도 세자의 비극을 어린 시절 경험했고, 붕당 간 갈등으로 어려움을 겪었으나 영조와 어머니 혜경궁 홍씨의 적극적인 지지로 국왕이 될 수 있었다.

정조는 어린 시절부터 독서와 활쏘기에 힘썼던 것으로 유명하다. 대단한 독서가였고 사신을 중국에 파견할 때면 큰돈을 들여 중요한 서적을 다량으로 구매하게 했다.

그는 조선 후기의 어떤 군주보다 개혁을 위한 다양한 노력을 펼쳤던 인물이다. 초계문신 제도와 규장각 제도로 개혁 인사들을 길렀다. 초계문신 제도는 젊은 관료들의 재교육 과정, 규장각은 원래 왕실 도서관 정도의 기능이었으나 이곳에서 정조와 뜻을 같이하는 여러 개혁 인사들과 교류하며 정력적인 활동을 벌여나갔다. 규장각 검서관에 서얼 출신인 박제가, 이덕무, 유득공 등을 등용하여 서얼들에게도 일정 정도 기회를 줬다.

정조는 중앙 집권을 강화하면서 여러 개혁 정책을 펼쳤다. 장용영이라는 친위 부대를 만들었고, 지방 수령의 권한을 강화해서 지방 통제력을 높이려고 했다. 수원화성 건설 작업은 가장 대표적인 업적이다. 농민들을 강제 부역이 아닌 임금을 지급하면서 도성을 건설했고, 거중기를 개발하고 배다리 같은 아이디어를 냈던 정약용이 이곳에서 중요한 활약을 펼쳤다.

적극적인 탕평 정책을 통해 붕당 간 대화를 모색했고 신해통공정책을 통해 무허가 상인으로 불리던 난전 상인들의 자유로운 상행위를 허락했다. 또 문체반정을 통해 천주교를 받아들인 남인에 대한 노론의 공세를 막아내기도 했다. 천주교에 대한 정책은 대부분 온건하게 처리했지만 제사를 부정하는 등 유교 질서에 정면으로 반기를 늘면 엄격하게 대처했다.

073

Wednesday

서울

서울은 대한민국의 수도다. 2004년 헌법재판소는 노무현 대통령의 행정수도 이전에 대해 위헌 판결을 내렸다. 수도가 서울이라는 것은 관습법에 비추어 볼 때 타당하다는 것이 당시 헌법재판소의 주요 논지였다. 그만큼 서울이 대한민국의 중심지라는 데에는 이견이 없다.

서울은 두 나라의 수도를 품고 있다. 조선 시대 한양 그리고 백제의 한성이 모두 서울의 범주에 들어간다. 조선 시대 한양이 사대문 안 즉, 오늘날 종로구 일대라면 백제의 한성은 오늘날 송파구를 중심으로 강남구와 강동구 일부를 포함한다. 서울은 천만 명에 가까운 인구가 사는 세계적인 대도시로, 지역의 문화유산과 도시 확장의 과정이 역사 그 자체이기도 하다.

종로구 일대에 경복궁, 종로, 청계천과 청와대, 정부종합청사, 미국 대사관 등이 몰려 있는 것은 조선 시대는 물론 일제 강점기와 대한민국에서도 이 지역이 중심적인 지위를 유지했다는 의미다. 서울역을 중심으로 도로가 발달했고 여전히 명동을 비롯한 종로구나 중구 전체가 번화가라는 것은 일제 강점기 일본인들의 집단 이주와 그들의 활발한 활동이 도시의 면모를 바꿨음을 의미한다. 조선 후기까지만 해도 궁궐과 북촌, 즉 종로 일대만이 번화가였다. 일본인들이 소위 '남촌'에 거주하면서 도시 분위기가 달라진 것이다.

왕십리, 청량리 등의 지명에 여전히 '리'가 있고, 동대문구, 서대문구, 성동구, 마포구 정도만 가도 조선 시대 유적을 찾아보기 힘든 것은 이곳이 도성 밖이었음을 의미한다.

강남구는 물론 서초구, 동작구, 송파구, 강동구에 이르는 권역이 부촌인 것은 1960년대 이후 진행된 개발 붐 때문이다. 강남 일대를 중심으로 한남대교, 동호대교 같은 한강다리가 집중적으로 놓이고 아파트가 주거 방식의 일반 형태로 자리 잡은 것도 모두 산업화 시기의 산물이다.

서울은 여전히 역동적이다. 대학로가 한때 탈춤을 비롯한 대학 문화의 상징이면서 '샘터' 사를 대표로 한 수필 문학의 중심지였다는 것을 지금은 확인하기 힘들다. 또 강남, 홍대, 가로수길, 경리단길 등 끊임없이 유행하는 거리가 바뀐다. 그래서 현재 젠트리피케이션 현상도 심각하다.

074

Thursday

다산초당

다산초당은 전라남도 강진에 유배 중이던 정약용이 8년간 머문 곳이다. 강진은 고려청자 생산으로 유명했는데, 좋은 흙에 기술이 더해져 도자기 예술의 절정을 선보인 곳이다.

정약용은 강진에서만 11년간 머물렀다. 유배된 상황이었지만 끊임없이 학문을 탐독하며 성실하게 지적인 성과를 이루었다. 오랜 유배 기간이 오늘날의 정약용을 만든 것인지도 모른다.

다산초당은 현재 유명한 관광지다. 오르기에 어렵지 않고 도달하면 높다란 나무에 가려져 비추는 햇볕이 신비한 기분을 자아낸다. 복원된 초당의 형태는 조금 아쉬운데, 지나치게 크고 반듯하기 때문이다. 냉정히 따지면 이곳이 관광지가 된 것도 의아하다. 말 그대로 정약용이 유배지 일대를 전전하며 고단한 삶을 이어갔고 끝내 정치적으로 재기하지 못했기에 이만큼 아픔을 담아낸 공간도 없을 테니 말이다. 맛집에 들른 후에 조선 후기 '최고의 사상가'를 운운하며 풍류를 즐기듯 일대를 돌아보는 것이 과연 적합한 행위인지 의문이 든다.

근처에는 백련사가 있다. 걸음으로는 꽤 되는데 정약용이 이곳을 오가며 혜장선사와 깊이 교류했다고 한다. 천일각에서 바라본 강진만이 인상적이기는 하지만 정약용이 머무르던 당시에 천일각은 없었다고 한다.

075

Friday

농지개혁법

토지 문제는 조선 중기부터 내려온 고질적인 문제였는데, 농지개혁법은 이 문제를 해결하기 위해 1949년 제정된 법이다.

1945년 해방이 되면서 농업 국가였던 우리나라에서는 토지 문제가 가장 뜨거운 이슈가 된다. 절대 다수의 농민들이 소작료 인하 주장에 나섰고 일부에서는 좀더 근본적인 토지 제도 개혁을 요구하기 시작했다. 미군정은 소작료를 인하하는 등 몇 가지 조치를 실시했지만 농촌 문제에 제대로 대응하지 못하면서 오히려 사태를 악화시키기도 했다. 이 와중에 1946년 북한에서는 5정보(町步, 땅 넓이의 단위) 이상의 토지를 대상으로 무상 몰수, 무상 분배하는 토지 개혁이 실시된다.

결국 남한에서도 토지 개혁에 대한 논의가 활발하게 일어나는데 입장에 따라 해법이 달랐다. 좌익은 무상 몰수와 무상 분배, 우익은 유상 매입과 유상 분배 그리고 중간파는 유상 매입, 무상 분배 안을 제안했다. 결국 지주와 소작농의 이해관계를 어떻게 절충할 것인가가 초미의 관심사였다.

1949년 실시된 남한의 농지 개혁은 3정보 이상의 토지를 기준으로 유상 매입, 유상 분배 형태로 실시됐다. 지주들에게 현금이 아닌 지가 증권을 발행했고, 농민들에게 낮은 이자로 농지를 분배한 것이다. 하지만 당시의 고물가 상황, 특히 개혁 이후 발생한 한국 전쟁 등으로 인해 지가 증권은 휴지 조각처럼 가치를 잃었고 농지 개혁은 수월하게 진행된다. 북한의 토지 개혁은 무상을 표방했지만 역시 현물세를 받는 등 경제적 환수 과정이 있었고 양자가 실제로는 비슷한 가격으로 토지 문제를 해결하는 과정을 보였다.

이를 통해 수백 년간 한반도의 농민들을 괴롭혔던 소작제 문제는 일단락됐고, 지주 세력은 역사에서 영원히 퇴출됐다. 당시 농지 개혁의 영향으로 현행 헌법에도 경자유전의 원칙, 소작 제도 금지의 원칙 등이 명문화돼 있다.

○ 과거에는 남한의 농지 개혁을 부정적으로 봤지만 최근에는 긍정적으로 평가한다. 소작제가 해체되면서 사회 경제적 평등 구조가 만들어졌고, 그로 인해 경제 발전에 유리했다는 연구 결과가 지속적으로 발표됐기 때문이다. 토지 개혁을 한 나라(일본, 중국, 남북한)와 하지 않은 나라(필리핀, 라틴 아메리카)의 경제 발전사에는 현격한 차이가 있다.

076

Saturday

시집살이

> 친영의 예법을 왕실에서 먼저 실시하여 사대부들로 하여금 본받게 하라. 파
> 원군 윤평이 숙신 옹주를 친히 맞아가니 본국에서의 친영이 여기로부터 비롯
> 됐다.

이는 《세종실록》의 내용으로, '친영'은 결혼 후 여성이 남성의 집에서 생활하는 시
집살이를 말한다. 조선 전기만 해도 일반적인 문화가 아니었기 때문에 이를 잘못
이라고 여긴 세종이 바로잡기 위해 의지적으로 친영 제도를 관철시킨 것이다.

남성 중심의 유교 문화는 중국 송나라에서부터 본격화됐다. 성리학의 영향 때
문이다. 송나라 이후 여성에 대한 예법은 '삼종지도', '칠거지악'으로 집약된다. 삼
종지도란 여성이 지켜야 할 세 가지 도리로, 집에서는 아버지를, 시집가서는 남편
을, 남편이 죽은 뒤에는 아들을 따라야 하는 것을 의미한다. 칠거지악은 아내를 내
쫓을 수 있는 일곱 가지 이유다. 일곱 가지란 시부모를 불순하게 대하는 것, 자식
을 못 낳거나 음란하고 질투가 심하고 고질병이 있거나 수다스럽고 도둑질하는
것을 의미한다.

동아시아에서 여성 문화는 대부분 비슷한 경향을 띤다. 중국에서도 송나라 이
전까지는 남녀 교제가 자유롭고 이혼에 대한 부정적 인식이 적었으며, 일본도 성
리학이 전파된 에도 시대에 여성에 대한 억압이 높아졌다. 다만 베트남에서는 불
교의 영향이 강력했고 유교는 제한적으로 수용됐기 때문에 한 · 중 · 일에 비해 여
성의 권리가 한층 보장받았다.

○ 여성에게 엄격한 문화는 명나라 이후 '전족'이라는 끔찍한 관습을 만들어낸다. 어릴 때 여성의 발을 단단
히 조여서 자라지 못하게 하는 것인데, 발등이 굽어지는 것은 물론 새끼발가락이 떨어져나가기도 했다. 여성
들은 뛰어다니기는커녕 걸어 다니기조차 어려운 처지가 됐다. 놀랍게도 명 · 청 대 성애 소설에는 전족을 탐
닉하는 묘사가 극치를 이뤘고, 전족을 안 한 여성은 '발이 큰 여자'라고 부르면서 박대하거나 공산주의자로
몰아 처형하기도 했다.

햇곡식 푸릇푸릇 아직 논밭에 자라는데 아전들 벌써 세금 걷는다 야단이네.

힘써 농사지어 나라를 살찌우는 것은 우리이거늘

어째서 이리도 극성스럽게 침탈하는가.

(…) 붉은 알몸 짧은 갈옷으로 가리고 하루에도 밭 갈기를 얼마였던가?

벼 싹 파릇파릇해지면 가라지 김매기에 괴로울 따름.

풍년 들어 천 종의 곡식을 거둔다 해도 한갓 관청에 바치는 것일 뿐.

어쩌지 못하고 다 빼앗긴 채 돌아오니 가진 것이라고는 한 알도 없네.

고려 후기 문신 이인로(1152년~1220년)가 쓴 《파한집》에 나오는 내용이다. '파한(破閑)'이란 한가함을 부순다는 뜻인데, 다양한 이야기가 담겨 있어 당시의 사정을 파악하고 고전 시학을 연구하는 데 중요한 자료로 활용되고 있다.

이 글은 고려 농민의 어려운 사정을 읊은 것이다. 사실 조선 시대에서도 이와 비슷한 글을 찾기란 어렵지 않으며 중국이나 일본에서도 마찬가지였다. 그만큼 농민의 삶은 고됐고 국가나 지배층은 백성을 행복하게 이끌지 못했다. 그나마 안정적일 때는 그럭저럭 생계를 유지했지만 전란이 일어나거나 역병이 돌면 그마저도 힘들었고, 귀족이나 지주의 착취가 심해지면 도망을 가서 산이나 섬에서 생계를 연명하거나 도적떼가 되기도 했다.

078

유신 체제

1972년부터 1979년까지 유지됐던 박정희 독재 체제. 독재 정권, 즉 권위주의 정권의 등장은 한국 현대사의 가장 큰 문제였다. 이승만은 두 차례 헌법을 개정하면서 13년간 집권했고, 1961년 5.16 군사쿠데타를 통해 권력을 잡은 군부 세력은 이후 박정희를 중심으로 약 20년간 집권한다. 그리고 1980년대에는 신군부가 등장하여 전두환 정권이 수립된다.

유신 체제는 라틴 아메리카의 군사 독재와 비견될 만큼 이른바 독재 체제의 절정이었다. 1971년부터 북한의 남침 위협을 강조하는 등 전 국민적으로 반공 의식을 고조시키던 박정희 정권은 1972년 10월 17일 19시를 기해 기존의 헌법과 정치 활동을 중지시킨다. 김대중, 김영삼을 비롯한 정치인과 여러 민주 인사들을 구속, 구금하고, 헌법적 근거가 없는 비상 국무 회의를 소집하여 오늘날까지도 누가 만들었는지 정확히 알 수 없는 유신 헌법을 통과시킨다.

유신 헌법에 따르면 대통령의 임기는 6년인데, 무한정 연임이 가능하다. 통일주체국민회의가 간접 선거를 통해 대통령을 선출하는데, 회의 구성원이 되기 위해서는 박정희 정권의 심사를 받아야 했고 회의 의장 역시 박정희였다. 국회는 유신정우회(유정회) 일원이 의석의 삼분의 일을 사전에 할당받는데 유정회도 박정희 정권의 지지자들로 구성돼 있었다. 국회의원 선거는 중선거구제로 치러졌다. 한 지역구에서 두 명의 국회의원을 뽑았는데 못해도 여당 의원이 2위는 했기 때문에 국회의 삼분의 이는 여당 의원으로 채워졌다. 또 법관 심사 제도를 강화하여 사법부도 장악하는데 그야말로 '무늬만 삼권 분립'일 뿐이었다.

유신 체제 기간 동안 가장 악명 높았던 제도는 '긴급조치'다. 대통령에 의해 발표되는 일종의 긴급 명령으로, 때에 따라 헌법의 일부 조항을 정지시킬 수 있고 긴급조치를 비판하는 것만으로도 긴급조치 위반이 되곤 했다. 유신 체제에 강경하게 저항하며 민주화를 요구하던 이들을 억압하기 위한 조치였다.

1970년대는 한국 민주주의 최대의 암흑기였다. 장발과 미니스커트를 단속하고 노래 가사를 검열하는 등 강력한 문화 통제 정책을 펼쳤으며 민청학련 사건을 비롯하여 용공 조작, 고문 등 각종 인권 유린이 자행됐다.

○ 라틴 아메리카나 아프리카, 미얀마 등지의 독재 체제는 보통 '군사 독재'가 많다. 군복을 입고 국가를 통치하는 형태인데 한국은 박정희, 전두환을 비롯한 군인이 모두 현역에서 예비역으로 편입한 후 민간인이 돼 통치했기 때문에 엄밀한 의미에서 군사 독재라고는 할 수 없다.

079

Tuesday

궁예

후삼국 시대에 후고구려를 건국한 왕. 정확한 출생 경위는 모르지만 신라 진골귀족의 후예라는 이야기가 널리 알려져 있다. 신라 말기 진성여왕 때가 되면 지방 반란이 본격화된다. 죽주의 기훤, 북원의 양길 등이 등장하는데 승려였던 궁예(?~918년)는 이들의 수하에 들어가서 강릉 일대에서 세를 도모한다. 이후 철원, 개성 등으로 영역을 확대했고 결국 양길 세력을 물리친 후 후고구려를 세운다.

궁예는 수도를 옮기고 국호를 자주 바꾼 것으로 유명하다. 국호를 901년에 후고구려, 904년에는 마진, 911년에는 태봉으로 바꿨고 수도도 송악(오늘날 개성)에서 철원으로 옮긴다. 불안정한 정국 운영으로 해석될 수밖에 없는데 다만 국호의 의미만큼은 곱씹어볼 만하다. 마진은 대동방국이라는 의미이고, 태봉은 서로 화합하는 세상이라는 의미인데 고구려를 계승하고 백제와 신라를 포괄하는 삼한 통일의 이상을 천명했다는 점에서 선구적이라고 할 수 있다.

한반도의 중북부 지역을 장악한 궁예는 자신보다 1년 앞서 후백제를 선포한 견훤과 자웅을 겨룬다. 특히 왕건을 전라남도 나주와 진도 지역에 파견하여 후백제의 후미를 장악했던 사건은 후삼국 시대 전장의 절정이라 할 수 있다.

또 자신을 미륵불이라고 칭했는데, 미륵불은 민중을 구원하러 오는 부처를 의미한다. 고단한 생활을 하던 대부분의 백성이 미륵을 섬겼는데 궁예는 그들의 대변자임을 자처한 것이다. 하층민에서 국왕 자리에까지 오르면서 민중의 삶을 온몸으로 체험했기 때문에 이런 발상이 가능했을 것이다. 실제로 미륵 신앙은 이때뿐 아니라 고려, 조선 시대까지 대표적인 민간 신앙으로 유지됐고 특히 난세에는 더욱 숭배됐다. 하지만 나라를 세우는 입지전적인 능력에도 불구하고 권력을 유지하는 데는 미숙했던 듯하다. 두 아들을 보살로 칭하거나 미륵 신앙을 빌미로 숙청을 일삼는 등 궁예는 후기로 갈수록 폭군이 돼간다. 결국 왕건에 의해 제거된다.

○ 궁예가 폭군이었기 때문에 쫓겨났다는 주장에 대해 최근 꾸준히 반론이 이어진다. 우선 역사는 승자 위주로 기록된다는 점, 남아 있는 역사 자료가 고려 시대의 기억을 배경으로 쓰였다는 점, 또 왕건이 지방 실력자들인 호족과 연대해서 궁예를 몰아낸 점을 고려하면 둘 간의 다툼이 폭정의 문제가 아닌 세력 싸움이었다는 지적도 의미심장하다. 철원 일대의 궁예 관련 민간 설화가 역사 기록과 다르게 긍정적이라는 점도 반론의 근거다. 하지만 이를 판단할 수 있는 기록이 매우 적고, 대부분 축출되는 국왕들이 실정을 반복하면서 민심을 잃은 점을 고려하면 무작정 궁예를 옹호할 수도 없는 노릇이다.

080

Wednesday

종묘

종묘는 조선 시대 왕과 왕비의 위패가 보관된 장소다.《주례》에 따르면 궁궐을 중심으로 왼쪽에는 종묘, 오른쪽에는 사직이 있어야 한다. 따라서 종묘는 위치상 경복궁의 왼편, 창경궁 아래편에 위치한다.

종묘는 오묘제라는 제도 때문에 만들어졌다. 오묘제란 나라를 세운 시조와 그의 조상 4대, 즉 5대의 위패를 모시는 제도다. 따라서 태조 이성계의 4대조인 목조, 익조, 도조, 환조를 모시기 위해 건물을 만들었다. 하지만 500년이 넘게 왕조가 지속되면서 보관해야 할 위패가 늘었고, 늘 때마다 계속 건물을 옆으로 증축했기 때문에 일자형의 독특한 건축물이 만들어졌다. 세월이 만든 예술품인 셈이다.

현재는 정전과 영녕전 두 곳에 각각 19명의 왕, 30명의 왕후와 15명의 왕, 17명의 왕후의 위패가 있다. 고종의 아들 영친왕 내외의 위패도 영녕전에 함께 있다. 종묘 입구에는 하마비가 있는데, 누구든지 이곳을 지나갈 때는 말에서 내리라는 의미다. 종묘제례악이 정기적으로 연주됐기 때문에 악공들이 머물던 악공청이라는 공간도 마련돼 있다.

정전은 가로 109m로 우리나라에서 가장 긴 목조 건물이다. 앞에는 넓은 월대가 있고, 가로로 긴 모양에 지붕이 깊숙하게 건물을 내리누르고 있다. 지붕의 높이를 달리하면서 단청을 화려하지 않게 만들었기 때문에 전체적으로 분위기가 엄숙하다. 정기적으로 국왕이 이곳에 들러 제사를 지내야 했기 때문에 소박한 왕의 거처도 별도로 마련돼 있다.

081

Thursday

북한의 국보

대한민국의 국보 1호는 남대문, 보물 1호는 동대문이다. 문화재를 지정하고 보호하는 제도는 일제 강점기부터였다. 남대문의 경우 일제 강점기 보존령에 따라 보물 1호로 정해졌다가, 1962년 문화재보호법이 제정되면서 국보 1호가 됐다. 일부 시민단체는 남대문이 아니라 훈민정음 혜례본을 국보 1호로 바꿔야 한다고 격렬히 주장했다. 2008년 남대문에 화재가 나면서 목조 구조물이 대부분 타버리자 이러한 요구가 더욱 거세졌다.

이러한 논란의 배경에는 1호가 가장 좋다는 인식이 있기 때문이다. 더구나 국보가 보물보다 좋은 것이고, 국보 중에서도 낮은 숫자일수록 중요도가 높다고 생각한다. 하지만 이는 사실이 아니다. 국보와 보물은 단지 구분 방식에 불과하고, 번호는 편의상 필요한 것으로 특별한 의미가 없다.

북한의 국보 1호는 평양성이다. 552년부터 성을 쌓았고 586년에 완공했다. 성의 규모는 매우 큰데 내성, 중성, 외성, 북성 4개로 이루어져 있다. 내성에는 궁궐과 관청이 있었고, 외성에는 백성의 거주 공간이 있었다. 대동강과 보통강이 성을 둘러싸고 있고, 북쪽에는 모란봉, 을밀대, 만수대 등이 있어 지형이 험하다. 성벽에는 고구려 특유의 축성술이 반영돼 있다. 평양성의 문들도 국보 유적인데 보통문, 대동문, 칠성문 등이 남아 있다. 외적이 쳐들어오는 것을 멀리서도 볼 수 있고, 군사 지휘를 할 수 있는 장대가 일곱 개나 성안에 만들어져 있는데 그중 가장 유명한 것이 을밀대, 최승대다.

평양으로 천도한 왕은 장수왕으로, 당시 안학궁과 대성산성을 축조했다. 이후 평원왕 때 위치를 옮겨 장안성이라 불렸는데 그것이 오늘날 평양 시내에 있는 평양성이다.

○ 가치 순위에 따라 번호를 매기는 것은 또 다른 문제를 일으킬 수 있다. 적어도 1번에서 100번까지는 순위 논쟁이 벌어질 수밖에 없고, 무엇보다 하위 번호 문화재에 대한 경시 풍토가 생길 수 있다. 또 가치관의 변화에 따라 다시 번호를 조정해야 하는 문제도 발생할 수 있다. 세계적으로 번호를 부여해 국보나 보물을 관리하는 나라는 거의 없기 때문에 새로운 방식을 모색할 필요가 있다.

082

Friday

조선의 관료 제도

조선은 고도의 중앙 집권 사회를 지향했다. 과거 시험을 통해 관료를 뽑았고 여타의 수단으로 권력 잡는 것이 불가능했다. 지방의 모든 군현에 수령을 파견했고 중앙에서는 체계적인 행정 제도를 바탕으로 국정을 운영했다. 중국의 관료 제도를 적극적으로 수용하여 이룩한 결과로, 고려 시대부터 시작했지만 조선 시대에 들어오면서 한층 정교화됐다.

조선은 장원을 비롯하여 과거 시험에서 두각을 나타낸 뛰어난 인재들을 주로 청요직에 발탁했다. 청요직은 삼사 즉, 사헌부, 사간원, 홍문관의 관원을 말한다. 사헌부는 관리를 규찰하고, 사간원은 언론 역할을 담당하고, 홍문관은 경연, 국왕의 공부를 주관하는 기능을 한 곳으로 관직은 낮지만 국가 운영에 관해 직언할 수 있었고 여론을 조성하는 중요한 직책이었다. 보통 삼사의 관원을 거쳐야만 판서, 재상 같은 고위직으로 승진할 수 있었다.

중앙 정치는 의정부와 6조에서 주관했는데 영의정, 좌의정, 우의정이 의정부에서 국정을 총괄했다. 일반적으로는 좌의정이 실세였다고 한다. 6조는 정책을 집행하는 기관으로, 이조, 호조, 예조, 병조, 형조, 공조로 나뉘어져 있었다. 이조는 인사권을 관할하고, 병조는 군권을 관리했기 때문에 가장 위상이 높은 기구였다. 사극에서 이조판서, 병조판서가 자주 나오는 이유이기도 하다. 조선이 제후국을 표방했기 때문에 황제가 아닌 왕, 폐하가 아닌 전하, 태자가 아닌 세자 그리고 6부가 아닌 6조라는 명칭을 사용했다는 것도 기억해야 한다.

이 밖에도 국왕의 비서실 기능을 했던 승정원, 검찰 역할을 했던 의금부가 있는데 왕권을 보좌하던 기구였다. 또 서울의 행정과 치안을 관리하던 한성부를 비롯한 여러 기구가 있었다.

하지만 임진왜란을 겪으면서 비변사라는 기구가 기존의 체계를 무력화시켰다. 결국 비변사를 장악하는 붕당이 권력을 쥐고, 안동 김씨 같은 특정 성씨가 비변사를 통해 세도 정치를 펼치는 등 문제를 일으켰다.

○ 경복궁 앞, 세종로 일대를 과거에는 '육조거리'라고 불렀다. 이곳에 여러 관서들이 있었고 관리들이 육조거리와 궁궐을 오가면서 국정을 운영했기 때문이다. 현재는 의정부 터가 발굴돼 복원 중이다.

083

Saturday

상업 문화

고조선부터 고려 시대까지는 상업이 활발했다. 위만 조선이 중국과 한반도 사이에서 중계 무역을 시도한 것, 삼국은 물론 발해까지 중국과 북방 민족, 일본 등과 활발히 교류했다는 기록을 찾기란 어렵지 않다.

통일신라와 고려 시대가 되면 대외 무역은 더 활발해진다. 통일신라는 울산항, 고려는 벽란도에서 이슬람 상인들과 교역할 정도였으니 말이다. 하지만 이 시기까지만 해도 전 세계적으로 산업의 중심은 농업이었고 대부분 사치 품목 위주로 상업이 이루어졌다.

조선 시대가 되면 이러한 역동성을 찾아보기 힘들다. 조선이 유교를 국가 이념으로 채택했고 유학 사상이 농업을 중시하고 상업을 천시했기 때문이다. 상업은 노력하지 않고 이득을 취하는 나쁜 노동으로 인식됐기 때문에 오랜 기간 중농주의 정책으로 일관했다. 다만 왕실과 양반 사대부의 생활에 부응하기 위해 종로에 시전 상인이 활동하고, 제한적 범위에서 중국, 일본과 무역을 벌이는 정도였다.

하지만 조선 후기가 되면 여러 변화가 나타난다. 생산력의 증가에 따라 무허가 상인인 난전 상인이 등장했고 선박을 동원해 운송업으로 큰 이윤을 내는 선상, 포구에서 도매를 하고 은행의 역할까지 담당하는 객주, 여각 등이 나타났다. 또 특정 물품을 매점매석하는 독점 상인 도고가 등장했다. 지방에서는 봇짐이나 등짐을 지고 물건을 파는 보부상이 활약했다.

18세기 후반이 되면서 전국적으로 오일장이 일반화됐고 상평통보를 비롯하여 환, 어음 등이 유통될 정도였다. 시중에 돈이 부족한 전황이라는 현상도 발생했는데 상업의 중요성을 깨닫게 되면서 동전 수집 현상이 심각해졌기 때문이다. 안타깝게도 이를 만회하는 각종 금융 제도의 발전이 이루어지지는 못했다.

○ 조선 후기 상업의 발전에도 불구하고 유럽은커녕 중국이나 일본과 비교해도 조선의 상업 발전은 한계가 명확했다. 중국에서는 이미 기원전 5세기 춘추 전국 시대 때 화폐가 유통됐고 송나라 때는 전국에 수천 개의 상설 시장이 생겼으며 명나라와 청나라 때는 산업혁명 직전까지 상업이 발전했다. 일본도 무사 시대로 들어오면서 상업이 발전했고 에도 막부 시대 때 큰 진전을 이룬다.

084

Sunday

화왕계

문득 한 아리따운 사람이 나타났는데, 붉은 얼굴에 옥같이 하얀 치아에 얼굴을 곱게 단장하고 예쁜 옷을 입고 하늘거리며 천천히 다가서며 말하기를 "첩(妾)은 눈처럼 흰 모래를 밟고 거울처럼 맑은 바다를 대하면서 봄비에 목욕을 하여 때를 벗기고 맑은 바람을 쏘이며 스스로 즐기는 장미입니다. 왕의 아름다운 덕을 듣고 향기로운 휘장 속에서 잠자리를 모실까 하오니 왕께서는 저를 받아주시겠습니까?"라고 했습니다.

또 한 대장부가 있어 베옷을 입고 가죽 띠를 둘렀으며, 흰 모자를 쓰고 지팡이를 짚고 노쇠하여 비틀거리며 굽어진 허리로 걸어와 말하기를 "나는 서울 성밖의 큰길가에 살면서 아래로는 넓은 들의 경치를 바라보고, 위로는 뾰족하고 높다란 산에 기대어 사는 백두옹(白頭翁)이라고 합니다. 가만히 생각하옵건대 좌우에서 갖다 바치는 것이 비록 풍족하여 기름진 음식으로 배를 채우고 차와 술로 정신을 맑게 하고 옷장에 옷을 가득 저장하고 있더라도 반드시 좋은 약으로 기운을 북돋우고 아픈 침으로 독을 없애야 합니다. 그러므로 비록 실을 만드는 삼(麻)이 있더라도 띠를 버릴 수 없다고 합니다. 무릇 모든 군자는 어느 세대나 없지 않으니, 모르겠습니다만 왕께서도 그러한 뜻이 있으신지요?"라고 했습니다.

그때 어떤 사람이 말하기를 "두 사람이 왔는데 누구를 취하고 누구를 버리시겠습니까?"라고 했습니다. 화왕이 말하기를 "장부의 말에도 합당한 것이 있으나 아름다운 사람은 얻기 어려운 것이니 이를 어떻게 함이 좋겠는가?"라고 했습니다. 장부가 다가가 말하기를 "저는 왕께서 총명하여 이치와 옳은 것을 알 것으로 생각하여서 왔는데 이제 보니 그것이 아닙니다. 무릇 임금이 된 자가 사특하고 아첨하는 자를 가까이하고 정직한 사람을 멀리하지 않음이 드뭅니다."

《삼국사기》〈설총열전〉에 나오는 '화왕계'의 일부다. 미색을 자랑하는 장미와 볼품은 없으나 지혜가 깊은 할미꽃 중에 꽃의 왕인 화왕은 누구를 선택해야 할까. 더구나 열전에서는 장미를 여성으로, 할미꽃을 남성으로 표현하고 있다. 막강한 권력을 쥐고 있던 신문왕에게 간사한 자를 멀리하고 인재를 가까이하며 훌륭히 통치할 것을 비유적으로 표현한 글이다. 설총의 유교적 세계관이 엿보인다.

085

Monday

YH 사건

1979년 YH 무역 여성 노동자들이 농성을 벌이다가 강제 진압 당한 사건으로, 유신 체제 몰락의 도화선이 됐다. 1960년대 산업화가 본격화되면서 경공업이 발전한다. 가발이나 운동화를 생산하거나 전자 제품의 조립이 주요한 일이었기 때문에 여성 노동력의 필요가 급증했다.

여성 중심의 노동자 계급이 급증함에도 노동 환경은 열악하기 짝이 없었다. 예를 들어 서울 동대문 일대 평화시장 노동 환경은, 저임금에 야근이 반복되기 일쑤였고 주말에도 고강도의 노동이 계속됐다. 수출 경기가 좋았기 때문에 잔업이 매우 많았고, 잔업 수당을 받기 위해 잠이 안 오는 약으로 버티는 일이 빈번했다. 노동 현장에서 폭력, 구타, 성추행 등 각종 문제가 넘쳐났다.

이 와중에 기독교와 천주교 등에서 공장 선교 활동을 시도한다. 도시산업선교회는 기독교 계통의 대표적인 단체로 노동자들에게 기독교를 전파하다가 여성 노동자들의 삶에 깊은 충격을 받는다. 도시산업선교회는 근로 기준법에 근거한 정상적인 노동 조건을 쟁취하기 위해 여성노동운동을 지원했다. 또 일부 여성 노동자들 역시 권리를 쟁취하기 위해 민주적인 노동조합을 결성하려고 노력한다. 이 와중에 저임금 정책을 추진하며 산업화를 위해 노동자에게 일정 정도 희생을 강요하는 정부, 이에 편승하여 기업 이윤에만 몰두하는 자본가들과의 충돌이 심각한 사회 문제가 되기도 했다.

YH 사건은 YH 무역의 회사 폐업 조치에 저항한 여공들로 인해 발생한 사건이다. YH 무역은 당시 대표적인 가발 수출 업체였는데 사주가 경영 의지를 포기한 채 자산을 빼돌리고 일방적으로 폐업을 선언하여 수백 명의 노동자가 일자리를 잃고 만다. 정부는 기업 회생에 무성의했고 경찰은 노동자들의 집단행동을 진압하는 데만 골몰했기 때문에, 결국 172명의 노동자는 도시산업선교회의 도움을 받아 당시 야당이었던 신민당사에 들어가서 농성을 한다.

하지만 농성 이틀 후인 1979년 8월 11일 새벽 2시, 경찰은 천여 명의 병력을 동원하여 '101호 작전'을 개시한다. 진압 과정 중에 노동자들은 물론 당사에 있던 신민당 의원, 관련 인사, 취재 기자까지 엄청난 폭행을 당했고 무엇보다 노동자 김경숙이 추락사하는 비극이 벌어진다. 신민당은 이에 격렬히 항거했고 이후 김영삼 총재 제명, 부마항쟁 같은 여러 사건이 이어지면서 유신 체제는 몰락하고 만다.

086

Tuesday

안창호

안창호(1878년~1938년)는 대표적인 한국의 독립운동가로, 독립운동사에서 가장 중요한 인물이다. 신민회, 대한민국임시정부, 민족유일당운동, 윤봉길 의거까지 항상 선구적인 입장에서 독립운동의 방향을 이끌었기 때문이다.

20대 때는 독립협회를 비롯하여 주로 애국계몽운동 단체에서 중요한 역할을 감당한다. 특히 1907년에는 신민회라는 단체의 결성을 주도하는데, 이 단체는 조선왕조 부흥이 아닌 우리 역사 최초의 공화주의를 목표로 한 단체였다. 대표를 직접 뽑는 새로운 근대 민족 국가 건설을 목표로 한 신민회는 이후 서간도에 독립운동 기지 건설을 주도하고, 대한민국임시정부 창설에도 중요한 역할을 한다.

이 시기 안창호는 기독교 민족주의자로 평양에 대성학교를 설립했고 신민회가 일제에 의해 해체되자 흥사단을 조직, 미국으로 망명하여 대한인국민회 결성을 주도하는 등 미주 지역 한인들의 조직화에 중요한 성과를 낸다. 안창호를 중심으로 발전한 미주 지역 독립운동은 임시정부를 비롯하여 중국에서 벌어졌던 숱한 독립운동에 자금 지원을 담당했다.

1919년 대한민국임시정부의 결성을 주도했던 안창호는 1923년 갈등과 내분에 빠진 임시정부를 구원하고자 국민대표회의를 열지만 끝내 실패하고 만다. 1920년대 이후 사회주의 독립운동이 발전하고 이념적 갈등의 조짐이 보이자 민족유일당운동을 추진하면서 민족 협동 전선, 즉 이념을 뛰어넘는 연대 활동을 주도하기도 한다. 하지만 1932년 윤봉길 의거가 일어나면서 배후로 체포돼 국내로 압송, 서대문형무소에서 옥고를 치른다. 2년 반 후에 출소했지만 수양동우회사건에 연루돼 재투옥, 끝내 건강을 회복하지 못하고 1938년에 숨을 거둔다.

○ 안창호는 진정성을 겸비한 타협의 지도자다. 안창호는 실력양성론(준비론)이나 대공주의를 주창하는 등 사상과 방략이 뚜렷했던 인물이다. 하지만 이승만의 외교독립론, 이동휘의 무장투쟁론 같은 각종 개성 강한 독립운동가들 사이에서 타협을 도모하는 데 능란했고 민족주의자와 사회주의자의 연대를 위해서도 많은 노력을 했다. 더불어 독립운동을 주도하되 자리에 연연하지 않았다. 임시정부에서도 내무국장, 노동국 총판같이 매번 낮은 자리를 담당하기도 했다. 실사구시 정신이 강해서 조직을 만드는 데 능했고 무엇보다 자금 모금에 탁월해 독립운동의 명맥을 잇는 데 실질적인 역할을 맡았다.

087

Wednesday

청계천

한양도성의 중심을 동서로 가로지르는 하천으로, 현재는 종로구와 중구의 경계를 흐르고 있다.

> 청계천은 백악산, 인왕산, 목멱산 여러 골짜기의 물이 합하여 동쪽으로 흘러
> 서, 도성 가운데를 가로 지나서 세 수구로 나가 중랑포로 들어간다.
>
> ─《동국여지승람》중

백악산과 인왕산은 경복궁 뒤에 있는 산이고 목멱산은 남산을 의미하니 한양도성의 중심부는 일종의 분지 형태다. 결국 모든 물이 청계천으로 모아져 오늘날 동대문구와 중랑구의 경계를 흐르는 중랑천 쪽으로 빠졌다는 말이다. 한양에서 가장 낮은 곳이 청계천이었던 것이다.

청계천은 홍수가 나면 범람하는 것은 물론 상하수도 시설이 부족했던 조선 시대에 매우 불결한 공간이었다. 더구나 조선 시대 이곳은 단순한 하천이 아닌 상업의 중심지이자 백성의 생활공간이었으니 오염 정도가 매우 심했을 것이다. 따라서 청계천 재정비 사업은 정기적으로 감당해야 하는 일이었다.

청계천에는 여러 다리가 놓여 있었고 사연도 제각각이었다. 오늘날 종각 일대의 광통교는 위치상 중요한 곳으로, 태종 때 다리가 무너져 재보수를 하는데 신덕왕후 강씨가 묻혔던 정릉의 돌을 활용했다. 신덕왕후 강씨는 이성계의 두 번째 부인으로, 자신의 아들 방석에게 왕위를 잇고자 했던 인물이다. 그런 강씨에게 태종이 평소에 불만을 품고 있었기에 이런 식으로 복수했다는 이야기가 전해진다. 더구나 문양이 있는 석재들이 거꾸로 박혀 있기 때문에 이 이야기에 확신을 더하는데, 당시 고른 석재가 부족했고 석재의 재활용이 일반적이었다는 점도 고려해야 한다.

청계천은 현대사와도 무관하지 않다. 1955년부터 1971년 사이에는 청계천 복개 공사가 시작됐다. 청계천 위를 철근과 시멘트로 덮고 다시 그 위에 고가도로를 만들었다. 길이 이중으로 났기 때문에 서울시 교통난 해소에 중요한 역할을 했는데, 인근에 살던 수많은 빈민이 대책 없이 쫓겨나서 큰 고통을 당하기도 했다. 덕분에 세종이 하천의 수위를 측정하기 위해 만들었던 수표교가 장충단 공원으로 옮겨가기도 했다. 2002년 청계천복원추진본부가 만들어져서 2005년에 청계천이 오늘날과 같은 모습으로 복원됐다.

088

Thursday

혼일강리역대국도지도

1402년 태종 2년에 만들어진 세계 지도로, 동아시아에 현존하는 가장 오래된 지도다. 현재는 일본에 있다.

지도는 조선 초기의 세계관과 당시 세계상에 대한 지식을 고스란히 담고 있다. 지도의 중앙에는 거대한 제국으로서의 중국이 존재하기 때문에 중화사상의 영향력이 컸다는 것을 짐작할 수 있다. 하지만 동쪽에 그려진 한반도의 크기가 서쪽에 그려진 아프리카만큼 큰 것에 주목하면 그만큼 민족자존 의식이 높았다는 사실을 추론할 수 있다.

실측한 세계 지도가 아니기 때문에 오늘날의 입장에서는 대단히 괴상한 모양이지만, 내용을 살펴보면 의외로 자세한 정보가 적혀 있다. 중앙아시아, 인도, 아라비아, 유럽이 모두 그려져 있고 유럽 100여 개의 지명, 아프리카 35개의 지명이 나와있다. 빅토리아 호수에 사하라 사막까지 표기가 됐으니 당시로서는 최첨단 지도였던 셈이다.

이런 지도가 생길 수 있었던 이유는 고려 말 몽골족에 의한 세계 지배가 이루어졌고 원나라와의 교류를 오랫동안 해왔기 때문이었다. 더구나 '혼일'이라는 뜻은 '섞여서 하나가 된다'라는 의미이기 때문에 중화사상보다는 몽골인들에 의해 성취된 세계의식에 영향을 받았다고 본다.

089

Friday

정선

인왕제색도

정선(1676년~1759년)은 조선 후기 영조 시대 때 활약했던 화가다. 조선 후기에는 '진경산수화'라는 장르가 발전한다. '진경(眞景)'은 눈에 보이는 실제의 경치를 의미하고 동시에 진정한 본질을 드러낸다는 의미도 있다. 이전까지의 산수화는 보고 그린 것이 아닌 관념의 장르였다. 하지만 정선은 인왕산 아래 북리에 오래 머물거나 금강산에 수차례 오르면서 자신이 직접 본 경치를 그렸다. 실제의 경치를 묘사했지만 바위를 검은색으로 칠하는 등 단순 사실 묘사가 아닌 그윽한 진짜 경치를 담아냈다. 〈인왕제색도〉와 〈금강전도〉가 대표 작품으로, 당시에는 심사정과 양대 화가로 활약했다.

090

Saturday

식민사관

일본 제국주의가 식민 지배를 정당화하기 위해 만든 역사관으로, '정체성론', '타율성론', '당파성론' 등이 그것이다.

핵심 주장은 정체성론으로, 한반도의 역사가 오랫동안 정체 상태에 머물렀다는 주장인데 타율성론과 당파성론이 이를 보완한다. 타율성론은 한반도의 역사가 주체적으로 발전하기보다는 중국 문명에 기생하면서 성장했다는 입장이다. 당파성론은 조선 시대 붕당 정치를 부정적으로 보는 시각이다. 밤낮없이 이전투구(泥田鬪狗)만 하는 당쟁이 조선 왕조의 멸망을 부추겼다는 것이다. 즉, 조선의 역사는 사대주의에 찌들고 당쟁만 일삼던, 비전과 성장이 결여된 역사라는 의미다.

사실 정체성론은 유럽학자들의 세계관에 영향을 받은 것이다. 통상 고대, 중세, 근대로 역사 단계를 구분하는데 고대에서 중세로, 중세에서 근대로 역사는 발전한다고 보는 것이 유럽인들의 보편적 역사관이다. 고대는 그리스-로마 문명, 중세는 가톨릭-서유럽 문명 그리고 시민혁명과 산업혁명을 통해 근대로 들어선다는 전형적인 발전 사관이다.

문제는 이런 식으로 역사를 파악하면 유럽을 제외한 여타의 지역이 모두 정체돼 있다는 결론에 도달할 수밖에 없다. 대부분의 국가는 왕조가 반복됐고, 종교의 영향력이 강했으며, 시민혁명과 산업혁명이 일어나지 않았기 때문이다.

일본의 역사학자들은 이런 측면을 놓치지 않았다. 일본은 고대 천황제 사회, 중세 봉건제 사회 그리고 메이지유신을 통해 근대 국가가 됐으니 유럽과 일본만이 근대 국가로 발전했다는 주장을 공식화한 것이다. 약 2천 년간 왕조 사회를 유지했던 우리나라와 중국의 역사를 모두 정체됐다고 봤다.

이에 대한 역사학자들의 치열한 반론이 제기돼 왔다. 신채호, 박은식 등은 민족마다 고유성이 있다고 강조하면서 민족주의 역사관을 주장했고, 백남운 같은 사회경제사 학자는 마르크스 역사학을 수용하여 세계사적 보편성을 역사 연구의 주제로 삼았다. 백남운은 민족의 고유성이란 없다면서 민족주의 역사학을 부정했다.

○ 일제는 상황에 따라 황당한 역사관을 주장하기도 했다. 일본의 창세 신화와 단군 신화를 결합하여 '아마테라스 오미카미'라는 일본 창세신의 못난 남동생이 단군이라 주장했다. 이것이 일선동조론으로, 일본과 조선의 조상이 하나라는 뜻이다. 대륙 침략을 위해 만몽문화론, 기마민족설 등도 주장했는데 몽골, 만주, 조선, 일본은 같은 역사성을 지녔다는 주장이다. 일본의 대륙 침략을 합리화하는 주장이다.

국민교육헌장

우리는 민족중흥의 역사적 사명을 띠고 이 땅에 태어났다. 조상의 빛난 얼을 오늘에 되살려 안으로 자주독립의 자세를 확립하고 밖으로 인류 공영에 이바지할 때다. 이에 우리의 나아갈 바를 밝혀 교육의 지표로 삼는다. 성실한 마음과 튼튼한 몸으로 학문과 기술을 배우고 익히며 타고난 저마다의 소질을 계발하고 우리의 처지를 약진의 발판으로 삼아 창조의 힘과 개척의 정신을 기른다. 공익과 질서를 앞세우며 능률과 실질을 숭상하고 경애와 신의에 뿌리박은 상부상조의 전통을 이어받아 명랑하고 따뜻한 협동 정신을 북돋운다. 우리의 창의와 협력을 바탕으로 나라가 발전하며 나라의 융성이 나의 발전임을 깨달아 자유와 권리에 따르는 책임과 의무를 다하여 스스로 국가 건설에 참여하고 봉사하는 국민정신을 드높인다. 반공민주정신에 투철한 애국애족이 우리의 삶의 길이며 자유세계의 이상을 실현하는 기반이다. 길이 후손에 물려줄 영광된 통일 조국의 앞날을 내다보며 신념과 긍지를 지닌 근면한 국민으로서 민족의 슬기를 모아 줄기찬 노력으로 새 역사를 창조하자.

1968년에 박정희 정권기에 선포된 〈국민교육헌장〉이다. 교육의 사명이 '민족중흥'이며 '조상의 빛난 얼을 오늘에 되살리는 것'이기 때문에 극히 민족주의적이다. '질서', '상부상조의 전통', '협동 정신'은 전통문화를 강조하는 것이고, '반공민주정신', '국가 건설에 참여', '자유세계의 이상을 실현' 같은 표현은 요즘에는 찾아보기 힘든 표현이다.

　　〈국민교육헌장〉은 학생들이 의무적으로 외웠는데, 국기에 대한 경례를 하거나 군인들의 복무규정을 정하는 등 국가주의적인 훈육 방법의 일환이었다.

일본군 위안부

일제 강점기 성노예 제도로, 1937년 중일 전쟁부터 1945년의 패전까지 일본 점령 지역에서 광범위하게 실시됐다. 일제는 러시아혁명 당시 시베리아에 출병하고 1931년에는 만주사변을 일으켜 만주를 점령하는 등 지속적으로 제국주의 정책을 확대했다. 따라서 해외에 파견한 군대를 통제하거나 점령 지역을 관리하는 문제가 대두된다. 일본군은 현지 여성을 겁탈하거나 성매매업 여성들과 어울리면서 성병에 걸리는 등 각종 문제를 일으켰다. 이에 따라 일본 정부와 군부는 군의 사기를 유지하고 성병 문제를 해결하기 위해 조선과 대만 등 식민지에서 성병에 걸리지 않은 일반 여성들을 동원하고자 한다. 군이 직접 관리하는 위안소와 위안소에서 일하는 여성인 위안부를 조직적으로 운영하기 시작한 것이다.

따라서 다양한 형태의 강제 동원이 진행됐다. 취업 사기가 주를 이루었고 유괴나 강제 연행을 하기도 했다. 간혹 군에 의한 직접 위협만을 강제 동원으로 이해하는 경우가 있는데 그렇지 않다. 취업 알선 목적으로 속여서 데리고 간 후 무차별적인 폭력을 행사하면서 강제로 성노예로 만드는 등 각종 만행이 있었고, 이는 본인의 의사에 반하는 것으로 모두 강제 동원이다.

조선과 대만 등 일제 식민지 여성들은 장기 동원된 사례가 많고, 중국과 동남아 등 전쟁 점령 지역의 여성들은 현지에서 성폭력을 당하거나 단기 동원된 사례가 많다. 어떠한 형태로든 여성들이 큰 피해를 입었다는 사실은 부정할 수 없다. 그중 식민지 조선의 여성들이 가장 큰 피해를 봤다. 주로 경제적으로 취약한 계층이나 가족 관계가 불안정한 집안의 여성들이 많았다. 스스로 돈을 벌어 교육받고 싶어서 일자리를 구하던 중에 피해를 본 사례도 적지 않다.

1987년 6월 항쟁 이후 사회가 민주화되자 여성 문제, 역사 문제 등 다양한 이슈가 쏟아져 나왔다. 그리고 1991년 김학순 할머니가 여성학자들과 정대협 등 여성 단체의 도움을 받아 공개적으로 자신의 피해 사실을 알렸다. 일본은 1993년 고노 담화를 통해 이 사실을 시인했고, 1995년 무라야마 총리는 일본 식민 지배와 침략 전쟁으로 인한 피해를 공식 사과하는 등 전향적인 태도를 보였다. 하지만 이후 일본이 우경화되면서 현재까지 각종 갈등과 문제가 발생하고 있다.

❍ 현재 일본군 위안부 문제는 반일 감정 문제로 치부되는 경향이 있다. 즉, 민족과 민족 간의 문제로 해석하는 것이다. 하지만 식민 지배와 침략 전쟁으로 인해 아시아의 수많은 여성이 인권 유린을 당한 사태로 해석하는 것이 본질에 가깝다.

소수림왕

소수림왕(?~384년)은 고구려의 제17대 왕으로, 4세기 고구려의 중앙 집권화를 이뤘다. 고구려는 5세기 장수왕이 평양으로 천도하기 전까지 수백 년간 만주 집안 지역의 국내성을 수도로 뒀다. 위치상 중국은 물론 만주 일대의 수많은 부족, 한반도의 여러 왕국까지 상대해야 하는 처지였다. 고구려는 초기부터 이러한 난국을 타개하고자 적극적으로 주변 지역을 공략해 나간다.

비류국, 행인국, 북옥저, 개마국, 구다국, 낙랑국 등 크고 작은 세력을 흡수했는데 무엇보다 중국의 한나라가 만든 4군현과 치열한 투쟁을 벌였다. 한무제는 고조선을 정벌한 이후 한반도와 만주 일대에 현도군, 낙랑군 등을 설치했다. 고구려는 현도군과 오랜 기간 싸워서 결국 축출에 성공한다. 하지만 고구려도 수차례 위기에 처한다. 특히 중국에서 조조가 세운 위나라의 공격을 받아 한때 수도를 점령당하기까지 한다. 동천왕이 서안평을 공격했고 이에 대한 보복으로 위나라 유주자사 관구검이 이끄는 부대가 파죽지세로 밀고 들어온 것이다. 한때 고구려 국왕이 옥저로 피난하고 동예가 위나라에 조공을 바치는 등 수세에 몰렸으나 통치에 어려움을 느낀 위나라 군대가 물러난다. 이후 고구려는 옥저와 동예에 대한 지배권을 확립하고 낙랑군과 대방군을 축출하는 등 재기에 성공한다.

하지만 4세기 초반 고구려는 새로운 위기에 직면한다. 중국이 분열기에 들어가고 북방 민족이 흥기하는 가운데 요동 지역에는 선비족의 모용씨가 이끄는 전연이 세력을 확대했고 남쪽에서는 백제가 성장했기 때문이다. 부여의 중심지인 녹산 지역을 점령하는 등 한반도 북부부터 만주 일대를 석권했음에도 불구하고 342년 전연의 침공으로 수도를 빼앗길 위기에 처한 것이다. 또 371년에는 백제의 근초고왕이 평양성까지 진격하여 고구려의 고국원왕을 죽이는 사태까지 발생한다.

고국원왕의 뒤를 이은 왕이 소수림왕이다. 소수림왕은 정복 사업보다 체제 개혁에 집중한다. 그는 율령을 반포했고 불교를 공인했으며 태학을 설립했다. 중국에서 발전한 법체계인 율령을 도입하여 각종 제도와 국가 운영 방식을 개혁했으며, 불교를 통해 기존의 신화적이고 부족적인 정신세계를 해체하고자 했다. 또 교육 기관 태학을 통해 관료를 양성하고자 했다. 즉, 국왕 중심의 중앙 집권 체제를 마련하고자 한 것이다. 이러한 노력 이후 고구려는 광개토대왕, 장수왕이 등장하면서 5세기에 최고의 전성기를 맞게 된다.

094

Wednesday

남산

경복궁을 마주보고 있는 산으로, 목멱산으로도 불렸다. 현재는 중구와 용산구의 경계이기도 하다.

조선 왕조는 풍수적으로 남산을 중요하게 생각해서, 현재 팔각정 자리에 산신을 위한 제사단을 만들기도 했다. 현재 남산은 서울타워, 남산도서관 등이 있어 서울 시민의 사랑을 한 몸에 받는 곳이다.

하지만 지난 100년간 남산은 한국 근현대사의 아픔을 모두 감당한 슬픈 공간이었다. 이곳에는 총독부의 전신인 통감부 건물이 세워졌고, 이토 히로부미가 죽자 그를 기리는 박문사(오늘날 신라호텔 자리)가 만들어지기도 했다. 1925년에는 조선 신궁이 들어섰다. 일본 신화의 시조인 아마테라스 오미카미와 메이지 천황을 주신으로 삼은 최고급 신사였다. 해방 후에는 이곳에 이승만 대통령의 동상이 세워졌다. 하지만 4.19 혁명이 일어나 이승만 대통령이 하와이로 쫓겨나자 시민들이 직접 철거했다.

과거 독재 정권 시절, 남산은 이름만으로도 두려움을 자아내던 곳이었다. 중앙정보부 건물이 이곳에 있었는데, 지금의 서울 유스호스텔, 서울 종합방제센터, 서울시청 남산 별관 등이 모두 관련 건물들이다. 1964년에는 한국반공연맹 자유센터가 만들어지기도 했는데, 지금은 한국자유총연맹 본부가 들어서 있다. 남영동 대공분실을 설계한 김수근이 지은 건물이다.

○ 남산 근처에 북촌 일대의 한옥을 한데 옮겨 보존한 남산골 한옥마을이 있다. 이곳에서 서울 양반들의 삶을 엿볼 수 있다.

○ 남산 근처의 장충단공원은 원래 1895년 을미사변 당시 명성황후뿐 아니라 이경직, 홍계훈 등 여러 신하가 죽자 이들을 기리기 위해 만든 사당에서 기인한다. 고종은 이곳에서 매해 위령제를 지냈다. 1919년 일제는 장충단을 공원화했고, 해방 이후에는 박치기 왕 김일의 레슬링 경기가 열리기도 했다. 또 이곳은 수만, 수십만의 사람들이 모여 정치적 목소리를 내는 곳이기도 했다. 김대중은 이곳에서 100만 명을 모았다고 한다.

095

Thursday

백자

달항아리

'고려청자 조선백자'라는 말이 있을 정도로 조선 시대 내내 다양한 백자가 제작됐다. 《용재총화》에는 '세종 때에는 백자, 세조 때에는 청화백자를 어기로 사용했다'라는 기록이 있다. 조선 전기에는 문양이 없는 순수백자와 청색 유약으로 무늬를 낸 청화백자가 만들어졌다. 하지만 임진왜란과 병자호란 이후 전반적인 경제 위기를 겪던 조선에서는 이전과 같은 수준으로 백자를 생산할 수 없었다. 이때 나타난 백자가 '철화백자'다. 청색 안료에 비해 철화 안료는 값싸고 구하기 쉬웠기 때문에 집중적으로 생산된다. 하지만 전란의 후유증이 회복되면서 다시 각종 백자가 만들어진다. 상대적으로 현재 남아 있는 철화백자의 수가 적기 때문에 최근 수집가들 사이에서는 훨씬 비싼 값에 팔리고 있다.

조선 후기 백자에는 '길상문'이라는 다양한 문양이 들어가는데 의미를 알면 유용하다. 복숭아, 십장생, 수(壽) 자 등은 무병장수를 의미하고 포도, 석류, 물고기는 다산과 풍요를 상징한다. 모란, 박쥐, 불수감 등은 부귀와 복을 기원하고 잉어, 매미, 두꺼비, 사군자는 입신양명을 기원한다. 이밖에도 용, 호랑이, 수탉 등은 액운을 방지하는 의미로 사용됐다. 이와 별도로 왕실의 권위를 드러내기 위해 용 문양의 큰 백자 항아리도 만들어졌는데, 용의 발가락 개수가 다섯 개라는 것은 황제를 의미하기 때문에 매우 희귀하다.

- 달항아리: 조선에서만 만들어진 순백의 대형 항아리다. 17세기말부터 18세기 초까지 1세기 정도만 유행했기 때문에 개수가 드물다.
- 각형백자: 18세기에는 다각형의 백자도 유행했다. 중국과 일본에서 유럽에 수출하기 위해 만든 백자의 모양에 영향을 받았다.

096

Friday

사화

조선 전기 사림파가 받은 정치적인 탄압이다. 성종 때 김종직이 등용된 이래 사림파가 조정에 등장하기 시작한다. 김일손, 정여창, 김굉필 그리고 조광조까지 여러 선비가 지속적으로 등용되는데 조선 초기 개국 공신들과는 세력을 달리한다. 이들은 정몽주, 길재 등 고려에 대한 충절을 지켰던 이들을 숭앙했으며 성리학에 대한 이해가 깊었다. 또 지방에서 영향력이 강했기 때문에 향촌 자치에 좀 더 적극적이었다.

세조가 계유정난을 일으킨 후 조정에는 한명회 같은 훈구대신들이 등장하기 시작했고, 이들에 의한 폐해가 드러나기 시작했다. 성종은 이 문제를 제어하기 위해 지방에서 은거하던 사림파들을 본격적으로 등용했고 자연스럽게 훈구파와 사림파의 대립 구도가 형성됐다.

하지만 훈구파의 세력은 막강했다. 성종 이래 연산군, 중종, 명종 등은 훈구파를 물리치고 개혁 정치를 추구하기보다 유자광, 임사홍, 김안로, 윤형원 등 특정 신하에게 권력을 몰아주면서 국정 운영하는 것을 편하게 여겼다. 이른바 '권간', 권력을 쥔 간신들의 시대가 시작된 것이다.

연산군은 무오사화와 갑자사화를 일으켜서 사림파를 탄압한다. 김종직이 살아생전에 쓴 〈조의제문〉이라는 글 속에 세조의 왕위 찬탈을 비판하는 내용을 근거로 들어 당시 사림파를 대거 척살한 것이다. 김종직은 시신을 꺼내 참형하는 부관참시를 당했는데, 무오년에 일어났다고 해서 무오사화라고 한다.

갑자사화는 연산군의 어머니와 관련이 있다. 성종은 중전 윤씨가 질투심이 깊고 품행이 옳지 않다 여겨 폐비를 시킨 후 사약까지 먹였는데, 이에 동조했던 이들을 대거 척살한 사건이다. 야사에는 임사홍이 폐비 윤씨의 피가 묻은 적삼을 들고 와서 연산군에게 아뢰자 이에 격분하여 일을 저질렀다고 하지만 사건을 곰곰이 뜯어보면 사림파에 대한 정치 테러의 성격이 강하다. 중종 때도 마찬가지였다. 조광조를 비롯한 사림파가 급진적인 개혁을 요구하자 이에 피곤함을 느낀 중종이 남곤, 심정 등을 앞세워 조광조 세력을 유배 보낸 후 처형했다. 이를 통해 조선 전기 사림파는 재기가 어려울 정도의 타격을 입는다. 기묘년에 일어났다고 해서 기묘사화라고 한다.

신라의 왕

신라의 신분제는 복잡하다. 한반도의 고대 국가 형성기, 삼국의 쟁패기 그리고 통일신라로 이어지는 기간이 무려 천 년에 달하고 이 기간 동안 한반도의 역사가 매우 역동적이었기 때문이다.

박혁거세, 석탈해, 김알지 등 건국 설화가 세 개나 있고, 박 · 석 · 김씨의 세 성씨가 돌아가면서 권력을 행사할 정도로 후진적인 사회였으니 그만큼 왕권이 약하고 권력 관계가 복잡했다. 왕위 명칭도 흥미로운 연구 대상이다. 박혁거세는 '거서간'이라는 칭호를 받았는데 '귀인'이라는 의미다. 통상 부족장이나 군장 정도로 해석한다. 박혁거세의 뒤를 남해차차웅이 이었는데 차차웅은 '무당'이라는 뜻이다. 여전히 제정일치적인 신권 통치의 힘이 강했음을 알 수 있다. 그다음이 유리이사금인데 이사금은 '이빨이 많다'라는 뜻이다. 남해차차웅의 아들이 유리이사금이었고 사위가 석탈해였는데 '덕이 많은 사람은 이빨이 많다'라고 하면서 떡을 물어 왕위 계승을 정했다는 데서 나온 명칭이다. 결국 유리이사금이 왕이 되고 그가 죽은후 석탈해가 이사금이 됐으니 아직까지는 왕권이 약하고 연맹 왕국 단계였음을 추정할 수 있다.

4세기에 김씨 왕위 계승권이 확립되면서 역사에서 박씨와 석씨 왕은 사라지고 만다. 이 시기는 내물마립간의 시대로, 마립간은 '대군장' 정도로 해석한다. 이후 6세기 지증왕 때 비로소 '왕' 칭호를 사용한다. 중국의 문물을 수용하여 왕권을 강화하고자 한 것이다. 이때부터는 자연스럽게 대형 고분이 사라지고 불교 예술이 발전한다. 뒤를 이은 법흥왕은 골품제를 정비하여 왕실을 성골로, 그 밖의 귀족을 진골로, 하급 지배층을 두품으로 구분했다. 하지만 선덕여왕, 진덕여왕 당시 성골 혈통이 끊기고 진골귀족이었던 김춘추가 왕이 되면서 일명 '무열계' 왕통이 확립된다. 하지만 신라 하대 혜공왕 이후 왕통이 끊기면서 성골에 이어 무열계도 역사속으로 사라지게 된다.

○ 4세기부터 6세기까지 삼국은 치열하게 경쟁했고 동시에 왕권 강화를 위해 만면의 노력을 기울였다. 경쟁에서의 우위와 왕권 강화를 위한 수단은 중국 문물의 수용이었는데 그로 인해 한반도 역사는 중국 문화에 크게 영향을 받는다. 중국과의 관계, 중국에서 전파되는 문물은 북방 민족, 이슬람 상인, 서역과의 관계를 압도할 만큼 고려, 조선 시대 때도 중요했다.

청산별곡

살으리 살으리라
청산에 살으리라
머루와 다래를 먹으며 청산에 살으리라
얄리 얄리 얄랑셩 얄라리 얄라

울어라 울어라 새야!
자고 일어나 울어라 새야!
너보다 근심이 많은 나도
자고 일어나 울며 지내노라
얄리 얄리셩 얄라리 얄라

가던 새 가던 새 봤느냐
물 아래 가던 새 봤느냐
이끼 묻은 연장을 가지고
물 아래 가던 새 봤느냐
얄리 얄리 얄라셩 얄라리 얄라

고려가요 〈청산별곡〉의 일부다. 작가나 제작 연대는 알 수 없으나 자유분방한 감정이 표현됐고, 조선 시대 작품 형식과는 차이가 커서 통상 고려가요로 분류한다.

　속세를 떠난 이의 심정을 묘사했다고 하지만 시는 언제나 자유롭게 해석할 수 있다. 〈청산별곡〉은 각각의 연이 지닌 정서가 지극하고 상상의 여지가 무궁하기 때문에 각자의 심성으로 느끼고 해석할 여지가 큰 작품이다.

099

Monday

후삼국과 왕건

통일신라의 멸망과 고려 건국의 과도기로, 후고구려, 후백제, 신라가 대립하던 시기였다. 궁예와 견훤이 후고구려와 후백제를 세웠고, 이미 조정 능력을 상실한 신라는 경주 일대만 다스리면서 관망하는 처지였다. 이 시기 가장 중요한 인물이 바로 왕건(877년~943년)이다. 왕건은 20세에 아버지 용건을 따라 궁예의 수하가 됐다. 이때부터 60살이 될 때까지 그는 전장에서 평생을 보낸다.

왕건의 근거지는 송악, 즉 오늘날 개성이다. 개성은 예성강과 임진강에 둘러싸여 한강과 서해로 나아가는 요지 중의 요지다. 즉, 왕건 일파가 해상 세력이자 호족이었단 말이다. 왕건은 전라남도 나주의 지배권을 두고 견훤과 쟁투를 벌여 승리한다. 서로가 수천의 군사를 동원했고 일진일퇴를 벌였는데 결국 '수달'이라고 불렸던 뛰어난 해군 장수 능창을 제압하고 전라남도 일대를 장악하는 데 성공한다. 이때부터 견훤은 후고구려를 남북 쪽에서 동시에 상대하는 곤란을 겪는다.

936년에 왕건은 복지겸, 박술희와 신숭겸, 홍유, 배현경 등의 지원에 힘입어 궁예를 몰아내고 권력을 장악하는 데 성공한다. 궁예와 견훤이 카리스마로 좌중을 압도하거나 전투에 능했다면, 왕건은 호족들의 생리를 잘 알았고 민심을 자기편으로 끌어들일 줄 알았다. 왕건은 무려 29명과 혼사를 치르는데 이를 통해 전국 각 지역의 호족들과 연맹 관계를 구축한다. 지방마다 강력한 독립 세력이 넘쳤기 때문에 이들을 잘 포섭하고자 혼인 정책을 쓴 것이다. 또 견훤이 무력 위주의 강공책을 펼쳤다면 왕건은 신라를 극진히 대했고, 자신에게 와서 복종하는 이들을 후대했다.

팔공산 전투는 왕건 일생일대의 위기였다. 견훤이 신라에 쳐들어가서 국왕을 죽이고 왕비와 후궁을 겁탈하는 등 만행을 벌였고, 왕건은 신라를 구원한다는 명분으로 5천 명의 군사를 끌고 대구 팔공산 일대에서 격전을 벌인다. 이 전투에서 의형제 신숭겸과 김락 등이 전사하고 모든 군사가 전멸했음에도 불구하고 결국 신라는 견훤이 아닌 왕건에게 투항하고 만다.

심지어 왕건은 평생의 라이벌 견훤이 투항했을 때도 그를 받아들였고 후백제를 멸망시켰을 때도 견훤을 몰아냈던 맏아들 신검을 살려준다. 견훤이 죽자 개태사를 지어 그를 영웅으로 기리기까지 했다.

후삼국을 통일한 왕건은 고구려의 계승 국가임을 분명히 하고 북진 정책을 추진하여 청천강 일대까지 영토를 확장해 고구려의 마지막 수도 평양을 수복했다.

100

Tuesday

인물

광해군

광해군(1575년~1641년)은 조선의 15대 국왕으로 1608년부터 1623년까지 재위하다 인조반정으로 쫓겨났다. 광해군은 선조의 적자가 아니었고 위로는 첫째 서자 임해군이 있었다. 선조는 죽을 때까지 그를 미덥지 않게 여겼다. 하지만 임진왜란은 그에게 중요한 기회였다. 선조는 광해군과 임해군 등에게 신하를 나눠 분조(조정을 나눈다는 말)함으로써 파죽지세로 밀려오는 왜군의 공격 속에서 왕조를 보존하려 했다. 이때 광해군은 각 지역을 돌면서 적극적으로 전란을 수습하기 위해 노력했고 이를 통해 신하들과 백성들의 신임을 한 몸에 받았다.

재위 초반기에 광해군은 여러모로 괜찮았다. 서인, 남인 등 각양의 저명한 인사들을 끌어들여 거국 내각을 구성했고, 허준을 후원하여 《동의보감》을 완성케 하는 등 여러 노력을 펼쳤기 때문이다. 하지만 권력을 북인에게만 집중한 것이 문제였다. 북인의 정신적 지주인 정인홍은 서인과 남인을 지나치게 공박했고 실권을 쥐던 이이첨은 갈수록 전횡을 더했다. 북인은 수많은 의병장을 배출하는 등 위기 가운데 큰 역량을 발휘했지만 국정 운영에 있어서는 그다지 유능하지 못했다. 더구나 대북, 소북으로 나뉘어져서 자신들끼리도 치열한 정쟁을 벌였다.

또 광해군은 역모에 대한 두려움이 컸다. 아버지의 신임을 얻지 못한 후궁 자식 출신의 국왕이었기 때문이다. 반역 행위에 대한 고발이 들어올 때마다 제대로 수사하기보다 무작정 혐의가 있는 사람들을 고문하고 죽이는 공포정치를 펼친 것이다. 그리고 법적인 어머니 인목대비를 서궁에 유폐하고 그녀의 아들 영창대군을 죽이는 폐모살제를 단행한다. 적법 혈통의 후손이 있다는 게 부담됐겠지만 유교 국가에서 보기 드문 불효를 행한 것이기에 이런 무리한 행태는 큰 반발을 불러일으킨다.

광해군은 무리한 건축 사업도 추진한다. 경복궁을 비롯한 모든 궁궐이 불탔기 때문에 당연한 조치였을지 모르겠지만 한꺼번에 너무 많은 궁궐 복원 사업을 동시에 진행하니 민심이 극도로 악화될 수밖에 없었다. 이에 더해 명나라에 원병을 파견한 것도 큰 문제가 된다. 애초에 광해군은 북방의 정치 변동에 주목했고 중립 외교를 통해 문제를 풀고자 했다. 하지만 명나라에 대한 사대주의가 강했기 때문에 어쩔 수 없이 2만의 군대를 파견했고 괴멸적 패배를 당했다. 결국 수많은 전사자가 발생하면서 민심이 광해군을 떠난 것이다. 결국 광해군은 인조반정으로 폐위당했고 강화도, 제주도 일대에서 유배 생활을 하다 생을 마쳤다.

101

Wednesday

임진각

임진각은 1972년 북한을 바라보고 분단의 현실을 체험할 수 있게 조성된 곳이다. 경기도 파주에 있는데, 애초에는 안보 관광이라는 명분으로 개발됐다면 최근에는 화해와 협력, 평화와 통일이라는 가치로 관광의 의미가 변화하고 있다.

임진각에서 북한까지의 거리는 약 7km다. 임진강이 북쪽으로 툭 튀어나와서 흐르고 있기 때문에 DMZ와 북한을 전망하기에도 좋다. 임진각에는 장단역 증기 기관차, 독개다리, 자유의 다리같이 한국 전쟁의 상처를 목격할 수 있는 역사 유적물들이 있다. 장단역 증기기관차는 한국 전쟁 때 경의선 장단역에서 중국군과 북한군에 이용될 것이 두려워 연합군이 폭파한 후 탈선하여 그 자리에 멈춰 선 증기기관차다. 여기에 무려 천여 개의 총탄자국이 남아 있다. 독개다리도 폭격으로 파괴된 곳으로, 수많은 총상의 흔적을 직접 볼 수 있는데 여전히 끊어진 상태로 있기 때문에 분단을 상징하는 듯하다. 바로 근처에 있는 자유의 다리에서는 한국 전쟁 때 남한과 북한의 전쟁 포로가 교환됐다. 최근에는 평화누리, 바람의 언덕, 평화의 종 같이 평화와 통일을 염원하는 공원과 행사장이 조성돼 여러 행사가 치러지고 있다.

임진각 앞에는 망향단이 있는데, 1986년에 실향민들을 위해 세워진 곳이다. 고향으로 돌아갈 수 없는 이들이 해마다 이곳에서 설날에는 연시제(年始祭), 추석에는 망향제(望鄕祭)를 지낸다. 연시제는 한 해의 시작을 기리는 제사라는 뜻으로, 명절날 지내는 차례다. 망향제는 고향을 그리워하며 지내는 제사라는 뜻으로, 추석 때 지내는 차례다.

임진각이라는 공간이 지니는 특수성 때문에 정치적으로 의미 있는 일들도 많았다. 1987년 10월에는 당시 여당이던 민정당 총재 노태우와 야당이던 통일민주당 총재 김영삼이 이곳에서 만났다. 6월 항쟁 이후 민주화가 되자 새로운 민주 사회를 모색하기 위한 상징적인 만남을 가졌던 것이다.

1990년 9월에는 분단 후 처음으로 남북한의 총리가 만난다. 남북고위급회담이 서울에서 열렸기 때문인데, 연형묵 총리를 중심으로 북한 대표단 90여 명이 3박 4일간 서울을 방문했다. 이때 판문점에서 성명을 발표한 후 임진각을 거쳐 서울로 들어온다. 1998년에는 현대그룹 회장 정주영이 임진각에서 천여 마리의 소 떼를 끌고 방북한다. 한국을 대표하는 재벌 기업의 회장 역시 실향민이었다.

성덕대왕신종

771년 통일신라 때 만든 범종으로, 구리 12만 근을 들여 30년에 걸쳐 만들었다고 한다. 크기가 엄청날 뿐더러 울림의 깊이와 외관의 아름다움을 뽐내는 작품이다. 전설에 따르면 어린아이를 넣어 만들어서 '에밀레종'이라 불렸다지만 조사 결과 이는 사실이 아닌 것으로 판명됐다.

범종은 불전사물(佛殿四物) 중 하나다. 이는 절에서 예불을 드릴 때 사용하는 네 가지 법구로 범종, 금고, 운판, 목어가 그것이다. 범종은 사찰 종루에 달려 있어서 시간을 알리거나 불교 의식을 행할 때 주로 사용된다. 금고는 금속으로 만든 북, 운판은 청동이나 철로 얇게 만든 판, 목어는 나무를 깎아 만든 물고기 모양의 북이다.

성덕대왕신종은 아름다운 비천상 문양이 유명하다. 비천상은 천상을 날아다니며 악기를 연주하고, 춤추면서 꽃을 뿌리는 천사 같은 존재를 형상화한 것으로, 부처님과 불국토의 이상을 그리는 작품에 많이 그려진다. 보통 피리를 부는 모양이 일반적인데 성덕대왕신종은 성덕왕의 명복을 비는 모습으로 만들어졌다.

103

Friday

조선 시대 건강관리

> 음식의 효능은 약의 절반이 넘는다 하겠다. 또 병을 치료하는 데 당연히 오곡,
> 오육, 오과, 오채로 해야지, 어찌 마른풀과 죽은 뿌리에 치료법이 있겠는가?
>
> — 전순의,《식료찬요》중

조선 시대 건강관리를 한마디로 표현하면 '식치가 약치를 우선한다'라고 할 수 있다. 식치 즉, 밥과 반찬을 비롯한 좋은 음식을 골고루 잘 먹는 것이 아플 때 약을 챙겨 먹는 것보다 훨씬 중요하다는 주장이다. 오늘날 대부분의 한국 사람이 건강에 대해 생각하는 것과 비슷하다.

동양에서는 이미 고대 사회부터 '양생'이라는 관념이 있었다. 이는 건강하게 오래 살다 가능하면 신선이 되고 싶은 욕망이다. 또 유교 문화의 영향도 강했기 때문에 '덕을 기르는 것'이 건강에 도움이 된다고도 봤다.

건강관리에 특별히 중요하게 여겼던 음식을 꼽으라면 '죽'과 '차'일 것이다. 죽은 흰죽, 타락죽, 녹두죽, 연자죽, 산약죽, 청량미죽, 율무죽, 부추죽, 흑임자죽, 양죽, 인삼속미음 등 다채로웠고 차 역시 인삼차, 청피차, 생강차, 건갈차, 마통차, 송설차 등 다양했다. 이 중 마통차는 오늘날 루왁 커피와 제조 과정이 유사하다. 제주도의 어린 말이 겨울에 풀을 뜯어먹고 싼 똥을 말려서 차로 만든 것이기 때문이다.

다만 이러한 체계적인 건강식을 모두 누렸던 계층은 왕실과 서울 북촌에 사는 고급 양반들뿐이었을 것이고 대다수의 백성은 제대로 된 건강관리를 할 수 없었다.

○ 영조는 평생 소식을 했고 음식에 있어서 매우 까다로웠다. 엿을 좋아했는데 계피가루를 넣는 것을 싫어했고 건강 가루만 좋아했다고 한다. 신하들이 보양식으로 메추라기 회를 제안했는데 회는 싫어하고 각양 메추라기 요리는 좋아했다고 한다. 침닭도 좋아했다. 보양식인 붕어죽에 대해서는 64세가 돼서야 비로소 참맛을 알게 됐다고 술회하기도 했다.

○ 조선 시대 국왕의 건강관리를 이야기할 때 영조와 세종을 비교한다. 영조는 채식을 좋아하는 소식가, 세종은 육식을 좋아하는 대식가였는데 결과적으로 세종의 건강이 안 좋았고 일찍 죽었다는 식의 이야기가 그것이다. 하지만 당시 평균 수명 30세가 안 되는 상황에서 세종은 재위 기간 32년에 54세까지 살았다. 영조가 예외적으로 더 오래 살았을 뿐이다.

104

Saturday

예송 논쟁

조선 시대 현종 때 벌어진 두 차례 예법 논쟁. 인조의 계비인 조대비의 상복 문제를 두고 서인과 남인이 대결했고, 예법 논쟁의 승패에 따라 권력이 나뉘기도 했다. 이 과정을 통해 조선 후기 당쟁은 한층 치열한 양상을 띠게 됐다.

1659년 효종이 죽자 조대비의 상복을 두고 논쟁이 벌어진다. 서인은 1년 입을 것을 주장했고 남인은 3년 입을 것을 주장했다. 다시 1674년 효종의 비가 죽자 같은 논쟁이 재현된다. 서인은 9개월, 남인은 1년을 주장한 것이다. 두 차례 논쟁을 기해예송, 갑인예송이라 부르기도 한다.

논쟁이 촉발된 이유는 효종이 인조의 큰 아들이 아니었기 때문이었다. 서인은 국왕이어도 차남이라는 점을 고려해야 한다고 주장했고, 남인은 왕은 왕이기 때문에 장남, 차남 문제를 고려할 필요가 없다고 봤다. 1차 예송 논쟁에서는 서인이 승리를 거두었고, 2차 예송 논쟁에서는 남인이 승리를 거두었다. 논쟁의 기저에는 왕과 사대부의 관계에 대한 서인과 남인의 입장 차가 깊게 배어 있었다. 서인은 '왕은 본질상 최고의 사대부'이기 때문에 사대부의 예법을 준수해야 한다고 봤고, 남인은 '왕과 사대부는 본질적으로 다른 존재'라고 생각했기 때문에 왕통에 따른 별도의 예법을 주장한 것이다.

예법 논쟁이 격렬했던 이유는 조선 후기 성리학에 대한 이해가 심화되고 김장생, 김집 등 뛰어난 예법학자들이 등장했기 때문이기도 하다. 하지만 이 와중에 서인과 남인의 갈등이 심해졌고 권력이 이동하는 현상까지 발생하면서 다음 대인 숙종 때가 되면 서인과 남인은 극단적인 정치 싸움에 빠져들고 만다.

○ 예송 논쟁에 대한 해석의 논란은 여전히 크다. 조선 시대 무용했던 당파 투쟁의 단면이라 보는 입장부터 조선 고유의 문화 투쟁이기 때문에 존중해야 한다는 입장까지 존재한다. 하지만 임진왜란과 병자호란 이후 국력을 증진시키며 좀 더 적극적인 사회 개혁에 나서기보다 관념적이고 추상적인 논변을 통해 사회 현실을 외면하고 사대부의 기득권을 강화하려고 했다는 측면만큼은 분명해 보인다.

105

Sunday

삼천만 동포에 읍고함

지금 독립 정부의 수립이 당장에 가망 없다고 해서 단독 정부를 세울 수는 없는 것이다.

(…)

삼천만 동포 자매형제여, 지금 나의 하나뿐인 염원은 삼천만 동포와 손잡고 통일 정부를 세우는 일에 공동 분투하는 일이다. 조국이 원한다면 당장에라도 이 한 목숨 통일 제단에 바치겠노라. 나는 통일 정부를 세우려다가 38선을 베고 쓰러질지언정 일신의 구차한 안위를 위해서 단독 정부를 세우는 일에는 가담하지 않겠노라.

고요한 밤에 홀로 앉으면 남북의 헐벗고 굶주린 동포들의 원망스러운 용모가 눈앞에 어릿거린다. 붓이 여기에 이름에 가슴이 막히고 눈물이 앞을 가려 말을 잇지 못하겠노라. 삼천만 동포 자매형제여, 나의 이 애달픈 고충을 명찰하고 다시 깊이 생각하시라.

1948년 2월 10일에 발표된 김구의 《삼천만 동포에 읍고함》이라는 글의 일부다. 1947년 냉전이 본격화되고 좌우 갈등이 극단에 달한 한반도는 급속도로 분단을 향해 나아간다. 중재를 이끌었던 여운형이 암살당하고, 이승만이 단독 정부를 주장했다. 이러한 상황에서 기존의 모든 정치적 이해관계를 포기하고 김구는 남북 협상에 나선다. 우리나라 1호 통일 운동가가 나타난 것이다.

106

Monday

강화도조약

1876년에 조선과 일본이 체결한 최초의 근대 조약으로, 전체 12조로 돼 있고 정식 명칭은 '조일수호조규'다. 19세기 세계는 급속도로 변화하고 있었다. 1840년 아편전쟁이 일어났고 이후 영국, 프랑스를 중심으로 서양 열강은 청나라를 잠식하기 시작한다. 이에 더해 1868년에는 아시아 국가 최초로 일본이 메이지유신을 단행하여 근대 국가로 나아간다. 이 와중에 조선에서는 세도 정치와 흥선대원군의 쇄국 정책이 이어지다가 1873년 고종이 직접 통치를 하면서 개화 정책에 나서게 된다.

이 시기 일본은 부산에서 함포 사격 연습을 구실로 간접적인 위협을 했고, 운요호 사건을 일으킨다. 운요호가 강화도 연안 포대를 도발한 후 피해를 입었다고 주장하면서 조약을 강요했는데 이는 당시 서양 열강들이 했던 전형적인 수법이기도 하다.

여하간 개화 의지가 있었던 조선 조정은 전권대신 신헌을 보내 강화도 연무당에서 조약을 체결한다. 1조는 조선이 자주국임을 표명하는데 사대 관계에 있던 청나라를 견제하기 위한 목적으로 풀이된다. 7조에는 안전한 항해를 위해 해안 측량권을 허락하는 내용이 나온다. 조선의 복잡한 해안선이 일본에 전면적으로 공개되는 순간이다. 10조는 치외법권을 허락한다. 일본인이 조선에서 죄를 지어도 심판은 일본에서 한다는 내용이다. 전체적으로 전형적인 불평등 조약이었고, 이는 이후 두고두고 문제가 된다.

조약은 격렬한 반발을 불러일으킨다. 최익현은 상소를 올려 조목조목 반대한다. 첫째, 우리에게 힘이 있는 상태에서 조약을 맺어야 하는데 겁이 나서 화친을 맺는 방식이라면 앞으로 계속 끌려갈 수 있다. 둘째, 서양의 공산품과 우리의 농산물이 통상을 계속하면 나라 경제가 망할 수 있다. 셋째, 일본인도 서양과 한통속이니 서학이 들어오면 국가 정체성이 혼란해진다. 넷째, 통상을 허락하면 외국인이 우리 땅에 들어오기 때문에 결국 점령당할 것이다 등으로, 숙고해야 할 지점이 있음은 분명하다.

하지만 오경석 같은 개화파는 통역관으로 참여하여 막후에서 조약 체결에 중요한 영향력을 행사한다. 결국 강화도조약 이후 조선은 개화를 통한 근대 국가로의 도약, 개화파와 위정척사파의 대립 같은 중요한 문제에 직면한다.

107

Tuesday

김구

대표적인 한국의 독립운동가. 해방 후에는 이승만과 경쟁하며 남한의 정치를 이끌기도 했다. 김구(1876년~1949년)는 18세에 동학을 받아들였고 다음 해에는 황해도 지역에서의 봉기를 주도했다. 이때 안중근을 알게 된다. 이후 고능선이라는 유학자에게 지도를 받고 의병 활동을 했다. 21세에는 황해도 치하포에서 상인임에도 칼을 품고 다니던 쓰치다를 명성황후 시해범으로 판단하여 그를 맨손으로 처단한다. 쓰치다 처단 후 자진 신고를 했고 사형 직전에 고종이 얼마 전 설치된 전화기로 직접 집행 정지를 명하면서 목숨을 구한다. 한동안 애국계몽운동 활동에 진력하던 김구는 상해로 망명, 임시정부 경무국장(일종의 경찰청장)으로 활동을 시작한다. 임시정부는 프랑스 조계지에 있었고 프랑스가 임시정부 활동에 호의적이었기 때문에 프랑스 공사와 긴밀한 연락을 주고받으며 임시정부를 호위하는 역할을 한다.

김구는 임시정부의 위기 때마다 강력한 수호 의지를 드러내며 수문장 역할을 자임한다. 국민대표회의의 실패 이후 임시정부가 와해됐을 때도 끝내 남았다. 1931년 임시정부는 김구에게 특별 전권을 부여하여, 한인애국단을 만든다. 한인애국단은 1931년 10월 난징에서 만주 철도 총재 처단의 시도를 시작으로 격렬한 의열 투쟁을 주도한다. 1932년 1월 8일에는 이봉창이 천황 폭살을 시도했으나 안타깝게 실패했고, 다시 2월에 상해에서 일본군 사령부 역할을 했던 군함 이즈모 호의 폭파를 시도, 3월에는 윤봉길 등이 상해의 비행장 폭파를 시도한다. 같은 달 이덕주, 유진식 등 애국단원들은 국내에 잠입, 조선 총독의 처단을 시도했고, 4월 29일에 비로소 윤봉길이 홍커우 폭탄 의거에 성공한다. 이에 만족치 않고 다시 5월에는 최흥식, 유상근 등이 만주의 일제 핵심 기관인 관동청 폭파를 시도한다. 이밖에도 숱한 의열 투쟁을 벌이는데 특히 이봉창과 윤봉길의 의거는 국제적으로 큰 화제가 된다. 윤봉길 의거는 특별히 당시 중국의 지배자 장제스에게 강렬한 인상을 남긴다. 장제스와 김구는 특별 면담을 했고 낙양군관학교 한인 특별반 운영을 지원하기로 합의한다. 그리고 이를 모태로 한국광복군이 만들어지는데 이후 장제스가 이끄는 중국국민당은 임시정부의 가장 중요한 후원자가 된다.

1940년대 김구는 중국 내 민족주의 세력의 통합에 성공하고, 조선독립동맹 같은 사회주의 세력과의 통합을 위해 노력했다. 이 시기 김구는 국민당과 미국 등의 지원을 이끌어내며 광복군의 전력 향상에 노력을 기울였고 한편에선 임시정부의 국제 공인을 위해 활발한 외교 활동을 펼치기도 했다.

108

장소

한반도의 강

강은 식수를 구할 수 있는 유일한 곳이기에 고대는 물론 선사 시대부터 가장 중요한 곳이었다. 강 근처에는 평야가 펼쳐진 곳이 많아서 농사짓기에 유리하고 마을 공동체가 집중적으로 형성된다. 황하 문명처럼 인류 최초의 문명들이 지역을 마다하고 강 중심으로 번성한 것도 당연한 결과다.

강을 중심으로 한반도를 바라보면, 백두대간을 중심으로 동쪽이 높고 서쪽이 낮기 때문에 대부분의 강이 서해로 흘러나가고 평야도 서쪽에 집중 분포한다. 가장 북쪽에는 압록강이 있고 순서대로 청천강, 대동강, 예성강, 임진강, 한강, 금강, 영산강이 있다. 청천강과 대동강 사이에 평양이, 예성강과 임진강 사이에 개성이, 임진강과 한강 사이에 한양이 있으니 한반도의 대표적인 수도가 모두 서해를 바라보면서 강과 강 사이에서 번성한 것이다. 이때 강은 수도의 과중한 인구를 감당하고 외적을 방어하는 기능까지 겸비한다. 위치가 조금 다르지만 백제의 첫 번째 수도 한성 역시 한강에 의지했다.

금강은 전라북도와 충청도 일대를 흐르는데 북쪽에는 부여, 논산, 공주가 있고 남쪽에는 익산, 군산, 김제, 전주가 있다. 목포로 흘러가는 영산강은 광주 일대까지 전라남도를 흐르고 낙동강은 대구, 경주부터 김해, 부산을 아우르니 경상도 일대의 핵심적인 수자원이라 할 수 있다. 지금은 경상북도, 경상남도로 부르지만 조선 시대에는 경상좌도, 경상우도라고 불렸고 이전에도 가야, 신라 등이 모두 낙동강을 경계로 발전했다. 이 밖에도 한탄강이 철원평야를 만든다든지, 남한강이 경기도에서 충청북도 일대, 북한강이 강원도에서 내려온다는 것을 고려하면 한반도의 주요 거점이 모두 강에 의존하고 있다는 것을 알 수밖에 없다.

묵란도

묵란도는 난초를 소재로 그린 수묵화다. 묵란도의 대가 중에는 흥선대원군 이하응과 민씨 척족인 민영익이 있다. 이하응은 추사 김정희에게 묵간을 배웠고, 김정희는 '압록강 동쪽에 이 작품만 한 것이 없다'라며 이하응의 실력을 추켜세웠다.

> 무릇 난을 그리는 것은 천하의 수고로운 사람을 위로하기 위함이지, 천하의
> 안락을 누리는 사람에게 바치려는 것이 아니다.

이는 이하응의 말로, 그는 '변치 않는 마음가짐을 위한 맹세의 수단'으로 묵란을 그렸다고 한다. 〈묵란도〉 12폭 병풍이 대표작이다. 날카로우면서 이지적인 그의 스타일을 당시에 '석파란'이라 불렀다.

민영익도 이하응에 비견되는 인물이었다. 하지만 이하응이 고종에게 버림받고 끝내 재기에 실패했듯, 한때 촉망받던 개화파의 우두머리 민영익은 총명함을 잃고 쉽사리 타락했고 그로 인해 갑신정변 당시에는 동료들에 의해 목숨을 잃을 뻔했다. 그 또한 김정희 문하에서 배웠고, 스타일이 유려하고 풍성하여 '운미란'이라 칭했다. 〈노근묵란도〉가 대표작이다.

110

Friday

서태지와 아이들

서태지, 이주노, 양현석으로 이루어진 남성 3인조 댄스 그룹으로, 한국 대중문화사에 가장 중요한 영향을 미쳤다. 1992년에 데뷔하여 1996년에 은퇴했다.

1980년대 중반 이후 한국의 대중문화는 본격적으로 발전했다. 보수적인 유교 문화, 정부의 억압적인 문화 정책, 부족한 사회 자원으로 인해 1980년대 초반까지 한국 음악은 번안곡, 포크송, 트로트 장르에 머물렀다. 하지만 가수 조용필이 등장하고 이문세를 필두로 이승철, 신승훈, 김건모 등 수많은 뮤지션에 의해 한국형 팝 장르가 크게 발전했다. 그중 서태지와 아이들의 엄청난 음악적 성공은 당시의 사회 상황과 밀접한 관련을 맺고 있다. 노래 가사뿐 아니라 안무와 패션 등 모든 면에서 독특한 개성을 강조했는데 헐렁한 힙합 패션은 물론 태그를 떼지 않은 옷을 입고 나온 것조차 유행할 정도였다. 1980년대 전두환 정권의 3S 정책으로 인해 할리우드 문화가 엄청난 영향력을 행사했고, 특히 1987년 민주화 이후 자라난 청소년들이 이러한 변화에 열광적이었다.

데뷔곡 〈난 알아요〉를 통해 랩 장르가 크게 인기를 얻었고, 힙합과 국악을 접목시킨 〈하여가〉도 못지않은 인기를 누렸다. 〈교실 이데아〉는 한국의 교육 현실에 대해 비판한 곡인데 통속적인 연애 이야기를 벗어났음에도 큰 호응을 받았다. 심지어 테이프를 거꾸로 돌리면 "피가 모자라"라는 말이 들린다며 한바탕 소동이 벌어지기도 했다. 보수 기독교계를 중심으로 급변하는 대중문화에 대한 부정적 반응이 해프닝의 원인이었다.

이러한 변화는 비단 서태지와 아이들만 이끌었던 것은 아니다. 사회 문제를 가사로 표현하는 것은 신해철에 의해 심화됐고 DJ DOC 같은 그룹은 좀 더 노골적으로 개성과 자유분방함을 강조하기도 했다. 공교롭게도 서태지와 아이들의 은퇴 이후 H.O.T가 등장하며 소속사에 의해 만들어지는 아이돌의 시대가 시작된다. 또 한 번의 문화 변동이 시작된 것이다.

○ 1990년대 후반부터는 영화계에서 극적인 변화가 시작된다. 1999년 영화 〈쉬리〉가 개봉하는데 한국형 블록버스터를 표방하며 큰 성공을 거둔다. 또 남북문제를 영화의 핵심 내용으로 삼았는데 이전의 반공영화와는 전혀 다른 각도로 이야기를 전개했다는 점이 의미심장하다. 2000년 〈공동경비구역 JSA〉, 2004년 〈태극기 휘날리며〉 등 엄청난 제작비와 새로운 문제의식을 겸비한 상업 영화의 전성시대는 2000년대 이후 본격화된다.

양반

조선의 지배 계층으로, 양반 제도는 조선의 독특한 신분 제도다. 우선 이 제도는 중국 송나라의 역사와 관련이 깊다. 송나라에서는 과거제도를 엄격하게 실시했고, 과거에 합격한 이들이 나라를 다스렸다. 이들을 사대부라고 불렀는데 과거제도가 워낙 엄격하게 운영됐기 때문에, 대를 이어 관료가 돼 사대부라 불리는 이가 없었을 정도였다고 한다. 조선의 문물은 기본적으로 송나라를 지향했다. 송나라에서 과거 합격자가 관료로 출세하여 지배층의 역할을 수행했듯 조선 시대도 과거제도만이 유일한 출세의 수단이었다. 법적으로 봐도 양천제, 즉 신분은 양민과 천민으로 나뉘었고 양민이라면 누구나 과거에 응시해 관료가 될 수 있었다. 이들을 통상 양반이라 불렀다.

애초에 양반이라는 말은, 국왕의 양편에 문반과 무반이 서 있는 것을 지칭하는 표현이었다. 하지만 문반이 주요 국정을 주도했고 문반이 되기 위해서는 과거에 합격해야 했기 때문에 양반이라는 표현은 자연스럽게 관료, 사대부와 동의어가 됐다. 하지만 시간이 흐를수록 양반 제도는 고착화된다. 반상제라는 제도를 통해 양반과 상민, 즉 양인이 양반 계층과 일반 상민 계층으로 분화된 것이다. 과거에 합격하려면 오래 공부해야 하는데 그만큼 경제적 여유가 있어야 했다. 또 과거에 합격하는 것은 극히 어려웠고 이를 만회하고자 '가문'이라는 개념이 등장했다. '할아버지께서 과거에 합격했기에 우리 집안이 명문가이고 나도 양반이다'라는 주장이 횡행하기 시작한 것이다. 이는 17세기 족보 제도의 확립과 더불어 강화됐다. 능력 위주의 양반 제도가 신분 제도가 됐고, 경제적 배경이 주요 요소가 된 것이다.

양반 집안의 월권행위는 불법이었지만 곳곳에서 태평하게 자행됐다. 예를 들어, 조선 시대 서해안에서는 갯벌에 농지를 조성하는 간척 사업이 활발했다. 이를 해언전이라고 했다. 윤선도를 배출한 해남 윤씨 집안은 다수의 해언전 개발로 유명하다. 간척 사업은 2단계로 진행되는데, 1단계는 둑을 축조해서 바닷물을 막는 것, 2단계는 그 내부에 해언전을 조성하는 것이다. 이 중 1단계 바닷물 막이는 물살이 세지 않은 때에 많은 노동력을 집중적으로 투입해야 한다. 그렇지 않으면 물막이를 위해 쌓은 것들이 밀물에 다 떠내려가기 때문이다. 문제는 이 와중에 윤씨 집안이 고을 수령의 도움을 받아 동네 백성들을 마구잡이로 동원했다는 것이다. 새로운 농토를 개척하는 것은 사적인 이익을 위한 것인데 고을 수령이나 윤씨 집안 모두 일반 양민들을 부리는 데 아무런 윤리적 가책을 느끼지 않았던 것이다.

명문장

제망매가

삶과 죽음의 길이 여기 있음에

나는 간다는 말도 못 하고 갔단 말이냐

어느 가을 이른 바람에 이곳저곳 떨어지는 나뭇잎같이

한 가지에 태어나서 가는 곳 모르겠구나

아아 미타찰에서야 만나보겠으니

나는 도 닦고 기다리리라

신라 경덕왕 때 승려 월명사가 지은 향가다. 죽은 누이의 명복을 비는 노래로, 인간 존재의 근원적인 애처로움과 간절함을 담고 있다. 승려가 지었기 때문에 불교적 승화 의지가 깊게 배어 있고, 향가이기 때문에 중국 문학이 보여주는 형식미에 길들여지지 않은 자유스러움이 담겨 있다.

〈제망매가〉는 한국 문학사에서도 중요한 작품이다. 예나 지금이나 인간은 근본적인 부분에서 슬퍼하고 방황하는 듯하다.

113

Monday

무왕의 중국 침공

무왕(?~737년)은 발해의 2대왕이자 대조영의 아들로, 대당 강경책을 펼쳤던 인물이다. 발해가 건국된 후에도 동북아시아의 정세는 위태로웠다. 돌궐과 당나라의 갈등이 심각해졌고 발해가 흥기하자 신라도 이에 대응하여 강릉 일대에 장성을 쌓는 등 당, 신라 그리고 돌궐, 발해, 왜 사이에서 복잡한 국지전과 외교전이 펼쳐지기 시작한 것이다.

이 와중에 말갈족의 일파인 흑수말갈이 당나라와 직접 통교(通交)를 시도하면서 문제가 불거졌다. 당나라가 흑수말갈 지역에 관리를 파견하면서 당나라와 흑수말갈이 발해를 협공할 수 있는 여지가 만들어졌기 때문이었다.

결국 무왕은 흑수말갈을 토벌하기로 결정한다. 토벌 사령관으로 동생 대문예를 임명했는데 이것이 또 다른 문제의 발단이 된다. 대문예는 그간 당나라에 적대적인 정책을 반대했는데 전장에 나가서 반대 상소를 올린 후 당나라로 망명해버린 것이다. 흑수말갈 토벌은 성공적으로 이루어졌지만 대문예의 송환을 두고 발해와 당나라 사이에 외교 문제가 비화된다. 더구나 흑수말갈은 당나라와의 제휴를 포기하지 않았고 마침 당나라에 머물던 태자 대도리행이 사망하면서 발해와 당나라의 관계는 극단적으로 나빠졌다.

한편에서 거란족과 동호족의 일파인 해족이 돌궐에 투항하여 함께 당나라를 공격하는 일마저 발생하자 발해는 당나라에 대한 선제 공격을 결정한다. 무왕은 육군을 끌고 직접 당나라로 쳐들어가는 한편 장문휴를 시켜 수군에게 산둥성 덩저우를 공격하게 한다. 당나라는 신라까지 끌어들여 협동 작전을 구사했고 다시 무왕은 암살단을 보내 대문예의 처단을 시도하는 것은 물론 오늘날 하북성 도산 일대의 당나라 영토를 공격하기도 한다.

하지만 무왕 사후 문왕 때부터 발해와 당나라는 기존의 관계를 청산한다. 돌궐의 몰락, 신라의 독자적인 발해 침공, 당나라의 혼란 등 복잡한 시대 상황이 겹치면서 두 나라 모두 관계 개선을 희망했기 때문이다. 이 시기 발해는 흑수말갈을 제외한 모든 말갈 부족을 복속시켰고 당나라가 책봉했던 발해라는 명칭을 국호로 사용하기 시작했다. 문왕은 당나라의 제도와 문물을 적극적으로 수용했다. 예법을 수용하거나 3성 6부제 같은 관제를 적용하고 수도를 당나라의 장안성과 유사한 형태로 정비했다.

이봉창

이봉창(1901년~1932년)은 일본 천황에게 폭탄을 던진 한인애국단 단원이다. 1931년 일본은 만주사변을 일으켜 만주 일대를 점령하고 만주국을 세웠다. 영토를 빼앗긴 중국에서는 반일 여론이 고조됐다. 하지만 같은 시기 만보산 사건이 일어나면서 중국인과 한인 간의 갈등이 불거지기도 했다. 중국 길림성 장춘의 만보산 일대에서 수로 문제를 두고 중국인과 한인 사이의 다툼이 생겼는데 〈조선일보〉에서 이를 중국인 책임으로 본 것이다. 이에 격분한 한인들이 인천 등 차이나타운에 쳐들어가서 중국인들에게 폭력을 행사해 수많은 사상자가 발생했다.

한편 임시정부는 침체를 거듭하는 가운데 김구에게 전권을 부여하며 돌파구를 모색한다. 김구는 미주 지역 교민들에게 편지 모금을 하는 등 치열한 노력 끝에 한인애국단을 결성한다. 이 시기 김구는 한인애국단 1호 단원으로 불리는 이봉창을 만난다.

이봉창은 독립운동사에서 예외적이며 독특한 인물이다. 그는 애초에 독립운동 의지가 없었고 식민지 조선 아래서 개인적인 출세를 염원했다. 기노시타 쇼조를 비롯한 여러 일본 이름을 가지고 있었을 뿐 아니라 만주와 일본 본토에서 10여 년간 개인적 영달을 위해 노력했다. 이 와중에 이봉창은 식민지 모순에 눈을 뜨게 된다. 조선인으로는 결코 성공할 수 없는 신분적 한계에 대한 자각, 일본인들의 조선인에 대한 극도의 무례함과 차별적인 처우에 크게 좌절한 것이다. 이때 상해에 임시정부가 있다는 소식을 들은 이봉창은 망명을 결심한다. 독립운동에 뜻이 있어서가 아니라 당당하게 살고 싶은 개인적 욕망 때문이었다.

한국어보다 일본어가 능숙했고 일본 문화를 향유하는 데 주저함이 없었기 때문에 여러 독립운동가에게 의심받았으나 결국 그는 민족 문제 앞에 자신을 던지기로 결심한다. 그의 결기를 인정한 김구는 자금과 폭탄을 건넸고 1932년 1월 도쿄에 잠입하여 천황을 향해 폭탄을 투척한다. 하지만 폭탄의 성능이 약해 거사는 실패한다. 이봉창의 거사는 항일 여론이 뜨거웠던 중국인들을 감복하게 했다. 한편 김구는 폭탄 성능 개선에 주력하여 이후 윤봉길 의거에서 큰 성공을 거둔다.

115

Wednesday

대교

물이 없으면 인류는 살 수 없다. 따라서 선사 시대부터 강가를 비롯한 물가에서 생활을 영위했고, 물가를 건너가기 위한 수단으로 배나 다리를 발명한다. 하지만 전근대 사회에서 다리의 역할은 제한적이었다. 토목 기술이 발전하지 못했고, 왕과 귀족의 사치 수단 정도로 활용되는 경우가 많았다. 그래서 수많은 상징적 의미를 부여하고 아름다운 조각과 부조가 새겨진 다리가 곳곳에 만들어졌다.

하지만 산업혁명 이후 다리는 토목 기술의 혁신적 발전에 힘입어 전혀 다른 의미를 갖게 된다. 단숨에 공간을 가로지르거나, 기차나 자동차 같은 운송 수단을 빠르게 옮기는 데 중요한 역할을 했기 때문이다. 철도와 더불어 인류사의 엄청난 전환이 시작된 것이다.

우리나라는 한강 대교의 건설이 가장 중요한 사건이다. 한남대교 건설 이후 1970년대에는 마포대교, 잠실대교, 영동대교, 천호대교, 성수대교가 만들어졌고, 1980년대에는 성산대교, 원효대교, 반포대교, 동작대교, 동호대교가 놓인다. 그리고 1990년대 이후에는 올림픽대교, 서강대교, 청담대교 등이 개통되는데, 이를 통해 각종 한국의 건설 회사들은 중요한 토목 노하우를 확보했다.

1990년대 이후에는 지방의 대교 건설이 활발했다. 최근의 건설 규모는 상상을 초월하는 정도다. 전라남도의 이순신대교는 총 길이가 2,260m로, 여수시와 광양시를 잇는다. 광양과 여수는 일대에 중요한 공업 단지가 있는데 이를 위해 만들어졌다. 거금대교도 총 길이 2,028m로, 소록도와 거금도를 연결한다. 낙후된 지역 경제 활성화를 위해 만들어졌는데, 2층으로 만들어져 아래층에는 자전거와 보도 겸용 도로가 있다. 창선-삼천포대교는 총 길이 3,400m로, 남해와 사천 사이를 잇는 진입부에 위치한다. 한려해상국립공원을 발전시키기 위해 만든 다리로, 이 또한 바다를 가로지른다.

거제도와 김해, 좀 더 넓게는 통영부터 부산 일대를 잇는 거가대교도 유명하다. 복잡한 해안선과 섬으로 이어지는 길을 무려 4,500m에 걸쳐 만들었는데, 바다 위 여러 개의 섬을 관통한 후 해저터널을 통해 단숨에 부산까지 진입하는 구조로 다리 자체가 관광지가 됐다. 이 밖에도 아산만을 횡단하는 7,310m에 달하는 서해대교 등 엄청난 규모의 교량이 건설되고 있다.

116

Thursday

조선왕조실록

한국의 대표적인 기록 문화유산으로, 태조부터 철종까지 25대 472년간의 역사를 연도와 일자순으로 정리했다. 총 1,893권 888책으로 이루어졌다. 고종과 순종의 실록도 존재하지만 일제 강점기 때 만들어졌기 때문에 실록으로의 가치를 인정받고 있지 못하는 형편이다. 따라서 일반적으로 고종과 순종의 실록을 빼고《조선왕조실록》이라 부른다.

실록을 편찬하는 이유는 유교적 '왕도정치'의 이상과 밀접한 관련을 맺는다. 국왕은 도덕적으로 훌륭해야 하며 백성을 위해 어진 정치를 펼쳐야 한다. 그렇기 위해서는 생활의 모든 것, 국정 운영에 관한 모든 것이 기록돼야 하고, 후대 왕에게 모본이 돼야 한다. 잘못된 것은 잘못된 채로, 잘한 것은 잘한 대로 남겨야 하는데, 잘못된 것을 보고 따르지 않으며 잘된 것을 배워야 한다는 믿음 때문이다. 조선 전기에는 여성 사관을 두어 왕의 잠자리 생활까지 기록했을 정도다.

실록은 사관에 의해 만들어지는데, 평소 국왕을 따라다니거나 각종 국가 사무를 지켜보면서 글로 기록한다. 이렇게 만들어진 기초 자료를 '사초'라고 한다. 국왕이 죽으면 실록청을 만들어 편찬 작업에 들어간다. 왕은 자신과 관련된 사초를 열람하면 안 되고, 선왕 때의 기록을 고쳐도 안 된다.

실록은 단순 사실만 기록한 문서는 아니다. 사실을 기록하되 사관의 의견을 별도로 남겼다. 사실과 견해가 공존하는 것이다. 그렇다고 실록이 이상적인 문서라고 할 수는 없다. 국왕이 쫓겨나거나, 특정 인물이 역모에 몰려 죽거나, 반정이 일어나서 정권이 바뀌는 가운데 수정되기도 하고, 역사적 사실과 다르게 기록되기도 한다.

무엇보다 놓치지 말아야 할 점은 '왕조실록'이라는 서술 형식 자체다. 국왕을 중심으로 모든 것이 서술되고 고위 관료 중심으로 기록되기 때문에 여전히 조선 시대를 이해할 때는 국왕, 고위 관료, 지배층 그리고 정치사 중심으로 이해하는 경향이 강하다.

하지만 여러 한계에도 불구하고 500년간의 왕조사 전체를 치밀하게 기록한 문서는 인류 역사에 존재하지 않는다. 더구나 천문에 대한 각종 기록도 풍성하기 때문에 최근에는 소빙하기의 자연 재해 등 새로운 관심사를 바탕으로 실록을 독해하는 연구가 진행되고 있다.

117

Friday

3저 호황

저달러, 저유가, 저금리로 인한 경제 호황. 통상 1986년~1988년의 시기를 말하는데, 단군 이래 최대의 호황기라고도 불린다. 1970년대에는 중동 산유국의 갈등으로 인해 두 차례 석유 파동이 일어난다. 2차 석유 파동은 1978년~1980년인데 당시 대한민국은 박정희 정권이 무너지고 경제 성장률이 급락하는 등 큰 충격을 받는다. 하지만 석유 파동은 산유국이 인위적으로 석유를 팔지 않으면서 유가가 급등하는 현상이기 때문에 장기적으로는 저유가 현상이 발생할 수밖에 없다. 따라서 1980년대로 들어오면서 유가가 대폭 낮아지는데 원자재를 수입하여 제품을 만들어 수출하는 가공 산업 국가인 우리나라에는 매우 유리한 조건이었다.

또 1960년대 이후 일본이 주요 산업 국가로 부상했고, 1980년대가 되면서 미국을 위협할 지경에 이른다. 일본 기업이 미국에 진출했고 미국의 유명 대기업을 인수하는 등 충격적인 상황이 이어지자 미국은 이를 만회하고자 환율 방어 정책을 펼친다. 이른바 '플라자 합의'인데, 쉽게 말해 일본 엔화의 가치를 대거 올리는 방향으로 합의한 것이다. 이에 따라 일본 제품의 가격이 급등할 수밖에 없었고 후발 수출 국가인 우리에게는 매우 유리한 구조가 또 한 번 연출됐다.

상황이 이렇자 전두환 정권은 적극적인 저금리 정책에 나선다. 낮은 이율로 자금을 시중에 대폭 푼 것이다. 1980년대 초반 박정희 정권의 경제 정책이 지녔던 모순이 일정 정도 교정됐고, 1960년대 이후 꾸준히 성장해온 산업 자원에 3저 호황이 맞물리면서 수출 경제의 비약적인 성장은 물론 한국 사회 전체가 엄청난 경기 상승을 체감하게 된다.

하지만 이 과정에 대한 비판론도 만만치 않다. 호황 국면에서 산업 구조 조정이나 분배 정책 강화 같은 긍정적 노력이 부족했고 무엇보다 이후 전개될 미국의 통상 압박, 신자유주의 정책에 대한 대책이 부재했다는 것이다. 실제로 약 10년 후 대한민국은 외환위기라는 초유의 경제 위기를 경험하기도 한다.

○ 3저 호황 이후 1990년대에 들어서면 대중문화와 소비 사회가 발전하는 등 대한민국은 과거의 후진국 혹은 개발도상국의 모습에서 확연히 벗어난다. 선진국까진 아니어도 중진국 정도는 된다는 주장이 공공연했고 역사와 문화에 대한 자부심이 강화되기도 했다. 당시 유홍준의 《나의 문화유산 답사기》라는 책이 크게 히트한 것도 이러한 경향과 무관하지 않다.

118

Saturday

단군

한민족의 시조로, 만주와 한반도에 처음 출현한 청동기 국가 고조선을 세웠다고 일컬어지는 전설적인 인물이다. 민족의 시조 혹은 고조선의 창업자라는 인식은 의외로 뒤늦게 나타난다. 현존하는 기록으로는 고려 후기에 쓰인《삼국유사》와《제왕운기》에서 처음 등장한다. 일연이 쓴《삼국유사》는 각종 신화와 불교사를 수집한 책이기 때문에 단군 신화에 대한 내용을 상세히 알 수 있다. 이에 반해《제왕운기》의 저자 이승휴는 중국사와 대등한 관점에서 고려까지의 역사를 구성하고자 했기 때문에 좀 더 역사적 관점에서 단군을 조명한다. 무신 정변 이후의 혼란, 특히 몽골의 침략이라는 사회적 대재앙 가운데 쓰인 책들이기 때문에 민족의식을 고취하는 데 영향을 줬다.

무엇보다 고려 멸망 후 이성계와 정도전 등이 국호를 고조선('고[古]'라는 표현은 조선과 구분하기 위해 후대에 삽입한 것으로, 후[後]고구려, 후[後]백제 역시 구별 짓기 위해 인위적으로 만든 표현)과 동일하게 조선으로 짓고, 세종과 세조 대를 거치면서 단군은 국가 차원에서 시조로 받들어진다. 하지만 성리학이 심화 발전하면서 대다수의 유학자는 단군보다 기자를 강조했다. 일명 '기자동래설'이라고 불리는데, 중국 성인인 기자가 고조선에 와서 국가를 부흥시키고 유교 문화를 전수했다는 주장이다.

이후 조선 말기가 되면 일본을 비롯한 열강의 침입에 대한 저항 의식 때문에 단군이 다시금 추앙받는다. 이광수, 최남선 같은 계몽 지식인들이 민족의 정체성을 단군에서 찾고자 했으며, 단군을 숭배하는 대종교도 만들어진다. 대종교는 독립운동사에서 중요한 역할을 했고 특히 대종교 신자 신규식 등에 의해 임시정부에서 단군을 기리는 어천절이 제정된다. 오늘날 개천절의 기원이다.

○ 기자동래설은 현대 역사학자들 사이에서 대부분 부정된다. 관련 기록이 당시의 여러 객관적 정황과 맞지 않기 때문이다.

○ 지금까지의 고고학, 문헌학적 연구에 따르면 고려 중기까지 단군은 평양 일대의 농경 신 정도로 여겨졌던 듯하다.

119

Sunday

제천 행사

항상 5월이면 씨 뿌리기를 마치고 귀신에게 제사를 지낸다. 떼를 지어 모여서 노래와 춤을 즐기며 술 마시고 노는 데 밤낮을 가리지 않는다. 그 춤은 수십 명이 모두 일어나서 뒤를 따라가며 땅을 밟고 구부렸다 치켜들었다 하면서 손과 발로 서로 장단을 맞추는데, 그 가락과 율동은 중국의 탁무(鐸舞)와 유사하다. 10월에 농사일을 마친 후에도 이렇게 한다. 귀신을 섬기기 때문에 국읍(國邑)에 각각 한 사람씩을 세워서 천신(天神)의 제사를 주관토록 했는데, 이를 '천군(天君)'이라 부른다. 또 여러 나라에는 각각 별읍(別邑)이 있었는데 이를 '소도(蘇塗)'라고 한다. 그곳에 큰 나무를 세우고 방울과 북을 매달고 귀신을 섬긴다.

– 진수,《삼국지 위서동이전》중

은력(殷曆) 정월에 하늘에 제사를 지내며 나라에서 대회를 열어 연일 마시고 먹고 노래하고 춤추는데, 영고(迎鼓)라고 한다. 이때 형옥(刑獄)을 중단하여 죄수를 풀어줬다.

– 진수,《삼국지 오환선비동이전》중

중국 역사서에 남겨진 삼한과 부여의 제천 행사에 대한 내용이다. 삼한에서는 음력 5월과 10월에 축제를 벌였는데, 오늘날 단오와 추석의 기원이다. 한반도 계절의 특성 때문에 풍년을 기원하고 한 해의 결실을 마무리하는 행사가 같은 시기에 오랫동안 치러졌다는 것을 확인할 수 있다. 이에 반해 부여의 제천 행사는 시기가 이르다. 만주가 거점이었고 유목적인 풍습이 병존했기 때문에 제천 행사의 의미와 방식이 달랐던 것이다.

소도라는 신성한 구역을 만들어서 제사장이 이곳을 주관했다는 것은 통상 제정 분리 단계로 들어갔다고 해석한다.

120

Monday

일제 강점기

1910년 조선의 멸망 이후 1945년 해방되기까지 약 35년간의 식민지 기간. 일제 시대는 크게 세 단계로 나뉘어 진행된다. 1910년대 무단 통치, 1920년대부터 1937년 중일 전쟁 전까지 문화 통치 그리고 1945년까지의 민족 말살 통치가 그것이다.

무단 통치 기간에 일제는 억압 정책으로 일관했다. 군대 치안 병력인 헌병을 경찰력으로 활용하는데 즉결 처분권과 태형을 실시하여 각종 문제를 일으킨다. 영장 없이 수개월간 구속하고 순사가 몽둥이로 직접 매를 때리는 등 야만적인 통치를 실시한 것이다. 또 헌병은 물론 학교 교사에게도 검을 착용하게 하여 삼엄한 분위기를 유도했다. 묘지 규칙도 제정되는데 선산에 가족묘를 쓰는 조선의 풍습을 무시하고 공동묘지 제도를 도입하여 큰 반발에 직면하기도 했다. 이 밖에도 토지 조사 사업을 벌이면서 소유주가 불분명한 토지를 몰수했고 소작농을 보호하기 위한 목적으로 실시됐던 농민의 경작권을 부정하기도 했다.

하지만 1919년 3.1 운동이 발발하자 일제는 사이토 마코토 총독을 파견하여 문화 통치로 지배 방식을 바꾼다. 보통 경찰제를 실시하고 〈동아일보〉, 〈조선일보〉의 발행을 허가하는 등 언론의 자유를 어느 정도 인정한다. 하지만 경찰의 숫자와 장비를 대거 확충했으며 신문은 검열을 통해 관리하는 등 억압의 본질은 바뀌지 않았다.

1920년대 가장 중요한 사업은 산미 증식 계획이었다. 일본의 공업화가 빠르게 진척되면서 식량 부족 문제가 발생했고 이 문제를 식민지 조선에서의 쌀 생산 증대로 해결하려고 한 것이다. 또 산미 증식 계획 과정에서 수리 조합비, 품종 계량비, 비료 대금 등 그간 지주가 부담하던 비용을 농민들에게 떠넘기는 등 농민의 삶은 한층 위기에 처한다.

하지만 1937년 이후 중국과의 전쟁이 본격화되면서 일제는 미나미 지로 총독을 파견, 기존의 식민 정책을 다시 한 번 크게 바꾼다. 일제는 황국식민화 정책을 주창하면서 '내선일체(일본인과 조선인은 하나다)', '일선동조(일본인과 조선인의 조상은 하나다)'의 논리를 내세웠다. 또 황국식민서사 암송, 신사나 궁성 참배를 강요했으며 무엇보다 조선어 사용을 금지하고 이름을 일본식으로 바꿀 것을 강요했다(창씨개명). 국가 총동원령에 의해 식량은 물론 쇠붙이를 비롯한 여러 중요한 물자들이 강제로 공출되기도 했다.

121

Tuesday

근초고왕

근초고왕(?~375년)은 4세기 백제의 전성기를 이끈 국왕으로, 남으로는 전라도까지 밀려난 마한 세력을 완전히 축출했고 북으로는 황해도에 진출했으며 평양성을 공격하여 고구려에 도전했다. 서해를 통해 요서, 산둥 지방과 규슈 지방에 진출한 기록이 있는데 군대를 끌고 영토를 점령했다기보다 적극적인 대외 교류를 시도했다는 것으로 해석되고 있다.

백제는 고구려 계열의 나라다. 부여에서 주몽이 이끄는 세력이 나와 고구려를 건설했듯 백제 역시 주몽의 아내였던 소서노와 그녀의 일파가 남하하여 건국한 나라다. 소서노의 아들이 비류와 온조인데 기록마다 차이는 있으나 비류는 실패하고 온조가 백제국 건설에 성공한 것은 분명하다. 당시 경기도 일대에는 소국 연맹체인 마한이 있었고 그중 목지국이 지도적인 위치에 있었다. 하지만 백제는 건국 초기부터 목지국을 밀어내며 마한의 주도 국가로 성장한다. 또 한강을 활용하여 각지와 교통했고 중국 왕조와의 적극적인 외교 관계를 유지하면서 한반도의 어떤 나라보다 빠르게 선진 문물을 수용했다. 적극적인 대외 교역의 결과는 풍납토성 등지에서 발굴된 유물을 보면 쉽사리 확인할 수 있다.

그리고 4세기 근초고왕이 등장하면서 백제는 삼국 중 가장 먼저 전성기를 누리게 된다. 왕위 부자 세습을 확립하는 등 내부적으로는 전제왕권을 강화했고 고구려의 남하를 막아내면서 마한 소국을 병합한다. 또 가야와도 외교 관계를 수립하면서 한반도의 주도 국가로 부상한다.

○ 4세기부터 6세기는 한반도 역사에 가장 중요한 시기다. 연맹 왕국 단계에서 삼국 시대로 진입했기 때문이다. 옥저, 동예, 마한, 진한, 변한 그리고 한사군 같은 다양한 세력이 고구려, 백제, 신라에 의해 병합되고 삼국 간의 치열한 경쟁 단계로 들어간 시기다.

122

Wednesday

독립문

1897년 독립협회가 자주독립을 천명하기 위해 만든 문이다. 애초에 이곳에는 영은문과 모화관이 있었다. 중국 사신이 이 문을 거쳐 모화관에서 휴식을 취한 후 도성에 들어왔으니 사대 외교의 상징과 같은 곳이었다. 새 임금이 즉위하면 중국 사신을 맞이하러 영은문에 마중을 나갔고 평소에도 왕세자가 모화관에 머문 중국 사신을 접대했다.

서재필 등은 영은문을 헐고 프랑스 개선문의 형태를 따라 독립문을 짓고, 모화관을 독립관으로 바꾸었다. 독립문 앞에 남아 있는 돌기둥이 영은문의 잔해다. 사실 현재 독립문은 원래 위치에서 70m 정도 서북쪽으로 이전한 것이다. 1979년에 성산고가도로 개통 사업에 따라 사직터널과 금화터널을 놓아야 했는데 애매한 위치에 독립문이 있었기 때문이다. 산업화 과정에서 문화재를 옮기거나 잘못 복원하는 사례는 숱하게 많았다. 덕수궁의 정문 역할을 하는 대한문도 한때는 태평로 한가운데 따로 서 있다가 태평로 확장 공사에 따라 33m 물러난 채 오늘의 위치가 됐다.

현재 독립문은 독립공원, 서대문형무소역사관과 함께 위치하고 있다. 남쪽으로는 서울역이 있고, 동쪽으로는 경교장과 돈의문, 서쪽으로는 이화여대와 연세대, 북쪽으로는 통일로를 통해 은평구, 고양시로 이어진다. 자주독립을 표방한 독립문, 일제 강점기를 상징하는 서대문형무소역사관이 함께 있기 때문에 이곳에서는 역사 관련 행사가 자주 진행된다.

○ 한글로 써 있는 '독립문'은 이완용이 썼다고 알려져 있다. 이에 대해 최근 여러 이견이 제기되고 있기 때문에 검증이 필요하다. 다만 젊은 날의 이완용이 독립협회를 주도했던 개혁적인 인물이라는 점은 만감을 교차하게 한다.

123

Thursday

가야 토기

가야기마인물형굽달린잔

경상도 일대에는 진한과 변한 소국이 발전했다. 이후 진한 일대에서는 신라가, 변한 일대에서는 가야가 두각을 나타냈다. 지리적으로는 낙동강을 기준으로 동쪽에는 신라, 서쪽에는 가야가 발전했다. 오늘날 김해부터 남해, 순천 일대, 북으로는 덕유산 일대가 세력권이었다.

고구려, 백제, 신라가 4세기 이후 중앙 집권화 된 국가로 발전했다면 가야는 연맹체 성격에서 벗어나지 못한다. 더구나 5세기에는 광개토대왕의 공격으로 주도 국가인 금관가야가 몰락했고 6세기에는 신라에 의해 멸망하고 만다.

가야는 이미 변한 때부터 대표적인 철 생산지였고 그만큼 다양한 철기가 제작됐다. 또 일본과의 교류에 가장 중요한 지역이었는데, 가야의 철기나 토기 등에 영향을 받은 당시 문화를 확인할 수 있다. 가야는 연맹국가였기 때문에 오히려 다양한 형태의 문화가 발전할 수 있었다. 가야 토기는 당시를 엿볼 수 있는 가장 중요한 자료다.

124

Friday

후세 다쓰지

조선 민중을 도운 일본인 인권 변호사. 2004년에 건국훈장 애족장을 받았다. 후세 다쓰지(布施辰治, 1880년~1953년)는 어렸을 때부터 춘추 전국 시대의 사상과 묵자를 탐독하고 깊이 공명했다고 한다. 또 기독교와 사회주의에 영향을 많이 받았다.

후세 다쓰지는 우리나라에서 조선인을 도운 양심적인 일본인으로 기억되지만 사실 그는 보편적 인권을 위해 노력했던 인물이다. 일본에서도 공창 폐지 운동이나 각종 사회 개혁 운동에 적극적이었고 요즘으로 말하면 무료 법률 상담 서비스라고 할 수 있는 각종 법률 지원 활동을 했다. 일반인도 자신의 권리를 확보할 수 있는 법률 전술 시리즈 책도 많이 집필했다. 또 그는 조선과 더불어 일본의 식민지였던 대만 민중들을 위한 소송을 벌이기도 했다.

후세 다쓰지는 한국의 독립운동사와 깊은 관련을 맺고 있다. 2.8 독립선언을 주도했던 최팔용, 백관수 등을 변론했고 의열단원 김지섭이 일본 황궁에 폭탄을 투척했다 체포되자 그를 변호하기도 했다. 의열단원 김시현을 변호했고 조선공산당 사건의 변호도 맡았다. 가장 널리 알려진 사건은 관동대지진 때 체포된 아나키스트 박열과 가네코 후미코 변호다. 또 동양척식주식회사에 의해 토지를 빼앗긴 나주 지역 농민의 510만 평 토지 반환 소송을 제기하기도 했다.

그는 일제의 식민 통치가 지닌 기만성을 신랄하게 비판했고 조선의 독립운동에 공개적으로 경의를 표하기도 했다. 또 일본 노동자와 개혁주의자들의 소송 변론을 도맡아했고 해방 후에도 재일교포 변론을 담당했다. 해방이 되자 한국을 위해《조선건국 헌법초안》을 저술했다.

125

Saturday

동도서기론

전통을 지키면서 서양의 문물을 선별적으로 수용하자는 발상으로, 조선 말기에 김홍집, 김윤식 등의 온건 개화파가 주장했다. 이들은 친청 사대 정책을 유지하고 성리학적인 세계관을 바탕으로 국가를 운영하되 점진적으로 서양 문물을 수용할 것을 주장했다.

당시의 상황을 고려한다면 나름대로 합리적인 주장이라 할 수 있다. 서양 열강은 물론 일본까지 조선을 넘보는 상황에서 현실적으로 청나라를 배제하고 홀로 독립하는 것은 무리라는 생각이었기 때문이다. 또 위정척사파를 비롯한 대부분의 유생과 백성이 서양 문물에 대한 적개심이 높은 상황에서 급진적인 개화 정책으로 인한 각종 부작용을 우려했다. 무엇보다 사회경제적 기반을 갖추지 않은 상황에서 무분별하게 서양 물품을 받아들이면 더욱 빨리 열강에 예속될 수 있는 상황이었다.

이들은 청나라의 양무운동을 모범으로 삼자고 했다. 청나라의 지도자 이홍장 등은 기존의 정치 체제와 사회문화를 유지하되 과감하게 서양 기술을 수용하고자 노력했다. 근대 공장은 물론 군수 사업까지 발전시키려 했고 유학생을 세계로 보내기도 했다.

이러한 행보는 일본의 메이지유신과 반대되는 것이었다. 일본 역시 화혼양재를 주장하며 동도서기론과 비슷한 입장을 주장한 적이 있다. 하지만 그것이 불가능하다고 느끼면서 곧장 급진적인 서구화로 나아간다. 신분제와 봉건제를 폐지하고, 각종 근대적인 개혁을 단행하면서 단숨에 근대 국가로 나아가고자 한 것이다. 두 나라의 다른 행보는 청일 전쟁에서 일본이 일방적으로 승리하면서 결정이 났다. 근본적인 사회 구조가 바뀌지 않는 상태에서 각종 물품과 무기만으로 근대화가 될 수 없다는 것이 적나라하게 입증됐기 때문이다.

동도서기론을 주장했던 온건 개화파는 갑오개혁 당시 매우 급진적인 개혁 정책을 펼쳤다. 애초에 체계적인 이념이 아니었기 때문에 가능했던 것이다. 동도서기론은 사라졌지만 서구화를 비판하며 전통에서 가능성을 찾거나 대안을 찾으려는 시도는 한국은 물론 중국이나 일본에서 현재까지도 지속적으로 모색되고 있다.

○ 온건 개화파의 지도자 김홍집은 1880년 수신사로 일본을 방문할 당시 중국 공사 황쭌셴을 만난 후, 그가 쓴 《조선책략》을 가지고 돌아온다. 여기에는 러시아의 남하를 막기 위해 조선, 청, 일본 그리고 미국이 연대해야 한다는 내용이 담겨 있다. 이 책은 개항 초 조선의 대외 정책에 중요한 영향을 미쳤다.

이익균점권

제6조 대한민국은 모든 침략적인 전쟁을 부인한다. 국군은 국토방위의 신성한 의무를 수행함을 사명으로 한다.

제8조 모든 국민은 법률 앞에 평등이며 성별, 신앙 또는 사회적 신분에 의하여 정치적, 경제적, 사회적 생활의 모든 영역에 있어서 차별을 받지 아니한다. 사회적 특수계급의 제도는 일체 인정되지 아니하며 여하한 형태로도 이를 창설하지 못한다.

제18조 영리를 목적으로 하는 사기업에 있어서는 근로자는 법률의 정하는 바에 의하여 이익의 분배에 균점할 권리가 있다.

제84조 대한민국의 경제 질서는 모든 국민에게 생활의 기본적 수요를 충족할 수 있게 하는 사회정의의 실현과 균형 있는 국민경제의 발전을 기함을 기본으로 삼는다. 각인의 경제상 자유는 이 한계 내에서 보장된다.

위 내용은 제헌 헌법의 일부다. 1948년 5.10 총선거를 통해 국회가 구성됐고, 7월 17일에 대한민국 최초의 헌법이 만들어졌다. 곰곰이 뜯어보면 이 내용은 오늘날에도 많은 것을 시사한다. 사회적 특수 계급을 절대로 인정하지 않고, 개인의 경제적 자유가 사회정의와 균형 있는 국민경제를 전제로 한다는 구절은 오히려 최근의 상황에 부합한다.

무엇보다 눈에 띄는 조항은 18조 '이익균점권' 조항이다. 일반 기업도 사주와 노동자가 함께 노력해서 발전시키기 때문에 일정 정도 이상의 이윤은 '공평히 나누어야 한다'는 내용으로, 1961년 세 번째 헌법 개정 때 빠졌고 현행 헌법에도 없다. 정치적 민주화를 넘어 사회경제적 민주화를 추구하는 최근의 고민과 어울리는 부분이다.

침략 전쟁을 절대로 부정한다는 것은 일제 강점기에 대한 비판적 인식 때문인 듯하다.

대한민국임시정부

대한민국임시정부는 3.1 운동 직후 독립운동가를 중심으로 수립된 한민족의 정부다. 3.1 운동의 격렬한 열기에 힘입어 서울에 한성정부, 연해주에 대한국민의회, 상해에 임시정부가 수립된다. 안창호의 주도 아래 4월부터 8월 말까지 세 곳의 정부는 통합 작업을 거쳐 상해에 대한민국임시정부를 수립한다.

대한민국임시정부는 임시 의정원(오늘날의 국회)을 중심으로 운영됐는데, 국무원(행정부), 법원(사법부)을 두는 등 최초로 삼권 분립 체제를 갖춘다. 자금을 모금하고 만주와 국내의 독립운동 조직을 연계하기 위해 연통제와 교통국이라는 기관을 뒀으며 〈독립신문〉을 발행하는 등 외교 독립과 독립 전쟁을 위한 활발한 활동을 벌인다. 하지만 외교 독립이 실패를 거두면서 독립운동가들 사이에 입장 차이가 부각됐고, 연통제와 교통국이 파괴되면서 조직적인 투쟁은 물론 자금 모금까지 어려워지면서 임시정부는 위기에 처한다.

더구나 대통령 이승만의 독선적 리더십, 국무총리 이동휘와의 갈등이 문제를 키웠고 결국 이러한 갈등을 해소하고자 1923년 국민대표회의를 열게 된다. 하지만 임시정부를 해체하고 근거지를 만주로 옮기자는 창조파와 임시정부의 정통성을 인정해야 한다는 개조파로 분열돼 갈등은 극에 달했고 결국 대부분의 독립운동가가 임시정부를 떠나게 된다.

이후 임시정부는 명맥만 유지하다 1931년 김구를 중심으로 한인애국단을 결성, 이봉창·윤봉길 의거를 통해 재기의 기틀을 마련한다. 1937년 중일 전쟁이 일어나면서 여러 곳을 전전하던 임시정부는 중국 내륙의 중경에 정착한다. 1941년 태평양 전쟁이 일어나자 일본에 선전 포고했고 한국광복군을 결성한다. 이때부터 1945년 해방까지를 보통 임시정부 제2의 전성기라고 부른다. 김구 주석을 중심으로 조소앙, 지청천, 김원봉과 같이 중국에서 활동하던 대부분의 독립운동가가 임시정부에 참여했고 〈대한민국 건국 강령〉을 발표하고 영국, 미국과 함께 연합 작전을 펼치면서 치열하게 독립운동을 전개했기 때문이다.

연산군

연산군(1476년~1506년)은 조선 10대 왕으로, 1494년부터 1506년까지 재위했다. 여전히 폭군의 대명사다. 그도 그럴 것이 집권 기간 내내 온갖 폭정을 일삼았다. 사람을 함부로 죽였고 사치와 향락이 끝도 없었다.

'흥청망청'이라는 말은 연산군 때문에 생겨났다. '흥청'과 '운평'으로 불리는 기녀를 천 명 넘게 모았고 마음에 드는 흥청에게는 엄청난 재물을 나누어주기도 했다. 신하들의 처자를 건드리는 등 폐륜적인 행위를 일삼았고 궁궐에 인공 동산과 호수를 파서 노는 등 각종 기행을 벌였다. 이를 비판하는 신하들을 탄압했고 백성들이 한글로 벽서를 붙여 비판하자 한글 사용 금지령을 내리기도 했다.

사실 연산군이 처음부터 그랬던 것은 아니다. 아버지 성종이 선정을 펼치면서 사림파를 육성했고, 연산군 집권 초기만 해도 사림파의 영향력이 강했다. 유교적 굴레를 싫어하고 왕권을 강화하고 싶었던 연산군은 적절히 국정을 운영하면서 기회를 엿보았고 집권 4년 차에 무오사화, 집권 10년 차에 갑자사화를 일으키면서 사림파를 처단했다. 갑자사화 당시에는 6명이 사형, 31명이 유배, 14명이 파직을 당했고 무오사화 때는 96명을 처형, 맞아 죽은 사람이 4명, 유배가 106명, 부관참시가 22명에 달했다. 세조 때 권신이었던 한명회가 이때 부관참시를 당한다. 특히 어머니 폐비 윤씨로 인한 살육전은 사극에서 자주 묘사된다. 아버지 성종의 후궁이었던 엄씨와 정씨를 폭행한 후 그들의 아들들을 시켜 때려죽였고 시신을 젓갈로 만들어서 버렸다. 야사에는 훨씬 혹독한 이야기도 많이 나온다.

하지만 연산군의 잘못은 좀 더 구조적인 부분에 있었다. 율곡 이이가 비판했던 '신유공안'이 대표적이었다. 워낙 사치가 심해서 국가 재정이 적자가 되자 공물의 양을 대폭 늘렸던 것이다. 당시 세금 제도는 조세(토지세), 공물(공납), 역(남성 노동력)이었다. 조세는 토지 소유에 따라 생산하는 쌀의 일부를 세금으로 걷는 것이고, 공물은 지역의 특산물을 내는 것, 역은 군사 훈련을 하거나 성을 보수하거나 길을 닦는 등 국가사업에 동원되는 것을 의미한다. 연산군이 조세가 아닌 공물을 높인 것은 전략적인 행동이었다. 양반들의 심사를 거스르지 않고 만만한 백성들의 고혈을 쥐어짜겠다는 발상이기 때문이다. 공물은 토지 소유가 아닌 가족 수를 기준으로 냈기 때문에 양반보다 백성들의 부담이 컸다. 결국 연산군은 중종반정으로 쫓겨난다. 박원종, 성희안, 유순정 등 연산군이 아꼈던 이들이 반란을 일으킨 것이다.

129

Wednesday

DMZ

DMZ는 비무장지대(Demilitarized Zone)의 약자로, 남북한의 군사 충돌을 방지하기 위해 만든 공간이다. 최근에는 그 생태적 가치에 세계가 주목하고 있다.

> 한 개의 군사분계선을 확정하고 쌍방이 이 선으로부터 각기 각 2km씩 후퇴함으로써 적대군대 간에 한 개의 비무장지대를 설정한다. 한 개의 비무장지대를 설정하여 이를 완충지대로 함으로써 적대행위의 재발을 초래할 수 있는 사건의 발생을 방지한다.

휴전 협정 1조 군사분계선과 비무장지대에 관한 내용 중 일부다. 군사분계선은 경기도 문산 일대에서 강원도 고성까지 구획되어 한반도를 두 동강 냈다. 군사분계선을 중심으로 2km까지의 구역을 DMZ 지역으로 구분하는데, DMZ는 출입 금지 지역이기 때문에 남방한계선 역할도 한다. 군사분계선부터 10km 구간을 민간인 통제선, 즉 민통선이라 부르고 다시 25km까지를 접경 지역이라 부른다. 이 지역은 군사 작전 지역이기 때문에 개발이 어려웠고 민간인 출입이 엄격하게 관리되고 있다.

DMZ는 민간인의 출입은커녕 군인들의 작전 활동도 최소한으로 이루어지기 때문에 한반도 야생 동식물의 터전이 됐다. 현재 천여 종의 식물이 서식하고, 금강초롱 같은 10여 종의 한국 특산 식물도 분포하고 있다. 하늘다람쥐, 산양, 고라니, 수달, 고슴도치, 살쾡이 같은 야생동물이 서식하고, 임진강 하구에는 전 세계에 600마리밖에 없다는 저어새 번식지도 있다. 까막딱다구리를 비롯한 희귀 동물 146종을 비롯한 2,800여 종의 동식물이 살고 있다고 한다.

최근에는 생태 관광이라는 명목으로 관심이 높아지고 있는데, 남북 관계 개선에 따라 개발과 보존을 둘러싼 갈등이 예상되는 지역이다.

○ 2013년 박근혜 정권은 DMZ 평화공원 구상을 발표했고, 유엔군 사령부 역시 협력 의사를 밝혔다. 하지만 개성공단 폐쇄 등 남북 관계 악화에 따라 구상은 실현되지 못했다.

130

Thursday

명동성당

고딕 양식의 천주교 예배당으로, 성당의 위치 자체가 한국천주교사에서 뜻깊은 곳이다. 명동성당 일대는 구한말 명례방(명동의 옛 이름) 일대에 속했다. 서학이 유입되던 중 천주교도 함께 소개됐고 이벽은 이 와중에 신앙으로 천주교를 받아들인다. 그리고 주변 사람들에게 신앙을 전파하던 중 이승훈이 이를 받아들이고 사신단 일행과 함께 청나라를 방문하여 최초로 천주교 신부에게 영세를 받는다. 이때가 1784년인데 같은 해 가을 무렵 명례방에 살던 김범우라는 통역관이 천주교를 받아들이고 자신의 집을 예배 공간으로 내줬다. 이곳에서 이승훈, 정약용의 삼 형제, 권일신 형제 등이 이벽과 함께 집회를 가지는 등 본격적인 신앙생활을 시작했다. 하지만 곧 발각됐고 김범우가 유배되면서 쉽사리 해체되고 말았다.

조선 조정은 천주교를 지속적으로 억압하지 않았다. 하지만 제사 의식을 거부하고, 남녀를 평등하게 인식하고, 내세 사상을 강조하는 태도가 크게 문제가 됐다. 이에 따라 신해박해(1791년), 신유박해(1801년), 기해박해(1839년), 병인박해(1866년) 등 천주교 신자들은 간헐적으로 큰 고통을 당했다. 특히 병인박해 당시에는 무려 8천여 명이 피해를 입기도 했다. 그럼에도 불구하고 신도는 지속적으로 늘어나서 수만 명에 달하게 된다.

1886년 조선과 프랑스가 통상을 맺을 당시 천주교 신앙의 자유를 수교 조건으로 내걸었고 조선 조정은 이를 수용한다. 이듬해 블랑 주교는 명례방 일대의 토지를 매입하여 성당 건축을 시작했고 12년 만에 완공했다.

명동성당은 독재 정권 시절 민주화의 성지로 기능했다. 1976년 유신 체제에 항거하며 민주구국선언문을 발표했던 장소이기도 하고 1987년 박종철 고문치사 은폐조작사건규탄 범국민대회가 선포된 곳이기도 하다. 그뿐 아니라 동일방직 여성 노동자들이 권리 투쟁을 하기 위해 이곳을 찾았고 6월 항쟁 당시에는 명동성당에서만 127차례 연 인원 6만 명이 참여하여 집회를 열기도 했다.

○ 서울역 근처 중림동의 약현성당도 유명하다. 명동성당과 비슷한 시점에 지어진 건물으로, 한국 최초 영세 신자인 이승훈의 집터에 지었다고도 하고 천주교 박해 당시 44명의 신도가 서소문 밖에서 희생당한 것을 기리기 위해 세웠다고도 한다.

이중섭

황소

이중섭(1916년~1956년)은 우리나라의 대표적인 현대 화가다. 이중섭 하면 〈소〉가 떠오를 정도로 오랫동안 소 그림을 그렸고 소를 통해 자신의 예술혼을 형상화했다. 〈황소〉, 〈흰 소〉, 〈싸우는 소〉, 〈떠받으려는 소〉 등 각양의 소를 그렸다. 말년에는 〈소·비둘기·게〉라는 작품을 남기는데 다른 작품들과는 달리 말라비틀어진 소를 그리기도 했다. 예술혼을 넘어 자아가 소에게 투영됐다고 봐도 무방할 것이다.

이중섭의 작품에서 소만큼 자주 나오는 소재가 바로 아이들이다. 〈아빠와 아이들〉, 〈꽃과 아이들〉, 〈바닷가의 아이들〉같이 수많은 작품에서 아이들이 묘사되는데 흥미로운 점은 아이와 가족을 다룬 작품에서는 노골적으로 '끈'이 묘사된다. 아마도 이중섭의 아픈 가족사 때문일 것이다.

평안도 출신의 북방 화가인 이중섭은 1950년 11월 원산에서 어머니와 형수, 조카들을 두고 홀로 남하를 결정한다. 또 1953년에는 일본인 아내와 두 아들과도 영원히 이별한다. 한국과 일본이 외교 관계를 수립하지 못했기 때문인데, 잠시간이라 믿었던 이별이 영원한 이별이 된 것이다.

이중섭은 고려청자나 추사체 같은 전통문화에 각별한 관심을 보였고, 한편으로 루오나 마티스에게 큰 영향을 받았다.

132

Saturday

정경유착

기업이 불법적으로 정치 자금을 대고 정치인이 각종 특혜를 제공하는 관행으로, 한국 사회의 고질적인 병폐다. 국가에서 저리의 융자로 기업 자금을 주면 그에 상응하여 정치 자금을 대는 관행이 오랫동안 이어졌다. '박정희 때는 10%, 전두환 때는 20%까지 올라갔다'라는 말이 공공연할 정도였다.

우리나라 최초의 정경유착 사건은 1952년 중석불 사건이다. 정부는 농사철을 앞두고 비료와 식량을 도입하기 위해 중석불, 즉 텅스텐 수출로 벌어들인 470만 달러를 사용하여 밀가루 9,940톤과 비료 11,368톤을 들여온다. 문제는 이 물품 수입을 주도한 대한중석·고려흥업·남선무역 등 14개 회사가 밀가루와 비료를 자유롭게 판매하여 200억 원에서 500억 원 정도의 부당 이득을 취한 것이다. 뒤늦게 이 사실이 알려지면서 국회에서 특별조사단이 꾸려지지만 진상 조사는 쉽지 않았다. 달러 남용을 주도한 부서는 재무부였고 대통령 이승만이 이에 대한 처벌을 막았기 때문이다.

이런 식의 사건은 박정희 정권기에 가속된다. 정부가 주도하여 차관을 들여오고 값싼 이자로 자금을 기업에 빌려주는 관행이 정착됐다. 그러면서 기업들이 앞다투어 정부에 로비했고 정부 역시 기업인들과 유착 관계를 강화하면서 각종 부정부패가 발생한 것이다.

전두환 정권기 국제그룹 해체 사건 또한 유명하다. 국제그룹은 정치 자금 제공에 소극적이었고 정권에 비협조적이었다는 이유로 해체된, 당시 재계 7위의 그룹이다. 1985년 2월 정부 지시로 국제그룹의 주거래 은행이었던 제일은행이 발행 어음을 모두 부도 처리했고 한일합섬, 극동건설, 동국제강 등 국제그룹보다 한참 작은 회사들을 통해 계열사를 분할한다. 그룹 해체를 30분 전에 통보하는 수준이었는데, 전두환 대통령은 '기업 합리화 정책'이라고 강변했다.

당시 전두환 대통령은 일해재단을 만들어서 재벌들에게 기부를 권유했다. 대부분 재벌들이 협조적이었던 데 반해 국제그룹은 단 5억 원, 그마저도 어음으로 내는 등 비협조적인 태도를 보이면서 미운털이 박혔다. 국제그룹은 부산을 기반으로 '왕자표 고무신'을 만들면서 성장했고 당시 고가 브랜드인 '프로스펙스'를 출시하여 선풍적인 인기를 누렸다. 미국에 최초로 운동화를 수출한 기업이기도 했다. 하지만 부산에서 김영삼 돌풍을 막는 데 적극적이지 못했다는 이유까지 겹치면서 해체에 이른다.

133

Sunday

조선혁명선언

강도 일본을 쫓아내려면 오직 혁명으로만 할 수 있으며, 혁명이 아니고는 강도 일본을 쫓아낼 방법이 없는 바이다. (…) 민중은 우리 혁명의 대본영(大本營)이다. 폭력은 우리 혁명의 유일 무기다. 우리는 민중 속에 가서 민중과 손을 잡고 끊임없는 폭력·암살·파괴·폭동으로써 강도 일본의 통치를 타도하고, 우리 생활에 불합리한 일체 제도를 개조하여 인류로서 인류를 압박치 못하며, 사회로써 사회를 수탈하지 못하는 이상적 조선을 건설할지니라.

이는 임시정부 활동에 크게 실망한 신채호가 아나키스트로 전향하면서 쓴 의열단 강령이다. 폭력과 민중의 단결에 의한 일제 타도가 핵심 내용이다. 의병 활동과 애국계몽운동이 실패하면서 국권을 빼앗겼고 3.1 운동에 힘입어 임시정부를 세운 후 외교 활동을 벌였으나 이 또한 실패한 상황에서 아나키스트들은 폭탄과 권총의 힘으로 조선총독부를 무너뜨리려 했다.

　하지만 김상옥, 나석주를 비롯한 일부 지사의 활약이 인상적이었을 뿐 뚜렷한 성과를 내지는 못했다. 그럼에도 불구하고 일본 식민 체제가 가장 공고했던 1920년대 유일무이한 의열 활동을 통해 독립심을 고취시킨 것만큼은 분명하다. 또 의열단은 이후 중국에서의 무장 독립운동에 중요한 기반이 되기도 했다.

134

Monday

한국 전쟁

1945년 해방 이후 1948년 분단까지 남한과 북한에서는 좌우 갈등이 심각한 문제였다. 하지만 1948년 이후 남한에 민족주의 정권, 북한에 사회주의 정권이 들어서면서 갈등의 양상은 국가 간 대립 관계로 변화한다. 1948년부터 1949년 사이에는 38선 일대에서 국지적인 도발이 지속적으로 이루어졌다. 오히려 미군과 소련군이 철수하면서 갈등은 더욱 악화된다.

이 와중에 북한은 소련과 중국의 지원을 받아 전면전을 준비했고, 미국은 남한의 무기 지원 요청을 거절하며 오히려 북진을 염려했다. 그리고 1950년 6월 25일 북한의 전면적 남침으로 전쟁이 발발한다. 북한군에 의해 일거에 전선은 낙동강까지 밀렸고 한때 제주도나 오키나와에 망명 정부를 세우는 방안까지 모색될 정도로 급박했다. 서울을 단숨에 점령한 북한이 3일간 군대를 남하하지 않았던 부분은 여전히 미스터리다. 다만 서울을 점령하면 남한의 좌익 세력이 크게 봉기하면서 이승만 정권이 쉽게 무너질 것으로 낙관했던 것만큼은 분명하다.

미국은 당시 일반적인 예상을 깨고 빠르게 개입했으며 맥아더가 인천상륙작전을 성공하면서 북한군은 궤멸 상태에 빠진다. 10월 1일에는 38선을 넘어 북진을 결정했고 그해 말에는 압록강 일대까지 진주했기 때문에 북한의 패망이 점쳐지기도 했다. 하지만 중국군이 개입하면서 전세는 다시 역전된다.

마오쩌둥은 펑더화이를 사령관으로 파견했고 유격전에 능한 중국군은 한반도의 험한 산지와 추운 계절을 이용해 미군과 국군을 비롯한 유엔군을 평택, 오산 지역까지 밀어낸다. 당시 북한 지역에 있던 군인과 피난민 20만 명이 흥남에 모여 부산과 인천 등으로 배를 이용해 철수한 사건은 유명하다.

이후 유엔군은 서울을 수복하는 데 성공했으나 38선 일대에서 전선은 교착 상태에 이른다. 맥아더와 리지웨이 등 미군 사령관은 핵무기 사용을 요청했으나 받아들여지지 않았고 트루먼 대통령은 휴전 회담에 나선다. 결국 남한이 반대한 가운데 미국, 중국, 북한이 서명하며 약 3년간의 전쟁이 끝났고 전쟁 이전의 38선과 크게 차이 나지 않는 휴전선을 기준으로 두 나라는 현재까지 대치하고 있다.

○ 한국 전쟁은 '톱질 전쟁'이라고도 불린다. 전쟁 발발 이후 6개월 사이에 전선이 낙동강에서 압록강에 이르는 등 변화가 격심했고 그 와중에 인민재판, 좌우익 인사 숙청, 민간인 학살 등 각종 인권 유린이 발생했다.
○ 당시 소련은 물자 지원을 할 뿐 전쟁에는 공식적으로 참전하지 않았다. 따라서 미 공군은 텅 빈 북한 하늘에서 어마어마한 폭격전을 전개했다.

135

Tuesday

진흥왕

진흥왕(540년~576년)은 6세기 신라의 전성기를 이끈 왕으로, 삼국 통일의 기반을 마련한 국왕으로 평가된다. 신라 국왕 중 유일하게 군대를 이끌고 함경도 일대까지 진격하여 고구려 영토를 빼앗기도 했다.

신라는 한반도에서 가장 뒤늦게 발전한 나라다. 박혁거세, 석탈해, 김알지 등 신라 신화는 다른 나라의 신화에 비해 복잡하기 짝이 없다. 박·석·김씨가 돌아가면서 권력을 행사할 정도로 후진적인 사회였음을 반증하는 대목이다. 신라는 진한의 소국 중 하나인 사로국이었고, 지증왕 때 신라로 이름을 바꾼다.

신라는 차곡차곡 주변 소국들을 병합하면서 독자적인 세력으로 발전했고 오늘날 남아 있는 경주 지역의 거대한 무덤을 통해서도 그러한 발전상을 확인할 수 있다.

신라에게 고구려는 이중적인 의미였다. 고구려의 도움이 있었기 때문에 백제와 가야 등을 견제하며 빠르게 성장할 수 있었지만, 고구려에 대한 예속을 벗어나지 못하는 한 한계는 명확했다. 결국 450년경부터 480년경 사이에 치열한 군사 대립을 통해 독립에 성공한다.

하지만 장수왕의 남진 정책 이래 고구려는 금강 일대까지 진출한 상황이었고 신라도 동해안은 물론 소백산맥 일대에서 고구려와 국경을 접할 수밖에 없었다. 이를 돌파하기 위해 신라는 백제와 동맹을 구축했고 백제의 무왕과 신라의 진흥왕은 551년 연합 작전을 펼쳐 고구려 군을 크게 물리친다. 기록에 따르면 한강 상류 10주를 신라가, 한강 하류 6군을 백제가 차지했다고 하는데 2년 후 신라는 동맹을 일방적으로 파기한 후 백제가 장악한 지역을 빼앗고 백제와의 관산성 전투에서 승리한다.

한편에서 진흥왕은 가야 공략에 공을 들인다. 비화가야, 아라가야를 굴복시켰고 후기 가야 연맹의 주도 국가인 대가야를 점령한다. 이러한 과정을 통해 백제 중흥의 꿈을 무력화했고 가야와의 오랜 경쟁에 종지부른 지으며 신라는 한반도에서 가장 강력한 국가로 거듭난다. 하지만 그로 인해 고구려와 백제의 협공에 놓이는 등 삼국 관계는 좀 더 격렬하고 혼돈스러운 상황으로 빠져들고 만다.

136

Wednesday

통영 국제음악당

통영 국제음악당은 통영 국제음악제를 주관하는 곳으로, 통영 국제음악제는 아시아 대표의 음악 축제다. 세계적인 음악가 윤이상(1917년~1995년)을 기리기 위한 음악의 밤, 통영 현대음악제에서 2002년 통영 국제음악제로 명칭이 바뀌어 해마다 치러지고 있다.

통영 국제음악제와 국제음악당은 모두 작곡가 윤이상과 깊은 관련이 있다. 현재 국제음악당에는 메모리홀과 베를린하우스라는 공간이 있다. 메모리홀은 작은 실내공연장으로, 윤이상이 1974년에 발표한 〈Memory〉에서 그 이름을 따왔다고 한다. 베를린하우스는 윤이상의 베를린 자택을 재현한 공간으로, 39년간 유럽에서 생활하면서 117편의 작품을 만들었던 그의 여정을 기리기 위해 만들어졌다. 이 밖에 윤이상 기념공원, 기념 전시관을 통해 윤이상의 친필 악보를 비롯하여 직접 몰던 자동차, 사용하던 첼로 등을 관람할 수 있다.

윤이상은 한국이 낳은 세계적인 작곡가이자 현대 음악의 대가로 추앙받고 있다. 일본에서 공부했고, 해방 이후 〈충무공〉, 〈달무리〉 등의 가곡을 발표했다. 이 시기 그는 통영과 부산에서 음악 선생으로 일했다. 1950년대 중반 그는 독일 베를린 음악대학교로 진학한 후 독일에서 자리 잡고 왕성하게 활동했고, 〈오 연꽃 속의 진주여〉, 〈예약〉으로 국제적인 명성을 거머쥔다. 불교를 비롯한 동양적이고 한국적인 감성을 클래식에 접목해 새로운 지평을 연 것이다.

그는 1967년 동백림 사건에 연루되어 중앙정보부에 의해 강제로 체포돼 서울에 끌려온다. 북한을 방문하거나 고구려 벽화에서 예술적 감성을 추구하는 등의 자유분방한 행동이 박정희 정권에 빌미를 준 것이다. 그는 간첩으로 몰렸고 사형 선고를 받아서 자살 시도까지 한다.

당시 윤이상은 독일과의 공식적인 외교 협력 없이 중앙정보부원들에 의해 강제 납치됐기 때문에 국제적인 문제가 됐다. 그래서 스트라빈스키, 카라얀 등 유럽의 음악인들이 앞장서서 탄원서를 내는 등 강력하게 항의했다. 결국 윤이상은 2년 후에 특사로 석방됐으나 서독으로 추방됐고, 죽을 때까지 돌아올 수 없었다. 한때 그의 음악은 금지곡이었다.

2006년 국가정보원은 과거사 진실 규명 작업의 일환으로 동백림 사건이 왜곡 조작된 측면이 컸다는 것을 공식적으로 인정했다.

삼국유사

고려 말 승려 일연이 쓴 역사책으로, 《삼국사기》와 달리 신화, 불교사 등 다양한 이야기를 담고 있다.

> 첫머리에 말한다. 대체로 옛 성인들은 예악으로 나라를 일으키고 인의로 가르침을 베푸는 데 있어 괴력난신(怪力亂神)을 말하지 않았다. 그러나 제왕이 장차 일어날 때는 부명(符命)을 받고 도록(圖錄)을 얻어 반드시 보통 사람과는 다른 점이 있으니, 그런 뒤에야 능히 큰 변화를 타서 제왕의 지위를 얻고 대업을 이루었다.
>
> (⋯) 그러므로 삼국의 시조들이 모두 신기한 일로 탄생했음이 어찌 괴이하겠는가. 이것이 책 첫머리에 기이편(紀異篇)이 실린 까닭이며, 그 의도도 여기에 있는 것이다.

이는 《삼국유사》의 서론이다. 일연의 생각에 기존의 역사책들은 너무 고답적이었다. '괴력난신' 같은 신비한 이야기는 서술하지 않고, 오직 '예악', '인의' 같은 도덕적인 이야기만 쓴다는 것이다. 하지만 일연은 새로운 역사를 열었던 인물들이 알에서 태어나거나 신비한 일을 일으키는 것은 자연스러운 현상이라고 생각했다. 아무나 나라를 세우는 것이 아니니 그런 일도 가능하다고 본 것이다. 따라서 《삼국유사》에는 신화적인 이야기가 가득 담겨 있다. 덕택에 오늘날 삼국 시대에 대한 다양한 이야기를 《삼국유사》를 통해 살펴볼 수 있다.

이에 반해 김부식의 《삼국사기》는 고려 중기에 쓰였는데, 서술 방식이 《삼국유사》와 전혀 다르다. 유교적 합리주의를 바탕으로 역사를 객관적으로 서술하고자 했기 때문이다.

기록은 중요하다. 기록이 없으면 후대 사람들이 당시를 상상할 수 없다. 발해의 경우 역사 기록이 남겨지지 않아 알 수 있는 내용이 극히 제한적이다. 고고학을 통해 유적과 유물을 발굴해도 인간사의 생생한 이야기까지는 복원할 수 없다. 문자를 사용해 기록물을 남기는 것이 역사를 보존하는 가장 훌륭한 작업이라는 의미다. 《삼국사기》와 《삼국유사》가 없었다면 고조선은 물론 삼국 시대에 대한 역사적 사실은 대부분 사라졌을 것이다.

138

Friday

홀로서기

시집《홀로서기》는 시인 서정윤이 쓴 베스트셀러로, 1987년 1권이 발표됐고 3권까지 크게 성공했다. 시집 최초로 100만 부를 돌파했고 통합 300만 부 이상 팔렸다.

> 둘이 만나 서는 게 아니라
> 홀로 선 둘이가 만나는 것이다
>
> 기다림은
> 만남을 목적으로 하지 않아도
> 좋다.
> 가슴이 아프면
> 아픈 채로,
> 바람이 불면
> 고개를 높이 쳐들면서, 날리는
> 아득한 미소.

이는《홀로서기》에 나오는 유명한 문구다. 시구를 넣은 책갈피가 서점마다 꽂혀 있었고 심지어 껌 포장지에 새겨질 만큼 인기가 좋았다.

출판계에서는 1980년대 후반을 베스트셀러 시대의 개막으로 본다. 해방 이후 꾸준한 의무 교육을 통해 전 국민의 활자 독해가 가능해졌고 1980년대가 되면 교육 수준이 높아지면서 지식에 대한 욕구도 폭발적으로 성장한다. 전두환 집권기인 1980년부터 1988년에는 〈동아일보〉, 〈조선일보〉가 크게 성장했고 대학교를 중심으로 사회과학 서적 출판이 활황기에 들어간다.

1987년 민주화 이후 이러한 경향은 확대 강화되고, 100만 부를 넘는 밀리언셀러가 대거 등장한다. 바스콘셀로스의《나의 라임 오렌지나무》, E.H 카의《역사란 무엇인가》와 같은 교양 도서가 이때 등장했고, 조정래의《태백산맥》류의 대하소설부터《해방 전후사의 인식》등의 논쟁적인 학술 총서도 이 시대의 산물이다. 이 밖에 대우그룹 회장 김우중이 쓴《세계는 넓고 할 일은 많다》나《성자가 된 청소부》같은 인도 영적 지도자의 책이 크게 흥행하기도 했다. 이해인, 이외수, 김용옥, 이어령, 김동길 등 현재까지 영향력 있는 인사들이 모두 이때 등장했다.

139

Saturday

신화

한때는 신화를 역사와 대조되는 허무맹랑한 전설 정도로 치부했다. 하지만 신화는 완벽한 사실은 아닐지언정 여러 역사적 진실을 포함하고 있다. 그리스 신화가 고대 폴리스 귀족들의 삶을 반영하듯 단군 신화를 비롯한 고구려, 백제, 신라, 가야의 여러 신화 역시 당시의 역사상을 반영한다.

20세기 들어 신화학이 발전하면서 신화를 체계적으로 이해하기 위한 노력이 계속됐다. 창세 신화, 영웅 신화 등 신화의 성격을 분류하고 인도, 중국, 유럽 등 지역에 따라 신화의 특징을 설명하기도 했다. 한편 '신화소' 같은 개념도 등장했다. 영웅이 알에서 태어나거나 활을 잘 쏘는 등 전 세계 신화에는 반복되는 요소들이 있기 때문에 이를 통해 인류 문화의 공통점을 찾아보려는 시도다.

한반도의 신화는 창세 신화가 없고, 영웅 신화가 주를 이룬다. 단군은 샤머니즘적 영웅이다. 하늘에서 내려온 인간과 사람이 된 곰이 낳은 존재로 제사장의 역할을 감당했기 때문이다. 이에 반해 고구려의 시조 동명왕(주몽)은 전쟁 영웅적 성격이 강하다. 활을 잘 쏘았고, 여러 경쟁자를 물리쳤으며, 위기의 순간에는 동물들마저 그를 도와서 강에 다리를 놓을 정도였으니 말이다. 사실 동명왕 신화는 여러 개고, 내용도 제각각이다. 고구려는 물론 부여의 시조도 동명왕이다. 예맥족, 특히 부여 계통에서 여러 나라가 만들어지고 없어지는 가운데 생긴 현상으로 보인다. 또 동명왕의 별명이 주몽인데, 주몽의 본명을 알려주는 신화는 없다.

바다에서 건너왔는지의 여부도 한반도 신화에서는 중요한 주제다. 삼면이 바다이고 남해를 중심으로 여러 이주 집단이 있었기 때문이다. 신라를 세운 박혁거세, 가야를 세운 김수로왕은 알에서 태어나거나 하늘에서 내려왔다. 이는 신성하고 선택된 존재라는 것을 의미한다. 김수로왕의 아내가 되는 허황옥은 인도 아유타국에서 왔다고 한다. 고고학적으로든 문헌학적으로든 사실로 받아들이기 어려운 이야기다. 여하간 허황옥 집단은 가야 사회에 통합됐다. 석탈해 집단 역시 바다를 건너왔다. 김수로왕의 왕위를 빼앗으려다 실패했고 결국 신라에 가서 왕이 됐다. 석탈해 집단이 어디에서 왔는지에 관해서는 현재 알 수 있는 바가 없다. 다만 단군 신화에서 곰과 호랑이 이야기를 부족 집단으로 해석하듯, 허황옥, 석탈해 집단을 이주 집단으로 해석할 수 있다. 단군 신화에서 곰, 호랑이 같은 토테미즘적인 문화를 찾을 수 있다면 가야와 신라 신화는 상당히 역사적으로 서술되고 있다.

140

Sunday

나라를 살리는 길

신이 엎드려 우리나라의 형편을 살펴보건대 평소에 인재를 기른 일이 없고, 백성을 가르친 일도 없습니다. 임진왜란이 일어나자 농민들을 긁어모아 싸움 터로 몰아세우니, 그나마 권리나 돈푼이 있으면 뇌물을 먹이거나 권력을 떠세 하는 등 갖은 방법으로 다 내빼고, 헐벗고 힘없는 백성들만 싸움터로 내몰리 기 마련입니다. 더구나 한 사람의 장군이랬자 제 직속군이 없고, 한 졸병의 몸 으로 아침에는 순찰사에게 붙었다가 저녁녘에는 도원수를 따르기도 합니다.

(…) 우리나라 산성의 형세는 좋으나 읍내와 거리가 너무 먼 까닭에 급한 상황 에 부닥쳐야만 비로소 성 안 백성들을 끌고 산성으로 달음질치게 합니다. 그 러나 정세가 좀 풀리는 것을 보면, 미욱한 백성들은 살림을 잊지 못하여, 멀고 험한 것을 핑계 삼아 다시 올라가려 하지 않습니다. 그러다가 적군의 무리가 코앞에까지 밀려오면 그때에야 늙은이, 어린애 할 것 없이 산으로 들로 이리 쫓기고 저리 숨고 야단법석을 떱니다. 그러니 명령 계통이 설 수도 없고, 어떻 게 이웃 고을과 합세할 재주가 있겠습니까?

(…) 바닷가를 둘러서 띄엄띄엄 보루를 만들어두는 것은 급보를 알리는 봉화나 수로 방비에 못지않은 시설이기 때문인데 이게 오히려 폐단이 심하고 애들 장 난같이 돼버렸으니 어찌합니까? 참사나 만호들은 돈만 받아 처먹고 문서를 만 들어 죄다 죽어 버린 양으로 꾸며놓으니 말입니다. (…) 더구나 영암 백성들을 해남 포구 싸움에 참가하게 하고 보성 사람을 실어다가 순천 보루를 지키게 하 니, 오며 가며 당하는 고생이야 더 말할 나위도 없지만 이리 핑계대고 저리 도 망가는 징용패들을 무슨 재주로 찾아내고 뉘 재주로 잡아올 수 있겠습니까?

- 강항,《간양록》중

강항(1567년~1618년)은 임진왜란 당시 남원에서 군량 보급과 의병 모집을 위해 노 력을 하다 포로가 된다. 일본으로 끌려가 약 3년간 고생하다 1600년에 간신히 귀 환에 성공한다. 강항은 이때의 경험을 《간양록》에 자세히 적어놓았다. 왜 조선은 전쟁에서 승리할 수 없는지, 일본은 어떤 시스템으로 국가를 운영하는지 그리고 나라가 지켜주지 못한 백성들이 어떤 고초를 겪었는지에 대한 중요한 기록이다.

그는 일본에 있을 때 후지와라 세이카에게 성리학을 전했고 이것이 일본 성리 학의 시작이다.

141

Monday

해방

1945년 8월 15일 식민지 조선이 일본 제국주의로부터 해방됐다. 당시에는 해방이나 광복 같은 표현을 많이 사용했다.

해방 초기 상황은 매우 복잡했다. 우리만의 힘으로 해방을 쟁취하지 못한 것이 문제였다. 1941년부터 미국과 일본은 태평양 전쟁을 벌이고 있었다. 미드웨이 해전 이후 승기를 잡은 미국은 태평양과 동남아시아에서 연거푸 승리하며 오키나와섬 일대까지 진격했다. 하지만 일본의 저항이 거셌고 얄타회담에서 소련의 참전을 정식 요구한다. 제2차 세계 대전에서 승리를 거둔 소련은 8월 초 만주와 한반도 북부의 일본군을 물리치면서 빠른 속도로 남하했다. 결국 38도선을 기준으로 만주와 한반도 북부는 소련이, 한반도 남부와 일본, 그 밖의 일본 지배 지역은 미국이 관할한다는 합의를 본 것이다.

분단이 시작됐다. 같은 해 12월 모스크바삼상회의에서는 미국과 소련의 합의 아래 한반도에 독립 국가를 세우자는 타협을 보게 된다. 하지만 두 나라의 이해관계가 달랐기 때문에 분단은 고착화되고 만다. 북한에서는 조만식을 비롯한 민족주의자들이 제거됐고 남한에서는 좌익이 미군정에 의해 몰락한다.

내부 상황도 만만치 않았다. 식민지 지배 기간이 오래됐기 때문에 어떤 나라를 세울지를 두고 좌우 갈등이 심각했다. 이승만, 김구, 한민당 등은 우익을 대표했고 이들은 격렬하게 좌익을 배척하는 가운데 우익 주도의 나라를 세우려고 했다. 사실 우익 내부 갈등도 심각했다. 이승만은 본인이 주도하는 나라를 세우고 싶었고 불가피하면 분단을 인정하겠다는 입장이었다. 김구는 임시정부의 정통성을 주장하면서 때로는 미군정에 저항했고 분단 체제를 인정하지 않았다.

좌익은 박헌영을 중심으로 체제가 정비됐다. 해방되자마자 장안파가 잠시 권력을 잡는 듯했지만 결국 박헌영이 이끄는 재건파에 의해 조선공산당 체제가 정비됐다. 이후 여운형의 인민당, 백남운의 신민당 등이 하나로 통합돼 단일한 좌익 전선이 결성됐다. 좌익도 미국과 우익 세력에 적대적이었다. 결국 미군정에 의해 불법화됐으며 조직이 붕괴되는 가운데 한국 공산주의의 중심지는 북한으로 옮겨지게 된다. 일부는 빨치산 세력이 되어 지리산 일대에서 유격 투쟁을 벌였으나 국군과 경찰에 의해 제거된다.

142

Tuesday

이승만

이승만(1875년~1965년)은 독립운동가이자 대한민국 초대 대통령이다. 배재학당을 다니면서 영어를 배웠고 미국인들의 눈에 띄었다. 20대 초반 독립협회에 참여하면서 적극적인 활동으로 주목을 끌었고 순 한글 신문인 〈제국신문〉을 창간하여 치열한 애국계몽운동을 전개했다.

이승만은 독립협회에서 공화파로 분류되는 강경파였다. 이것이 문제가 돼 교도소에 갇혔고 이때부터 기독교를 진지하게 믿기 시작했다. 교도소에서 영한 사전을 편찬하고, 교도소장을 설득하여 도서관을 만들고, 수십 명의 사람들에게 기독교를 전파하는 등 수많은 일화를 남겼다.

1904년 출옥 후에는 미국 감리교의 도움을 받아 유학길에 올라 우리나라 최초의 박사가 된다. 이후 하와이에 건너가서 정치적 기반을 다졌고 1919년 임시정부가 수립되자 대통령으로 추대된다. 당시 민족자결주의가 선풍적인 인기를 끌었고, 외교 독립론을 전개한 이승만이 이에 가장 부합하는 인물로 평가받았다.

하지만 이 시기 이승만의 행보에 대해서는 비판의 여지가 많다. 하와이에서는 무장투쟁론을 주장한 박용만 세력과 무력 공방을 벌이면서 한인 사회를 분열시켰고 임시정부 대통령 약 5년 반의 기간 동안 상해에 머물렀던 적이 6개월밖에 안 될 정도로 무책임했기 때문이다. 이후 해방될 때까지 특별한 활약을 펼치지 못했다.

1945년 해방 이후 귀국한 이승만은 대통령이 된다. 격심한 좌우 갈등 가운데 남한만의 단독 정부 수립을 주장했고 미국은 물론 친일 세력까지 포섭에 성공하면서 권력을 장악한 것이다. 북진통일론을 주장하며 북한의 김일성과 대립했고 한국 전쟁이 발발했으나 미국의 도움으로 상황을 간신히 수습했다. 다만 미국은 휴전을, 이승만은 북진을 주장하면서 반공포로 석방 사건 같은 알력이 빚어지기도 했다.

이승만은 이 시기 발생한 김구 암살 사건, 반민특위 습격 사건을 비롯하여 제주 4.3 사건, 보도연맹 사건, 국민방위군 사건, 거창양민학살 사건, 한국 전쟁 기간 민간인 학살 사건 등 각종 심각한 문제와 직간접적으로 연루돼 있다. 토지 개혁에는 적극적이었으나 친일파 처단을 막았고 1950년대 내내 권력 유지에 몰두하며 독재자로 변모한다.

이승만 정권기 경제를 보통 '원조 경제'라고 부른다. 미국에서 들어온 원조 물자를 이용하여 밀가루, 설탕, 섬유 공업이 발전한 정도였는데, 국가는 여전히 찢어지게 가난했고 특별한 사회경제적 변화를 찾아보기 힘들었다.

143

Wednesday

정동

서울시 중구의 덕수궁 뒤편 일대다. 태조 이성계가 아내인 신덕왕후 강씨의 능을 이곳에 만들면서 정동이라는 이름을 갖게 됐다고 한다. 정동은 한국 근현대사와 밀접한 관련을 맺는다. 외국 공사관이 이곳에 집중적으로 세워졌고 일본에 대적하며 미국, 러시아 공사들과 관계를 맺었던 관료들을 정동파라고 부를 정도였으니 말이다.

명성황후도 이곳에 있던 손탁호텔에서 외국인들과 교류했다. 을미사변 이후 고종이 일본의 압제를 피해 도망쳤던 러시아공사관도 이곳에 있는데 현재는 건물의 일부가 남아 있다. 미국인 선교사들은 이곳에 배재학당, 이화학당 같은 근대 학교를 세웠다.

덕수궁 돌담길도 유명한데 최근에는 정동길로도 불린다. 덕수궁 돌담길을 다녀간 연인들은 이별한다는 속설이 있었는데, 예전에 이곳에 가정법원이 있었기 때문이라고도 한다. 여러 속설과 상관없이 많은 사람이 몰리는 곳이다.

덕수궁 뒤편을 쭉 따라 올라가면 정동의 면모를 느낄 수 있다. 시립미술관, 정동제일교회, 중명전, 정동극장이 이어져 있고 좀 더 올라가면 러시아공사관 유적, 이화여고 박물관, 프란체스코 회관, 경향신문사가 보인다. 덕수궁 앞 편에서 경복궁 방향으로 올라가면 서울성공회성당 등을 볼 수 있다. 성공회성당은 외관이 독특하고 아름다운데 6월 항쟁의 서막이 올랐던 곳이기도 하다.

정동은 다양한 문화예술을 한 번에 누릴 수 있는 낭만적인 공간이다. 가을 단풍이 특별히 아름답다.

몽유도원도

궁정화가 안견이 그린 조선 전기 회화의 절정. 안견은 세종부터 세조 대까지 활동했다. 1447년 4월 20일 세종의 셋째 아들 안평대군이 박팽년과 무릉도원을 거니는 꿈을 꾼다. 하도 생생하고 신비한 꿈이어서 평소 깊은 교우를 하던 화가 안견에게 이야기했고, 단 3일 만에 걸작이 탄생했다.

몽유도원도는 현존하는 가장 오래된 조선 시대 그림으로, 왼쪽 하단에서 시작하여 오른쪽 상단으로 꿈속에서 본 풍경이 이어진다. 독특한 기암괴석을 표현한 탁월한 화법으로 이후 조선 화단에 큰 영향을 끼쳤다.

몽유도원도에 감동한 안평대군뿐 아니라 당대 최고의 학자인 김종서, 신숙주, 정인지, 성삼문 등 21명이 그림에 관한 감상을 남겼기 때문에 문화재로의 가치가 매우 높다. 안타깝게도 현재 일본에 있다.

145

Friday

스코필드

스코필드(1889년~1970년)는 선교사로, 제암리학살사건을 세계에 알린 인물이다. 1968년 건국공로훈장을 받았고 외국인 최초로 국립묘지에 안장됐다.

3.1 운동은 일본에게 있어 예상치 못한 충격이었다. 본국에서 군대를 급파하는 등 강력 진압으로 일관했고 특정 지역에서는 잔혹한 학살극을 벌이기도 했다. 제암리학살사건도 그 일환으로 일어났다.

아리타 도시오가 이끄는 일본 군경은 제암리 마을 주민을 제암리교회에 모이게 한 후 집중 사격하고 증거를 없애기 위해 불까지 질렀다. 일본 군경은 인근 교회 건물과 민가에 불을 지르는 등 만행을 이어갔고 이날 29명이 살해당했다.

당시 스코필드는 선교사로 내한하여 세브란스의학전문학교에서 세균학을 가르치고 있었다. 제암리 소식을 들은 스코필드는 현장에 잠입하여 촬영에 성공했다. 그는 현장에서 부상자를 도운 다음 〈제암리 대학살〉이라는 제목의 보고서를 중국과 미국에서 발행하는 잡지에 투고하여 만행을 전 세계에 알렸다. 그뿐 아니라 일제의 여러 비인도적 행위를 조사한 후 해외 선교부에 보내 〈한국의 상황〉이라는 이름으로 보고했는데 그중 일부는 임시정부 기관지였던 〈독립신문〉과 미국무장관에게 보내는 보고서 등에 첨부될 정도였다. 교육 제도 개선, 공창 제도 폐지 등 각종 사회 개혁을 주창했고, 일제 지배에 친화적인 선교사와 공개 논쟁을 벌이기도 했다.

이러한 활동 때문에 캐나다로 돌아간 스코필드는 해방 후 다시 한국으로 돌아온다. 서울대학교 수의과대학 교수로 활동하면서 고아원, 직업학교 등을 돕는 등 정력적인 활동을 펼쳤으며 독재를 비판하고 인권과 민주화를 요구하는 데 거침이 없었다. 또 1960년대 부패해가는 한국 교회를 향한 비판도 서슴지 않았다. 스코필드는 일제 강점기부터 해방 후 이승만·박정희 정권까지 한국사에서 중요한 역할을 감당했다.

146

Saturday

상록수

1935년 9월부터 1936년 2월까지 〈동아일보〉에 연재된 작품으로, 1930년대 치열했던 농촌계몽운동의 현실을 반영한 심훈(1901년~1936년)의 소설이다.

1920년대 이후 사회주의운동이 활발하게 대두되면서 민족주의자들의 고민이 깊어갔다. 사회주의자들이 체계적인 이론적 바탕 위에 학생운동을 기반으로 노동자, 농민운동과의 접점을 만들어간 데 비해 민족주의자들은 식민지 조선에서 새로운 투쟁의 방략을 찾지 못하고 있었다. 결국 민족주의자들은 노동 문제, 농촌 문제 등 사회주의자들에 의해 제기된 여러 어젠다를 적극적으로 수용하면서 그들만의 정체성을 강화해 나갔다. 농촌계몽운동도 그러한 고민의 산물이었다. 도시에서 빼앗긴 주도권을 농촌에서 찾고자 했던 것이다.

원래 브나로드운동은 러시아 인민주의자들의 주장이었다. 러시아어로 '민중 속으로'라는 의미로, 억압적인 차르 체제의 타도, 자본주의의 모순 혁파, 새로운 이상 사회 건설을 목표로 농민들을 깨우기 위한 청년과 지식인들의 투쟁이었다. 러시아에서 브나로드운동은 성공하지 못한다. 농촌에 대한 이해가 없었고 지나치게 이상주의적이었기 때문에 오히려 농민들의 반감만 샀다. 우리나라의 경우 농촌 사회의 구체적인 모순에 대한 인식이 부족했고 계몽적 성격을 벗어나지 못했다.

심훈의 《상록수》는 이러한 농촌과 농촌 운동가들의 현실을 정확하게 묘사하고 있다는 점에서 오랫동안 높은 평가를 받았다. 이광수 등이 보여주는 추상적이고 관념적인 문학 세계나 카프 같은 현실주의 문학가들이 보여주는 투쟁주의적인 모습과는 또 다른 리얼리티 문학으로 인정받은 것이다.

○ 심훈은 시, 소설뿐 아니라 영화감독으로도 탁월한 능력을 발휘했다. 수많은 문화예술인이 타협과 변절의 길을 걸었던 것에 반해 심훈은 자신의 신념을 지켰다. 안타깝게도 너무 이른 나이에 세상을 등졌다.

강보에 싸인 두 병정에게

강보에 싸인 두 병정에게
— 두 아들 모순(模淳)과 담(淡)에게

너희도 만일 피가 있고 뼈가 있다면
반드시 조선을 위해 용감한 투사가 되어라.
태극의 깃발을 높이 드날리고
나의 빈 무덤 앞에 찾아와 한 잔 술을 부어놓으라.
그리고 너희들은 아비 없음을 슬퍼하지 말아라.
사랑하는 어머니가 있으니 (…)

윤봉길 의사가 자녀들에게 남긴 글이다. 이봉창, 윤봉길은 독립운동사에 손에 꼽는 의사들이다. 천황 폭살 시도, 홍커우 공원 의거는 안중근 의사의 이토 히로부미 처단과 더불어 가장 중요한 사건이었다.

거사 이후 이들이 어떻게 되었는지 기억해야 한다. 윤봉길은 현장에서 일본 군중들에게 무차별적인 폭행을 당했다. 거사 후 약 8개월 만에 가나자와 육군형무소에서 십자가 형틀에 매여 총살당하기까지 몇 달간 엄청난 고문을 당했다. 나라를 위해 청춘을 바치고, 모진 고문 끝에 죽임당한 것이다. 민족 지사가 감당해야 했을 '고통'에 대한 성찰이 필요하다.

148

Monday

무신 정권

이의방, 정중부, 경대승, 이의민으로 이어지다 최충헌이 권력을 잡은 후 최씨 무신 정권이 지속됐다. 고려는 문벌귀족사회였다. 경주 최씨, 경원 이씨 등 소수의 특정 가문이 나라 전체를 좌지우지한 것이다. 오죽하면 귀족이 죄를 지으면 귀향형을 내렸다. 유배형을 의미하는 귀양이 아니라 고향으로 돌려보낸다는 뜻의 귀향형으로, 그만큼 소수 가문이 개경에서 나라 전체에 영향력을 행사했던 것이다. 문벌귀족은 과거제와 음서제 등을 통해 문신이 돼 국정을 주도했다.

이에 반해 고려는 무과 시험이 없었고 체계적으로 군사를 동원하지 않았다. 또 군사 지휘권은 문신이 장악했다. 윤관, 강감찬 같은 이들은 모두 문신이었다. 따라서 무신에 대한 차별 대우가 심각했다. 김부식의 아들 김돈중이 정중부의 수염을 태우거나, 한뢰라는 젊은 문신이 노장군 이소응의 따귀를 때리는 등의 일화는 모두 이러한 문화 때문이었다.

결국 의종 대 무신들이 반란을 일으킨다. 보현원으로 행차했을 당시 이의방, 이고 등이 난을 일으켰고 김돈중, 한뢰 같은 문신들을 대거 숙청했다. 이후 무신들의 권력 다툼이 전개된다. 이의방이 자신의 딸을 명종의 아내로 삼으려다 제거당했고, 뒤이은 정중부 역시 아들 정균의 왕실 혼인을 도모하던 중 경대승에 의해 죽는다.

경대승은 독특한 인물이다. 무신이었지만 무신들의 발호(跋扈)를 혐오했고, 왕권을 회복하고자 노력했다. 하지만 젊은 나이에 병사했고 이의민이 권력을 장악했으나 결국 최충헌에 의해 죽임당한다. 공교롭게 최충헌은 무신정변에 참여하지 않았는데 아들 최우에게 순조롭게 권력이 이행되는 등 최씨 무신 정권이 60여 년간 유지됐다.

무신 정권은 특별한 국가 운영 역량을 보여주지 못했다. 최충헌이 〈봉사10조〉를 제시하며 개혁안을 발표했지만 이 또한 말뿐이었다. 이의민은 아버지가 소금 장수, 어머니가 절의 노비 출신인 하층 계급 출신인데 최고 권력자가 됐다. 따라서 이 시기에는 각종 민란이 집중된다. 사회 혼란과 신분 해방의 욕구가 겹친 것이다. 망이 망소이의 난, 효심과 김사미의 난, 만적의 난 나아가 신라부흥운동, 고구려부흥운동, 백제부흥운동까지 전개됐다. 하지만 긍정적인 사회 발전으로 이어지지는 못했고 결국 몽골의 침략으로 고려는 주권을 침탈당한다.

149

Tuesday

여운형

여운형(1886년~1947년)은 독립운동가로, 1918년 신한청년당을 조직하면서 역사의 전면에 등장했다. 1945년 해방 이후 1947년 암살당할 때까지 이승만, 김구와 더불어 가장 막강한 영향력을 행사하던 정치가이기도 했다. 여운형의 이력은 다소 독특한데, 기독교 전도사 출신으로 사회주의자가 되기도 했고 체육계 인사로 활약하기도 했다.

여운형은 김규식을 비롯하여 당시 중국에서 활동하던 여러 독립운동가와 함께 신한청년당을 만든다. 신한청년당은 김규식을 파리강화회의에 파견하여 조선의 독립을 주장했고, 선우혁 등을 국내에 파견하여 3.1 운동의 기폭제 역할도 했다.

당시 여운형은 주중대사로 내정된 크레인과 단독 면담을 하게 된다. 크레인은 윌슨 대통령의 친구였고, 여운형은 출판사 직원에 불과했다. 크레인의 강연을 듣기 위해 600여 명이 모였는데 어떤 이유에서였는지 청중으로 참석했던 여운형은 크레인과 단독 면담을 가진다. 이때 여운형은 조선의 독립을 요구했고, 이후 영문 청원서를 만들어서 크레인에게 전달했다.

대한민국임시정부가 만들어지자 임시의정원 의원으로 참여했고, 이 시기 고려공산당에 가입한다. 그는 임시정부가 침체에 빠지고 공산주의운동 또한 제대로 진행되지 못하는 가운데 체육인으로 활동하다 1929년 체포돼 국내로 압송된다. 1930년대에는 〈조선중앙일보〉사 사장이 되어 언론운동을 벌였으나, 일장기 말소 사건을 계기로 폐간당한다. 1944년 해방이 임박했음을 간파한 그는 건국동맹을 만들었고 해방 직전 총독부에서는 그를 불러들여 협상하면서 일본인들의 안전한 귀환을 꾀하기도 했다.

그는 건국동맹을 건국준비위원회로 확대했고, 이때부터 안재홍, 김규식 등 우익 인사들과 함께하며 활발한 좌우합작운동을 벌여나간다. 미군정은 좌익으로부터 여운형을 분리하려 했으나, 여운형은 좌익의 통합을 도모하면서 이를 기반으로 좌우합작운동을 벌여나갔다. 하지만 그는 좌·우익 모두에게 공격당했고, 결국 1947년 오늘날 대학로 일대에서 극우파 단원에게 암살당하고 만다.

○ 여운형은 1990년대 이후 역사학계의 비상한 관심을 받으며 대중들에게 널리 알려지고 있다. 분단 체제를 거부하고 좌우의 대화와 타협을 모색했던 그의 선구적인 태도가 뒤늦게 많은 이들에게 공감을 불러일으킨 것이다.

150

Wednesday

서대문형무소

일제에 의해 만들어진 식민지 근대 감옥으로, 1908년 경성감옥으로 시작해서 해방 이후 1987년까지 서울구치소라는 이름으로 사용됐다. 이후 오랜 노력 끝에 1998년부터 역사관으로 개조돼 대표적인 일제 강점기 전시 시설로 활용되고 있다. 현재는 주요 전시가 일제 강점기에 집중돼 있지만 해방 이후에도 30년간 사용됐기 때문에 수많은 민주화운동가들이 고초를 당했던 곳이라는 점도 기억해야 한다.

서대문형무소는 근대 감옥이다. 원래 감옥은 죄수에게 끝없는 고통을 주는 공간이었다. 따라서 끔찍하기 짝이 없는 시설에 사람을 가두거나 아프리카의 외딴섬에 시설을 지어 격리 수용시키는 방식이 대부분이었다. 하지만 19세기 이후 유럽에서는 수감자를 교화해서 사회로 복귀시켜야 한다는 발상이 자리 잡기 시작했고, 서대문형무소도 이러한 목적으로 만들어졌다. 따라서 수감자 교화를 위한 각종 방식이 동원됐는데 실상 황국신민으로의 의식을 고양시키는 교육을 하거나 전향을 목적으로 식사량을 조절하거나 변절의 대가로 각종 혜택을 주는 방식이 대부분이었다.

영국의 공리주의자 벤담은 감시와 통제가 편리한 '판옵티콘'을 설계하는데, 일종의 원형 감옥이다. 중앙에는 간수가 있고 주변에는 죄수들이 있는데, 중앙을 어둡게 하고 주변을 밝게 하는 구조다. 간수가 원형의 중심에 있기 때문에 죄수들을 관찰하기 쉽고, 반대로 죄수들은 중앙이 어둡기 때문에 간수가 무엇을 하는지 볼수가 없다. 따라서 죄수는 끝없는 감시의 공포에 빠질 수밖에 없다.

서대문형무소는 방사형 구조로 만들어졌고 중앙의 간수 시설은 어둡게, 죄수가 머물던 옥사는 채광창을 크게 만들어서 밝게 했다. 판옵티콘의 구조가 고스란히 반영된 것이다.

많은 사람이 이곳에서 엄청난 고문이 행해졌다고 생각하는데 본질적으로 형무소의 역할은 수감이다. 경찰이 와서 취조를 벌였기 때문에 각종 고문이 자행된 것도 사실이지만 그보다는 추위와 더위로 인한 질병, 강제 노역으로 인한 고통이 심각했다. 무엇보다 자유와 독립을 향한 열망이 억눌리는 것보다 힘든 점은 없었을 것이다.

151

Thursday

석굴암

통일신라 때 만든 석굴 사원. 애초에 산을 파서 석굴을 만드는 행위는 거주를 위함이었다. 하지만 건축 기술이 발전하면서 석굴은 수행자의 공간으로 의미가 바뀐다. 수행을 위해 어둡고 고독한 공간을 만든 것인데 불교가 발전하면서 더욱 특별한 장소가 됐다.

기원전 3세기경 마우리아 왕조의 아쇼카왕은 불교의 적극적인 후원자였는데 이미 이때부터 석굴 사원이 만들어졌다. 데칸 고원에도 여러 석굴 사원이 남아 있다. 인도에서 가장 유명한 석굴 사원은 아잔타다. 5세기경 굽타 왕조 시대 때 만들어진 곳인데, 버려졌다가 1819년 영국군에 의해 발견됐다. 30여 개의 석굴 사원은 위대한 불교 예술로 치장됐는데 벽화가 세계적으로 유명하다.

석굴 사원을 만드는 문화는 중앙아시아와 중국에도 전파됐다. 둔황, 룽먼, 윈강 석굴 사원이 그것이다. 둔황은 사막 한가운데 천여 개의 석굴 사원이 들어선 것으로, 천불동이라고도 한다. 룽먼 역시 10만여 개의 크고 작은 불상이 조각돼 있는 것으로 유명하다.

하지만 한반도에서는 석굴 사원을 발견하기가 어렵다. 화강암의 단단한 바위산 때문에 석굴을 만드는 것 자체가 불가능하기 때문이다. 그런데 통일신라 때 김대성 등은 전혀 새로운 발상으로 석굴 사원 석굴암을 만든다. 산을 파서 석굴을 만드는 것이 아닌 돌판을 만들고 쌓아서 인공적인 석굴 사원을 만든 것이다. 의도적으로 돌을 다듬어서 축조한 예는 석굴암 외에 찾아보기 힘들다.

대부분의 불교 문화재가 그렇듯 조선 시대 때 석굴암은 방치 수준이었다. 1910년대 일제에 의해 해체, 복원됐다가 1960년대 문화재관리국에서 다시 복원하여 현재에 이르고 있다. 많은 이들이 중앙에 있는 본존불만 기억하지만 석굴암에는 40개의 아름다운 불상이 둘러싸고 있다. 그중 십일면관음상은 극찬을 받는 작품이다.

152

Friday

동아일보

1920년 창간된 신문으로, 민족지이자 애국 계몽지로 시작했다. 1920년 〈조선 부모에게 고함〉이라는 6회짜리 논설에서는 유교문화를 맹렬히 비판했다가 유림에 맹비난을 당하기도 했다. 1920년대 후반에는 한글보급운동을 위해 노력했고 심훈의 《상록수》가 이때 〈동아일보〉에서 연재됐다.

〈동아일보〉는 애초에 젊은 신문으로 창간됐다. 창간 당시 사주인 김성수가 29세, 주간 장덕수가 26세, 편집국장 이상협이 27세, 논설위원 겸 정치부장 진학문은 26세, 송진우가 32세였고 유학생들이 많아서 '와세다대학파'라고도 불렸다.

1923년 5월에 입사한 이광수로 인해 〈동아일보〉는 새로운 국면을 맞이한다. '민족적 경륜'이라는 글을 연재했는데 일제 아래 '자치운동'을 주장했다. '민족개조론'에서는 독립운동이 아닌 민족성개조운동을 해야 한다는 입장을 견지했다. 친일 행보를 합리화하는 논리라는 비판을 받았는데 일부에서는 조선총독부의 지원 때문에 이런 글이 나왔다고 추정한다. 실제로 조선총독부는 사주 김성수가 운영하던 경성방직에 사업 보조비 명목으로 자금을 지원하기도 했다. 손기정의 마라톤 우승 당시 일장기 말소 사건도 여전히 유명하다.

1940년에는 일제 정책에 의해 폐간당했고 사주 김성수 등은 징병, 징용을 격려하는 친일 부역 활동을 펼치기도 했다. 해방 이후에는 김성수가 야당 당수로 활동했기 때문에 반이승만지의 성격을 분명히 했다. 박정희, 전두환으로 이어지는 독재 정권기에는 권력자를 미화하고, 숱한 인권 유린과 반민주적 행보에 관한 보도를 외면하는 등 언론이 마땅히 지녀야 할 기능을 하지 못했다. 1970년대 중반 공정한 보도를 위해 투쟁했던 〈동아일보〉 기자들은 결국 해고 조치됐다.

○ 〈동아일보〉는 1980년대 전두환 정권의 언론 통폐합 과정에서 살아남은 이후 정권의 비호와 각종 혜택을 받으며 비약적으로 성장했다. 1980년 매출액 265억 원에서 1988년 885억 원으로 성장하면서 언론 재벌로 거듭났다.

153

Saturday

과거제도

과거제도는 중국 수나라 때 시작됐다. 신분이 아닌 학문적 능력을 바탕으로 인사를 선발하는 제도로, 당나라를 거쳐 송나라 때 관료 선발 제도로 확실히 정착한다. 특히 송나라 때는 시험이 엄격하게 치러졌고 일부 천민을 제외하고는 누구나 시험을 볼 수 있었다.

우리나라에서는 고려 시대 광종 때 처음 실시됐고 조선 시대에 들어와서 확고하게 뿌리를 내린다. 문신 관료를 뽑는 문과, 무신을 뽑는 무과, 각종 전문직을 뽑는 잡과 마지막으로 승려 관리를 뽑는 승과가 있었다. 고려 시대 때는 무과가 없었고 조선 시대에는 승과가 폐지됐다. 법적으로 양인 이상 응시가 가능했고 서얼의 경우에는 과거 시험의 꽃인 문과 시험에 응시할 수 없었다. 중국보다 과거 응시의 제한이 높았고 3년에 한 번 시험 보는 것을 기본으로 했지만 왕실의 축일이나 국왕의 필요에 의해 임의적으로 과거 시험을 치른 경우가 너무 많았다. 소과를 통과하면 생원 혹은 진사라 불렀고 성균관에 입학한 후 대과에 붙어야 정식 관료가 될 수 있었다.

하지만 장원 혹은 그에 준하는 성적을 내지 않는 한 고위 관료로 승진하기 어려웠고 최종 합격자가 33명이었으니 과거 합격이란 보통 어려운 과정이 아니었다. 조선 후기로 갈수록 응시자가 늘어났기 때문에 합격자 평균 연령이 15세기에는 소과가 25세, 대과가 36세였는데 19세기에는 각각 37세, 40세로 올라갔다. 영조 때 이요팔은 81세에, 신수채는 84세에 과거에 합격했으니 쓸데없는 학력 인플레이션이 이때에도 문제였던 것이다.

노비는 원칙적으로 과거 시험을 볼 수 없었으나 조선 전기 때 노비의 능력을 안타깝게 여겨 양자로 받아들여 과거에 합격한 사례가 있다. 그의 이름은 반석평이었고 형조판서까지 올랐다. 과거 시험을 보러가는 행위를 '관광'이라고 불렀다. '영광을 보려고 간다'라는 의미였다.

○ 조선 후기로 가면서 시험에서 부정행위가 속출했다. 붓 뚜껑은 물론 콧구멍에 답안을 숨겼다 발견된 이도 있었고, 시험장에 대여섯 명을 데리고 들어가 각기 답안지를 작성하고 그중 가장 잘 쓴 답안지를 골라서 내는 '차술'이라는 부정 기법도 있었다. 답장 주변에 자리 잡고 하인에게 답안지를 받는 경우도 흔했는데 좋은 자리를 차지하려 몸싸움을 벌이다가 사람이 죽는 일도 있었다.

악제도의 철폐

남자 이상으로 노동을 해서 기껏 받는 임금은 남자 노동자의 절반. 그 위에 압제와 착취! 우리는 여기에 절대로 반대하자는 것이다. 그리하여 이러한 아름답지 못한 것으로 일관한 불합리한 사회 제도를 합리적으로 고치기 위하여 싸워야 한다는 것이 우리 젊은 여성들 양어깨에 꽉 메워진 짐이다. 그러기 위해서는 부단한 노력이 필요하다. 이 노력이 끊임없이 일어나는 것이 여성 해방의 열의를 증명하는 한 조건이다.

암흑가에서 갈 길을 못 찾아 이리저리 빈둥거리는 아가씨와 공장 모퉁이에서 허리끈을 졸라매는 그들을 미래의 광명의 길로 인도하는 것이 사회운동의 하나로서 달성해야 할 사명의 하나일 것이다. 그러나 나는 미래의 유토피아를 그리고 싶지 않다. 다만 실제적 견지에서 먼저 다음의 제 정책의 실현이 필요함을 믿고 또 이것의 실현을 위해 투쟁하자는 것이다.

1. 노동 부인 또는 직업 부인에게 완전한 보호법을 제정(중요한 것은 남녀 동일한 임금, 8시간 노동제의 확립, 출산 전후에는 특별한 휴일).
2. 부인 참정권, 부인 결사의 확립.
3. 부인에 대한 교육 기회의 균등(부인 대중의 교양을 높이기 위하여 부인에 대한 교육의 문호 개방을 실행하지 않아서는 안 될 것).
4. 인신매매에 의한 창부제의 금지(공창이고 사창이고 간에 인신매매에 기인된 창부제의 존재는 여성의 치욕이며 고통인 까닭에 끝까지 싸울 것).
5. 부인을 모욕하는 봉건적 제 법률의 폐지(지금 실행되고 있는 상속법, 혼인법, 이혼법 등 봉건적 제 법률은 부인의 인격을 모독하는 것이니 이러한 봉건적 제 법률이 속히 폐지되도록 싸울 것).

위의 제 조건이 우리에게 실현되는 날까지 우리의 기염을 그치지 않을 것이다.

1932년 〈동광〉 제29호에 나오는 송계월의 글이다. 송계월은 23세의 짧은 생을 살다간 식민지 시절 여성이다. 1930년 서울여학생만세운동을 이끄는 등 이른 시점부터 항일운동에 매진했다. 〈신여성〉이라는 잡지의 기자로 여성 문제에 대해 다양한 글을 쓰면서 사회주의 여성해방론의 기초를 놓았다.

155

Monday

고조선

청동기 국가이자 요동 일대부터 한반도 서북부 지역에 있었던 일대 최초의 나라로, 한민족의 기원이 된 국가로 여겨진다. 이성계가 세운 조선 왕조와 구분하기 위해 앞에 '고(古)' 자를 붙였다.

조선이라는 이름은 지명으로 쓰이다가 나라 이름이 됐다. 동이족, 예족, 맥족, 예맥족 등 중국의 산동반도부터 만주 일대까지 한족과는 다른 다양한 집단이 존재했다. 이들 대부분은 한족과 충돌하면서 중화 문명에 흡수되거나 주변부로 밀려나면서 독자적인 역사를 만들어갔다. 이 일대에서 최초로 등장한 나라가 고조선인데 남겨진 기록이 거의 없기 때문에 고고학을 통해 당시의 생활상을 추론하는 정도다.

비파형동검, 북방식 고인돌, 미송리식 토기 등이 고조선의 대표적인 유물이다. 비파형동검은 중국인들이 쓰던 청동검과 확연히 다르지만 고조선 외에 동호족, 말갈족 등 일대 여러 집단에서 사용됐다. 하지만 북방식 고인돌과 미송리식 토기는 요동에서 청천강 일대에서만 발견되기 때문에 고조선의 독자적인 활동상을 확인할 수 있다.

고조선의 영토를 둔 다양한 논쟁이 있는데 일반적으로 요동 일대에서 발원했다가 중국의 연나라에 밀려 평양 일대로 옮겨와 발전한 것으로 보고 있다. 실제로 청천강 이남 지역에서는 세형동검을 비롯한 독자적인 청동기 문화가 등장했다.

단군 신화에 따르면 고조선이 기원전 2333년에 건국됐다고 하지만 이를 믿는 학자는 없다. 통상 기원전 1000년경부터 청동기 문화가 발전하고 그러한 영향 아래에서 고조선이 등장했다고 본다. 물론 이 또한 구체적으로 들어가면 각양의 논쟁과 논란이 존재한다. 하지만 기원전 3세기경이 되면 고조선이 나름의 독자적인 제도와 강력한 왕권을 가진 국가로 발전하고 있음을 확인할 수 있다. 상, 대부, 장군 같은 관직이 설치됐고 8조의 법을 통해 국가를 다스렸기 때문이다.

중국에서 진나라가 멸망하고 한나라가 들어서는 혼란기 가운데 이주민들이 대거 고조선에 유입된다. 이 와중에 준왕의 신뢰를 받은 위만이 제위를 찬탈하는데 이때부터를 통상 위만조선이라 부른다. 이때부터 철기 문화가 본격적으로 수용되기 시작했고 지리적 이점을 이용해서 중계 무역에 나서기도 했지만 한무제의 침략에 의해서 결국 기원전 108년에 멸망한다.

156

Tuesday

김유신

김유신(595년~673년)은 통일신라를 일구어낸 명장으로, 진골귀족이지만 출신이 금관가야 왕족이다. 법흥왕 당시 금관가야가 멸망하면서 편입된 것으로, 진골귀족 내에서는 결코 중요한 위치라고 할 수 없었다.

의지를 돋우기 위해 말머리를 자르기도 하고 명문 가문과의 혼맥을 도모하기 위해 누이를 화형에 처하려는 등 그의 야심을 드러내는 여러 일화가 전해진다. 김유신은 일찍부터 김춘추와의 관계를 도모했고 결국 김춘추는 이후 무열왕이 된다. 또 김유신의 누이는 김춘추와 결혼했고 이들의 자녀가 이후 문무왕이 된다.

김유신은 화랑 출신이다. 용화향도라는 무리를 이끌었고 고구려와의 낭비성 전투를 시작으로 역사의 전면에 등장한다. 642년 오늘날 경상북도 경산인 압량주의 군주가 되면서 군권을 확보했고 이후 백제 원정 최고 사령관이 돼 승리를 거듭했다.

그리고 647년에는 내부 경쟁에서 승리를 거둔다. 상대등 비담이 명활성에서 반란을 일으켰는데 때마침 유성이 떨어지고 선덕여왕이 죽는 등 큰 어려움을 겪었다. 그러나 알천을 비롯한 진골귀족을 규합하고 진덕여왕을 옹립하는 가운데 세 차례 대규모 전투에서 큰 승리를 거둔다. 진골귀족 간의 세력 다툼에서 김춘추와 김유신 계열이 승리를 거둔 것이다. 진덕여왕이 죽은 후에는 알천과의 경쟁에서 승리를 거두어 김춘추가 왕으로 즉위한다.

김춘추는 무열왕이 된 후 김유신을 최고위 관직인 대각간에 임명했고 자신의 셋째 딸과 혼사를 맺게 한다. 김유신은 진덕여왕 때부터 더욱 치열해진 백제와의 싸움에서 큰 승리를 거두었고 백제 최후의 저항인 계백의 군대를 무너뜨린 후 나당 연합군과 함께 660년에 백제를 멸망시킨다. 같은 해 귀족회의의 수장인 상대등이 됐고 당나라의 고구려 원정을 돕기도 했다. 백제부흥운동과 왜의 지원군을 격파했고 나당 전쟁 당시에는 나이가 많아 직접 전쟁을 이끌지는 못했으나 문무왕을 보좌하며 신라의 주권을 수호했다. 탁월한 정치력으로 무열왕과 문무왕을 보좌했으며 의자왕, 계백, 연개소문 그리고 당나라 군대까지 각종 위협에도 끝내 신라의 성취를 지켜낸 탁월한 인물이다.

157

Wednesday

한강은 규모가 크고 거친 강이다. 1980년대까지만 해도 장마철이 되면 한강 일대가 범람하기 일쑤였다. 따라서 한강의 범람을 막기 위해 1960년대 이래 각종 노력이 진행됐다. 한강 상류에 소양강댐, 충주댐을 비롯한 각종 제어 시설을 만들었고 서울 일대에도 잠실보, 신곡보 같은 수중보를 제작하여 수위와 유량을 조절하고자 했다.

강남 개발이 본격화되면서 한강은 서울을 관통하는 강이 돼버렸고, 현재는 서울 일대의 한강 전체가 시멘트 블록으로 감싸여 있어서 생태적 복원을 해야 한다는 주장도 커지고 있다.

오늘날 한강은 북한강과 남한강이 합쳐져서 서울을 가로지른 후 말미에 임진강과 합류하여 서해로 빠져나가는 강을 의미한다. 근대 지리학에 근거한 설명인데, 과거에는 한강에 대한 인식이 전혀 달랐다. 우선 한강이라는 명칭은 오늘날 한강진역 일대만을 가리켰다. 용산 일대는 용산강 등으로 한강 전체를 통칭하는 말이 없었고 그나마 수도 한양 근처의 강이라고 해서 경강이라는 말이 있었을 뿐이다. 경강 역시 광나루부터 양화진 일대만을 지칭했기 때문에 이 또한 오늘과는 다르다. 또 북한강을 지류(支流)로 인식하지 않았던 듯하다.

이는 단순히 지리학이 발달하지 못해서 생긴 문제가 아니다. 과거에는 자동차와 도로 시설이 없었기 때문에 대부분 도보 생활에 의지했다. 따라서 자연이 훨씬 압도적이었고 사람들이 활동하는 일대에 따라 지명이 형성됐기 때문에 나타난 현상이다. 심지어 동호, 서호 혹은 동강, 서강처럼 나누어 부르기도 했다. 강이 워낙 크고 평소에는 잠잠하기 때문에 동쪽과 서쪽에 큰 호수가 있다는 식으로 표현한 것이다. 서강대교, 동호대교는 이러한 지명에서 근거한 말이다.

조선 후기가 되면 한강을 중심으로 상업이 한층 발전한다. 전국의 물산이 연근해를 따라 강화도와 김포 일대에 도착한 후 밀물 때 한강이 역류할 때를 맞추어서 용산까지 배를 끌고 들어올 수 있었기 때문이다. 오늘날 남아 있는 '나루'라는 지명은 이때 발전한 상업 포구를 의미한다. 이 밖에도 '진'이나 '창'이라는 지명도 많은데 진은 군사 시설, 창은 국가 창고를 이야기한다. 노량진, 광흥창, 여의나루 등의 용어가 이런 역사를 바탕으로 만들어진 것이다.

158

Thursday

성균관

조선 최고의 교육 기관으로, 종로구 명륜동 성균관대학교 초입에 위치했고 근처에는 유학자들의 총본산인 유림회관이 있다.

관료를 양성하는 교육 기관은 중국에서부터 시작된 동아시아의 오랜 전통이다. 유학이 발전한 곳에서는 반드시 교육 기관이 만들어졌다. 중국 한나라 때는 태학, 당송 때는 국자감 등 여러 이름으로 존재했는데 주변 국가들도 같은 명칭을 사용했다. 고구려 때는 태학, 발해 때는 주자감, 고려 때는 국자감이라는 교육 기관이 만들어졌고, 고려 후기 국자감이 성균관으로 개칭된 후 공민왕은 성균관을 유학 교육 기관으로 발전시킨다.

이러한 전통은 유교 국가인 조선 시대 때 더욱 강화됐다. 성균관은 성현에게 제사를 지내는 대성전, 함께 공부하고 토론하는 명륜당 그리고 기숙 시설로 동재와 서재, 도서관이라 할 수 있는 존경각 등으로 구성돼 있다. 대성전은 평소에 문이 닫혀 있고 제사를 지내는 특별한 날에만 문을 연다.

소과 시험을 합격한 생원과 진사는 원칙적으로 이곳에서 합숙하며 대과를 준비했다. 하지만 조선 중기 이후 서원이 발전하고, 명문가 자녀들이 별도로 공부하기를 원했기 때문에 성균관을 외면하는 문제도 발생했다. 이곳은 연산군 때 연회 장소로 사용됐고, 연산군이 거느리던 홍청, 운평 같은 기생들의 집합소로 활용되는 굴욕도 겪었다. 국왕이 잘못된 정치를 펼치면 성균관 유생들이 이곳에서 규탄 시위를 벌였고, 상황에 따라 아예 궐내까지 쳐들어가서 시위를 하기도 했다. 국왕은 이러한 성균관 유생들의 적극적인 의견 개진에 대해 대부분 처벌하지 않고 인내했는데, 이들이 차세대 관료이자 조선 사회의 중추였기 때문이다.

일제 강점기 당시 독립운동가 김창숙은 유림을 대표하여 치열한 투쟁을 전개했고, 여러 독립운동가로부터 신망을 얻었다. 일제의 모진 고문으로 인해 다리가 불구가 되는 고통까지 겪었던 그는 해방 이후 성균관 앞에 명륜전문학교를 세웠고 이것이 오늘날 성균관대학교로 발전했다. 김창숙은 민주화운동의 선구자로도 평가받는다.

159

Friday

저승사자

사람이 죽으면 망자의 영혼을 염라대왕한테 데리고 가는 존재가 저승사자다. 저승사자라는 개념은 중국 도교에서 기인하고 '태산신앙'이라고도 한다. 염라대왕이라는 칭호에서 알 수 있듯 저승에도 신분제와 관료제가 있고, 저승사자는 왕명을 수행하는 관리였다. 이러한 이야기는《태평광기》에 자세히 나와 있다.

저승사자는 보통 두 사자가 함께 다니는데 한 사자는 '공덕이 있는지를 점검'하고, 다른 한 사자는 '죄인을 가려내는' 역할을 수행했다. 도교의 영향도 있지만 오랫동안 관료제가 발달한 동아시아의 문화에서나 나올 법한 믿음이다.

보통 저승사자는 죽은 인간 중에 선발한다고 알고 있는데 이를 입증할 만한 체계적인 내용이 존재하지는 않는다. 저승사자가 나오는 대부분의 설화에서 주인공은 저승사자가 아닌 망자이기 때문이다.

○ 민간 신앙은 시대적 상황을 고스란히 반영한다. 조선 전기 귀신 이야기의 주인공들은 주로 전염병이나 전란으로 죽은 여자 귀신들이었다. 고려 말 왜구의 침탈로 인한 광범위한 사회 혼란이 반영된 것이다. 이에 반해 18세기 이후 여자 귀신들은 대부분 정절을 지키다가 자결하는 등 유교적 가치와 관련된 인물들로, 성리학에 대한 이해가 심화되면서 나타난 현상이다. 못자리를 잘못 써서 조상이 꿈에 나와서 책망하거나, 부모에게 불효를 해서 저주를 받는 것 역시 조선 후기의 시대 상황과 관련된 것들이다.

160

Saturday

형평운동

1920년대 일제 강점기에 벌어진 우리나라 최초의 백정 인권운동. 백정에 대한 사회적 차별은 오래된 문제였다. 백정은 화척, 재인으로 불렸는데 도살업뿐 아니라 육류를 판매하거나 버들고리(키버들의 가지로 결어 만든 상자)를 만들면서 생계를 유지했다. 과거 말갈족이나 여진족이 한반도에 정착했음에도 불구하고 농경생활을 하지 않고 그들만의 독자적인 생활을 영위하면서 백정 계급이 됐다는 것이 가장 유력한 견해다. 검은 옷, 평량갓을 강요하거나 나이든 백정에게도 반말을 하거나 눈에 띄는 것조차 부정적으로 보는 등 백정에 대한 차별은 이루 말할 수 없었다.

조선 후기에 들어 소를 비롯한 육류의 생산량과 소비량이 급증했고 일제 강점기에는 육축업으로 크게 성공을 거두는 백정이 등장하기도 했다. 하지만 호적에는 '도한'이나 '붉은 점'이 표시되는 등 차별은 여전했다.

백정에 대한 사회적 차별 개선, 백정 자녀의 교육 문제 등을 두고 진주에서 형평사가 만들어지면서 백정 인권운동이 본격화된다. 이 운동은 강상호, 장지필 등이 주도했다. 강상호는 양반이었지만 백정의 형편을 동정했고 민족운동에도 중요한 역할을 했다. 장지필은 신분이 백정이었으나 아버지가 사업에 크게 성공한 후 엘리트 교육을 받았던 인물이다. 하지만 각종 제약으로 사회 진출에 어려움이 많았다. 돈이 있고 교육을 받아도 백정이라는 신분으로 출셋길이 막힌 것이다.

형평사는 큰 호응을 받으며 단숨에 전국 조직으로 발전했다. 하지만 이들 활동에 대한 반감 역시 높았다. 형평사 창립식에 참여한 지역민들이 신분을 들먹이며 찬물을 끼얹거나 각 지역에서 형평운동 행사를 벌일 때 일반인들이 난입하여 폭력 행위를 벌이기까지 했으니 말이다.

형평사는 일본의 수평사와 연대 투쟁을 모색하기도 했고 백정 여성 문제를 정식 의제로 삼기도 했다. 일본의 수평사는 '부락민'으로 불리는 하급 계층을 위한 단체였는데 차별받는 처지에 있어서 백정과 매한가지였다. 민족주의운동, 사회주의운동의 영향과 도움을 받았다.

현재 교과서를 비롯한 많은 역사책에는 항일운동으로 발전했다고 기술하고 있지만 형평운동은 인권운동을 위해 친일적인 행보를 보이기도 하는 등 항일운동과는 다른 성격을 분명히 했다.

161
Sunday

대학교수단 시국선언문

이번 4.19 참사는 우리 학생운동 사상 최대의 비극이요, 이 나라 정치적 위기를 초래한 중대 사태다. 이에 대해 철저히 반성하고 바로잡지 않으면 이 민족의 불행한 운명은 도저히 만회할 길이 없다. 우리 전국 대학교 교수들은 이 비상시국에 대처하여 양심의 호소로서 다음과 같이 우리의 소신을 선언한다.

1. 마산, 서울 기타 각지의 데모는 주권을 빼앗긴 국민의 울분을 대신하여 궐기한 학생들의 순수한 정의감의 발로이며 불의에는 언제나 항거하는 민족정기의 표현이다.
2. 이 데모를 공산당의 조종이나 야당의 사주로 보는 것은 고의적인 왜곡이며 학생들의 정의감에 대한 모독이다.
(…)
4. 누적된 부패의 부정과 횡포로써 민권을 유린하고 민족적 참극과 국제적 수치를 초래케 한 현 정부와 집권당은 그 책임을 지고 속히 물러가라.
5. 3.15 선거는 부정 선거다. 공명선거에 의하여 정부통령을 재선거하라.
(…)
11. 경찰의 중립화를 확고히 하고 학원의 자유를 절대 보장하라.
12. 곡학아세의 사이비 학자를 배격한다.
13. 정치 도구화한 소위 문화인 예술인을 배격한다.

1960년 4월 혁명 당시 4월 25일에 발표된 대학교수들의 시국선언문 일부다. 이날 교수들은 '학생들의 피에 보답하라' 등을 쓴 플래카드를 들고 시위에 동참했다. 이미 전국 각지에서 이승만 정권 타도를 외치는 시위가 진행 중이었고 서울에서는 대학생들이 앞장서서 시위를 이끌었다. 선언문을 보면 용공 조작, 경찰 중립화, 어용 지식인 문제 등 당시의 시대상과 관련한 흥미로운 내용이 나온다.

162

Monday

한일 협정

1965년 한국과 일본 간에 맺어진 한일 기본 조약을 말한다. 이를 통해 한국과 일본은 정상적인 외교 관계를 수립했고 한·미·일 삼각 안보 체제는 강화된다.

해방 이후 두 나라의 외교 정상화를 위한 여러 차례 회담이 있었으나 각종 현안에 대한 두 나라의 입장 차이로 인해 빈번히 결렬됐다. 더구나 3차 회담에서는 일본 측 수석대표가 식민지 시대를 미화한 일명 '구보타 망언'이 큰 문제가 되기도 했다.

하지만 1960년대 들어 박정희 정권은 경제 성장을 위한 자금 마련을 가장 중요한 목표로 설정했고 미국도 한미 동맹, 미일 동맹을 한·미·일 삼각 동맹으로 강화시키고자 노력했다. 하지만 배상금 문제, 독도를 비롯한 두 나라의 해안, 어업 문제 등으로 회담은 난항을 겪는다. 난관을 돌파하고자 김종필이 파견됐고 '김종필-오히라 메모'라는 비밀 타협을 통해 결국 두 나라는 합의에 이른다. 이에 대응하여 국내에서는 저자세 대일 회담에 대한 비판이 크게 일었고 6.3 시위로 분출되기도 했다.

한일 협정을 통해 양국이 기존에 맺었던 모든 조약을 무효로 하고, 일본은 한반도의 유일한 합법 정부를 대한민국으로 인정했다. 또 무상 3억 달러를 비롯하여 저리의 차관을 일본이 제공했으며 그 밖의 각종 조치가 이루어지게 된다.

또 이를 통하여 한·미·일 삼각 안보 체제가 갖춰지게 되면서 소련-중공-북한으로 이어지는 공산주의 진영에 대응하는 강력한 자유 진영의 동맹 체제가 들어서게 된다. 당시 들어온 자금은 포항제철 건설 및 경제 자금으로 사용됐고 일본의 기술 이전, 미국이라는 수출 시장을 활용한 산업화 전략에 중요한 토대가 됐다.

하지만 '무합의가 합의'라는 말이 나올 정도로 두 나라 간의 합의에는 허술한 부분이 많았다. 한국 정부는 무상 3억 달러를 배상금이라고 주장했고, 일본 정부는 독립 축하금이라고 주장했다. 또 재일 교포의 법적 지위 문제, 사할린 동포 문제, 반출된 문화재 문제, 원폭 피해자 문제에 대한 제대로 된 합의가 없었으며 무엇보다 개인이 당한 피해 보상을 요구할 수 있는 청구권이 포기됐고 독도 문제는 아예 합의되지 못했다. 이런 논란은 일본군 위안부 문제, 강제 징용 문제 등 1990년대 이후 한일 간 첨예한 외교 대립의 불씨가 된다.

○ 1990년대 이후 전 세계적으로 인권에 대한 인식이 강화되면서 인권 침해에 대한 개별 보상이 현실화되고 있다. 늦었지만 일제 강점기 시절 피해 보상 문제를 해결할 수 있는 새로운 실마리가 생긴 것이다.

163

Tuesday

박정희

박정희(1917년~1979년)는 5.16 군사쿠데타의 지도자로, 대한민국 5대~9대 대통령을 역임했다.

박정희의 경력은 모순적이다. 대구사범학교에 입학해 교편을 잡았으나, 늦은 나이에 혈서를 쓰고 만주군관학교에 입학해 군인이 된다. 간도특설대에 복무하여 만주와 화북 일대에서 활동했다. 해방 이후에는 광복군에 잠시 참여했으나 국군에 입대했고, 이 시기 비밀리에 남로당 조직원이 되기도 했다.

박정희는 5.16 군사쿠데타를 통해 권력을 잡는다. 국가재건회의 의장으로 2년간 군사 정부를 이끌었고, 대장으로 예편한 후 대통령 선거에 출마해 1960년대 두 차례 모두 승리를 거두며 권력을 이어갔다. 1969년 삼선개헌을 통해 강제로 개헌에 성공한 후 한 번 더 선거에서 승리했고, 1972년 유신을 단행해 기존의 정치 질서를 정지시킨 후 사실상 종신 집권자가 됐다. 하지만 1979년 중앙정보부장 김재규에 의해 살해당하면서 유신 체제는 단숨에 몰락한다.

박정희는 여러 차례 불법적으로 헌법을 뜯어고쳤으며, 대통령 중심제를 극도로 강화한다. 행정부가 입법부나 사법부를 압도하고, 정당은 일하는 대통령을 도와야 한다는 박정희의 통치 방식은 여전히 한국 권력 구조의 핵을 이룬다.

박정희는 산업화에서 중요한 성과를 이뤘다. 종합경제개발계획을 꾸준히 실시했고, 정부 주도로 외자를 유치해 기업의 성장을 유도했다. 1960년대에는 한일 협정을 통해 일본으로부터 자금을 끌어왔고, 베트남 전쟁에 참전하여 경제적 이득을 올렸다. 경공업의 기틀이 다져지자 중화학 공업으로 산업 구조를 바꾸려고 했다. 급격한 산업화의 성과는 정경유착, 빈부 격차, 이촌향도, 농촌 빈곤 같은 여러 문제도 야기했다.

장기 집권은 인권 유린이라는 큰 희생을 낳았다. 수시로 용공 조작을 일삼았고, 대규모 간첩단 사건을 발표하여 반공주의를 고취하고 독재 권력을 합리화했다.

무리한 중화학 공업 정책의 추진, 무분별한 외채 도입이 문제되는 가운데 두 차례 석유 파동은 박정희 정권에 큰 타격을 가했다. 경제 위기, 민주화의 열망, YH 사건, 김영삼 의원직 제명 사건 등 여러 혼란이 겹치는 가운데 1979년 부마민주항쟁이 일어났고, 유신 체제는 무너지고 말았다.

164

Wednesday

기차

철도는 근대화의 상징이다. 단순히 교통이 발전하고 물자의 교류가 활발해진다는 의미를 넘어 군대의 이동, 식민지 개척, 식민지 물자 수탈 같은 것이 모두 철도와 긴밀히 연결돼 있다. 철도는 증기선과 더불어 제국주의 국가의 식민지 확장에 가장 큰 역할을 했다.

러일 전쟁은 시베리아 횡단열차와 관련이 있다. 1905년 모스크바에서부터 블라디보스토크까지 러시아 영토를 관통하는 철도가 만들어지고 있었다. 시베리아 횡단열차는 하얼빈역을 통과했는데, 이곳에서 동청철도로 갈아타면 장춘, 심양 등 만주 일대를 가로지를 수 있었다. 즉, 일본은 시베리아 횡단열차가 만들어지기 전에 전쟁을 일으켜서 조선을 식민화한 것이다.

한반도 지배에 있어서도 철도는 중요한 역할을 했다. 서울을 기점으로 부산, 인천, 의주, 원산을 잇는 X자형 철도가 모두 일제 강점기 때 만들어진다. 현재도 경부선을 중심으로 경인선 등 여러 철도가 운영되는데 이것들은 해방 이후 새로 만든 것이다.

해방 이후 산업화의 역사에서 기차는 물론 자동차, 비행기, 지하철이 중요한 역할을 했다. 미국과 긴밀한 동맹국이었고, 1965년 이후에는 일본과도 중요한 관계를 구축했기 때문에 동남 해안 지역에 공업지대가 발전할 수밖에 없었다. 따라서 경부선은 물론 경상도에서 서울로 올라오는 경부고속도로 건설이 중요한 과제였다. 경부고속도로 완공 이후 수많은 고속도로가 건설됐다.

이촌향도 현상으로 서울의 인구 집중 현상이 심했고, 그에 따른 교통 체증도 심각한 문제였다. 이를 해소하고자 청계천을 복개하고, 고가도로를 놓았으며, 서울역 광장 앞을 비롯한 주요 교통 요지에 고가도로를 대거 건설했다. 내부순환도로, 외곽순환도로, 강변북로, 올림픽대로 같은 것이 이러한 발상에서 나온 것이다.

지하철 건설도 중요한 사업이었다. 1974년에는 지하철 1호선이 개통됐는데 수도권의 핵심 밀집 지역을 관통한다. 2호선은 서울을 순환하는 형태로, 3호선, 4호선은 1호선과 대칭으로 강남을 통과했다. 애초에는 10호선이 넘게 지하철을 건설하려고 했으나 1997년 외환위기를 겪으면서 9호선 정도로 목표를 수정했다.

165

Thursday

수월관음도

수월관음도

불화는 불교 미술로, 부처님을 그린 그림을 의미한다. 고려 불화는 청자와 더불어 고려 미술의 절정이다. 고려 후기 선종의 영향으로 회화가 발전했고 여러 유명한 승려 화가의 일화가 전해지지만 작품으로 확인할 수 있는 것은 노영 정도다.

노영의 작품은 〈흑칠금니 소병〉인데, 나무판에 금박가루로 〈지장보살도〉, 〈아미타구존도〉 등을 그렸다. 현재 국립중앙박물관에서 소장하고 있다.

고려 불화 중 관음보살을 그린 그림이 화려함과 우아함을 모두 갖춘 작품으로 정평이 나 있다. 혜허의 〈양류관음도〉, 서구방의 〈수월관음도〉가 대표적인데 안타깝게도 모두 현재 일본에 있다.

서구방의 〈수월관음도〉는 기암괴석에 관음보살이 앉아 있고 아래쪽 연못 바위 위에 선재동자가 작게 그려져 있다. 관음도의 일반적 형식을 따른 것인데, 신체의 부드러움과 옷감의 우아함, 온갖 장식의 화려함과 몸을 감싸는 실루엣 표현이 아름답고 화려하지만 사치스럽지 않고 신비하게 묘사돼 있다. 걸작 중 걸작이다.

인삼

인삼은 예로부터 신라인삼, 고려인삼으로 불렸다. 백제 무령왕은 중국 양나라 무제에게, 신라 진평왕은 당나라 고조에게 예물로 보냈다는 기록이 있을 정도로 오랜 역사를 자랑한다.

인삼은 국내에서도 중요한 품목이었고 대외 교역에서는 대표적인 상품이었다. 삼국 시대부터 조선 시대까지 인삼 교역의 역사는 계속되는데 조선 시대 때는 '팔포무역'이라는 말까지 나왔다. 북경으로 가는 사신단에게 인삼 여덟 꾸러미를 휴대해 경비를 충당하고 남는 것은 매매하게 했기 때문이다.

중국은 오랜 기간 인삼을 요구해왔고 조정에서는 국내 수요와 조공 무역의 균형을 맞추는 것이 근심거리이기도 했다. 19세기 초에도 홍삼 1근이 은 100냥 정도였는데 중국으로 가져가면 350냥에서 700냥까지 받을 수 있었다고 한다. 1916년 기록을 보면 중국 시장에서 미국산 인삼이 20원, 만주 관동인삼이 8원, 일본 인삼이 5원 정도일 때 고려인삼이 150원 정도였다. 요동삼을 비롯한 여러 인삼이 중국에서도 재배됐으나 고려인삼의 위상을 따라잡지는 못한 것이다.

18세기 초반 일본에서는 조선 인삼을 수입하기 위해 '인삼대왕고은'이라는 은화를 만들기도 했다. 《동의보감》을 비롯한 조선 후기 의서와 의술이 일본에 전파되면서 나타난 현상이었다.

애초에는 야생삼을 채취하는 형태였는데 조선 전기 성종 때부터 산출량이 급격히 줄었다. 이때부터 인삼은 재배하는 품목으로 거듭나는데 개성이 단연 압도적이었다. 해방 이후 개성이 북한 땅이 되자 개성 출신 인삼 상인들 중 일부는 충남 부여로 피난을 온다. 이들은 '삼종회수특공대'를 결성하여 개풍군 망포에 몰래 잠입해 네 가마니의 개성인삼 종자를 가지고 돌아오는 데 성공한다. 이는 오늘날 세계 최대 홍삼 제조 시설인 'KGC인삼공사 고려인삼창'의 시작이었다.

학문·철학

한글

동아시아에서는 이른 시절부터 한자 사용이 활발했고 중국뿐 아니라 주변 국가들도 대부분 한자를 활용했다. 하지만 언어가 달랐고, 한자는 뜻글자이기 때문에 배우기 어려운 단점이 있었다. 중세에는 한자 사용을 극복하기 위한 다양한 노력들이 벌어졌다. 여진족, 거란족, 몽골족, 티베트족이 문자를 만들었으니 말이다. 하지만 이 문자들은 여러 문제로 인해 지속적으로 사용되지 못했다.

삼국 시대 때 설총이 이두 문자를 만들었는데 조선 후기까지 활용됐다. 한자의 음과 뜻을 자유롭게 활용하여 우리말에 덧입히는 형태인데, 하급 관리들이 이를 배워 실무에 활용했다. 일본어의 히라가나나 가타카나도 초서체를 비롯한 한자 체계를 응용하여 만들어진 문자다.

한글은 이러한 동아시아의 흐름 가운데 매우 독창적인 형태로 등장했다. 한글은 기본적으로 한자와 동아시아 전통 사상을 반영한다. 글씨가 사각형의 틀 거리 안에서 쓰인 것이나 자음과 모음이 알파벳처럼 나열되지 않고 한자에서 변, 방처럼 붙어 사용되는 것이 한자의 영향이다. 또 모음이 천, 지, 인의 조화를 상징하는 것은 동양의 문화적 전통 안에 있다고 할 수 있다.

하지만 한글은 인도의 산스크리트어, 원나라의 파스파 문자 등 소리글의 형태를 취했다는 점에서 한자와 다르다. 발음기관의 모양을 따서 자음을 만든 것도 흥미롭지만 발음을 정확하게 표현할 수 있다는 것도 장점이다.

한글을 누가 창제했는지에 대한 논란이 있다. 실록에 세종이 '친제'했다는 말이 나오고 여러 정황을 검토한 결과 한글 창제는 세종의 개인적 성과, 적어도 세종이 가장 적극적으로 주도해 이룬 성과라는 평가가 일반적이다.

하지만 한글이 한민족의 언어가 되고 지금처럼 일반적으로 사용되는 것은 근대 민족주의운동의 산물이라고 보는 것이 정확하다. 주시경을 중심으로 구한말부터 일제 강점기까지 한글 연구의 기초가 이루어졌고, 조선어학회가 등장하여 오늘날과 같은 한글이 만들어졌기 때문이다. 주시경이 '한글'이라는 명칭을 부여했고, 맞춤법, 표준어, 외래어 표기법 등 현재의 여러 용례 사용 등은 조선어학회의 노력의 결과다. 해방 이후에는 이를 계승한 한글학회가 한글 연구에 중요한 역할을 감당하고 있다.

어디로 가야 합니까

어디로 가야 합니까.
어디로 가야 합니까.
이제 당신을 다시 보려면

지난봄, 당신은 아무 이유 없이 끌려갔습니다.
봄여름이 지나고 가을이 가도
당신의 소식은 없었습니다.

기나긴 겨울에도 당신의 봄이 오길 기다렸습니다.
봄이 오면 당신을 볼 수 있겠지요.

이제 그 꿈을 빼앗겼습니다.
당신을 기다리는 고통도 이제 내 것이 아닙니다.

당신은 내 삶의 전부였습니다.
사랑하는 사람이여, 차라리 당신 곁에 눕고 싶습니다.
고문에 으스러진 당신 손을 꼭, 꼭 미소로 붙잡고
차라리 당신 곁에 눕고 싶습니다.
평화로이, 평화로이, 그리고 조용히.

인혁당 사건 당시 남편을 잃은 아내의 수기다. 1974년, 공산 단체 계열의 불법 단체인 인민혁명당과 재일조총련을 비롯한 여타의 국내 좌파들이 연대하여 국가 전복을 시도했다는 '인혁당재건위사건'이 발생한다. 이때 서도원, 도예종, 송상진, 우홍선, 허재완, 이수병, 김용원, 여정남 8인이 사형 선고를 받는데, 4월 8일 대법원에서 확정되고 바로 다음 날 형을 집행했다. 세계 사법 역사상으로도 규탄받는 이 사건은, 이후 2002년 의문사진상규명위원회를 통해 중앙정보부의 조작임이 밝혀졌다. 유신 체제를 유지하기 위해 불법적으로 권력을 남용하고 인권을 유린한 사건인 것이다. 하지만 진상은 밝혀졌으나 억울하게 죽은 이는 돌아올 수 없고 가족들은 평생 고통을 짊어지고 살아갈 뿐이었다.

169

Monday

고구려의 항쟁

6~7세기 통일 제국 수나라, 당나라와 고구려의 전쟁이다. 581년 수나라가 중국을 통일한다. 동아시아의 상황이 급변한 것이다. 더구나 중국을 통일한 수문제는 오늘날 티베트 지역의 토욕혼을 멸망시키고 북방 민족인 돌궐이 분열된 틈을 이용하여 동돌궐을 복속시킨다. 그간 강력한 세력을 떨치던 이민족이 단숨에 수나라에 굴복한 것이다. 또 고구려에 위협을 받던 신라와 백제 역시 수나라에 적극적으로 접근한다.

이러한 상황을 타개하고자 598년 고구려의 영양왕은 약 1만의 병사를 이끌고 요서 지역을 선제 공격한다. 이에 분격한 수문제는 30만 병사를 일으켜 고구려 정벌을 시도하지만 실패한다. 수문제의 뒤를 이은 수양제는 더욱 엄청난 규모의 병력을 동원한다. 기록에 따르면 1,133,800명의 군대를 동원했다고 하는데 군량미와 물자 수송을 담당하는 후방 부대까지 합치면 400만이 넘는 군세였다. 대군이 모두 출발하는 데만도 40일이 걸렸다고 한다. 하지만 사정은 수양제의 뜻대로 흘러가지 않았다. 핵심 거점인 요동성을 점령하지 못했고 평양성을 공격한 수군도 대패하고 만다. 난국을 타개하고자 수나라 장수 우중문이 30만 육군을 이끌고 평양성을 공격했으나 을지문덕의 지략에 힘입어 대패하고 만다(이것이 살수대첩이다). 결국 대침공은 처참한 실패로 돌아갔고 이후 두 차례나 더 침공했지만 국력을 소진한 수나라는 멸망한다.

하지만 수나라를 이은 당나라 역시 고구려를 침공한다. 중국 역사의 명군으로 불리는 당태종 이세민이 정벌을 주도한 것이다. 당나라 군대는 현도성, 신성, 건안성 등 고구려 거점 산성을 동시에 공략한다. 치열한 싸움 끝에 이들 성을 지켜냈지만 요충지인 요동성이 함락을 당하고 이후 백암성, 비사성 등을 줄줄이 빼앗긴다. 이를 만회하고자 당시 고구려의 지도자 연개소문은 15만 대군을 파견했으나 대패한다. 그러나 고립무원 상태에서 안시성이 끝까지 버티면서 결국 당나라 군대는 물러가고 말았다.

하지만 이후의 상황은 고구려에 불리하게 돌아간다. 당고종은 대군을 동원하는 방식에서 벗어나 매해 10만 명 정도의 군대를 꾸준히 보내며 고구려를 압박했고 연개소문 사후 아들들 간의 심각한 내분 끝에 고구려는 멸망하고 만다.

김마리아

김마리아(1892년~1944년)는 2.8 독립선언과 3.1 운동을 주도했고, 임시정부 대의원으로 선출되기도 한 독립운동가다.

1919년 김마리아는 유학생으로 도쿄에 있었다. 여러 유학생과 함께 2.8 독립선언을 주도했는데 당시 대표단을 꾸릴 때 남학생들이 독점하려 하자 '수레도 두 바퀴로 구른다'면서 이의 제기를 했다. 하지만 대표단은 남학생으로만 꾸려진다.

2.8 독립선언 이후 그녀는 기모노를 입고 허리띠에 독립선언서를 숨겨서 국내로 돌아온다. 경부선, 경의선을 타고 곳곳에 내려 교회와 접촉하며 3.1 운동을 확산시키는 데 주력했다. 특히 당시에는 평안도 지역에 교회가 많았는데 이들과 접촉하여 교회의 적극적인 활약을 끌어내는 데 큰 역할을 했다.

이러한 활동으로 체포된 김마리아는 1921년 인천항에서 탈출에 성공하여 상해 임시정부에 참여한다. 체포와 고문, 병보석과 탈출로 이어지는 과정이 신문에 대서특필되기도 했다. 대한민국애국부인회 회장이 돼서 임시정부를 지원하고자 노력했던 그녀는 임시정부 산하 임시 의정원에서 김구와 함께 황해도 대의원으로 선출됐다. 요즘으로 말하면 최초의 여성 국회의원이 된 것이다. 안창호와 함께 개조파로 활약했으나 임시정부가 쇠락의 길을 거듭하자 미국으로 유학을 결정한다.

시카고대학교에서 사회학을 공부했고 콜롬비아대학교 사범대학에서 석사 과정을 마쳤으며 최종적으로는 뉴욕신학교에서 종교교육학을 전공했다. 여성의 몸으로 유학 생활을 하는 것이 얼마나 어려운지 고충을 토로한 글을 남기기도 했는데 1932년 국내로 돌아와서 마르다윌슨신학교에서 신학을 강의했다.

교회 내의 남녀 차별을 비판했으며 신사참배를 거부하다가 사망한다.

○ 지금은 여성 독립운동가하면 유관순을 떠올리지만 일제 강점기 때는 김마리아만큼 유명한 인물을 찾아보기 어려웠다. 유관순은 해방 이후 〈동아일보〉, 개신교, 민족주의 진영에 의해 뒤늦게 알려진 경우다.

용산

남산에서 한강에 이르는 일대 지역. 일제 강점기와 해방 이후 산업화를 거치면서 용산은 신용산 일대까지 확대됐다.

용산 일대는 요충지다. 현재는 수중보를 설치했기 때문에 한강이 서해 쪽으로만 흘러가지만 조선 시대까지만 해도 그렇지 않았다. 서해에서 밀물 때가 되면 한강이 역류해 용산 일대까지 흘러들어왔다. 따라서 수많은 배가 강화도와 김포 일대에 머물다가 밀물 때를 맞춰 내륙으로 올라왔다. 용산 일대의 한강을 '용산강'이라고 불렀는데, 용산강은 전국의 쌀이 모이는 곳으로 유명했다. 이곳은 군사 주둔지로 적당해서, 조선 태종 때에는 군수 물자를 비축하는 군자감이라는 큰 창고가 만들어지기도 했다.

군대를 끌고 한양에 입성하기에 용산만큼 적당한 주둔지가 없었다. 땅이 넓고 강이 맞닿아 있어 군사 작전을 펼치기에 유리한 지형이기 때문이다. 임진왜란 때 왜군이 이곳에 주둔했고, 을사조약 이후 일제는 오늘날 이태원 인근에 100만 평이 넘는 땅을 강탈한 후 거대한 병영을 건설했다. 용산 병영이 만들어진 것이다. 조선 주차군사령부가 용산에 세워졌고, 주차군 사령관 관저는 이후 총독 관저로 사용되기도 했다. 총독 관저는 유럽풍의 초호화 건축물로, 현재는 남아 있지 않다. 연대 및 대대 본부, 보병 숙사, 장교 관사, 장교 집회소 등이 지어졌고 그중 일부는 현재까지 존재한다. 당연히 이곳에서는 각종 군사 훈련이 진행됐다. 기병 부대 훈련은 물론 박격포 훈련, 보병들의 사격 훈련을 담은 사진도 남아 있다. 용산 병영 내의 사격장은 1960년대 초까지 미군 소총사격장으로 사용되기도 했다. 현재의 녹사평역에서 남산 2,3호 터널로 가는 도로와 아파트 단지 일대다.

해방 이후 이곳은 미군이 접수하여 '캠프 서빙고'라고 불렀다. 용산 미군 기지의 시작이다. 미군이 머물렀기 때문에 미국인과의 인연을 통해 사업을 도모하거나, 미군 물품을 불법으로 유통하거나, 미군을 상대로 한 성매매 산업이 번성하기도 했다. '기지촌', 'PX 경제' 같은 말이 모두 이때 나왔다.

미군은 일본이 남기고간 시설물의 상당수를 보존했고, 수십 년간 이곳에 주둔하면서 여러 유적을 남기기도 했다. 최근에는 평택에 새로운 미군 기지가 만들어지고 미군 이전이 확정되면서 이곳을 어떻게 보존하고 활용할지에 대해 활발한 논의가 벌어지고 있다.

회암사지

고려 시대에 창건된 회암사의 사찰 터. 경기도 양주에 있고, 박물관과 공원이 함께 조성돼 있다. 회암사지 발굴은 고고학사에 있어 큰 사건이었다. 전국 최대 규모의 사찰이었기 때문에 발굴 규모도 엄청났고 고려 시대 사찰의 생활상을 생생하게 살펴볼 수 있는 각종 유적과 유물이 쏟아져 나왔기 때문이다. 단일 발굴지로 이처럼 광대한 모습을 볼 수 있는 곳은 드물다.

회암사는 고려 시대에 창건됐으나 정확한 시기를 가늠하기는 어렵다. 고려 말부터 조선 전기까지 왕실의 후원을 받으며 위세를 자랑했다. 인도 출신의 원나라 승려 지공선사가 고려에 찾아와 수년간 전국의 사찰을 돌다가 이곳의 지형이 인도의 유명 사찰 아란타사와 같아서 사찰 창건을 제안했다고 한다. 그 제안에 따라 그의 제자 나옹선사가 주도해 절을 크게 지었다고 한다. 고려 말에는 전국 사찰의 총본사 역할을 했고 특히 선종의 본찰이었다. 이성계의 막역지우였던 무학대사도 이곳에 머물렀다.

사실상 왕실 사찰의 기능을 했기 때문에 발견된 유물은 최고급 수준의 것들이 많다. 여기서 크고 화려한 용두가 출토됐는데 그 모양과 수준이 남다르다. 토수 같은 장식 기와도 다른 곳에서 쉽사리 보기 어려운 것들이다. 잡상은 보통 건물 지붕 위에 세워 놓기 때문에 모양을 자세히 관찰하기 쉽지 않은데, 이곳에서 다량의 잡상이 출토됐기 때문에 박물관에서 자세한 모습을 직접 확인할 수 있다.

173

Friday

봄처녀

봄처녀 제 오시네
새 풀 옷을 입으셨네
하얀 구름 너울 쓰고
진주 이슬 신으셨네
꽃다발 가슴에 안고
(…)
행여 내게 오심인가

〈봄처녀〉는 가곡으로 유명하다. 원래 가사는 이은상이 쓴 시조로, 〈봉선화〉, 〈고향의 봄〉으로 유명한 홍난파가 작곡했다. 1932년에 만들어진 작품으로, 토속적이면서도 낭만적인 감상이 잘 어우러져 여전히 애창되고 있는 곡이다.

한국의 상황과 서양 음악인 성악을 접목하여 오랫동안 기억되는 작품은 많다. 〈명태〉라는 가곡은 한국 전쟁으로 대구에서 피난 중에 지은 작품이라고 하는데, 베이스 오현명이 부른 노래로 오랫동안 사랑받았다.

174

Saturday

민립대학설립운동

1920년대 고등 인재를 양성하기 위해 이상재가 주도하여 민족주의자들이 벌인 대학설립운동. 예상보다 관심이 저조했고 때마침 장마와 수해, 일본의 관동대지진의 여파 등으로 지지부진하게 진행되다 실패했다.

1920년대는 학생운동의 전성기였다. 3.1 운동은 물론 1926년 6.10 만세운동, 1929년 광주학생항일운동 심지어 사회주의운동에서도 학생들의 적극성이 두드러졌다. 학생들은 '조선인 본위의 교육'을 요구했는데 당시 교육 수준이 형편없었기 때문이다. 그나마 3.1 운동 이후 문화 통치를 표방한 일제가 제2차 조선교육령을 발표하면서 보통학교(초등학교) 수업을 6년으로 연장하고 1개 면에 1개 학교를 세우는 계획안을 발표하는 수준이었다.

민족을 이끌 훌륭한 인재, 즉 수준 높은 교육을 받은 인재를 체계적으로 양성하는 것은 당시 민족주의자들의 숙원이자 염원이었다. 제2차 조선교육령에는 '대학을 세울 수 있다'라는 조항이 있었기 때문에 이에 주목하여 국민 성금을 모아 사립대학을 만들고자 한 것이다.

이 시기 일제는 민립대학설립운동을 방해했고 경성제국대학을 만든다. 제국대학이라는 이름으로 도쿄에서부터 국립대학을 창설하여 고등 인재를 양성하던 일제가 식민지 조선에도 고등 교육 기관을 만든 것이다. 조선에 이미 수십만의 일본인들이 건너왔기 때문에 불가피한 측면도 있었다. 조선인도 시험을 볼 수 있었는데 1회 시험에서 유진오가 수많은 일본인 학생을 제치고 수석 합격하면서 파란을 일으키기도 했다.

○ 당시 사회경제적 처지를 고려하면 당연히 조선인 입학생의 숫자는 적었다. 또 제국대학 자체가 인재를 선발하는 곳으로 운영됐기 때문에 학생들의 자부심이 높았다. '순사의 신발에 오줌 누고 오기' 같은 독특한 그들만의 규율이 만들어지기도 했다. 해방 이후 서울대학교 같은 명문대 학생, 검사나 판사 같은 엘리트들이 보이는 술 문화, 집단 문화도 이와 맥을 같이한다.

토황소격문

(…) 황소(黃巢)에게 고한다. 대저 바른 것을 지키면서 떳떳함을 닦는 것을 도(道)라 하고, 위기를 당하여 변통하는 것을 권(權)이라 한다. 지혜 있는 자는 시기에 순응해 공을 이루고, 어리석은 자는 이치를 거슬러 패망하게 되는 것이다. 그러한즉 비록 백 년의 인생 동안 생사(生死)는 기약할 수가 없는 것이나, 만사(萬事)를 마음으로 판단하여 옳고 그른 것은 분별할 줄 알아야 한다.

(…) 공경하게 타이르는 말을 받들어서 간사한 꾀를 거두어라. 너는 본시 변방의 백성으로 갑자기 사나운 도적이 돼 우연히 시세를 타고 감히 강상(綱常)을 어지럽게 했다. 마침내는 이에 화심(禍心)을 가지고 황제의 자리를 농락하는가 하면 도성을 침범하여 궁궐을 더럽혔으니, 이미 죄는 하늘에 닿았으므로 반드시 패망하여 간과 뇌가 땅바닥에 으깨질 것이다.

아, 요순(堯舜) 이래로 묘(苗)나 호(扈)가 복종하지 않았으며, 불량한 무리와 불의불충(不義不忠)한 무리와 너 같은 무리가 하는 작태가 어느 시대인들 없었겠는가. (…) 잠깐 동안 못된 짓을 도모하다가 마침내 더러운 종자들은 섬멸됐다.

(…) 너는 모름지기 진퇴(進退)를 참작하고 잘된 일인가 못된 일인가 분별하라. 배반하여 멸망하기보다 귀순하여 영화롭게 됨이 어찌 훨씬 좋지 않겠는가. 네가 바라기만 하면 반드시 이를 이룰 수 있을 것이다. (…) 어리석은 필부(匹夫)의 소견을 고집하여 여우처럼 의심만 하지 말라.

최치원(857년~?)이 중국 당나라에서 관료 생활을 할 당시 황소가 난을 일으키자 이를 비판하는 〈토황소격문〉을 썼는데 그 내용 중 일부다. 최치원은 동아시아에서 명문장가로 이름을 떨쳤는데 이 글 또한 크게 인정받았다. 요순은 고대 중국의 제왕을 의미하고 '묘', '호'는 주변의 소수 민족을 의미한다.

사실 이 글에 대해서 의문을 제기해볼 필요가 있다. 최치원은 묘족이나 호족 같은 주변 소수 민족을 반란 세력과 동일시했으며, 당 황실의 편에 서서 반란 자체를 죄악으로 규정하고 있다. 이런 관점이라면 신라 역시 묘족이나 호족과 무엇이 다를 것이며 왕조 멸망기에 벌어진 반란을 무조건 죄악시할 수 있을까? 전형적인 유교 사관이자 당시 중국인의 입장에서 글을 썼던 것이다. 학자로서의 탁월함은 인정해도 글에서 보여주는 생각을 고스란히 받아들일 필요는 없다.

176

Monday

5.18 광주민주화운동

1980년 5월 17일 전국 비상계엄 확대에 맞서 10일간 광주 일대에서 벌어진 민주화운동. 사건은 한 해 전인 1979년 12월 12일로 거슬러 올라간다. 10.26 사태를 통해 박정희 대통령이 암살당한 후 유신 체제가 해체되고 민주화를 향한 여러 조치가 시행됐다. 하지만 12월 12일 전두환, 노태우를 중심으로 한 신군부가 군사 반란을 일으켜서 권력을 장악한다. 당시 정승화 계엄사령관을 불법적으로 체포했으며 최규하 대통령을 비롯하여 내각을 무력화시키는 등 단계적으로 권력을 장악하여 나갔다. 이에 반해 민간에서는 민주화를 향한 열기가 끓어올랐고 5월에는 수만 명의 대학생이 서울역까지 행진하며 민주화 시위를 벌이기도 했다.

하지만 상황은 정반대로 흘러간다. 신군부는 군대를 전국에 파견했으며 5월 17일 계엄령을 전국적으로 확대했다. 김영삼, 김대중을 비롯한 수많은 정치인이 체포됐고 재야인사와 운동권 대학생들 또한 강제로 연행되거나 군대에 끌려가는 등 1980년의 봄은 1972년 유신 체제 못지않은 상황으로 치달았다.

그 와중에 5월 18일에 전남대학교 앞에서 학생들이 시위를 벌였고 공수부대는 이들을 잔혹하게 진압했다. 이에 시민들이 저항했고 다시 군인들이 더욱 강경한 시위 진압에 나서는 등 끔찍한 폭력 사태가 연이어 벌어졌다. 20일 밤부터는 공수부대를 선두로 집단 발포가 시작된다. 우리 역사 처음으로 군대가 시민을 살상하는 행위가 발생한 것이다. 이에 격분한 시민들 역시 군용 차량과 무기 등을 탈취하여 무장대를 결성했다. 상황이 극단으로 격화되자 수습위원회가 만들어지는 등 다양한 해법이 모색됐으나 결국 탱크 등으로 중무장한 계엄군의 대대적인 무력 진압에 의해 수많은 사상자를 내며 사건이 마무리됐다. 당시에는 보도 통제가 되는 상황이었기 때문에 사건 초반에는 전혀 보도되지 않았고 이후에도 신군부가 요구하는 대로 받아쓰기에 급급한 언론은 '불순분자의 폭동', '간첩이 연루된 사건'식의 왜곡 보도만 일삼았다. 하지만 1980년대 초반 5.18 광주의 비극은 민주화운동의 가장 중요한 원동력이 된다. 매해 5월이면 민주화운동이 절정에 달했다. 일명 '5월 운동'으로 당시 수많은 양심적인 정치인, 재야인사, 대학생, 시민들이 광주 시민들의 희생에 대한 강한 부채의식을 느끼고 있었기 때문이다. 1987년 6월 항쟁 이후 진상 규명, 책임자 처벌, 피해자 배상 문제가 대두됐고 결국 1995년 이후 특별법 제정, 전두환, 노태우를 비롯한 12.12 군사반란과 5.18 광주민주화운동에 대한 재판이 이어지면서 뒤늦게나마 문제가 일단락됐다.

김원봉

김원봉(1898년~1958년)은 의열단을 조직했고, 민족혁명당과 조선의용대를 창설해 중국 관내에서 독립운동을 주도했다. 해방 이후 좌익 계통에서 활동하다 월북하여 김일성에게 숙청을 당한다.

김원봉은 1919년 20대 초반의 나이에 의열단을 조직하고, 여러 폭탄 투척 사건을 일으키며 독립운동사에 새로운 활기를 불어넣는다. 3.1 운동 같은 비폭력 평화 운동을 거부했고, 임시정부가 표방한 외교독립론도 거부했다. 이념적으로는 아나키즘을 표방했고 적극적인 테러리즘을 투쟁의 수단으로 수용한 것이다.

하지만 의열단의 투쟁은 안팎으로 비판에 직면한다. 수많은 독립운동가가 너무 쉽게 희생됐기 때문이다. 김원봉은 조직적 투쟁의 필요성을 자각했고, 당시 중국 국민당 정부가 만든 황포군관학교에 입학했다. 이때 중국의 민족주의 지도자 장제스와 인연을 맺는다. 그는 결국 국민당 정부의 지원을 받아 조선혁명간부학교를 만들기도 했다.

이후 김원봉의 행보는 다소 묘한 과정을 거친다. 중국국민당과의 관계뿐 아니라 중국공산당과의 관계도 긴밀해졌기 때문이다. 애초에 김원봉의 이념적 노선은 모호하기도, 자유롭기도 했다. 민족주의적 정서가 충만했음에도 불구하고 한편에서는 아나키즘에 심취했고, 중국의 민족주의자들과도 막역한 관계를 구축했지만 중국공산당과의 관계도 밀접했기 때문이다.

1930년대에 들어서는 김구가 이끄는 임시정부와 경쟁 관계에 돌입한다. 김원봉은 민족혁명당을 결성했고 임시정부를 제외한 중국 관내 대부분의 독립운동 세력을 흡수했기 때문이다. 이때 조소앙, 지청천 같은 저명한 민족주의 독립운동가들 역시 김원봉과 함께했다. 하지만 그의 독선적인 지도력이 문제됐고 결국 민족혁명당은 쉽사리 해체되고 만다.

가장 큰 문제는 중국과의 관계였다. 그가 이끌던 조선의용대 대원의 상당수가 그의 모호한 태도에 불만을 느꼈고, 중국공산당도 그를 기회주의자로 규정하고 배척했다. 결국 조선의용대 대원의 대부분이 김원봉을 버리고, 무정이 이끌던 한인 사회주의 단체 조선독립동맹에 합류하면서 그는 큰 위기에 처한다. 결국 김원봉은 잔여 세력을 이끌고 중경의 임시정부에 참여해 군무부장, 광복군 지대장 등 군사 지도자의 역할을 담당했다.

178

Wednesday

평양

평양은 북한의 수도로, 서울과 더불어 한반도에서 가장 중요한 지역이다. 고조선이 후기에 이곳을 중심으로 발전했고 장수왕이 이곳에 천도하면서 고구려의 세 번째 수도가 되기도 했다. 고려 시대 때는 서경이라고 칭하며 제2의 수도 대우를 받았고 북진 정책의 상징이기도 했다. 인근에는 대동강이 흐른다.

> 평양은 옛날 기자의 봉국이다. 8조의 가르침으로 백성이 예의를 알았으나 주 몽씨 이후로 말 타기와 활쏘기를 익혀 그 풍속이 드디어 변하여 비록 수나라 와 당나라의 강성한 병력으로 능히 굴복시키지 못했으니, 그 용맹하고 굳건함 을 상상할 수 있다.

조선 전기 권근이 쓴 글로, 조선 시대 평양에 대한 인상이 오롯이 담겨 있다. "기자의 봉국"은 고조선을 이야기하는 것으로, 단군이 아닌 기자를 정통으로 삼고 있다. 단군이 나라를 세웠고 기자가 도를 전했다는 조선 시대 사대부의 생각이 반영된 것이다. 기자를 통해 유교 문명이 들어왔고 자신들이 이를 계승했다는 기자정통론인데 조선 시대에는 가장 중요한 역사 인식이었다. "주몽씨 이후로"는 고구려의 건국을 의미하는 것인데 "용명하고 굳건함"을 예찬한다. 이는 조선 전기의 활발한 사회 분위기를 반영하고 있는 것이다. 중요한 사실은 '평양은 곧 고구려'라는 인식이 강했다는 것이다.

이런 생각은 권근만의 것이 아니었다. 태조 이성계는 즉위한 후 평양에 기자와 단군을 함께 제사 지내게 했고 세종은 고구려 시조 동명왕을 위한 건물을 짓고 제의를 행했다. 물론 '고구려의 고토를 회복하겠다' 식으로 의지를 표방하지는 않았다.

흥미롭게도 최근 북한에서 평양을 성지화 하는 작업이 활발하다. 단군릉을 만들어서 아예 고조선을 이곳에서 세웠고, 세계 4대 문명이 아닌 5대 문명이 있었으며, 그중 하나로 '대동강 문명'이 있었다는 것이다. 이런 주장에 공명하는 역사학자는 거의 없다. 북한에서 발행한 〈단군릉발굴보고〉에 나오는 남녀의 유골이 5천 년 전 것이라는 주장인데 받아들이기 어려운 구석이 많다. 또 대동강 유역의 문화적 번성을 인류 문명의 기원이라는 식으로 바라보는 것 또한 현재로서는 수용하기 힘든 주장이다.

179

Thursday

조선 왕릉

조선 시대 왕과 왕비의 무덤. 총 42기가 있는데 북한에 2기가 있고, 2009년에는 유네스코 세계문화유산에 등재되기도 했다.

500년이 넘는 왕조의 무덤이 단 한 기도 소실되지 않았는데 이유는 구조에 있다. 눈에 보이는 봉분(둥그란 흙더미) 아래에 단단한 두께의 석실을 만들었기 때문에 사실상 도굴이 불가능하다. 조선 왕조 특유의 기록 문화 때문에 무덤에 어떤 부장품이 들어 있는지도 쉽게 확인할 수 있다. 또 유학 사상이 검소와 근면을 강조하기 때문에 피라미드나 신라 왕릉 같은 화려한 부장품을 기대하기 어렵다. 조선 말기 독일 상인 오페르트가 흥선대원군의 아버지 남연군의 묘를 도굴하려다 실패한 사건이 유명하다.

왕릉은 위치 선정이 중요하다. 국왕이 다녀오기 편해야 하기 때문에 도성에서 멀면 안 된다. 당연히 풍수적으로 길지여야 하지만 눈에 잘 띄면 안 되고, 주변 시설과도 거리가 있어야 한다. 그러면서도 바람이 잘 들어야 하는 등 입지 선정이 매우 까다롭다.

조선의 왕릉은 기본적으로 고려 태조 왕건의 무덤을 모델로 발전했다. 또 술잔이나 술 받침 같은 것이 3발로 만들어진 것은 중국 문화의 영향 때문이다. 왕릉마다 다양한 이야기가 있는데 예를 들어 태조 이성계의 무덤인 건원릉은 무덤에 잔디가 아닌 억새풀이 덮여 있다.

> 난잡하고 방종한 짓을 배웠더라. (…) 그는 본래 풍족하고 희락한 집안 출신이나 마음을 통제치 못하더니 미치광이로 전락했더라. (…) 시축년의 혈통을 계승할 데에 대한 교시로 지금은 세손이 있을 뿐이니 이는 진실로 나라를 위한 뜻이니라.

위의 내용은 영조가 쓴 사도 세자의 묘지문이다. 아버지 영조와 심각한 갈등을 겪다가 뒤주에 갇혀 죽은 아들에 대해 참으로 모진 글귀를 남겼다. 원래는 왕릉이 아니었는데 정조가 즉위한 후 확장 이전했고 이후 대한제국기 때 '융릉'이 됐다.

180

Friday

유치환과 이영도

이것은 소리 없는 아우성.
저 푸른 해원을 향하여 흔드는
영원한 노스탤지어의 손수건
(…) 아아 누구던가.
이렇게 슬프고도 애달픈 마음을
맨 처음 공중에 달 줄을 안 그는

유치환(1908년~1967년)의 〈깃발〉이라는 시의 일부다. 시인 유치환, 작곡가 윤이상이 통영여자고등학교 교사로 근무하던 시절, 시조 시인 이영도(1916년~1976년)가 이 학교 교사로 온다. 당시 유치환은 유부남이었음에도 불구하고 이영도에 흠뻑 빠진다. 수많은 시와 글을 써서 그녀에게 보냈는데, 유치환 사후 이영도에 의해 공개된 글이 다음의 〈행복〉이다.

사랑하는 것은
사랑을 받느니보다 행복하나니라.
오늘도 나는
에메랄드빛 하늘이 환해 내다뵈는
우체국 창문 앞에 와서 너에게 편지를 쓴다.

(…) 그리운 이여 그러면 안녕!
설령 이것이 이 세상 마지막 인사가 될지라도
사랑하였으므로 나는 진정 행복하였네라.

시인 이영도는 유치환이 사랑했던 여인이기 이전에 훌륭한 문인이었다. 그녀의 시는 이중적이다. 적극적으로 자신의 삶을 만들어가기를 열망하는 한편 그럴 수 없는 시대상 가운데 절절하게 아파하고 있기 때문이다. 한편으로는 4월 혁명을 애도하거나 혁명 과정에서 억울하게 죽은 김주열을 추모하는 시를 쓰는 등 역사의 무게를 감당했다.

181

Saturday

서예

서예(書藝)는 동양의 독특한 예술 장르다. 문자가 발달한 곳에서 글씨를 예쁘고 화려하게 쓰는 문화는 흔하지만 독자적인 예술 분야로 발전한 경우는 거의 없다. 한자가 지닌 독특한 문자 형식과 일찍부터 종이를 비롯한 글쓰기 도구가 개발된 영향이 큰 듯하다.

중국에서는 지구상의 어떤 문명권보다 일찍 관료제가 정착하고 광범위한 문서 편찬이 이루어졌기 때문에 붓글씨 쓰기가 기본 소양이 됐다. 또 예서, 전서, 초서 등 다양한 서예 장르가 발전했고 왕희지, 구양수 등 수많은 명필이 등장해 서예의 경지를 더했다. 또 서예라는 단어에서 알 수 있듯 붓글씨는 수양의 수단이었고 회화를 비롯한 다른 예술 장르보다 우월한 지위를 차지했다. 어릴 때부터 유교 경전을 공부하고, 과거 시험을 통해 관료가 되는 독특한 문화로 인해 발전한 예술이라고 봐도 무방하다.

유교 문화가 활짝 꽃피운 조선 시대에도 뛰어난 명필이 많았다. 조선 초기에는 조맹부의 송설체가 유행이었는데, 안평대군이 일인자였다고 한다. 조선 중기에는 한석봉으로 알려진 한호의 시대였다. 당시 국왕이자 서예의 대가였던 선조가 그를 특별히 아껴 외교 문서를 도맡았는데 명나라에서도 격찬을 받았다. 지금도 그가 쓴 천자문이 교본처럼 활용되고 있다. 조선 후기에는 중국과 다른 고유의 서예를 확립하고자 한 동국진체운동이 유행했다. 이 시기에 김정희가 추사체를 완성하기도 한다.

182

Sunday

오래 걸리는 것은 상관이 없다

"(…) 밤은 만물 중에 가장 늦게 열리는 것이오. 심지어 자라기가 무척 어렵지만 일단 자라면 쉽게 커지며, 잎이 몹시 늦게 피지만 일단 피면 쉽게 무성해지고, 꽃도 늦게 피지만 쉽게 활짝 피며, 열매도 몹시 늦게 열리지만 열렸다 하면 거두기 쉽다오. 밤이라는 물건도 기울면 차고 겸손하면 이익이 생기는 이치를 가지고 있소."

윤 공은 나와 같은 해 과거에 급제했는데, 그때 나이가 서른 남짓이었다. 마흔이 넘어서야 겨우 벼슬 한 자리를 얻었기에 사람들이 모두 늦었다고 여겼다. 그러나 공은 부지런히 벼슬에 종사했다. 그러다가 예전 임금께 인정을 받아 하루에 아홉 번 승진해 재상의 자리에 올랐다. 마치 손대지 않았는데 무성하게 자란 나무와 같았다. 처음 벼슬에 오르기는 어려웠지만 나중에 성취를 이루기는 쉬웠으니, 늦게 꽃을 피우고 늦게 열매를 맺는 밤나무와 같은 점이 있다. 나는 이치로 설명하고자 한다.

(…) 느린 것은 반드시 빨라지고, 멈춘 것은 반드시 먼 곳에 도달하는 것이다.

- 백문보, 《동문선》 중

백문보(1303년~1374년)가 과거에 합격한 동기 윤택을 위해 쓴 글이다. 윤택은 백문보보다 14살이 많았고 관리 생활 초기에는 우여곡절이 있었다. 하지만 공민왕 치세에 신임을 얻어 무난히 관리 생활을 마칠 수 있었다. 난세에 풍요로운 인생이었다.

183

Monday

함경도 개척

함경도는 함흥과 경성의 머리글자를 합쳐서 만든 이름이다. 경주와 상주를 합쳐서 경상도, 전주와 나주를 합쳐서 전라도, 충주와 청주를 합쳐서 충청도라고 이름 지었던 식으로 조선 시대 때 그 지역의 대표 행정구역의 이름을 따다 각 도의 이름을 지었다.

옥저의 근거지였던 함경도는 고구려, 발해의 영역이기도 했지만 여진족의 활동 근거지였다. 고려 시대에는 이 지역의 지배권을 둘러싸고 여진족과 치열하게 다툰다. 1107년 예종은 여진 정벌을 단행한다. 윤관은 출정 3개월 만에 큰 승리를 거둔 후 함경도 일대에 9개의 성을 쌓았다. 일명 '동북 9성'을 쌓은 것이다. 현재는 동북 9성의 위치를 두고 여러 논란이 있다. 오늘날 함경남도 일대라는 주장부터 함경북도 일대 나아가 일부 성은 두만강 바깥쪽에 있었다는 주장까지 있다.

하지만 당시의 정황은 예상과 다르다. 정벌에 참여했던 박경작은 성 쌓는 것에 반대했다. 성을 쌓는 것은 쉽지만 여진족이 많이 사는 곳을 고려의 영토로 만드는 것은 쉽지 않으니, 전쟁에서 승리했으나 자만하지 말고 군사를 물려서 여진족의 재침에 대처해야 한다는 주장이었다. 하지만 윤관은 이를 받아들이지 않았다.

넓은 범위에 성을 쌓았기 때문에 여진족의 재침에 효율적으로 대비할 수 없었고, 9개의 성을 지켜내고자 추가로 군사 징발이 이루어진 데다, 마침 기근에 역병까지 겹치면서 사회 혼란이 가중됐다. 여진족을 몰아내고자 수차례 재출병했지만 결국 1년 만에 9개의 성을 돌려줄 수밖에 없었다. 위대한 전과라고 하거나 영토 논쟁을 벌이기에는 문제가 있었던 정벌전이었다.

함경도가 완전히 한민족의 땅으로 귀속된 것은 세종 때다. 최윤덕과 김종서는 4군과 6진을 압록강과 두만강 일대에 설치했는데, 6진이 관할하던 지역이 오늘날 두만강 이남의 함경도다. 세종이 함경도를 점유가 아닌 영토로 만들 수 있었던 비법은 군사력이 아닌 사민 정책 때문이었다. 경상도, 전라도, 충청도 등에서 농민들을 강제로, 지속적으로 함경도에 이주시켜 조선 백성이 살아가는 땅으로 만들었기 때문이다.

○ 한국 근현대사에서 함경도는 러시아가 탐내던 땅이었다. 태평양으로 진출할 수 있는 부동항을 건설하기에 안성맞춤이었기 때문인데, 러일 전쟁 전에 일본이 이곳을 양보하는 타협안을 제시하기도 했다. 친러파 인사들이 많았고 일본 역시도 이곳의 중요성을 간파하여 강화도조약 당시에는 원산 개항을 요구했고, 일대에 대규모 공업지대를 만들기도 했다.

184

Tuesday

흥선대원군

흥선대원군(1820년~1898년)은 조선 말기의 권세가이자 개혁가다. 정조 사망 이후 조선은 약 60년간의 세도 정치에 들어간다. 순조-헌종-철종으로 내려오는 이 시기에 주로 안동 김씨와 풍양 조씨가 권력을 번갈아가면서 장악했는데 흥선대원군은 이들의 갈등을 잘 이용해서 집권에 성공한다. 철종이 사망하자 안동 김씨의 발호를 염려한 조대비가 사전에 약속한대로 흥선대원군 이하응의 둘째 아들을 후사로 지명한 것이다. 그가 훗날 고종인데 당시 12살이었기 때문에 왕의 아버지인 '대원군' 이하응이 약 10년간 권력을 쥔 채 개혁을 주도한다.

흥선대원군은 비변사를 폐지하고 의정부와 삼군부를 부활시켰으며 전국의 서원을 47개로 줄인다. 비변사는 조선 후기 국가 정무를 보는 핵심 기관인데 지나치게 방대한 업무를 소화했기 때문에 붕당 정치나 세도 정치에 악용된 측면이 컸다. 특정 붕당이나 세도가가 비변사를 장악하면 국정 전반을 장악하는 효과가 있었기 때문이다. 또 붕당의 몸집 불리기 싸움으로 전국에 엄청난 서원이 만들어지는 것도 문제였다. 영조 대에는 약 600여 개로 숫자를 줄였는데 대원군은 서원의 숫자를 대폭 줄였고 저항하는 곳에는 군사를 보내 건물 자체를 파괴하는 등 강경 대책으로 일관했다. 이러한 노력은 조선의 정상적인 정치 질서를 회복하는 데 그 목적이 있었다. 또 호포법을 실시해 양반에게 세금을 거두면서 그들의 면세 특권을 파괴했고 농민을 구제하기 위해 만들었던 의창 등이 고리대업으로 변질하자 사창제를 적극 권장해 민간의 자발적인 보호 기금 운용을 지원하기도 했다.

국내 정책에서 과감한 모습을 보였던 대원군은 아쉽게도 대외 정책에서는 통상수교 거부 정책으로 일관했다. 그는 대대적인 천주교 박해 정책(1866년, 병인박해)을 실시했는데 이를 빌미로 프랑스가 쳐들어온다(1866년, 병인양요). 프랑스 군은 강화도를 점령하고 외규장각 도서를 약탈하는 등 각종 만행을 저질렀다. 같은 해에 미국 상선 제너럴셔먼호가 평양까지 와서 통상을 요구하다 거절당하자 무장 후 인근을 약탈하는 사건이 벌어진다. 결국 평안감사 박규수의 주도 아래 제너럴셔먼호 선원 전원이 사살당하고 배가 불타는 사건이 벌어지는데 4년 후에 미국은 이를 빌미로 강화도에 쳐들어온다(1871년, 신미양요). 사태가 수습되는 가운데 대원군은 전국에 척화비를 세워 외세와의 통상을 절대 거부하는 등 완고한 외교 정책을 고집했다.

185

Wednesday

판문점

비무장지대 군사분계선 위에 있는 남북한의 공동경비구역(JSA)으로, 경기도 파주시 진서면에 위치한다. 원래 이곳은 조용한 동네의 주막거리에 불과했다. 일대는 콩밭이었고 '널문리'라는 주막과 초가집 몇 채만 있었을 뿐이다. 하지만 한국 전쟁 당시 정전 협정을 맺기 위한 회담 장소로 정해지면서 세계적으로 유명해진다. 널문리를 한자로 표현하다 보니 '판문점(板門店)'이 된 것이다. 이곳이 휴전 회담 장소임을 알리기 위해 열기구를 띄우기도 했다.

판문점은 휴전 협정 이후에도 남북 관계의 가장 중요한 공간으로 활용됐고, 그에 따른 일화가 많다. 1976년에는 도끼만행사건이 있었다. 미군과 국군 10여 명이 제3초소 앞에 있는 미루나무 가지치기 작업을 호위하던 중 북한군 수십 명이 몰려들어 이를 방해한 것이다. 무시하고 작업을 강행했는데 북한군이 미리 준비한 도끼와 쇠망치로 미군 장교 두 명을 현장에서 살해했다. 대남 도발은 1960~1970년대에 흔히 발발한 사건이었는데, 도끼만행사건 한 해 전, 핸더슨 소령을 북한군 10여 명이 폭행한 사건이 있었기에 당시 상황은 전쟁 재발이 염려될 정도였다. 원래 판문점은 공동경비구역이라는 이름답게 자유롭게 병사들이 오갔는데, 이때부터 지금과 같이 남한과 북한의 관할 구역이 나뉘어졌다.

1978년에는 표류했던 북한 선원들을 판문점을 통해 북한으로 올려 보냈는데 충성의 의지를 드러내고 싶었는지 남한이 제공했던 옷가지를 벗어던지고 욕설을 퍼부으며 돌아갔다. 1989년에는 정부의 허가 없이 북한을 방문했던 대학생 임수경, 문규현 신부 등이 이곳을 통해 귀환했고, 1994년 제1차 핵 위기가 발생했을 때 지미 카터 전 대통령이 판문점을 통해 북한을 방문해 김일성과 면담하고 다시 판문점을 통해 돌아왔다. 현대그룹 정주영 회장이 이끌던 소 떼도 이곳을 거쳐 북한으로 들어갔다.

최근에는 판문점에서 문재인 대통령과 김정은 위원장이 정상회담을 했다. 당시 문재인 대통령이 군사분계선 북쪽을 넘은 모습과 도보다리에서의 회담이 큰 화제가 됐다. 이후 트럼프 미국 대통령이 이곳을 방문하여 김정은 위원장과 함께 북쪽으로 올라갔다 내려오는 퍼포먼스를 펼치기도 했다.

○ 휴전 협정은 중국과 북한, 연합국에 의해 서명됐다. 남한은 북진을 주장하면서 거제도 포로수용소에 있던 반공포로들을 강제로 석방하는 등 휴전 협정에 반대로 일관했고, 서명국에서도 빠졌다. 따라서 현재 판문점 이남 지역은 연합국 관할 구역으로 존재한다.

186

Thursday

상감청자

상감모란문 표주박모양 주전자

건주의 차, 촉의 비단, 정요의 백자, 절강의 차 등과 함께 고려 비색청자는 모두 천하제일이다. 다른 곳에서는 따라 하고자 해도 도저히 할 수 없는 것들이다.

송나라 사신 서긍이 쓴《고려도경》에 나오는 이야기다. 중국에서는 9세기 무렵 청자 생산이 시작됐고 10세기부터 청자를 생산한 고려는 11세기 후반부터 독창적인 청자 생산을 한다. 송나라 못지않은 비취색 청자를 만드는 것을 넘어 표면에 무늬를 새기고 무늬에 흰색과 붉은색 흙을 발라서 다양한 문양을 내는 상감청자를 만들었다.

다양한 문양에 다양한 도자기를 만들었음은 물론 청자로 기와, 촛대, 베개 등 각종 생활 도구를 만들 정도였다. 더구나 최근 연구 결과에 따르면 상감청자는 중국을 비롯한 동아시아 일대에 대량으로 수출됐다고 한다. 남송의 수도였던 항주는 물론 북경, 상해 심지어 티베트, 베트남, 필리핀 등지에서도 발굴될 정도다. 송나라 황실에서 상감청자를 수입해 사용할 정도니 일종의 역수입이 이루어졌던 셈이다.

상감청자가 가장 유명하긴 하지만 산화철을 안료로 사용하는 철화청자, 세계 최초로 동을 이용하여 발색에 성공한 진사청자, 금분과 접착제를 섞어 그림을 그린 화금청자, 백토물을 이용한 백퇴화청자 등 다양한 청자가 발전했다.

위의 사진은 청자 상감모란문 표주박모양 주전자로, 참외 같은 넝쿨 식물을 문양에 활용한 방식은 당시 유행이었다. 넝쿨 식물은 서역에서 들어온 새로운 종자였는데 청자 디자인에 자주 활용됐다. 다만 표주박 형태의 주전자는 고려청자에서만 나타나는 독특한 형태다.

187

Friday

조선 시대 노인 공경

조부모와 부모를 의도하여 죽이면 능지처사하며, 때리면 목을 베는 형벌을 내리고, 욕하고 꾸짖으면 목매달아 죽이는 형벌을 내린다. 가르쳐 시키는 일을 하지 아니하고 힘써 봉양하지 않으면 장 100대를 친다. 부모를 관청에 고소하면 죄가 지극히 무겁다. 수절한 계모는 친모와 같다.

조선 중기 김정국이 고을 통치를 위해 만든 《경민편》에 나오는 내용이다. 조선 시대는 유교 문화로 인해 부모와 노인에 대한 공경이 극진했다. 가장 흉악스러운 범죄는 반역죄뿐 아니라 강상죄도 있었으니 효도야말로 최고의 가치였다.

더구나 조선 시대만 해도 평균 수명이 낮았기 때문에 예순까지 살기 쉽지 않았다. 따라서 예순이 되면 국가적으로 축하했고, 60이라는 숫자 자체에 의미 부여도 많이 했다.

회갑 이후의 나이는 모두 하늘이 내린 것이다. 하늘의 은혜가 그처럼 넓고 크니 다른 것이야 바랄 것이 있겠는가.

《임하필기》에 나오는 내용으로, 그만큼 오래 살기 쉽지 않았다는 말이다. 예순은 30년을 두 번 산 나이인데 당시에는 일반적으로 1세대를 30년으로 봤다. 그러니 61년은 3세대를 사는 것이고 더구나 《주역》에 육십갑자가 여섯 번째로 돌아와서 다시 시작하니 역시 회갑잔치를 성대하게 치룬 것이다. 부부가 60년을 같이 살았음을 축하하는 회혼례도 있었다.

옛 임이 얼마나 좋은가. 이제 만난 사람 같네. 징검돌 위에 노는 원앙새 자웅이 얼마나 다정한가.

정약용이 쓴 회혼례 축하 시다. 김홍도의 〈평생도〉라는 그림 중 〈회혼례〉라는 그림이 있는데 그것을 보면 노신부가 원삼과 족두리를 쓰고 함께 축하하는 장면이 있다.

○ 회방연도 있었는데, 이는 과거 급제 60주년을 축하하는 잔치다.

188

Saturday

기독교

기독교에서 기독은 예수를 의미한다. 즉, 기독교는 크리스트교의 번역어인데, 천주교나 동방정교회도 예수를 구원자로 믿기 때문에 크리스트교의 범위 안에 들어간다. 우리나라에서는 통상 개신교를 기독교라 칭하나, 정확한 번역은 개신교가 맞다.

기독교는 마르틴 루터와 장 칼뱅이 주도한 종교개혁에서 기원하고, 로마 가톨릭에서 분리돼 나왔기 때문에 구교와 신교로 구분한다. 두 종파는 교리적, 문화적 차이가 크다. 마르틴 루터는 만인제사장설과 성서주의를 주장하면서 가톨릭의 여러 전통을 부정했고, 장 칼뱅은 세속에서의 성스러운 삶을 강조하면서 평신도의 금욕적인 생활을 강조했다. 교황과 사제가 중심인 하나의 교회가 아닌 목사, 장로, 집사 같은 평신도들이 함께 모여 자신들만의 독립적인 교회를 운영한다.

19세기 후반, 미국 선교사들이 조선에 상륙했다. 보통 장로교 선교사 언더우드, 감리교 선교사 아펜젤러를 최초의 선교사로 본다. 언더우드는 새문안교회와 연희전문학교를 세웠고, 아펜젤러는 정동제일교회와 배재학당을 세웠다. 선교사들이 주도하는 근대 교육, 남녀평등 문화 등은 이후 조선의 근대화에 큰 영향을 미친다. 특히 미국식 민주공화정 체제는 민족주의자들의 이념으로 수용됐다. 애국 계몽 단체인 신민회가 공화주의를 표방하고, 대한민국임시정부가 민주공화정을 선언한 배경에는 이러한 영향이 컸다.

일제 강점기 동안 기독교는 천도교, 대종교와 더불어 가장 적극적인 항일 세력이자 민족주의의 중추였다. 3.1 운동을 주도했고, 임시정부에서도 가장 막강한 영향력을 발휘했으며 이승만, 안창호, 김구, 김규식 등 독립운동의 거물들이 기독교인이었다.

기독교는 평양을 중심으로 평안도 일대에 주로 분포했는데, 해방 이후 공산주의자들과의 충돌 가운데 고향을 버리고 대거 남하한다. 이들은 남한의 빈공주의를 강화하는 역할을 했다.

1970년대 기독교는 이중적인 흐름으로 분화한다. 한편에서는 대규모 전도 집회를 열면서 교세 확장에 주력했다. 내세에 대한 믿음을 강조하며 경제적인 고달픔에 대한 영적 안식처 노릇을 했다. 다른 한편에서는 반독재 민주화 투쟁, 노동운동 등을 이끌며 민중 신학 같은 토착화된 담론을 생산하기도 했다.

189

Sunday

쌍화점

만둣집에 만두 사러 갔더니만
회회 아비 내 손목을 쥐었어요.
이 소문이 가게 밖에 나며 들며 하면
다로러거디러 조그마한 새끼 광대 네 말이라 하리라.
더러둥셩 다리러디러 다리러디러 다로러거디러 다로러
그 잠자리에 나도 자러 가리라.
위 위 다로러 거디러 다로러
그 잔 데같이 답답한 곳 없다.

삼장사에 불을 켜러 갔더니만
그 절 지주 내 손목을 쥐었어요.
이 소문이 이 절 밖에 나며 들며 하면
다로러거디러 조그마한 새끼 상좌 네 말이라 하리라.
더러둥셩 다리러디러 다리러디러 다로러거디러 다로러
그 잠자리에 나도 자러 가리라.
위 위 다로러거디러 다로러
그 잔 데같이 답답한 곳 없다.

술 파는 집에 술을 사러 갔더니만
그 집 아비 내 손목을 쥐었어요.
이 소문이 이 집 밖에 나며 들며 하면
다로러거디러 조그마한 시궁 박아지야 네 말이라 하리라.
더러둥셩 다리러디러 다리러디러 다로러거디러 다로러
그 잠자리에 나도 자러 가리라.
위 위 다로러거디러 다로러
그 잔 데같이 답답한 곳 없다.

고려 말 충렬왕 4년(1299년)에 쓰인 고려가요다. 조선 시대 때는 고려 시대의 음란한 사회 분위기를 비판하는 대표적인 작품이었다. 회회아비를 몽골인, 서역인으로 다양하게 해석하거나 자유분방했던 고려 사회의 단면으로 해석하기도 한다.

190

Monday

부천서 성고문 사건

1986년 부천경찰서 문귀동 경장의 성폭력 사건으로, 민주화운동의 중요한 도화선 중 하나였다. 1980년대는 대학생 운동권의 전성기였다. 마르크스-레닌주의를 비롯한 각종 급진적인 사상이 수용됐고 정치적 민주화는 물론 노동자와의 연대 투쟁 등 다양한 사회 참여가 모색되던 시기였다. 수많은 대학생이 노동운동을 위해 위장 취업을 했다. 당시 23세의 의류학과 학생이었던 권인숙 역시 ㈜성신이란 가스 배출기 제조업체에 '허명숙'이란 가명으로 위장 취업했다. 그리고 얼마 후 경찰관들에게 체포돼 조사받던 중 부천서 상황실장 문귀동 경장에 의해 끔찍한 성고문을 당한다.

성고문 폭로는 간단한 문제가 아니었다. 변호사조차 성고문 문제를 덮어야 기소유예로 해결할 수 있다고 할 정도였으니 말이다. 하지만 권인숙은 폭로를 결심하고, 결국 변호인단은 문귀동과 옥봉환 부천경찰서장 등 관련 경찰관 6명을 상대로 독직, 폭행 및 가혹 행위 혐의로 고발장을 제출한다. 그리고 문귀동은 무고 혐의로 맞고소하면서 사건이 널리 알려진다.

검찰은 정황을 파악했음에도 서동권 검찰총장의 축소 수사 지시에 따라 "사건 당시 성 모욕 행위는 없었다"라고 공식 발표하고 문귀동을 기소유예 처분했다. 또 "급진 좌경 사상에 의한 노학 연계 투쟁을 전개했던 권양의 '성적 모욕'의 허위 사실 유포는 운동권이 성마저도 혁명의 도구로 쓴다는 증거"라고 주장할 정도였다.

결국 권인숙은 1년 6개월의 징역을 선고받았고 6월 항쟁이 일어난 후인 1987년 7월 8일에 석방된다. 그리고 뒤늦게 변호인의 재정 신청을 받아들인 법원은 1988년 6월 문귀동에게 징역 5년을 선고한다. 1988년 이 문제에 대한 제대로 된 진상 규명 요구는 중요한 사회 의제이기도 했다.

○ 부천서 성고문 사건은 당시만 해도 민주화운동의 일환으로 해석했다. 박종철 고문치사사건과 더불어서 6월 항쟁의 가장 강력한 동력원이 됐기 때문이다. 하지만 이 사건의 본질은 성폭력, 여성 인권 문제와 직결되기 때문에 새로운 해석이 절실한 형편이다.

191

Tuesday

안중근

안중근(1879년~1910년)은 이토 히로부미를 처단한 독립운동가다. 황해도 출신으로, 아버지 안태훈과 지역에서 흥기했던 동학농민군을 진압하던 중에 김구와 인연을 맺었다. 가톨릭을 받아들였고 어린 시절부터 강단 있고 적극적인 성격이었다.

1907년 연해주에 가서 독립군과 인연을 맺는다. 20세기 초반 연해주는 항일 무장 투쟁의 근거지였는데 국내 진공전에 적극적이었다. 안중근도 이 행렬에 참여한다. 100여 명의 부하와 함께 두만강을 넘어 국내 진공전을 펼쳤지만 결과는 참담한 수준이었다. 단순히 일본군의 화력에 압도된 것이 아니다. 군사 훈련이 전혀 이루어지지 못했기 때문에 제대로 된 작전 수행은커녕 총을 제대로 쏘지 못하는 병사가 있을 지경이었다. 이를 계기로 안중근은 의병투쟁에서 개인적인 결사 행동으로 방향을 바꾼다. 다른 한편에서는 체포한 병사를 풀어주는 등 박애주의적인 태도로 인해 병사들의 신임을 잃었기 때문이라는 이야기도 전해진다.

안중근은 1909년 단지회를 결성하면서 손가락 한 마디를 끊어냈다. 이즈음 회담을 위해 이토 히로부미가 하얼빈에 온다는 소식을 듣는다. 이토는 을사조약을 주도했고 초대 통감으로 조선의 식민지화에 가장 중요한 역할을 담당했던 인물이다. 한편에서는 일본 제국 헌법을 만드는 등 메이지유신으로 시작된 일본 근대화에 중추적인 역할도 했다. 역에서 기다리던 안중근은 이토가 기차에서 내리자 달려 나가 총탄 세 발을 명중시킨다. 또 주변에 있던 하얼빈 총영사, 궁내대신 비서관, 만주철도 이사에게도 격발하여 중상을 입힌다.

안중근은 곧장 러시아 경찰에게 체포됐으나 일본 측에 인계돼 여순형무소로 이관됐다. 법정에서 그는 '독립군 장교'임을 강조하고 '국가 대 국가의 교전 상황'에서 벌어진 특수 행위임을 주장하면서 이토 암살의 정당성을 설파했다. 옥중에서 《안응칠 자서전》,《동양평화론》 등을 썼고 훌륭한 붓글씨 몇 점을 남겼으나 사형 선고를 받아 처형됐다.

○ 안중근은 '동양의 평화'를 역설했다. 한·중·일이 연합하여 서양 열강과 맞서 싸우기 위해 공동 은행, 공동 군대 등을 편성해야 한다고 주장했고, 이토를 처단한 이유도 동양의 평화를 파괴했기 때문이라고 주장했다. 단순한 민족주의자가 아닌 아시아의 공존과 평화를 부르짖었던 인물이었다.

장소

사할린

일본 홋카이도 북쪽에 있는 섬으로, 오호츠크해를 마주한 러시아의 영토다. 사실상 사람이 살지 않는 섬이었던 사할린은 19세기 들어와 분쟁 지대가 된다. 러시아와 일본이 사할린에 대한 영유권을 주장했기 때문인데, 1875년 상트페테르부르크조약을 통해 사할린은 러시아의 영토가 된다. 당시 일본 정부는 홋카이도 개척에 신경을 쓰는 상황이었고 사할린을 포기하는 대신 우루프 섬, 쿠릴 열도 북쪽의 18개 섬을 러시아로부터 받았다. 하지만 1905년 조선 지배를 두고 러일 전쟁이 일어났고 승리한 일본은 북위 50도 이남의 남사할린을 할양받는다. 러시아혁명이 일어났을 때는 수년간 북사할린을 점령하기도 했다.

사할린은 질 좋은 석탄이 많이 나는 곳으로 유명하다. 따라서 일찍부터 조선인들의 이주가 이어지다 중일 전쟁 이후로는 3만여 명의 조선인 노동자가 강제로 끌려오기도 했다. 하지만 태평양 전쟁 당시 일본의 탄광을 개발하고자 일제는 사할린 일대의 조선인 노동자들을 본토로 이주시킨다. 이들의 가족은 조선 혹은 사할린에 남아 있었는데 일본이 태평양 전쟁에 패한 후 소련이 사할린 전체를 점령하면서 문제가 시작된다.

사할린이 소련 지배에 들어간 상황에서 한국 전쟁으로 남한과 북한이 분단됐고 냉전으로 인해 1990년 전까지 소련과 남한은 수교를 맺지 않았다. 따라서 사할린에 남은 이들은 일본은 물론 대한민국 정부로부터도 외면받는다. 소련의 입장에서는 일본 제국주의 협력자들이었기 때문에 결코 관대하게 처분하지 않았고, 이후 북한에서 파견된 노동자들과 갈등이 일어나는 등 온갖 고초를 겪는다. 다행히 1990년 소련과의 수교 이후 현재는 뜻있는 시민들과 남한 정부의 노력을 통해 여러 조치가 이루어지고 있다.

○ 동아시아에서 벌어진 대부분의 영토 분쟁은 사실상 역사적인 것과 무관하다. 대부분 지리적 장점, 지하자원 등 이권의 충돌이었고 연원을 따져도 모호하기 짝이 없다. 그럴 수밖에 없는 것이 과거에는 정확한 영토 개념이 없었을 뿐더러 외진 섬이나 바다를 둔 다툼 자체가 없었기 때문이다.

193

Thursday

한옥

유럽의 건축은 기본적으로 기둥 중심이다. 그리스의 파르테논 신전이 대표적인데, 돌을 재료 삼아서 기둥을 중심으로 건물을 지었다. 기둥이 붙으면 벽이 되고, 기둥을 쌓으면 층이 된다. 따라서 서양의 건축물은 높은 기둥을 과시하며 일찍부터 층이 발달했고 벽으로만 이루어진 건물에도 기둥 문양을 그려 넣었다.

이에 비해 동아시아의 건축은 지붕에 많은 공을 들인다. 바닥을 평평하게 고른 후 돌로 기단을 쌓고, 그 위에 목재를 활용하여 생활공간을 만든 후 기와나 초가로 지붕을 얹는다. 생활공간은 방과 마루, 부엌 정도로 이루어지는데 지역과 기후, 생활 방식, 무엇보다 경제적 지위에 따라 제각각의 모양을 띤다. ㅁ자형, T자형, 一자형 등의 가옥 구조는 지역과 기후에 영향을 받은 것이고, 사랑채, 안채 등의 구분은 유교 문화 때문이다. 하지만 기와지붕과 초가지붕의 차이에서 드러나듯 소유주의 경제적 지위가 건물의 규모나 사용 방식에 결정적 영향을 미쳤다. 실제로 종로 시전 일대를 발굴한 결과, 생활이 가능할지 의심이 들 정도의 작은 집부터 다양한 형태의 건축물이 확인됐다.

시대에 따라 한옥은 변화한다. 신을 모시는 공간이었던 대청은 마루로 기능이 바뀌었다. 인사동이나 북촌에 있는 한옥마을은 일제 시대 때 만들어진 계량 한옥들이다. 조선 시대 한양의 전통 한옥을 구경하려면 운현궁이나 남산한옥마을에 가야 한다.

한옥은 아름다운 기와지붕이 매력인데 팔작지붕이나 솟을대문같이 의도적으로 지붕의 모양을 화려하게 꾸며서 공간의 중요성을 강조하기도 했다. 온돌을 사용했다는 점에서 한옥은 중국이나 일본의 전통 건축물과 큰 차이를 보이기도 한다.

○ 일반적으로 한옥을 비롯한 우리 문화재를 언제나 좋게만 봐야 한다는 콤플렉스가 있다. 온돌은 방바닥을 뜨겁게 덥히는 데 탁월하지만 건물이 2층, 3층으로 발전할 수 없는 심각한 장애물이기도 했다. 지붕은 각양의 아름다움을 뽐내지만 유지 보수에 많은 품이 든다. 온돌이 없고 지붕의 부담을 줄이는 데 성공한 중국과 일본의 건축물이 2층, 3층으로 발전하면서 밀집된 도시가 만들어졌다든지, 화장실, 주방, 상하수도 시설 같은 각종 시설에 대한 관심이 서양 건축 발전에 중요한 역할을 했다는 점도 고려할 필요가 있다.

194
Friday

먹을거리

오늘날 흔히 먹는 전통 음식은 보통 조선 후기, 일제 시대, 산업화 시대를 거치면서 변화 발전해왔다. 조선 후기에는 상업이 발전하며 민간 경제가 성장했고, 일제 시대를 통해 근대 식품 공업이 뿌리내린다. 그리고 1960년대 산업화 이후, 본격적으로는 1980년대부터 폭발적인 음식 문화 변동을 거치면서 현재에 이르렀다.

조선 중기 이전의 음식부터 우리나라 음식의 역사로 설명하려는 시도도 있지만, 사실상 무용하다. 같은 명칭을 써도 음식의 조리 방식이나 모양이 크게 다르고, 남은 기록이 별로 없기 때문에 정확한 구현이 불가능하다. 더구나 지금에 못 미치는 당시의 생산력을 고려하면 음식은 훨씬 조악할 수밖에 없었을 것이다.

구한말이나 일제 강점기 때 식사하는 사진을 보면 반찬의 수가 적고 밥그릇이 매우 크다. 1890년대까지만 해도 밥그릇이나 국그릇의 크기가 컸는데, 이는 그만큼 반찬 가짓수가 적고 식사 방식이 정형화됐음을 의미한다.

비빔밥은 원래 '골동반', '부빔밥'으로 불렸는데, 여러 재료를 넣는다는 것은 오늘날과 같지만 고추장을 넣지 않고 비벼서 나온다는 점은 지금과 다르다. 더구나 조리 중에 밥과 재료를 젓가락으로 비볐기 때문에 오히려 볶음밥과 유사하다. 고추장 대신 고춧가루를 뿌렸다는 기록도 있다. 육회비빔밥은 1920년대 서울과 진주에서 나타나는데, 서울에서는 고깃덩어리를 올렸기 때문에 진주의 것과는 달랐다. 서울과 진주에 근대적인 도축 시설이 확충되면서 나타난 현상으로 풀이된다. 고추장이 비빔밥의 주요 양념이 된 것은 1960년대 중반 고추장 제조 공장이 대거 확충됐기 때문이다. 공급량이 늘어나면서 식문화가 바뀐 것이다. 돌솥비빔밥은 1981년 서울 명동에 진출한 '전주중앙회관'이 전라북도 장수의 곱돌을 활용하면서 시작됐다.

이런 먹거리 문화의 변동은 다양한 메뉴에서 확인할 수 있다. 냉면은 애초에 지역별로 먹는 방식이 달랐고 냉장고가 없었기 때문에 겨울 음식이었다. 하지만 1910년대에 들어 여름 음식으로 먹기 시작했는데, 제빙 시설과 냉장 시설이 보급됐기 때문이다. 또 이 시기 일본의 화학조미료 회사 아지노모토에서 표준화된 냉면 육수를 개발하면서, 동치미 국물 같은 가정식 육수가 밀려났다. 만두는 임오군란 이후 중국인의 진출과 깊은 연관이 있다. 평안도 만두가 인기 있었는데 해방 이후 북한에서 내려온 실향민들에 의해 남쪽에서도 사랑받는 음식으로 정착하게 된다.

195

Saturday

세계유산

"탁월한 보편적 가치(Outstanding Universal Value)"

이것이 세계유산 등재의 핵심 기준이다. 등재되기 위해서는 탁월한 보편적 가치를 지킬 수 있는 국가적인 보존 관리 대책이 있어야 한다. 세계유산에 등재가 된다는 것이 세계적인 관광지가 된다는 것을 의미하지는 않는다. 해당 국가의 명예를 드높이기 위함도 아니다. 애초에 등재 목표가 이런 것들과는 관련 없기 때문이다. 세계유산이란 인류가 함께 지키고 보존해야 하는 '탁월성'과 '보편성'을 지닌 세계인의 공통 유산이라는 말이다.

세계유산은 문화유산도 있지만 인류무형유산, 자연유산 등 여러 분야가 존재하고, 엄격한 기준과 등재 과정을 거쳐야 한다. 세계유산이라는 이름답게 여러 나라를 거쳐 존재하는 월경유산이라는 것도 있다. 대표적인 것이 실크로드의 33개 유적으로, 중국, 카자흐스탄, 키르기스스탄이 공동 등재하여 관리하고 있다. 이런 유산만 30건이 넘는다. 줄다리기는 인류무형유산으로 공동 등재됐다. 한국뿐 아니라 베트남, 필리핀, 캄보디아 등 여러 나라가 공유하는 문화이기 때문이다.

세계유산 중에는 위기에 처한 유산도 있고 등재가 됐다가 퇴출된 유산도 있다. 아프가니스탄 바미안의 불교문화 유적은 탈레반에 의해 폭파됐고, 지진 때문에 이란의 밤 지역은 큰 피해를 입었다. 독일 엘베강 일대의 유적은 '위험에 처한 세계유산'으로 분류됐으나 다리 건설 등의 이유로 인해 유산 파괴가 이루어지자 2010년 등재 목록에서 퇴출되기도 했다.

우리나라에서도 다양한 문화유산과 자연유산이 세계유산으로 등재되고 있다. 불국사, 석굴암, 종묘, 해인사 장경판전, 창덕궁, 수원화성 등이 순차적으로 목록에 올랐고 고창, 화순, 강화도는 고인돌유적지로, 조선 왕릉 40기도 세계유산이 됐다. 역사유적지구, 역사마을 식으로 묶이는 경우도 있는데 경주역사유적지구, 안동 하회마을과 경주 양동마을을 묶은 한국의 역사마을 등이 있다. 산사 7개, 서원 11개도 목록에 올랐다. 무형유산으로는 종묘제례, 판소리, 강릉단오제, 강강술래, 남사당놀이, 영산제 등이 있고, 이 밖에 제주도 일대가 세계자연유산에 등재됐다.

세계유산 등록은 현재 국가나 지자체의 비상한 관심 가운데 추진되고 있다. 경제적 효과를 노린 경우가 많지만, 이 과정을 통해 유산을 보존하고 관리하려는 노력이 커지고 있다는 점은 긍정적인 측면이다.

눈 오는 벌판

눈 오는 벌판을 가로질러 걸어갈 때 발걸음 함부로 하지 말지어다.
오늘 내가 남긴 자국은 드디어 뒷사람의 길이 되느니

해방 이후 분단이 확정되는 가운데 사실상 아무것도 할 수 없었던 정치적 패배자 김구가 즐겨 썼다는 서산대사의 〈선시(禪詩)〉다. 개인의 정치적 성취보다 역사에 대한 책임을 강조하며 인내하던 김구의 모습이 그려지는 시구다. 같은 시기 김구는 아래의 글귀도 반복적으로 즐겨 썼다고 한다.

영욕에 초연하여 그윽이 뜰 앞을 보니
꽃은 피었다지고
가고 머무름에 얽매이지 않고
하늘가 바라보니
구름은 모였다 흩어지는구나.
맑은 창공 밝은 달 아래 마음껏 날아다닐 수 있어도
불나비는 유독 촛불만 쫓는다.
맑은 물 푸른 숲에 먹을 것 가득하건만
수리는 유난히도 썩은 쥐를 즐긴다.
아! 세상에 불나비와 수리 아닌 자
그 얼마나 될 것인고?

이 글은 특히 1949년 암살당한 해에 자주 썼다고 한다. 친일파 처단 실패, 제주 4.3 사건의 평화적 해결 실패, 38도선에서의 무력 갈등은 물론 김구, 김규식 같은 양심적인 민족 지도자들에 대한 암살 소문이 흉흉히 돌 때였다는 점을 감안하면 그가 어떤 자세로 최후를 대비했는지를 엿볼 수 있다.

197

Monday

제주 4.3 사건

1948년 4월 3일에 좌우 갈등으로 인해 발생한 민간인 학살 사건. 사건은 1년 전인 1947년 3월 1일, 3.1절 기념식 참석자들이 가두 행진을 하는데 관덕정 광장을 지나던 중 6세의 어린이가 기마 경관의 말굽에 치이는 사건이 발생한다. 기마 경관은 그대로 지나치려 했고 격분한 민중들은 경관에 달려들었다. 이때 경찰이 발포하여 6명이 죽는다. 제주북교 6학년 허두용, 젖먹이 아이를 안고 있던 21세 여성인 박재옥 등이 죽었는데 한 명을 제외하고는 모두 등에 총을 맞고 죽었다.

경찰의 과잉 행동은 즉각적인 반발을 불러일으켰다. 제주도 전역에서 광범위한 파업이 일어났고 경찰 중 일부도 파업에 가담했다. 이에 대해 경찰은 강경하게 대응했으며 파업에 동참한 도민 중 일부를 고문했다. 이후 벌금, 징역, 파면 등이 이어졌는데 무려 2,500명이 검속(檢束)됐다.

이후 약 1년간 경찰과 민중의 갈등은 나날이 심각해졌다. 우도에서는 경찰서 간판이 파괴됐고, 중문리에서는 경찰이 시위 군중에게 발포하여 8명이 부상을 당했다.

1948년에 들어서면 상황은 더욱 극단적으로 흘러간다. 냉전이 본격화되면서 좌우 갈등은 극에 달했고 분단이 기정사실이 돼버렸다. 이러한 상황에서 김달삼 등이 이끄는 제주도의 좌익 세력은 4월 3일에 무장봉기를 시도한다. 4월 3일 새벽 2시, 23개 경찰지서 가운데 12개의 지서를 습격한 것이다.

초기 미군정은 온건하게 사태를 수습하려 한다. 제주도의 유일한 군부대였던 9연대 김익렬 대장은 미군정의 지시 아래 적극적으로 평화 협상에 나서서 타협안이 마련되기도 한다. 하지만 오라리 방화사건을 비롯하여 경찰과 우익 세력은 평화 협상을 무마하기 위해 각종 사건을 일으켰고 미군정과 갓 수립된 이승만 정권 역시 강경 대처로 입장을 선회한다.

1948년 11월 17일 제주도에는 계엄령이 선포되는데 이때부터 1949년 3월까지 약 4개월간의 끔찍한 '민간인 학살'이 벌어진다. 이 기간 동안의 피해자는 약 1.5만~2만 명 정도로 추산되고 서북청년회가 광기 어린 학살을 주도했다. 사건은 1954년 9월까지 진행되는데 당시 제주도민 30만 명 중 희생자가 3만 명이었고 그 중 절반이 노인, 여성, 어린이였다고 한다.

윤동주

죽는 날까지 하늘을 우러러
한 점 부끄럼이 없기를
잎새에 이는 바람에도
나는 괴로워했다

- 윤동주, 〈서시〉 중

윤동주(1917년~1945년)는 정식으로 문단에 데뷔한 적은 없지만 여전히 한국인에게 가장 사랑받는 시인이다. 북간도 명동촌 출신으로, 이곳은 할아버지 대에 함경북도의 다섯 가문이 집단 이주하여 정착한 마을인데 그중 지도자였던 김약연에 의해 명동학교가 세워지고 기독교를 받아들이는 등 민족주의적인 기풍 가운데 성장했다. 연희전문학교를 나왔고 일본 릿쿄대학교에 입학했다. 학업 도중 항일운동을 했다는 혐의로 체포됐고 후쿠오카형무소에서 생을 마감했다. 생체 실험의 도구가 돼 죽었다는 이야기도 전해진다.

별 하나에 추억과
별 하나에 사랑과
별 하나에 쓸쓸함과
별 하나에 동경과
별 하나에 시와
별 하나에 어머니, 어머니

- 윤동주, 〈별 헤는 밤〉 중

평이한 언어로 시대와 자아를 성찰해간 그의 시에는 일제 강점기를 살아간 청년의 고독과 감상이 깊이 배어 있다. 시집을 출간한 적은 없고 자필로 쓴 원고를 엮어 세 부를 만들어서 그중 하나를 후배 정병욱에게 맡겼다. 이 원고가 남아서 해방 후에 출간될 수 있었다. 현재 전라남도 광양에 가면 윤동주의 원고를 보관했던 정병욱의 생가를 방문할 수 있다.

199

Wednesday

양림동

전라남도 광주광역시 남구에 있는 동네로, 현재는 시의 적극적인 지원으로 양림역사문화마을이 조성됐다.

양림동에는 오웬기념각, 어비슨기념관, 피터슨 선교사 사택, 윌슨 선교사 사택, 유진벨기념예배당 등 기독교 유적이 집중돼 있다. 오웬기념각에서는 1920년 '김필례음악회'가 열렸는데, 이는 광주에서 처음 열린 음악회였다. 중앙에 휘장을 치고 남녀가 드나드는 출입문을 따로 두어 남녀의 유별함을 지켰다고 한다. 어비슨기념관은 세브란스 병원을 설립한 올리버 에이비슨의 아들 고든 에이비슨을 기념하는 건물이다. 고든 에이비슨은 이곳에 정착하여 두유를 보급하는 등 농업 기술 전파에 큰 노력을 기울였다. 유진벨 선교사는 광주를 비롯한 전라남도 일대에서 가장 중요한 역할을 한 인물이다. 수피아여학교, 숭일학교, 광주기독병원을 세웠고 목포에는 정명학교, 영흥학교를 세웠다. 그를 통해 수많은 인사가 배출됐다.

양림동에는 정율성 동상과 정율성 생가가 있는 정율성 거리가 있다. 정율성은 의열단이 세운 조선혁명간부학교를 졸업하는 등 독립운동에 참여하면서도 음악 공부를 계속했다. 1937년에는 중국공산당의 수도 연안에 정착했고, 이곳에서 루쉰예술학원에 입학한다. 그는 작곡한 〈연안송〉은 중국인들 사이에서 큰 인기를 누렸다. 이때 그는 〈팔로군 행진곡〉을 작곡했는데 현재 중국의 〈인민 해방군 행진곡〉으로 지정됐다. 하얼빈에는 그를 기리는 기념관도 있다. 정율성은 해방 이후 북한에 잠시 정착했고, 이때 〈조선 인민군 행진곡〉을 작곡한다. 하지만 중국으로 돌아간 후 그곳에서 생을 마친다. 문화대혁명 당시 큰 어려움을 겪기도 했다.

200

Thursday

목화씨

목화씨는 고려 말 문익점이 들여왔다. 이때부터 면화가 생산되기 시작했고, 의복 생활에 혁명적 변화가 일어났다. 최근 연구에 따르면 문익점 이전에도 면화 생산의 흔적을 확인할 수 있다. 다만 보편적으로 보급되지는 않았고, 문익점이 들여온 이후 조선 시대에 면화가 일반화됐다.

문익점이 원나라에 방문하여 몰래 목화씨를 들여온 것은 맞지만 '붓두껍에 넣어서 왔다'는 기록은 확인할 수 없다. 장인 정천익과 함께 시험 재배에 나섰고, 정천익이 재배에 성공하면서 널리 퍼지게 되었다.

고려 시대까지만 해도 삼베가 일반적인 옷감이었는데, 조선으로 넘어오면서 면화가 그 자리를 차지한다. 면화는 삼베에 비해 보온성이 뛰어나고, 재질이 비교되지 않을 만큼 부드럽기 때문에 입기에도 편하다. 고려 시대까지만 해도 민간에서는 쌀과 삼베가 돈처럼 쓰였다. 물물교환 경제에서 생필품이었기 때문이다. 하지만 조선 시대로 오면서 삼베가 아닌 목화가 화폐 역할을 한다. 그만큼 목화 생산이 보편화됐고, 삼베에 비해 선호됐다. 목화를 생산하여 옷감을 만드는 기술을 보유한 여성은 이를 통해 생계를 유지하기도 했다.

○ 문익점은 특별히 두각을 나타내지 못한 일개 관료였다. 딱히 칭송받을 만한 부분은 없지만 목화씨에 대한 호기심이 그를 역사적 인물로 만들었다.

201

Friday

장영실

장영실(1390년경~?)은 주로 과학자로 소개되지만 기술자였다고 보는 편이 정확하다. 과학자와 기술자를 구별하고, 과학자를 높이고 기술자를 천시하는 문화가 장영실에 대한 이해까지 왜곡한 것이다.

그는 경상도 관노 출신으로 온갖 것을 만들어내는 데 특출났고 조정에 들어와서도 사대부들의 관념적 성과를 실체화하면서 탁월한 성과를 보였다. 자격루라는 물시계는 장영실이 발명한 것 중 가장 유명하다. 일정하게 흘려보낸 물의 차고 떠오름을 활용해 자동으로 시보를 알려주는 장치를 활용한 당대 최고의 발명품이지만 여전히 완벽하게 복원하지 못하고 있다. 자격루 제작 5년 후인 1438년에는 옥루라는 또 다른 물시계를 개발했다. 옥루의 내부는 기계 장치인 데 반해 외관은 유교적인 이상 사회를 표현한 예술적 조형물이다.

장영실의 업적은 이루 말할 수 없을 정도로 많다. 조선 최초 천문 관측대인 간의대뿐 아니라 해시계인 앙부일구, 해와 별을 동시에 관찰할 수 있는 일성정시의 등 각종 발명품이 그의 손을 거쳤다.

이러한 성과가 가능했던 이유는 천문학과 농업을 발전시켜 조선 사회를 윤택하게 만들고 싶었던 세종과 조선 전기 정치가들의 진취적인 기풍 때문이라 할 수 있다. 또 조선 전기에는 중국의 과학 기술은 물론 이슬람 심지어 동로마 제국의 과학 기술까지 소개될 정도였다. 자격루도 송나라 때 연숙, 심괄 등이 만든 물시계를 참고했고, 시보장치는 이슬람의 기술을 따왔다. 해시계는 몽골이 세운 원나라의 천재 발명가 곽수경의 영향이 컸다. 이슬람 지역을 정벌하면서 이슬람의 높은 과학 기술이 원나라에 영향을 미쳤기 때문이다. 이러한 과학 기술이 조선 전기에 활발히 유통됐고, 단순히 모방 제작하는 수준을 넘어 창의적인 형태로 만들어진 것이다. 장영실 개인의 천재적 비범함을 부정할 수는 없지만 그가 활동할 수 있었던 좋은 사회적 기반이 존재했다는 점도 간과해서는 안 된다.

○ 세종 시대 과학 발전에는 정인지, 정초 같은 문신 관료들의 역할이 컸다. 이들은 천문서인 《칠정산》을 편찬했고, 천문 관측대인 간의대 제작 등에 관여하는 등 탁월한 과학적 역량을 선보였다. 정인지는 한글 창제에 관여하여 《용비어천가》를 지었고 《고려사》, 《역대병요》 같은 역사서와 군사학 서적 제작을 주도하기도 했다. 정초는 《농사직설》, 《삼강행실도》 같은 농서와 유교 의례서 제작에도 참여했다. 조선 전기는 문신 엘리트들의 고도의 역량이 발휘되던 시기이기도 하다.

202

Saturday

서경천도운동

고려 중기 묘청이 주도한 수도천도운동으로, 김부식에 의해 진압된다. 통일신라 말기 도선에 의해 풍수지리설이라는 새로운 사조가 등장한다. 길지, 즉 좋은 땅이 존재하고 그 땅을 수도로 삼으면 나라도 세울 수 있다는 주장으로, 당시로써는 파격적인 생각이었다. 경주 중심에서 벗어나 지방의 중요성이 부각됐기 때문이다. 궁예는 송악, 견훤은 전주 그리고 왕건이 결국 개성에 수도를 세운 후 후삼국을 통일하는 데 중요한 이론적 기반이 됐던 것이다.

고려 시대에 풍수지리설의 영향력은 지속됐다. 인종 대에는 서경천도론이 등장하는데 묘청, 정지상 등이 주도했다. 묘청은 수도를 서경, 즉 평양으로 옮기면 고려가 다시 한 번 부흥할 수 있고 금나라의 항복은 물론 주변 국가들이 모두 고려에 조공할 것이라 주장했다. 개경의 지력이 쇠했기 때문에 수도를 옮기자는 주장인데 여진족이 세운 금나라의 성장에 대한 거부감, 이자겸의 난 이후 실추된 왕권 회복에 대한 기대 등이 겹치면서 대단한 영향력을 행사했다. 인종은 서경에 대화궁을 지었으나 특별한 변화가 있을 리 만무했고 때마침 일대에 강력한 벼락이 치고, 인종이 방문할 때 갑작스러운 폭풍우가 이는 등 좋지 못한 조짐마저 일었다. 무엇보다 김부식을 중심으로 한 당시 집권 세력이 서경천도운동에 반대했다. 이들의 기반이 개경이었고 정지상 등 천도를 주장한 이들이 서경 출신이었기 때문이다.

특별한 진전이 없자 묘청은 서경에서 국호를 대위, 연호를 천개라고 짓고 반란을 일으킨다. 하지만 정지상 등이 이를 몰랐을 정도로, 급작스럽고 모호하게 상황이 전개됐다.

결국 인종은 김부식에게 진압을 명했고, 김부식은 정지상 등 개경에 머물던 서경파를 먼저 제거한 후 반란을 진압했다. 이를 두고 일제 강점기 민족주의 역사학자 신채호는 '독립 대 사대, 진취 대 보수'의 싸움으로 해석했고 서경천도운동이 실패함에 따라 고구려의 호방한 기상을 잃고 조선 같은 사대주의에 찌든 나라가 등장했다고 봤다.

하지만 현재는 이에 대한 반론이 만만치 않다. 수도를 옮긴다고 나라가 갑자기 흥기할 수 없을뿐더러 당시 송나라의 휘종 역시 묘청 같은 도교 도사의 말만 믿고 안이하게 국정을 운영하다가 금나라에 나라 절반을 빼앗기는 등 유사한 사건이 일어났기 때문이다.

203

Sunday

만파식적

왕이 배를 타고 그 산에 들어가니, 용이 검은 옥대(玉帶)를 가져다 바쳤다. 왕이 영접하여 함께 앉아서 묻기를 "이 산과 대나무가 혹은 갈라지기도 하고 혹은 합해지기도 하는 것은 무엇 때문인가?"라고 했다. 용이 대답했다. "이것은 비유하자면, 한 손으로 치면 소리가 나지 않고 두 손으로 치면 소리가 나는 것과 같아서 이 대나무라는 물건은 합한 후에야 소리가 납니다. (⋯) 대왕께서 이 대나무를 가지고 피리를 만들어 불면 천하가 화평할 것입니다. 이제 대왕의 아버님께서는 바닷속의 큰 용이 되셨고, 유신은 다시 천신(天神)이 되셨는데, 두 성인이 같은 마음으로, 이처럼 값으로 따질 수 없는 보배를 보내 저를 시켜 이를 바치는 것입니다."

(⋯) 왕이 행차에서 돌아와 그 대나무로 피리를 만들어 월성(月城)의 천존고(天尊庫)에 간직했다. 이 피리를 불면 적병이 물러가고 병이 나으며, 가뭄에는 비가 오고 장마에는 날씨가 개며, 바람이 잦아지고 물결이 평온해졌다. 이를 만파식적(萬波息笛)으로 부르고 나라의 보물이라 칭했다.

– 일연,《삼국유사》중

여기서 '왕'은 신문왕, '아버님'은 문무왕, '유신'은 김유신을 말한다. 무열왕 김춘추는 백제가 멸망할 당시 사망했고 아들 김법민이 문무왕이 돼 김유신과 삼국 통일의 과업을 완수했다. 문무왕은 죽어서도 신라의 수호신이 되기 위해 바다에 무덤을 만들었다는 설화가 전해지는데, 대왕암이 그것이다.

문무왕과 김유신이 통일신라를 수호하고자 용을 통해 놀라운 피리를 보냈다는 설화로, 당시의 자신만만한 사회 분위기를 반영하는 설화라고 할 수 있다.

204

Monday

왕권 강화

동아시아 전근대 사회의 권력 구조는 단순했다. 국왕과 귀족이 권력을 독점하고 평민이나 천민은 기껏해야 시혜를 받는 존재였다. 동아시아의 정치사상 역시 이러한 행태를 문제 삼지 않았으며 오히려 강화했다. 유교나 불교는 국왕이 귀족이 아닌 백성의 편에 서서 선한 정치를 베풀어야 한다고 주장했기 때문이다.

따라서 왕권 강화는 시대를 막론하고 중요한 문제였다. 국왕을 중심으로 훌륭한 신하들의 보좌를 받으며 이익을 탐내는 귀족 세력을 억누르고 여러 개혁 정치를 펼치려면 왕권 강화는 필수 요소였기 때문이다.

왕권 강화로 유명한 국왕은 고려의 4대왕이었던 광종이다. 태조 왕건이 호족 세력을 통합하기 위해 결혼 정책을 사용했고 이는 왕건 사후 심각한 문제가 됐다. 광종은 집권 7년차에 개혁을 단행한다. 관복제를 실시하여 신하들의 위계를 분명히 했고 노비안검법과 과거제도를 실시한다. 노비안검법은 억울하게 노비가 된 사람들의 신원을 회복하겠다는 제도인데 백성의 억울한 누명을 풀어주고 호족의 경제적 기반을 무력화시키는 데 있어서 일거양득의 효과가 있었다.

무엇보다 중요한 것은 우리 역사 최초의 과거제 도입이었다. 당시에는 중국이 5대 10국의 혼란기였기 때문에 여러 중국인이 고려에 정착했다. 중국 후주라는 나라의 사신으로 왔던 쌍기의 뛰어남을 눈여겨봤던 광종은 결국 그를 설득하여 관리로 등용했고, 쌍기의 주도 아래 중국의 선진 제도였던 과거제가 고려 역사에 뿌리내리기 시작했다. 광종의 이런 개혁 정책은 후대에 다양한 모습으로 반복된다. 공민왕 역시 전민변정도감을 설치하여 권문세족의 토지 기득권을 파쇄하고자 했고, 결국 이성계에 의해 과전법이 실시되는데 이 또한 경제적인 기득권을 해체하여 사회를 개혁하려는 발상이었다. 과거제도는 고려 시대 때 꾸준히 발전했고 조선 시대에는 확고한 관리 운영 제도로 정착한다.

하지만 왕권 강화가 무조건 좋은 모델인 것은 아니다. 삼국 시대 당시 광개토대왕부터 진흥왕에 이르는 국왕들의 왕권 강화는 귀족 세력을 일정 정도 통제하고 영토를 확장하는 등 의미가 없었다고 할 수는 없겠지만 백성들의 삶과는 무관한 것이었다. 통일신라의 대표적인 전제군주 신문왕의 개혁 정치도 단지 권력 강화에만 머물렀을 뿐이다. 조선 시대는 국가 운영 시스템 자체가 국왕에게 집중됐지만 대부분의 국왕은 민본정치와는 상관없는 자신들의 향락이나 정쟁에만 몰두할 뿐이었다. 왕권 강화가 곧 선은 아니라는 말이다.

205

Tuesday

광개토대왕

광개토대왕(374년~412년)은 5세기 고구려의 전성기를 이끈 국왕으로, '땅을 많이 넓힌 왕'이라는 뜻이다. 소수림왕의 개혁을 바탕으로 한층 안정적인 국가 기반을 다진 고구려는 광개토대왕 대에 대대적인 정복 사업을 벌인다. 상황도 매우 좋았다. 전연의 뒤를 이은 후연이 신흥 강국 북위와의 싸움에 국력을 소진했고 백제 역시 내분에 빠져 허우적대고 있던 차였다. 서방과 남방의 강력한 라이벌이 사라진 상황에서 고구려는 대담한 공세를 취한다. 요동 진출에 성공하여 중국 세력을 완전히 요서 지역으로 몰아낸 것이다. 또 만주 동쪽까지 진출하여 숙신, 동부여 등을 멸망시켰다. 동시에 남진 정책을 추진하여 한강 이북 지역 일대를 모조리 장악했고 백제를 굴복시켰다. 당시 신라는 가야와 왜구 사이에서 어려움을 겪던 약체 국가였는데 고구려는 신라를 지원한다는 명목 아래 왜구를 섬멸하고 가야 세력을 패퇴시킨다. 이 과정을 통해 금관가야 세력을 잃고 대가야가 이끄는 후기 가야 연맹 시대가 시작됐으며 오히려 신라가 고구려의 도움에 힘입어 낙동강 동쪽 지대를 장악해나가기 시작한다. 하지만 신라 역시 고구려의 예속된다. 내물왕과 그의 아들 눌지왕의 싸움에 개입하여 왕위 계승을 좌지우지한 것이다.

광개토대왕의 뒤를 이은 장수왕은 한강 이남 지역을 공격하여 백제를 공주 일대로 밀어내는 등 고구려 최대 판도를 이룬다. 하지만 장수왕은 적극적인 대외 정복이 아닌 안정적인 국정 운영을 선호했다. 광개토대왕 당시 급격하게 영토가 늘어난 이유도 있겠지만 중국의 화북 지역이 북위에 의해 통일되면서 남북조 시대라는 안정기에 들어갔기 때문이기도 하다. 국제 상황이 또 한 번 바뀐 것이다.

고구려의 발전사는 당시 동북아시아의 매우 역동적인 국제 관계사를 엿볼 수 있게 해준다. 중국의 분열과 통일, 북방 민족의 남하와 만주 정복 그리고 한반도에 있는 다양한 세력의 각축이라는 온갖 변수가 고구려를 포함한 수많은 나라의 흥망을 결정지었으니 말이다.

○ 삼국 시대를 공부할 때 영토를 많이 넓힌 인물을 영웅화하는 경향이 있다. 과연 이러한 입장이 오늘날에도 타당한지에 대해서는 의문을 가질 필요가 있다. 강력한 전제왕권을 바탕으로 정복 사업에 열중하는 것이 당시 대다수 민중의 삶에 어떤 영향을 미쳤을지 따져본다면 고대 사회 끝없는 전쟁의 역사를 마냥 긍정적으로만 해석할 수는 없는 노릇이다.

전주

전라북도의 중심 도시. 견훤이 이곳에서 후백제를 세웠다. 하지만 현재는 남고산성 외에 견훤의 자취를 찾을 수 있는 곳이 그리 많지 않다. 조선을 세운 이성계가 전주 이씨이고 현재도 경기전에 가면 이성계의 어진이 보관돼 있다. 전주 이씨라고는 하지만 이미 할아버지 때부터 함경도 토호였고 본관 전주에서 이어지는 가족사는 현재까지도 모호하다.

임진왜란 당시 이곳 유림들이 《조선왕조실록》을 지킨 일화는 유명하다. 《조선왕조실록》은 편찬 후 4부를 만들어서 춘추관을 비롯하여 충주, 전주, 성주에 한 부씩 두었다. 하지만 전란이 일어나면서 다른 곳은 모두 불탔고 유일하게 전주사고에 있었던 실록만이 보존될 수 있었다. 지역 유생들이 인부와 말 수십을 동원하여 내장산 깊은 곳으로 옮긴 후 지켰기 때문이다. 만약 이때 전주사고마저 유실됐다면 조선 전기에 관련한 기록은 지금처럼 풍부하지 않았을 것이다. 현재 경기전에는 이를 기념하는 전시물이 조형돼 있다.

전주는 현재 국내에서 가장 인기 좋은 관광지다. 전주 한옥마을이 큰 성공을 거두었기 때문이다. 북쪽에는 전주 향교가 있고 남쪽 경기전과 전동성당이 있는 위치에 800여 채의 한옥마을이 빼곡히 들어차 있다. 더구나 왼편에는 전주천이 흐르고 각종 먹을거리와 놀 거리가 풍부하여 주말이면 많은 사람이 몰려든다. 전주 한옥마을은 통영과 더불어 가장 성공한 지역 관광 사례이기 때문에 각 지자체에서는 이를 모델로 관광마을 만들기에 여념이 없다. 군산 근현대사마을, 광주 양림동 펭귄마을, 목포 근대 역사관 일대 등이 이와 비슷한 시도라고 할 수 있다.

○ 전주한옥마을은 유명 관광지이지만 놀 거리가 매우 단순하다. 전주 향교, 경기전, 전동성당, 풍남문 같은 유명한 유적이 마을과 어우러지지 못하거나 오랫동안 형성된 지역의 역사와 문화가 마을에 체화되지 못한 것도 그 이유 중 하나다.

207

Thursday

김홍도

송하맹호도

김홍도(1745년~?)는 〈영통동구도〉, 〈자화상〉 같은 작품으로 유명한 강세황의 제자로, 조선 후기의 대표적인 화가다. 정조가 크게 아껴서 관직을 역임하기도 한다.

김홍도 하면 대부분 풍속화를 떠올린다. 그가 그린 해악적인 작품들을 통해 조선 민중들의 생동감 있는 일상이 오늘날에도 전해지고 있기 때문이다. 하지만 김홍도는 풍속화에 국한된 화가가 아니었다. 인물화, 산수화 역시 당대 최고의 경지였고 거의 모든 장르에서 예술미를 뽐냈다. 〈송하맹호도〉라는 작품에서는 혀를 내두를 만큼 호랑이 털을 치밀하게 묘사했고, 〈군선도〉라는 작품에서는 도교 신선들의 모습을 표현했는데 걸작 중의 걸작이다.

김홍도는 사회 모순을 그림에 담기도 했다. 놀고 먹는 지주의 모습을 풍속화에 담았고, 양반의 평생도를 그릴 때는 소과 시험장의 부정행위를 적나라하게 표현하기도 했다. 정선에게도 영향을 받아 훌륭한 진경산수화도 남겼다.

208

카프

이 길은 우리가 인민 가운데로 가는 데서 시작되는 것이다. 인민에의 길만이 우리 문학 가운데 있는 제 모순을 해결할 단서를 제공한다. 문학에 있어서 객관성과 주관성, 개인과 사회, 개성과 보편성 심지어는 민족성과 세계성이란 복잡한 모순은 결코 문학 내부에서는 해결되는 것이 아니다. 왜 그러냐 하면 이러한 제 문제는 본시 문학 내부에서 발생한 것이 아니라 그 외부에, 즉 사회조직에 토대 깊이 근원을 두고 있는 것이기 때문이다.

(…)

하나 우리 문학에 있어 그보다 중요한 것은 일본의 제국주의적 압박 때문에 표면에 내세울 수 없고 전연히 주장할 수 없던 정치와 문학과의 깊은 관계, 문학의 사상성에 대한 절실한 욕구가 인민 가운데서만 정당한 해결을 이룰 수 있다는 사실이다.

1945년 12월 해방 얼마 후 시인 임화(1908년~1953년)가 〈중앙신문〉에 연재한 〈문학의 인민적 기초〉라는 글의 일부다.

시인이자 평론가였던 임화는 1920년대 카프의 핵심 멤버였다. 카프는 '조선 프롤레타리아 예술가 동맹(Korea Artista Proleta Federacio)'의 영어 약자를 따서 부른 이름이다. 카프는 사회주의 문예운동단체로, 문학의 가치를 사회적 실천에서 찾았으며 나아가 사회주의 혁명에 이바지해야 한다고 주장했다. 멤버 중 상당수가 조선공산당에 참여했으며 이후 신간회에 투신하거나 예술 대중화, 농민 문학 등 다양한 시도를 했다. 김기진, 박영희, 이상화 등이 주도하여 문학연구단체인 염군사, 파스큘라 등이 만들어졌다. 〈문예 운동〉, 〈예술 운동〉 같은 잡지를 발표했고, 여러 단편소설이 쓰였는데 이기영의 《고향》, 강경애의 《인간 문제》 등이 대표작이다. 임화도 이 시기에 시와 비평에 열심이었는데 영화배우도 했다고 한다. 영화 〈우리 옵바와 화로〉, 〈네 거리의 순이〉 같은 작품이 유명하다. 하지만 당시 모든 단체가 그렇듯이 일제의 탄압 가운데 지속적인 활동에 실패하고 만다.

해방 이후 임화 등은 조선공산당 재건에 힘쓰며 좌익 중심의 사회 활동에 매진했고, 위의 글도 그러한 활동의 발로였다. 1947년 남북협상 가운데 월북을 결정했고 북한 사회에서 적극적인 활동을 벌였으나 1953년 '미제간첩' 혐의로 처형당했다.

209

Saturday

원효

신라의 고승으로, 독자적인 경지를 이루었으며 불교 대중화에 중요한 역할을 감당했다. 원효(617년~686년)가 등장하기 전까지만 해도 신라의 불교는 귀족불교이자 호국불교의 성격을 벗어나지 못했다. 원광의 경우는 세속 5계를 짓기도 했는데 살생유택, 임전무퇴 등의 내용이 들어 있다. 살생을 가려서 하고, 전장에 나가서는 물러서지 말라는 내용으로, 이는 엄밀히 말하여 불교의 본질에 반하는 주장이었다. 불교가 왕권 강화의 수단으로 사용되고, 귀족의 후원 가운데 성장했기 때문에 나타난 현상이다.

하지만 통일신라 즈음 원효, 의상 등이 등장하면서 신라 불교는 근본적으로 바뀌기 시작한다. 원효와 의상은 국내에서 오랫동안 수행하던 중 당시 많은 불교 인재들이 그랬듯 당나라 유학을 결심한다. 하지만 오래된 무덤에서 자다가 '진리는 밖이 아니라 자기 안에서 얻어야 한다'라는 깨달음을 얻고 유학을 포기한다. 그 유명한 '해골 물' 일화다.

의상은 원효와 헤어진 후 당나라에 유학을 가서 화엄종 2대 종사인 지엄의 제자가 돼 깊은 수행을 한 후 국내로 돌아온다. 그 후 부석사를 세웠고 관음신앙을 설파했다.

원효는 독자적인 사상의 경지를 여는데, '일심(一心)사상' 혹은 '화쟁(和諍)사상'이라고 부른다. 당시 당나라에서는 중관학파와 유식학파가 불교의 진리를 놓고 대립했는데, 원효는 '크게 보아 하나가 된다'라는 관점에서 새로운 경지를 열었다. '산은 하나이지만 오르는 길은 여러 길이다'와 같이 지금도 우리나라 사람들이 많이 하는 말이 원효의 사상에서 기원했다고 보면 된다.

원효는 또 '아미타신앙'을 외치며 불교 대중화에 중요한 역할을 했다. 아미타부처에 대한 단순한 신앙 행위를 강조했는데 이를 통해 민중들도 불교를 받아들이기 시작한 것이다. 원효의 사상은 특히 일본 불교에 강력한 영향력을 미쳤으며 여전히 한국 불교를 대표하는 인물로 자리매김하고 있다.

○ 신라 불교 하면 혜초를 기억할 필요가 있다. 그는 당나라에서 유학한 후 밀교를 가르치던 인도 승려 금강지의 제자가 됐다. 이후 혜초는 인도는 물론 카슈미르, 아프가니스탄, 중앙아시아 일대를 답사한다. 이때 남긴 기록이 《왕오천축국전》으로, 천축국은 인도를 의미한다. 《왕오천축국전》은 프랑스 고고학자 폴 펠리오가 둔황 석굴에서 발견했다.

210

Sunday

시일야방성대곡

지난번 이토 히로부미 후작이 한국에 왔을 때 어리석은 우리 백성들이 앞다퉈 서로 이렇게 말했다.

"후작은 평소 동양 삼국이 세 발 달린 솥처럼 안정을 유지하도록 책임지고 주선하겠노라 자처하던 사람이다. 오늘 내한한 것은 반드시 우리나라의 독립을 공고하게 기반에 올려놓을 책략을 권고하려고 오는 것이리라."

그리하여 인천항에서 서울에 이르기까지 관원과 백성, 윗사람 아랫사람이 모두 환영하여 마지않았다.

그러나 천하의 일에는 예측하기 어려운 일이 많도다. 꿈에도 까마득히 생각하지 못한 오 개 조약(을사조약)이 어디로부터 제출됐는가?

(…) 우리 대황제 폐하께서는 강경한 의지로 거절하기를 그만두지 않으셨으니 (…) 아! 저 개돼지만도 못한 이른바 우리 정부의 대신이라는 것들은 영달과 이익을 바라고 공갈을 빙자한 위협에 겁먹어 우물쭈물 벌벌 떨면서 나라를 팔아먹는 도적이 (됐다).

(…) 오호라! 원통하도다! 오호라! 분하도다! 우리 이천만 남의 노예가 된 동포여! 살았는가! 죽었는가! 단군과 기자 이래 사천 년 국민정신이 하룻밤 사이에 갑작스레 멸망하고 말았는가! 원통하고 원통하다! 동포여! 동포여!

  － 장지연, 〈시일야방성대곡〉 중

장지연이 1905년 11월 20일 〈황성신문〉에 기고한 글이다. 을사조약의 억울함을 절절하게 표현했고 무엇보다 일제의 감시를 피해 신문이 발행되면서 의병이 봉기하는 등 엄청난 파문을 일으켰다. 오늘날에도 좋은 언론과 언론인의 표상이 되는 사건이기도 하다.

다만 내용에 중요한 오류가 있다. 을사조약을 강요할 당시 고종 역시 우물쭈물하면서 대신들에게 책임을 미루었기 때문이다. 여전히 이완용과 을사오적만을 닷하며 고종이 면피되는 현실은 이러한 오보 때문이기도 하다. 또 민족정신을 단군뿐 아니라 기자에게서 찾는 것도 오늘의 입장에서는 낯설다.

211

Monday

암태도 소작쟁의

1923년부터 약 1년간 전라도 신안군 암태도에서 일어난 소작농들의 투쟁으로, 쟁의에 성공했다. 3.1 운동 이후 1920년대에는 각종 단체가 만들어지며 각양의 욕구가 분출됐는데 이 시기 농민운동은 생존권 투쟁의 성격을 띠었다. 고율의 소작료가 문제였기 때문이다. 조선 시대부터 소작제는 대부분 타조법이었다. 생산된 쌀을 5:5로 나눠 갖는 방식이었는데, 1920년대가 되면 '4.6제'로 사정이 악화된다. 땅을 빌려준 대가로 지주가 60%까지 가지게 된 것이다. 이 또한 추수 전에 수확량을 미리 예측한 후 뜯어가는 방식이었기 때문에 농민들에게 크게 불리했다.

당시 암태도 농지의 삼분의 일은 지주 문재철의 소유였다. 아버지 문태현이 왕실 창고지기였고 사촌이 암태도 초대 면장이었을 만큼 지역의 이권을 장악한 토호였다. 문태현은 염전에 투자해서 직접 구운 소금을 영산포, 강경포 등지에 팔았고 그 돈으로 섬에 필요한 생필품을 구매하고, 되팔면서 큰돈을 벌었다. 이후에는 목포항에 회사를 열었고 고리대업까지 하면서 부를 확장해나간다.

1923년 12월 암태도에서는 서태석을 중심으로 소작인회가 공식적으로 발기한다. 소작인회는 결성 초기 회원이 529명이나 될 정도로 비상한 관심을 끈다. 소작인회는 소작료를 논 40%, 밭 30%로 인하할 것을 요구하고 소작료 운반 운임도 지주가 부담할 것을 요구하는 등 구체적인 노동 조건 개선을 요구하고 나섰다.

농민들의 강력한 요구에 따라 대부분의 지주들은 이를 수용했으나 문재철이 거부하면서 갈등이 심각해진다. 소작인회는 소작료 거부 투쟁은 물론 경작까지 거부하면서 강경 투쟁을 벌인다. 마름을 보내서 소작료를 내라고 행패를 부리는 등 문재철 역시 강경하게 나섰다.

갈등은 섬 전체로 번졌는데, 이 와중에 소작인회는 문재철 아버지의 송덕비를 부수었고 문재철은 사람들을 동원하여 주모자들에게 폭력 행사를 하고 맞고소하는 등 혼란이 야기됐다. 이때 경찰은 서태석을 비롯한 소작인회 핵심 인물 13명을 구속했다. 하지만 농민들은 이에 굴하지 않고 오히려 과감한 투쟁을 벌인다. '원정 농성'을 시작했는데 암태청년회, 암태소작회, 암태부인회의 남녀 400여 명이 범선 7척을 타고 목포로 건너가서 법원 지청에서 석방을 요구하는 집단 농성을 벌인 것이다.

이로 인해 암태도의 투쟁은 전국에 널리 알려졌고 평양에서 35원, 완도에서 20원 등의 모금이 이루어지는 등 전국에서 성원이 밀려들기도 했다. 수차례 투쟁을 통해 결국 소작인회는 소작료 4할제를 끝내 관철시키면서 투쟁에 성공한다.

212

Tuesday

연개소문

개소문의 성은 천 씨다. (…) 외모가 웅장하면서 기품이 있었고 적극적이고 호방하였다. 그 아버지 동부가 (…) 죽자 개소문은 마땅히 그의 지위를 계승하고자 하였지만 (…) 성격이 잔인하고 포악하다고 하여 (…) 지위에 오를 수 없었다. (…) 여러 대인과 왕은 몰래 (개소문을) 죽이고자 논의하였는데 일이 새어나갔다. 개소문은 부병을 모두 모아놓고 마치 군대를 사열할 것처럼 꾸몄다. 그리고 성 남쪽에다 술과 안주를 성대히 차려 두고, 여러 대신을 불러 함께 보자고 했다. 손님들이 이르자 모두 살해하니 모두 100여 명이었다. 말을 달려 궁궐로 들어가 왕을 시해하고, 잘라 여러 토막으로 내고 도랑에 버렸다. (그리고) 왕의 동생의 아들 장(臧)을 왕으로 세우고 스스로 막리지(莫離支)가 되었다.

《삼국사기》〈연개소문열전〉의 일부다. 연개소문(?~665년경)은 642년 영류왕을 제거하고 보장왕을 세우면서 권력을 장악했다. 기록에서 알 수 있듯 치열한 권력 다툼이 있었고 권력을 장악한 이후에도 안시 성주와 충돌하는 등 여러 갈등이 이어졌다. 김부식은 그가 잔악하고 권력을 전횡했다고 보았다. 국왕을 죽이고 권력을 독점했던 인물에 대한 유학자의 전형적인 평가라고 할 수 있다. 이에 반해 일제 강점기 민족주의 역사학자 신채호나 박은식은 그를 독립 자주정신의 상징처럼 받들었다. 당나라와의 싸움에서 승리한 것이 나라를 잃은 역사학자들에게는 큰 의미가 되었던 것이다. 신채호는 《조선상고사》에서 당태종에게 승리를 거둔 연개소문이 군대를 끌고 만리장성을 넘었다고 했지만 특별한 증거는 없다.

영류왕의 죽음은 고구려의 대당정책이 온건책에서 강경책으로 바뀌었음을 의미한다. 영류왕은 형 영양왕을 도와 수군을 이끌며 수나라의 침공을 막은 군사 영웅이었다. 하지만 당나라가 들어서자 수차례 사절을 파견하는 등 화친 정책을 추진했다. 오랜 전란으로 인해 국력이 피폐해졌고 북방에서 돌궐이 흥기하는 것도 문제였다. 영류왕은 신라를 적당히 견제했고 백제와의 관계도 원만하게 유지하려고 했다.

하지만 연개소문이 집권하면서 상황은 급변한다. 결국 644년 당태종이 쳐들어오지만 안시성전투에서 승리하면서 당나라 군대를 쫓아낸다. 당시의 일화가 중국인들에게 인상적이었는지 여전히 경극의 소재로 등장한다. 당태종을 괴롭히는 귀신같은 용장의 형식으로 말이다.

백두산

> 둘레 몇백, 몇천 리가 실상 커다란 한 벌판을 이루어, 백두산으로 하여금 높음과 한 가지로 크고 넓음이 임자가 되게 하니, 이것이 예로부터 천평이라 하여 신비로운 곳으로 이름 높은 곳이다. 어떤 책에 말한 대로 백두산 둘레의 기슭을 다 천평이라 한다면 시방 서간도, 북간도도 다 여기 들 것이니 그 넓이를 다 헤아릴 수 없을 것이다.

최남선이 백두산을 다녀와 쓴 글의 일부다. 지금은 백두산이 민족의 영산처럼 여겨지고, 남북 화해의 장으로까지 인식되고 있다. 하지만 백두산이 한민족을 상징하는 산이 된 것은 그리 오래되지 않은 일이다.

최남선과 이광수는 직접 백두산을 답사했고 여러 글을 쓰며 백두산의 가치를 적극적으로 드높였다. 식민지 조선의 슬픈 처지를 이겨내기 위한 상징으로 백두산을 활용한 것이다. 또 단군을 믿는 대종교 역시 큰 역할을 했다. 환인이 지상에 강림한 태백산이 백두산이라 주장했고 교인들에 의해 신성화되기 시작한 것이다. 그런데 따져보면 근거 없는 주장이다. 신화적 허구성은 그렇다 치더라도 한민족의 역사에서 백두산이 강조된 적은 한 번도 없기 때문이다. 고조선은 물론 고구려나 부여에 있어 백두산 일대는 그다지 의미 있는 공간이 아니었다. 발해도 마찬가지였는데 그마저도 멸망 이후 우리 영토에서 오랫동안 이탈하게 됐으니 말이다.

백두산을 중요한 발원지로 생각하는 것은 청나라를 만든 만주족이다. 누르하치가 백두산에서 오랫동안 수련했기 때문이다. 백두산 북쪽 일대를 북간도, 서쪽 일대를 서간도라고 한다.

현재 이곳을 방문하려면 중국 연변 일대를 거치는 수밖에 없다. 천지뿐 아니라 장백폭포, 소천지 등 여러 절경도 즐길 수 있다. 차를 타면 곧장 정상에 이를 수 있는데 웅대한 천지 전체를 조망할 수 있다. 직접 걸어가면 천지 물가에 닿을 수 있는데 어떤 방식으로 가든 그 풍취에 놀라게 된다.

노무현 대통령과 김정일 위원장의 만남 당시 북한 내륙을 통한 백두산 관광이 제안되기도 했다.

214

Thursday

서울미래유산

근현대 문화유산에 대한 보존과 활용을 목적으로 서울시가 주도하여 만든 문화재 보존 제도다. 2004년 근현대 문화유산을 목록화하는 과정 중에 청록파 시인 박목월의 옛집,《운수 좋은 날》이라는 작품으로 유명한 근대 소설가 현진건의 생가, 〈풀〉 등의 시로 유명한 김수영의 가옥 등이 소유주에 의해 철거되거나 자연재해 등으로 파손된 것을 발견한다. 이후 한국 근현대사에 가치 있는 각종 문화유산을 보존하기 위해 '미래 세대에게 전할 100년 후의 보물'이라는 정의 아래 제도를 운영하고 있다.

서울미래유산에는 어떤 것들이 있을까. 우리나라 최초의 동요집 〈반달〉을 제작한 작곡가 윤극영 가옥, 1970년대 소극장운동을 상징하는 삼일로 창고극장, 3대째 같은 장소에서 운영되는 성우이용원, 김영삼 대통령의 단골식당으로 유명했던 성북동 국시집, 1980년대 형성된 을지로 노가리 골목, 철학자이자 수필가였던 김태길 가옥, 43년째 영업 중인 외국 책 중고서점 포린북스토어, 300살이 넘은 우정총국 회화나무 등이 있다.

하지만 이 제도는 그 의미와 가치에도 불구하고 어려움을 겪고 있다. 대표적인 사례가 헌책방의 상징인 '공씨책방'이다. 조선 시대 고서를 포함한 10만 권이 넘는 책을 보유하고 있는 이곳은 1970년대 초반 경희대학교 앞에 있었다. 이후 1980년대 광화문 근처로 옮겨서 전국 최대 규모의 헌책방이 되었으나, 1990년대 광화문 일대 재개발로 인해 신촌으로 옮긴다. 하지만 2016년, 월세를 감당하지 못하고 성수동 공공안심상가로 옮겼다. 서울미래유산으로 지정됐지만 이렇다 할 법적 보호를 받지 못했다. 건물 임대료 문제, 취향과 문화의 변화 등 제도로 어찌할 수 없는 부분이 큰데 그만큼 서울이 여전히 역동적으로 변화 발전하고 있기 때문이다.

○ 근현대 역사문화유산을 지키고자 하는 노력은 활발하다. 2016년 민주화운동기념사업회에서는 〈서울민주화운동역사지도〉를 발간하기도 했는데, 민주화운동 관련 정보를 자세히 살펴볼 수 있다. 다만 이것이 관광자원으로 활용될 수 있는가에 대해서는 회의적이다.

215

Friday

헐버트

헐버트(1863년~1949년)는 미국 선교사로, 외국인 최초로 건국훈장 독립장에 추서됐다. 개화 정책의 일환으로 조선 조정은 세계 각국에 시찰단을 보낸다. 일본에는 두 차례 수신사와 신사유람단이라 불렀던 조사시찰단을 보냈고 청나라에는 영선사를 파견했다. 그리고 민영익을 필두로 1883년에는 미국에 보빙사절단이 방문한다. 이후 미국과 각양의 교류가 시작되는데 그 성과 중 하나가 육영공원이었다.

육영공원은 최초의 근대 교육 기관 중 하나로, 미국인 교사가 직접 가르쳤다. 그 중 한 명이 헐버트라는 미국인 선교사였다. 헐버트는 당시 조선의 사정에 동정적이었기 때문에 여러 도움을 줬다. 을사조약이 맺어질 당시에는 고종의 밀서를 들고 미국 대통령과 국무장관을 면담하려고 시도했고 네덜란드 헤이그에서 열린 만국평화회의에서도 특사로 활약했다.

하지만 당시 미국은 일본의 조선 지배를 인정하는 가쓰라-테프트 밀약에 서명했고 친일 정책을 펼쳤던 탓에 헐버트의 노력은 결실을 보지 못했다. 일본 역시 헐버트를 눈엣가시처럼 여겼기 때문에 결국 조선에서 선교 활동조차 이어가지 못한다. 미국으로 돌아간 후에도 조선 문제를 두고 대립각을 세우는 등 평생을 조선의 국권 회복과 한인 독립운동을 지지하는 데 적극적이었다.

조선인들의 영어 이해를 돕기 위해 교재를 제작했고 한글 사용에 있어서 띄어쓰기, 마침표 사용 등을 주장했고, 여러 문헌을 섭렵하여 직접 한민족의 역사서를 편찬하기도 했다. 해방 후에 국빈으로 초대받고 내한한 후 사망하여 현재 양화진 선교사 묘지에 묻혀 있다.

216

Saturday

인권

> 인류 가족 모두의 존엄성과 양도할 수 없는 권리를 인정하는 것이 세계의 자유, 정의, 평화의 기초다. 인권을 무시하고 경멸하는 만행이 과연 어떤 결과를 초래했던가를 기억해보라. 인류의 양심을 분노케 했던 야만적인 일들이 일어나지 않았던가?
> (⋯) 유엔총회는 (⋯) 지속적인 국내적 국제적 조치를 통해 회원국 국민들의 보편적 자유와 권리신장을 위해 노력하도록 모든 인류가 '다함께 달성해야 할 하나의 공통 기준'으로서 '세계인권선언'을 선포한다.

1948년 유엔총회가 제정한 '세계인권선언' 서문 중 일부다. 인권에 대한 인식은 비교적 최근의 일이다. 지난 100년간의 한국 근현대사를 돌아보면 인권에 대한 인식은커녕 인권 유린의 역사라고 봐도 무방할 정도다. 일제 강점기 때는 징용, 위안부 같은 강제 동원이 인권 유린의 전형이었다.

해방 이후에는 좌우 갈등으로 인한 인권 유린이 횡행했다. 각자의 정치적 신념에 대한 무한정한 신뢰를 바탕으로 상호 테러를 일삼았고 제주 4.3 사건 등 이념 승리를 위해 애꿎은 민간인 학살을 자행했다. 한국 전쟁은 그러한 상호 테러의 절정이라고 할 수 있는데, 전쟁을 통한 희생뿐 아니라 대규모 민간인 학살, 전쟁으로 인한 각종 트라우마를 고려하면 이보다 더한 인권 유린의 현장을 찾아보기도 힘들 것이다.

한국 전쟁 이후 남한과 북한은 모두 독재 정권의 길을 걸었다. 북한은 김일성 유일체제를 확고히 했고, 남한은 이승만-박정희-전두환으로 이어지는 장기 집권, 군부 독재가 문제였다. 이들은 자신들의 권력을 강고하게 하기 위해 생각과 표현의 자유를 말살하는 억압 정책을 추진했다. 북한에서는 숱한 숙청이 이어졌고, 역시 교육조차 권력 유지의 수단으로 악용됐다. 남한에서는 반공주의와 용공 조작으로 인한 피해가 넘쳐났다. 하지만 대한민국은 지속적인 민주화운동을 통해 인권에 대한 인식의 저변을 확대해나갔다. 또 1970년대에는 전태일의 분신 투쟁, 동일방직, 원풍모방 여공들의 민주노조투쟁 등을 통해 사회경제적 민주화에 대한 요구가 고개를 들기 시작했다. 1987년 6월 항쟁 이후 대한민국은 각양의 이슈를 두고 인권의 지평을 확대해가고 있다.

217

어우동 사건

어우동은 (…) 매양 남편이 나가고 나면 계집종의 옷을 입고 장인의 옆에 앉아 그릇 만드는 정묘한 솜씨를 칭찬하더니, 드디어 내실로 끌어들여 날마다 마음 대로 음탕한 짓을 하다가, 남편이 돌아오면 몰래 숨기곤 했다. 그의 남편이 자세한 사정을 알고 마침내 어우동을 내쫓아버렸다. (…) 그 여자는 이로부터 방자한 행동을 거리낌 없이 행했다. 그의 계집종이 역시 예뻐서 매양 저녁이면 옷을 단장하고 거리에 나가서 예쁜 소년을 이끌어 들여 여주인의 방에 들여주고, 저는 또 다른 소년을 끌어들여 함께 자기를 매일처럼 했다. 꽃피고 달 밝은 저녁엔 정욕을 참지 못해 둘이서 도성 안을 돌아다니므로 사람들이 끌어 모아, 제 집에서는 어디 갔는지도 몰랐으며 새벽이 돼야 돌아왔다. 일찍이 길가에 집을 얻어서 오가는 사람을 점찍었는데, 계집종이 말하기를 "모(某)는 나이가 젊고 모는 코가 커서 주인께 바칠 만합니다" 하면 그는 또 말하기를 "모는 내가 맡고 모는 네게 주리라" 하며 실없는 말로 희롱하여 지껄이지 않는 날이 없었다.

그는 또 종실인 방산수와 더불어 사통했는데 (…) 자기 집에 맞아들여 부부처럼 지냈다. (…) 그 외에 조관(朝官), 유생(儒生)으로 나이 젊은 사람 가운데 무뢰한 자를 맞아 음행하지 않음이 없으니, 조정에서 이를 알고 국문하여 고문을 받거나 관직을 잃고 먼 곳으로 귀양 간 사람이 수십 명이었고, 죄상이 드러나지 않아서 면한 자들도 또 많았다.

(…) 임금이 풍속을 바로 잡자 하여 형(刑)에 처하게 했는데 (…) 여자가 행실이 더러워 풍속을 더럽혔으나 양가(良家)의 딸로서 극형을 받게 되니 길에서 눈물을 흘리는 사람도 있었다.

— 성현,《용재총화》중

성종 때 어우동 사건을 기록한 내용이다. 조선 성종 때는 유교 윤리가 확립돼가는 중요한 시점이었다. 그런데 양반댁 규수였던 어우동이 신분을 따지지 않고 여러 남성과 어울리고 심지어 관리나 유학자들과 문란한 관계를 가졌기 때문에 당시 심각한 사회적 풍파를 일으켰다. 유교 국가에서 부도덕의 상징이었던 어우동은 1980년대 성해방의 상징처럼 다루어지는 등 시대에 따라 평가가 달라지고 있다.

218

Monday

관동대학살

1923년 일본 관동대지진 당시 벌어진 대학살 사건. 8천 명에서 3만 명의 조선인들이 학살당한 것으로 추정하고 있다.

관동대지진은 사망자만 10만 명에 달하는 대사건이다. 관동은 '간토' 지역을 말하는데 도쿄를 포함한 그 북쪽 일대를 의미한다. 지진의 규모가 엄청나기도 했지만 화재가 일어나면서 피해를 키웠다. 당시 일본은 빠르게 공업화가 진행되던 상황이었다. 따라서 전기가 도시에 공급되고 있었는데 건물의 대부분이 여전히 목조였고 지진이 발생하면서 전기 합선으로 인한 불이 목조 건물에 붙으면서 사태가 심각해졌다.

엄청난 대재난이 일어나자 근거 없는 유언비어가 돌기 시작했다. 조선인이 우물에 독을 퍼뜨렸고 강도떼가 돼 일본인을 위협한다는 소문이 난 것이다. 모두 근거 없는 것들이었는데 사태를 무마하고자 일본 정부와 자경단을 조직한 일부 일본인들이 사태를 키운다. 당시 일본 내무대신 미즈노 렌타로가 사건을 주도했다. 조선인 우유 배달부나 신문 배달부들이 표시한 분필 자국을 '조선인들의 특별한 암호'라고 주장했고, 경찰과 군인이 오토바이를 타고 '조선인이 쳐들어오니 여자와 어린이는 빨리 안전지대에 피난시켜라'라고 외치며 돌아다녔다.

한편에서는 분풀이를 위한 일본 민중의 자발적인 조직화도 진행됐다. 과거 청일 전쟁과 러일 전쟁에서 전투를 경험했던 이들이 주축이 돼서 일본도와 갈고리 등으로 무장한 자경단을 조직한 후 조선인들을 찾아 무차별적으로 학살하기 시작한 것이다. 조선인들이 살기 위해 경찰서로 피신하자 경찰이 조선인을 죽이거나 자경단의 학살을 방조하기도 했고 군인과 경찰에 의한 집단 학살도 있었다. 심지어 나라시노수용소에서는 조선인을 살해할 수 있도록 수감된 조선인을 자경단에 할당하기도 했다.

관동대학살은 조선인뿐 아니라 사회주의자들을 향한 탄압도 병행됐다. 1920년대로 들어오면서 일본에 민주주의가 확산되고 아나키즘, 사회주의 같은 급진 사조가 유행했기 때문에 사회 혼란을 이용하여 진보 세력을 무력화하려고 한 것이다.

○ 동아시아에서 일본 제국주의가 보여준 끔찍한 참상은 이루 말할 수 없다. 징용, 징병, 위안부 같은 강제 동원을 실시하여 식민지인들의 인권을 유린했고 중일 전쟁 당시에는 난징을 점령한 후 30만 명이 넘는 시민을 대상으로 끔찍한 살육전을 벌였다. 또 조선과 중국의 항일운동을 진압하기 위해 각종 초토화 작전을 펼치기도 했다.

유관순

유관순(1902년~1920년)은 3.1 운동에 참여했고, 고향으로 내려가 4월 1일 아우내 장터에서 만세 시위를 벌인 독립운동가다. 서대문형무소에 수감된 이후 3.1 운동 1주년을 기념해 옥중만세운동을 벌이기도 했다. 모진 고문과 구타 등으로 인해 18세의 나이에 순국했다.

1919년 3.1 운동에서 가장 두드러진 점은 학생들의 참여였다. 학생들이 사회운동을 주도하는 전통은 이후 대한민국 근현대사 100년의 주요한 특징이 된다. 6.10 만세운동, 광주학생항일운동은 물론 해방 이후 4.19 혁명, 6.3 시위, 유신 반대 투쟁, 5.18 광주민주화운동, 6월 항쟁 등에는 언제나 학생들이 있었기 때문이다.

3.1 운동은 특히 여학생들의 참여가 인상적이라 할 수 있다. 이전까지는 여성이 사회운동의 중심에 선 적이 없었다. 그러나 3.1 운동에서는 메리 스크랜턴이 세운 이화학당을 비롯해 주로 여성 선교사들이 세운 여학교 학생들이 적극적인 움직임을 보인 것이다. 유관순도 이화학당에서 공부했다. 3월 1일에 시작된 만세운동은 급속하게 전국적으로 번져나갔다. 특히 3월 5일에 학생연합시위가 일어났는데 유관순을 비롯한 많은 이화학당 여학우들이 적극적인 만세운동을 벌였다. 이때 유관순은 잠시 경찰에 체포되기도 했다. 일제는 학생들의 시위를 막기 위해 3월 10일 전국적으로 휴교령을 내렸고 유관순은 고향 충청남도 천안으로 돌아간다. 그녀는 서울에서의 소식을 가족과 마을 사람들에게 알렸고 독립선언서를 전했다. 주변 사람들과 태극기를 만들고 병천 시장에서의 시위를 준비한 후 4월 1일 만세 시위를 주도했다. 수천 명이 참여한 아우내 장터 만세운동이었다.

놀란 일제는 강력한 진압 작전에 나섰는데, 수십 명이 다쳤고 무려 19명이 시위 현장에서 순국한다. 그중 유관순의 부모님도 포함돼 있었다. 유관순은 주모자로 몰려 공주교도소에 수감됐다.

이후 그녀는 서대문형무소로 이관됐고, 1920년 3월 1일 오후 2시 3.1 운동 1주년 기념 옥중 만세운동을 전개했다. 교도소에 잡혀 있던 수많은 사람이 호응했고 그로 인해 유관순 등은 말할 수 없는 고초를 당했다. 그리고 1920년 9월 모진 고문을 감당하지 못한 유관순은 특사로 풀려난 지 5개월 만에 18세의 나이로 세상을 등지고 만다.

220

Wednesday

집옥재와 만월문

집옥재

경복궁의 가장 뒤편, 청와대로 올라가는 길 근처에는 집옥재가 있다. 팔우정, 집옥재, 협길당이 붙어 있는 것을 통상 집옥재라고 한다.

원래 이 건물은 1888년 창덕궁에 지어졌으나 고종이 경복궁에 머물게 되면서 이곳에 옮겨졌다. 건물 외관부터 경복궁의 다른 것과 차이가 크다. 집옥재는 청나라 스타일로 건축됐는데, 현판 글씨체부터 내부 천장 장식까지 당시 신식 스타일을 따라한 것이다. 짧은 처마, 2층 건물에 화려한 팔각지붕 등은 오늘날 봐도 낯설다.

창덕궁에는 낙선재라는 건물이 있다. 이곳 누마루에는 만월문이 있는데 이 또한 독특하다. 사각형의 창과 문 사이에 다시 원형의 문이 있고, 건물 내외의 여러 문양이 전통 문양과는 거리가 멀다. 1847년 헌종이 지었다. 창덕궁의 희정당 외부는 별다를 바 없지만 내부는 근대 서양식으로 만들어져 있다. 화재로 소실되었다가 1920년에 새로 지을 때 모습이 바뀌었다.

궁궐도 역사를 가지고 있다. 시기에 따라 문화와 유행이 달라 일부 건물들은 독특한 분위기를 자아낸다.

221

Thursday

청동검

청동검은 청동기 시대의 대표적인 유물이다. 인류사로 보면 대략 기원전 5천 년경부터, 만주와 한반도로 보면 기원전 천 년 전부터 청동기가 발달하기 시작했다. 인류가 비로소 불의 온도를 수백 도로 높여서 금속을 추출하는 기술을 개발한 것이다. 그만큼 청동기 시대에는 문명이 고도로 발전하기 시작한다.

하지만 문명의 발달을 마냥 긍정적으로 볼 수만은 없다. 이전까지는 계급이 없고 평등한 생활을 하면서 자유롭게 무리를 지어 생활했다면, 청동기 시대부터는 본격적으로 계급이 발생하고 사유 재산이 형성되는 등 중요한 변화가 시작된다. 농경이 고도화되면서 잉여 생산물이 발생했고 이를 둘러싼 다툼, 여러 부족 공동체의 전쟁이 벌어지면서 승리한 부족의 지배자는 족장이나 군장으로 대우받고, 이러한 부족은 각종 신화적 상상력을 끌어들여 스스로 선택된 족속이라 믿으며 지배 권력을 강화했다.

청동기 시대 하면 청동검이 떠오를 정도로 이 시기에 검 제작이 흔했던 것도 이 때문이다. 사실 청동은 단단하지 않기 때문에 농기구로 활용할 수 없고 곧장 철기가 개발되면서 무기로써의 가치도 잃는다. 하지만 주물하기 쉽기 때문에 오랜 기간 제사 도구나 예식용품으로 활용됐다. 특히 중국에서는 각종 문양의 청동기가 만들어지기도 했다.

만주와 한반도의 대표적인 청동기는 비파형동검이다. 벼농사 도구였던 반달돌칼과 족장의 위세를 상징하는 고인돌 등이 이 시대를 대표하는 유물이다. 이후 철기가 발전하는 가운데 한반도에서는 세형동검이나 잔무늬거울 같은 독자적인 제품이 생산되기도 했다.

222

Friday

백남준

백남준의 비디오타워

세계적인 비디오 아티스트 백남준(1932년~2006년)의 삶은 유목민과 같았다. 서울에서 태어나 홍콩에서 중학교를 졸업한 후 일본에서 고등학교와 대학교를 졸업했다. 도쿄대학교에서 미학을 전공했는데 1956년에는 아예 독일로 건너가 철학과 음악 등 다양한 학문을 접했다. 1964년부터 그는 미국에 이주하여 본격적으로 예술가의 명성을 쌓기 시작한다. 작품의 도구와 소재로 비디오를 활용했다.

비디오 영상을 제작했고, 다시 비디오를 비롯한 미디어 기계들과 영상을 조합하는 형태로 예술품을 만들었다. 여기에 전위 예술까지 겸하는 퍼포먼스를 더하니 파격에 파격을 더하는 행보였다. 비디오 영상을 통해 시간을 점유하고, 기계류를 통해 공간을 활용하고, 각종 퍼포먼스를 선보이니 지금의 관점에서 '장르 파괴'를 통한 가공할 예술을 선보인 셈이다.

더구나 애초에 미학적 탐독이 강렬했기 때문에 그의 작품은 수많은 철학적 이슈를 노골적으로 제시했고 그로 인해 '과학자이며 철학자' 심지어 '미래학자'라는 평가까지 받았다.

> 난 몽골을 좋아해. 몽골 사람들하고 우리들하고 3천 년 전에 헤어졌는데 그 3천 년 전 우리 것을 몽고 사람들이 보존하고 있어요. 난 공자, 노자, 이런 사람들 이전을 좋아해요. 신석기 시대 같은 것에 관심이 많아요. 그리고 후대로 내려올수록 역사가 엉터리입니다. 대부분 읽고 생각해볼 가치가 없는 쓰레기뿐입니다.

백남준이 남긴 어록의 일부다. 유럽 근대 문물과 현대 문명을 극도로 폄하하면서도 레이저를 비롯한 신기술을 예술에 활용한 독창적인 인물이었다.

○ "레오나르도만큼 정확하게, 피카소만큼 자유롭게, 르누아르만큼 다채롭게, 몬드리안만큼 심오하게, 폴록만큼 난폭하게, 재스퍼 존스만큼 서정적으로." 백남준이 남긴 말로, 서양 예술가들에 대한 그의 혜안을 가늠하게 해준다.

223

Saturday

고려 시대 여성

남존여비, 가부장제 등으로 인한 폐해는 오랫동안 지적돼온 한국 사회의 고질적인 병폐다. 역사학계도 사회사적 관점에서 이 문제에 관심을 갖고 연구를 수행해왔다. 따라서 최근에는 비교적 여성들의 생활상에 대해 소상히 알 수 있게 됐다.

오늘 우리에게 익숙한 남녀 불평등 구조는 조선 중기 이후 본격화됐고 일제 강점기 때 심화 과정을 거쳤다. 조선 중기 성리학에 대한 이해가 심화되면서 유교 윤리가 강화되고 여성들의 사회적 지위가 급속도로 불리해진다. 부계 위주의 족보가 편찬되고, 장남이 재산 상속에서 혜택을 보고, 남녀가 차등적으로 상속을 받거나 시집살이가 일반화되고, 여성의 재혼이 금지되는 것들이 모두 이 시기에 형성된 문화다. 더구나 일제 강점기에 호적법이 도입되면서 남녀 차별은 법제화의 과정을 거친다.

하지만 고려 시대부터 조선 전기까지의 양상은 사뭇 달랐다. 족보는 출생순으로 기재됐고 아들이 없으면 딸이 제사를 지내기도 했다. 남녀가 동등하게 상속을 받았고 상황에 따라 사위가 처가의 대를 잇기도 했으며 여성의 재혼도 비교적 자유로웠다. 시집살이는 조선 중기가 돼서야 나타나는데 고대부터 결혼을 하면 남자가 여자 집에 사는 게 일반적이었기 때문이다. 세종은 유교 윤리에 걸맞는 친영 제도, 즉 시집살이를 강조했지만 한참 이후에 태어난 신사임당이 인생의 대부분을 친정집에서 사는 등 문화가 쉽사리 바뀌지 않았던 것이다. 통념과는 사뭇 다른 역사가 전개돼왔다.

○ 간혹 '고려 시대는 남녀평등 사회였다'라는 주장이 있지만 이는 사실이 아니다. 상대적으로 여성의 처지가 좋았던 것과 남녀평등 사회였다는 것은 전혀 다른 이야기다.

혁명공약

1. 반공을 국시의 제일의로 삼고 지금까지 형식적이고 구호에만 그친 반공 태세를 재정비 강화한다.
2. 유엔 헌장을 준수하고 국제협약을 충실히 이행할 것이며 미국을 위시한 자유 우방과의 유대를 더욱 공고히 한다.
3. 이 나라 사회의 모든 부패와 구악을 일소하고 퇴폐한 국민 도의와 민족정기를 다시 바로잡기 위하여 청신한 기풍을 진작시킨다.
4. 절망과 기아선상에서 허덕이는 민생고를 시급히 해결하고 국가 자주경제 재건에 총력을 경주한다.
5. 민족적 숙원인 국토통일을 위하여 공산주의와 대결할 수 있는 실력 배양에 전력을 집중한다.
6. (군인) 이와 같은 우리의 과업이 성취되면 참신하고도 양심적인 정치인들에게 언제든지 정권을 이양하고 우리들 본연의 임무에 복귀할 준비를 갖춘다.
   (민간) 이와 같은 우리의 과업을 조속히 성취하고 새로운 민주 공화국의 굳건한 토대를 이룩하기 위하여 우리는 몸과 마음을 바쳐 최선의 노력을 경주한다.

이는 1961년 5.16 군사쿠데타 성공 후 군부가 발표한 성명서다. 반공 태세 강화, 자유 우방과의 유대 등은 반공주의를, 분단 체제, 민족정기, 국가 자주경제 재건 등은 민족주의를 엿볼 수 있는 단면이다. 과업을 성취한 후 '본연의 임무에 복귀할 것'을 강조했으나 약속은 지켜지지 않았다. 이후 1987년까지 군부 쿠데타와 장기 독재는 한국 사회의 큰 문제가 된다.

225

Monday

고려의 외교

고려의 외교는 조선의 외교와 극도로 대조된다. 조선은 사대 정책을 우선시했다. 고려 말, 조선 초의 상황을 적절히 반영했다고는 하지만 이후 중화 문물에 대한 극단적 숭배로 인해 말할 수 없는 문제가 초래됐다. 임진왜란을 대비하지 못하거나 병자호란같이 불필요한 전란을 일으켰고 무엇보다 근대사회로 발전해가는 세계사적 전환을 전혀 인식하지 못했다.

이에 반해 고려는 실용 외교를 왕조 전 기간에 관철시켰다. 조선에 비해 고려 당시 동아시아 상황은 매우 불안정했다. 중국을 통일한 송나라는 만리장성 이남을 간신히 지키는 수준이었고 북방에서는 연거푸 거란이 세운 요나라, 여진이 세운 금나라가 등장한다. 야율아보기가 세운 거란은 발해를 멸망시켰고, 발해를 계승한 정안국도 무너뜨리면서 내내 송나라를 압도했다. 뒤늦게 여진족의 영웅 아골타가 세운 금나라는 거꾸로 요나라를 멸망시킨 후 중국 화북 지방까지 집어삼키면서 송나라를 양쯔강 이남 지역으로 몰아낸다. 북송에서 남송으로 바뀐 것이다.

거란은 고려를 세 차례 침입했고 고려는 외교력과 군사력을 동원해 끝내 거란을 물리친다. 강동 6주를 확보한 것은 물론 이후 오늘날 의주에 해당하는 보주 지역까지 편입하면서 거꾸로 영토를 확장했다. 여진족이 흥기하던 당시 고려는 이자겸의 난, 묘청의 서경천도운동이 연이어 일어나는 혼란기였다. 이전까지 나라를 이루지 못하던 부족에 불과했고 고려를 섬기던 여진족이 제국을 세워 거꾸로 조공을 요구하는 상황이 고려 입장에서는 극히 당혹스러울 수밖에 없었다. 이에 주전론과 주화파가 대립했는데 결국 이자겸, 김부식 등의 주화파가 승리를 거두었고, 금나라의 사대 요구를 수용하면서 전쟁을 피하고, 주권을 유지할 수 있었다. 이러한 선택에 대해서는 현재도 논쟁이 있으나 송나라, 요나라, 금나라라는 강국 가운데서 다자 외교와 강력한 국방력으로 국권을 유지했던 고려의 역량만큼은 인정해야 한다는 것이 중론이다.

○ 고려의 외교력이 통하지 않던 때도 있었는데 바로 몽골의 침략이다. 몽골이 세운 원나라를 섬기면서 사실상 속국이 되고 만 것이다. 동아시아 전체가 몽골에 지배받았기 때문에 별다른 대안도 없었다. 하지만 명나라가 등장하자 공민왕이 이를 이용해 반원 자주 외교에 성공하여 고려의 외교술은 또 한 번 빛을 발했다.

226

이황

이황(1501년~1570년)은 조선 중기의 성리학자로, 중국의 성리학을 벗어나 독자적인 사상의 경지를 이루어낸 인물이다. '이기이원론', '이기호발설', '이통기국론' 같은 어려운 용어 때문에 골치 아프기도 하지만 여전히 동양철학을 연구할 때 빼놓을 수 없는 중요한 인물이다.

뛰어난 학자였던 이황은 대단한 교육가이기도 했다. 그는 50세에 모든 관직에서 물러나 고향으로 돌아온다. 도산서당이라는 작은 공간을 마련하고 전국에서 제자를 받아들였는데 임진왜란 때 크게 활약했던 류성룡 등 많은 인재를 길러냈다. 이들은 이후 남인이 된다.

이황이 살았던 시대는 성리학과 사림파가 위기였다. 수차례 사화로 인해 역량 있는 선비들이 처형을 당하거나 귀향을 가는 등 그야말로 씨가 말랐다. 하지만 이황의 등장으로 위기를 단숨에 극복하며 조선 성리학은 황금기로 진입한다. 이황뿐 아니라 동년배이자 훗날 북인의 시조가 되는 조식 그리고 천재로 불렸던 후배 이이가 등장하면서 조선 성리학계는 한층 활력을 띄었다.

이황과 조식은 경상도를 기반으로 수많은 인재를 길렀는데 입장은 많이 달랐다. 조식은 과거 시험을 단 한 차례도 보지 않았다. 성리학의 공부 목적이 과거 시험이 아니었기 때문인데, 이황이 수차례 과거 시험에 떨어진 후 관리 생활을 했던 것에 대단히 비판적이었다. 이황의 경우는 조식의 사상이 노자나 불교의 영향을 지나치게 받았다고 봤다. 하지만 본인이 관직생활 한 것을 후회했다. 학문과 인격 수양에 집중할 시간을 낭비했다고 여긴 것이다. 둘은 배타적이기보다는 상호존중을 전제로 경쟁하는 관계였다.

이후 젊은 무명의 학자 기대승이 대학자 이황에게 논쟁을 걸면서 소위 '사단칠정 논쟁'이 발생하는데 여기에 이이가 참여한다. 이황은 이이의 천재성에 탄복했고 다만 그러한 모습이 성급한 태도로 발전할까 우려했다. 사단칠정 논쟁은 8년간 지속되는데 이황의 온화한 인격, 후배들 앞에서 위세를 부리기보다 대화하고 설득하는 태도가 중요한 역할을 했다고 볼 수 있다.

○ 이황의 자연 사랑은 유명하다. 자신이 직접 지은 도산서당 앞의 작은 정원을 가꾸는 데 열심이었고 길을 다니다 아름다운 풍경을 발견하면 그곳에 오래 머물면서 시를 쓰고 풍류를 즐겼다.

227

Wednesday

경희궁 일대

경희궁은 종로구에 있는 조선의 궁궐로, 다른 궁궐에 비해 아픔이 많다. 이곳은 광해군에 의해 건립된 공간으로, 정작 이곳에서 정사를 본 인물은 인조다. 광해군이 궁궐을 완공하기 전에 인조반정이 일어났고 이괄의 난 당시 창덕궁과 창경궁이 불탔기 때문이다. 이곳에서 영조가 죽었고 정조가 즉위했다. 순조 때 큰불이 나서 절반 정도의 건물이 불탔고 일제 강점기 때 대부분 철거됐기 때문에 현재 존재하는 조선의 궁궐 중 규모가 가장 미약하다.

경희궁은 지하철 5호선 광화문역과 서대문역 중간에 있다. 광화문역에서 내려서 오른편으로 세종문화회관을 보며 쭉 걷다보면 만날 수 있다. 오르는 길에 구세군빌딩과 새문안교회가 있는데 이 또한 유서가 깊은 곳이다. 구세군은 자선냄비로 유명한데 1865년 영국 런던의 감리교 교파에서 만든 단체이고, 세계를 대상으로 적극적인 사회사업을 벌이고 있다. 새문안교회는 언더우드 선교사가 세운 우리나라 최초의 장로교회다. 언더우드는 감리교 선교사 아펜젤러와 함께 최초의 선교사로 평가받는데 아펜젤러는 근처에 정동제일교회를 세웠다.

경희궁 근처에는 경희궁미술관, 서울역사박물관이 붙어 있는데 반드시 둘러봐야 할 곳이다. 서울역사박물관은 말 그대로 '서울의 역사'를 다루고 있는 곳이다. 경복궁 앞에 있는 대한민국역사박물관과 더불어 우리 역사를 한눈에 살필 수 있는 대표적인 공간이다.

228

Thursday

유적 · 유물

석기

주먹도끼

보통 선사 시대를 구석기 시대와 신석기 시대로 구분한다. 구석기 시대는 돌을 깨서 도구를 만들던 시대로, 주먹도끼가 대표적 도구다. 지금 주먹도끼를 보면 돌 뭉치 정도로 느껴지지만 당시에는 인간이 가진 도구의 전부였다는 것을 기억할 필요가 있다. 주먹도끼로 사냥하고, 주먹도끼로 음식을 하고, 손으로 할 수 없는 행동을 모두 주먹도끼에 의존했다. 더구나 구석기 시대 때는 이동생활을 했기 때문에 여러 물품을 지니고 다니는 것이 번거로웠고, 야생 동물과의 경쟁에서 생존을 도모해야 하는 불리한 상황이었다는 점도 고려해야 한다.

주먹도끼는 아슐리안형 도구로, 찍개와 달리 양날형이기 때문에 활용도가 높다. 찍개는 만들기는 쉽지만 단날형이고, 두 손으로 들고 찍어내려야 하는 불편함이 있다. 이에 반해 주먹도끼는 한 주먹으로 돌을 움켜쥐어 사용할 수 있고, 날이 양쪽으로 나 있기 때문에 여러모로 편하다. 사실 오랜 기간 아프리카와 유럽에서만 주먹도끼가 발견됐기 때문에 문명의 전파가 서에서 동, 즉 아시아쪽으로 퍼졌다고 생각했다.

하지만 1977년 한탄강, 경기도 연천군 전곡리에서 미군 병사가 우연히 돌 하나를 발견한다. 고고학 전공자였던 그는 발견한 돌을 세계 고고학계에 보고했고, 이 돌이 아슐리안형 주먹도끼였다는 것을 인정받는다. 돌 하나로 유럽-아프리카 전파론이 설득력을 잃었으니, 세계 고고학사에 혁명이 일어난 것이다.

구석기 후반기가 되면 슴베찌르개 같은 정교한 도구들이 등장한다. 또 신석기 시대는 주로 돌을 갈아서 도구를 만들었는데, 농업용 도구가 대부분이었다. 청동기 시대에도 석기는 농기구로 사용됐다. 청동기는 약했기 때문에 농사에 석합하지 않았다. 하지만 철기가 발명되면서 도구의 역사는 또 한 번의 혁명을 맞게 된다.

229

Friday

몸뻬

몸뻬는 시골에 가면 흔히 볼 수 있는, 나일론으로 만들어진 바지다. 발목과 허리가 고무밴드로 단단히 잡혀 있는 것에 반해 통이 넉넉하여 일하기에 좋다. 더구나 입고 벗기도 좋고 자유롭게 몸을 움직여도 부담이 없기 때문에 여전히 사랑받고 있다.

몸뻬는 일본 동북 지방의 전통 복장에서 유래했다고 한다. 1941년 일본과 미국 간의 태평양 전쟁이 일어나자 일제는 몸뻬를 활동복으로 제정하여 일본 여성뿐 아니라 조선 여성들에게도 강요했다. 하얀 무명옷을 입고 노동하는 것이 일반적이었던 상황에서 상당한 거부감을 불러일으켰으나 벌금을 매기는 등 강압 정책에 의해 정착하고 만다. 현재도 노동복의 일종으로 활용되고 있고 코미디의 소재가 되기도 한다. 낯선 형태, 흉측한 모양의 옷이기 때문에 거부감이 심했다고 하는데 그중에는 '몸매를 지나치게 드러낸다'는 이유도 있었다고 한다.

○ 국민복 문화는 일본뿐 아니라 근대 동아시아의 일반적인 문화였다. 중국에서는 신해혁명 이후 쑨원이 입던 옷을 인민복이라고 하여 즐겨 입었고, 현재까지도 중국 지도자와 관료들의 정통 복장으로 환영받고 있다. 우리나라는 1961년 정부가 표준 간소복을 제정하기도 했으며 '재건복' 같은 말이 유행하기도 했다. 공무원이 근무복을 입거나 학교에서 학생들이 교복을 입는 것 혹은 근로 현장에서 노동자들이 사원복을 입는 문화 등이 이러한 시대 상황과 관련된 것이라고 보면 된다.

천도교

1905년 3대 교조 손병희에 의해 동학에서 개칭된 종교로, 역사적 배경을 살펴보면 단순한 명칭 변경은 아니었음을 알 수 있다. 동학농민운동은 오늘날 높은 평가를 받지만, 당시에는 민란에 불과했다. 1차 봉기 때는 조선 왕조를 대상으로 거병했고, 2차 봉기 때는 일본군을 몰아내려 봉기했지만 조정에서는 농민군을 위협적으로 인식했고, 결국 공주 우금치 전투에서 농민군을 와해시키고 만다. 당시 동학농민운동에 대해 비판적인 인식을 가졌던 이들은 한둘이 아니었다. 우금치 전투 때 관군을 지휘했던 이가 바로 지석영이다(그는 종두법을 보급하고 한글 연구에서 중요한 역할을 했다). 《매천야록》을 쓴 황현도 몹시 비판적이었고, 안중근은 자서전을 통해 평생의 업적 중 하나가 황해도 동학도를 물리친 일로 기술하고 있다.

동학농민운동 실패 이후 손병희, 이용구 등 생존한 지도자들은 대부분 일본에 있었다. 이때 흑룡회 같은 낭인 단체들이 동학 잔존 세력에게 접근하여 '합방론'을 펼치며 집요하게 협력을 요구했다. 조선을 식민지로 만드는 것이 아닌 일본 민족과 조선 민족이 연합해 크게 흥기하자고 설득한 것이다. 오늘날의 관점에서는 매우 기만적인 주장이지만 당시로써는 꽤나 매력적인 제안이었다. 일본뿐 아니라 여러 열강들이 조선을 침탈하고 있었고, 조선 조정이 무능했기 때문에 대안이 절실했던 것이다. 결국 이용구 등 동학의 일부 세력이 이탈 조짐을 보인다. 이에 손병희는 이용구 등을 축출하고, 동학에서 천도교로 이름을 바꾸고 교단을 일신하려 한다. 조선 왕조에 대한 충성이 아닌 한민족에 대한 헌신, 즉 민족독립운동을 감당하는 종교로의 변화를 모색한 것이다.

1911년에는 우이동 임야 27,946평을 매입하여, 이곳에 봉황각이라는 건물을 짓는다. 그리고 약 3년간 천도교 교역자 483명을 대상으로 49일씩 7회에 걸쳐 연성수련에 들어간다. 교단을 정비하고, 새롭게 리더들을 양성하기 시작한 것이다. 그리고 1918년 천도교 중앙대교당 건축을 위해 100만 원 모금운동에 들어간다. 하지만 교당을 짓는 데 들어간 돈은 27만 원이었고, 나머지 자금은 3.1 운동과 해외 독립운동 기지 건설에 투자했다. 천도교는 개신교, 대종교와 더불어 일제 강점기에 가장 적극적으로 독립운동을 이끌었고, 해방 이후에도 '청우당'이라는 이름으로 큰 규모의 정당을 결성했으나 현재는 신도 수가 급락하여 그 수가 많지 않다.

강주룡

우리 49명의 파업단은 우리의 임금 감하를 크게 여기지 않습니다. 이것이 마침내는 평양의 2,300명 고무 직공의 임금 감하의 원인이 될 것이므로 우리는 죽기로써 반대하려는 것입니다. 내가 배워서 아는 것 중에 대중을 위하여 자신을 희생하는 일은 명예로운 일이라는 것이 가장 큰 지식입니다. (…) 나는 (…) 근로 대중을 대표하여 죽음을 명예로 알 뿐입니다.

1931년 7월 〈동광〉이라는 잡지에 소개된 강주룡(1901년~1932년)의 외침이다. 평양 평원고무공장에서는 아사동맹파업이 일어나는데 당시 강주룡은 대동강변 을밀대의 12m 높이 지붕 위에 올라가서 9시간 이상 밤을 새며 '고공 농성'을 한다. 우리나라 최초의 고공 농성이자, 여성노동운동의 효시 정도로 보면 된다.

강주룡에 관한 기록은 거의 없다. 남편이 항일 무장 단체에서 활동하다 사망했고, 24세에 귀국하여 가족을 위해 평양에서 여공으로 5년간 일하던 중 투쟁에 참여한 것을 당시 인터뷰를 통해 확인할 수 있을 뿐이다. 강주룡은 '평양의 히로인', '여류 투사 강 여사'로 세간의 엄청난 화제가 됐으나 투쟁은 실패했고 이듬해 평양의 빈민굴에서 생을 마감하고 만다.

232

Monday

거란의 침입

고려 전기에 거란이 세 차례 쳐들어왔다. 1차 침입 당시에는 서희의 능란한 외교 술로, 3차 침입 때는 강감찬이 귀주에서 승리를 이끌면서 거란을 물리쳤다.

당시 동아시아의 정세는 복잡했다. 새롭게 흥기한 거란은 요나라를 세웠고 단숨에 발해를 멸망시키는 등 북방의 패자가 됐다. 더구나 당나라 멸망 이후 5대 10국이라는 혼란기 덕분에 거란은 만리장성 이남으로 진출하여 연운 16주를 확보할 수 있었다. 5대 10국의 혼란기를 통일한 중국 왕조는 송나라다. 당연히 연운 16주를 빼앗고 싶었고 이 땅을 둘러싼 송나라와 요나라의 치열한 다툼이 전개된다.

998년, 고려 성종 대에 거란이 쳐들어온다. 1차 침략이 시작된 것이다. 소손녕은 고려가 신라를 계승했고 자신들이 고구려를 계승했다면서 침략의 명분을 설명했고 서희는 '고구려를 계승한 나라가 고려'임을 분명히 한다. 하지만 실제 목적은 고려가 송과 가까워지는 것을 막는 것이었고 이를 간파한 서희는 거란과 외교 관계 회복을 조건으로 압록강 동편 땅을 확보한다. 전쟁하지 않고 오히려 강동 6주를 얻어낸 것이다.

송나라는 성종을 다섯 번이나 책봉하면서 요와의 전쟁에 끌어들이려고 했다. 하지만 고려는 끝내 송의 요구를 거절했고 강동 6주를 실효적으로 지배하기 시작했다. 하지만 고려는 송나라와의 외교 관계를 우선시하는 정책을 유지한다. 고려가 송과의 관계를 포기하지 않고 강동 6주가 고려에서 송나라로 이어지는 요충지라는 점 때문에 거란은 재차 고려를 침공한다. 2차 침략에서는 강조, 양규 등이 분전을 벌였지만 수도인 개경이 점령당하는 등 큰 어려움을 겪는다. 고려는 송과의 외교를 재개하고 사신을 억류하는 등 거란의 압박을 버텼고, 이에 대응하여 거란은 당시 보주라고 불렸던 의주를 점거하고 무력시위를 벌인다. 이에 고려는 송에 원군을 요청했으나 이번에는 송이 거절한다. 하지만 전쟁이 임박했다고 판단하여 고려는 요나라와 단교를 강행하고 거란은 세 번째 침략을 단행한다. 하지만 1019년 강감찬이 귀주에서 거란을 크게 물리친다. 강동 6주를 보존했을 뿐 아니라 이후 요나라는 고려에 쳐들어오지 않았다.

○ 고려 현종 대에 거란과 두 차례 전쟁을 치렀기 때문에 고려는 의주 일대부터 영흥 도련포까지 이어지는 천리장성을 쌓고 개경에 외성을 하나 더 쌓았다. 요나라가 침략 당시 10만에서 40만의 대군을 동원할 때 고려 역시 20만 대군을 동원하는 등 조선 시대에는 볼 수 없는 강력한 무장 체계를 유지했다.

신채호

신채호(1880년~1936년)는 《조선상고사》를 쓴 민족주의 역사학자이자 독립운동가다. "역사를 잊은 민족에게 미래는 없다"라는 말이 신채호의 어록으로 알려져 있지만 이는 사실이 아니다.

민족주의자로 분류되는 신채호는 통념에 비해 훨씬 복합적인 인생을 살았다. 그는 〈대한매일신보〉, 〈황성신문〉에서 언론인으로 왕성한 활동을 벌였고, 《을지문덕전》, 《이순신전》 등을 썼다. 한국 최초의 위인전 저술가라고 불러도 무방할 것이다. 또 만주 일대를 답사하며 고조선, 삼국 시대 등 고대사 연구에서 선구적인 역할을 했고, 민족주의 역사학의 이론적 기초를 마련했다. 한국 근대 역사학이 시작된 것이다.

이 시기 그는 애국계몽운동을 벌이던 민족주의자이기도 했지만 동시에 열렬한 사회진화론자였다. 역사는 민족 간의 대결의 장이며, 결국 강한 민족이 승리를 거둘 수밖에 없다는 투쟁적인 세계관을 수용한 것이다. 사회진화론적인 태도는 그가 민족주의를 버리고 아나키즘으로 전향한 후에도 계속 나타난다.

그는 1919년 임시정부에 참여하기도 했지만, 임시정부의 가장 가혹한 반대자이기도 했다. 특히 이승만이 대통령으로 선임되는 것에 대해 격렬하게 반발했다. 이승만이 국제연맹에 '식민지 조선의 위임 통치'를 요구했던 것을 두고 '이완용이 있는 나라를 팔아먹었다면 이승만은 없는 나라를 팔아먹었다'면서 집요한 비판을 이어갔다. 이승만이 대통령에 선임되고 임시정부가 활발한 활동을 벌이자 반임시정부 노선을 결성하여 오랜 기간 투쟁을 벌이기도 했다.

임시정부와 거리가 멀어지는 시점에 그는 아나키즘을 적극적으로 수용한다. 의열단에 참여하여 조선혁명선언을 지었고, 무정부주의자동방연맹에 가담해 아나키스트로의 활동을 벌여나갔다. 1926년에 만들어진 무정부주의자동방연맹은 테러리즘에 근거한 매우 전투적인 단체였는데 중국인, 베트남인, 인도인 심지어 일본인 등 6개국 대표가 참여했다. 단체 자금 마련을 위해 노력하던 그는 대만에서 1928년에 체포된 후, 1936년 여순형무소에서 사망한다. 초기의 정력적인 활동에 비해 오랜 기간 수감 생활을 한 후 옥중에서 사망하면서 그의 인생은 허망하게 마무리된다.

부산

대한민국의 대표적인 도시이자 무역항으로, 임진왜란, 일제 강점기 그리고 한국 전쟁과 관련이 깊다. 임진왜란 당시 왜군이 이곳에 쳐들어왔고 광해군은 이후 일본과의 외교 관계를 복원하면서 초량에 왜관을 두었다. 일본과 가깝기 때문에 구한말 일본 상인들은 서울이나 인천뿐 아니라 부산에 몰려들었다.

기차가 놓일 때 부산은 출발점이자 도착점이었다. 경성에서 부산, 다시 부산에서 시모노세키로 가는 길을 통해 문물이 유통됐고, 유학생이 드나들었고, 대규모 강제 동원이 이루어지기도 했다. 한국 전쟁 때는 수많은 피난민이 부산으로 몰려들었다. 흥남 철수 때문이었다. 중국군이 한국 전쟁에 참전하면서 연합군은 후퇴를 결정한다. 이때 군인은 물론 수많은 피난민이 원산 근처 흥남 부두에 모였다. 피난민만 10만 명이 넘는 규모였는데, 이들이 미국 함선에 올라타서 내려왔다. 가족과 헤어져서 피난길에 오른 이부터 피난 도중에 가족을 잃은 이들까지 부산에 정착한 수많은 피난민에게는 아픈 사연이 많았다.

가수 현인이 부른 〈굳세어라 금순아〉 노래 가사는 이런 상황을 잘 묘사한다. 한겨울에 피난을 내려와 '눈보라', '바람 찬' 같은 단어가 쓰였고, '일사 이후'는 일사후퇴를 의미한다. 국제시장, 영도다리도 모두 부산에 있다. 국제시장은 피난민들이 미군부대에서 밀반출된 물자를 팔면서 커진 곳이다. 미국인들이 썼던 중고 의류가 많이 유통돼 케네디 시장이라고도 불렸다.

거제도 출신 정치인 김영삼이 부산을 기반으로 활동했고, 한국의 슈바이처 장기려 박사, 임시정부를 후원했던 민족 기업 백산상회도 모두 부산에 있었다. 영도의 원래 이름은 절영도로, 러시아가 이곳을 차지해 태평양으로 진출하고 싶어 했다.

낙안읍성

전라남도 순천시에 현존하는 읍성. 읍성은 평지에 만들어진 성인데 지방 행정에서 중요한 역할을 담당했다. 북쪽에는 산이 있고 성의 중앙에는 관아가 있다. 낙안읍성의 경우 동문으로 출입을 하는데 쭉 걷다보면 오른편에 관아를 비롯한 각종 지방 행정 기관이 들어서 있고 왼편으로는 민가가 늘어서 있는 것을 볼 수 있다.

읍성은 도성의 구조를 고스란히 따른다. 수도 한양의 북쪽에는 궁궐이 있고 국왕이 남쪽을 바라보며 앉는다. 그리고 남쪽으로 마을이 분포하는데 읍성은 이러한 도성의 모양을 그대로 반영하는 것이다.

국왕의 대리인인 수령이 거처하는 관서는 북쪽에 있다. 수령을 보통 '사또'라고 하는데, 국왕을 대신하여 행정, 사법, 군사권을 담당했다. 관서의 중심 건물은 동헌이라 불렀는데 사극에서 재판하는 곳이 바로 이곳이다. 읍성에는 객사가 있다. 객사에는 국왕을 상징하는 전패를 모셨는데 수령이 집무를 보기 위해 다른 곳에 가게 되면 객사에 들러 인사했고 돌아올 때도 같은 예식을 취했다.

도성이 그렇듯 읍성 역시 문이 중요하다. 수령을 만나려면 여러 문을 통과해야 하는데 동헌에 들어가려면 병사들이 지키는 솟을 대문을 통과해야만 한다. 그뿐 아니라 지역 유생들이 모여 있는 향청, 이방을 비롯한 향리들이 거처하는 공간부터 죄인을 심문하는 장소, '이승의 지옥'이라 불렸던 감옥도 있으니 읍성 하나에 핵심적인 국가 기능이 모두 들어섰다고 보면 된다.

전쟁을 위한 방어 시설이라기보다 지역민을 통제하기 위한 공간으로 보면 된다. 물론 유사시에는 읍성에서 전투를 벌이기도 했다.

현재는 전통문화를 경험할 수 있는 좋은 문화 공간으로 활용되고 있는데 낙안읍성에는 여전히 사람들이 살고 있다. 낙안읍성 외에도 해미읍성 등이 유명하다. 제주도는 읍성을 복원하여 민속촌처럼 활용하기도 하고 성벽만 복원하기도 했다.

236

Friday

도깨비

도깨비에 관한 현대 이미지는 대부분 일제 강점기에 들어온 일본 요괴와 관련된 것들이다. 머리에 뿔이 달려 있거나 이빨이 무시무시하게 나 있으면서, 괴상하거나 짓궂은 행동을 하는 것들은 도깨비가 아닌 일본의 요괴 문화에서 기인한 것이다. 또 도깨비는 원혼이 아니다. 사람이 억울하게 죽으면 귀신이 되지만 도깨비와는 무관하다.

도깨비에 대한 믿음이나 신앙은 고대사회에서부터 발견할 수 있는데 '악귀를 쫓는 신' 중 하나로 받아들여졌다. 전통 기와 건물에서 지붕의 끝을 덮는 망와에 도깨비 문양을 새기는 이유도 그래서다. 경주 불국사의 대웅전 문 앞이나 창덕궁 금천교 등에서 확인할 수 있다.

도깨비는 고구려 유적에서부터 나타난다. 고려 말《삼국유사》에 기록됐고 조선 시대에는 다채로운 도깨비가 등장한다. 일본이나 중국의 귀신처럼 잔인하거나 폭력적이지는 않았다.

도깨비는 이름도 얼굴도 다양하다. '도채비', '돗가비', '독갑이', '도각귀' 등의 이름으로 고전 문헌에 등장하고, 사람 모양에 동물의 형상을 섞기도 하지만 도깨비불같이 형상없이 등장하기도 한다.

지역마다 도깨비를 이해하는 방식도 달랐다. 제주도의 경우 도깨비는 변덕쟁이에 사람에게 골탕을 먹이거나 병을 일으키기도 한다. 메밀과 소고기를 좋아한다는 이야기도 있다. 비가 부슬부슬 내리는 날에 자주 나타나지만 날씨를 통제하는 능력은 없다.

○ 서양 중세 스콜라 철학자들은 악마가 '공기'를 통해 육신을 입고 마녀와 어울린다고 생각했다. 조선 후기 실학자 이익은 자연의 영기가 모여서 도깨비가 만들어진다고 봤다. 동서양을 막론하고 영적인 존재에 대해 진지하게 생각했던 듯하다.

237

Saturday

일천즉천

노비 세습 제도로, 부모 중 한 명이 천민이면 자식은 무조건 천민이 된다.

한반도의 노비 제도는 악명이 높다. 보통 노예 제도는 전쟁이나 경제적인 문제 때문에 발생한다. 전쟁에서 승리한 후 상대 나라의 남녀를 잡아와서 부리거나, 채무 문제를 해결하지 못하는 사람들의 신분을 구속했다. 하지만 광범위한 영토 확장이나 산업 발전이 부재한 한반도에서는 이런 방식의 노예 제도가 발전하기 어려웠다. 그럼에도 노예에 대한 수요는 언제나 높았다. 조선 시대의 양반은 노비가 없으면 생활이 불가능할 정도였다. 거리에 나갈 때는 꼭 노비가 앞장서거나 말고삐를 잡아야 했고, 일상의 각종 잡일은 모두 노비 몫이었다. 더구나 여성 노비는 남성 양반들의 성노리개 역할까지 해야 했다. 다만 로마 제국처럼 노예를 집단적으로 부리는 농장이 발전하지는 않았다.

높은 수요에도 불구하고 노비를 지속적으로 확보하기 어렵게 되자 발명한 것이 '노비 세습 제도'다. 노비끼리 결혼시켜서 자녀까지 노비로 만들거나 노비와 양인을 결혼시켜서 노비의 피가 섞인 자녀까지 노비라고 규정하는 것이다. 이를 일천즉천 제도라고 한다.

노비도 여러 종류가 있었다. 관청에 소속된 공노비와 개인이 소유한 사노비가 있었는데, 공노비는 관청의 허드렛일을 담당했고, 사노비는 주인의 집에 살면서 온갖 일을 도왔다. 하지만 노비가 모두 주인과 사는 것은 아니었다. 외거 노비들은 양인과 같이 홀로 떨어져서 농사를 지으며 신공을 납부하면서 살았다. 노비도 재산이 있으면 면천이 가능했기 때문에 외거 노비로 사는 것이 유리했다. 노비가 노비를 소유할 수 있어서 실제로 노비 소유의 노비도 있었다.

일천즉천 방식을 통한 노예 증식은 양인들의 숫자를 감소시키는 맹점이 있었다. 따라서 노비종부법, 노비종모법 등 여러 개혁안이 제시됐다. 노비종모법은 어머니가 양인이면 자녀는 양인이라는 것이다. 하지만 현실에서는 훨씬 복잡한 노비 소송이 전개됐다. 공노비는 1801년 해방됐고, 1894년 갑오개혁 때 비로소 사노비 제도도 혁파된다. 하지만 격렬한 반발 때문에 노비 제도가 완전히 사라지기까지는 이후에도 많은 시간이 흘러야 했다.

○ 노비는 물건과 같아서 매매, 상속, 증여가 가능했다.

명문장

한국의 근대화

우리도 8.15 해방으로 독립을 차지하기는 했으나, 민족이 스스로 일어서고 스스로 거룩해지기 위한 싸움은 아직도 험난하게 이어지고 있다. 민족 전체가 개인의 이익을 도모하는 데서 벗어나 하나로 뭉치는 길이 남아 있다.

(…) 가난으로부터 민족을 해방시켜 경제의 자립을 이루는 길이다. 우리 민족은 소규모의 농업 사회로서 항상 경제적 영세화에 시달려 왔고 가난은 고질화하여 탈피할 수 없는 것이라고 하는 생각이 굳어져 있다. 민간에서 민족자본의 형성을 보지 못하고 정치 브로커들이 난무하는 가운데 기형적인 관권 의존 경제의 폐해는 굳어져서 근대화를 방해해왔다. 따라서 건전한 경제관념이 육성되지 못하고 되도록 '일하지 않고 손에 흙을 묻히지 않는'다는 불로소득을 추구하는 양반의 경제관념이 무사 안일주의를 키워 게으른 민족성을 이룩했다. 해방 16년 동안 기업 경영의 정신도 육성되지 못하고 화려한 도시의 기형적 비대화만 가져 왔다. 민중은 오랫동안 시달리는 가운데 '무표정한 반노예'가 돼버리고 체념과 애수 속에서 허송세월하는 소극적 인간이 되고 말았다.

(…) 갇혀진 반도 안에서 강력한 전제 지배 아래에 억눌려온 민중은 현실의 개혁이나 재건에는 희망이 없음을 알고 자포자기하여 비과학적인 미신, 점, 사주 등에 의탁했다.

(…) 건전한 민주주의의 재건이다. 지난 16년 동안의 민주주의 수입의 역사를 반성해볼 때 그 실패는 주로 외래 민주주의를 그대로 '직수입'하기만 하고 자기 민족사의 반성을 토대로 우리 생활 속에 뿌리내리게 하지 못했다는 점이다. (…) 그 결과 전통적 지배 형태인 카리스마적인 1인 정치의 이승만 독재로 끝났다. 이와 같은 권위주의적 권력의 사용과 '제도화'하지 못한 개인 중심적인 정당=붕당은 민주 정치가 실패하도록 만들었다.

- 박정희, 《우리 민족의 나갈 길》 중

5.16 군사쿠데타 성공 이후 국가재건최고회의 의장의 명의로 발표된 홍보물로, 초기 박정희 정권의 성격을 가늠할 수 있는 자료다. 또 1960년대의 역사 인식도 엿볼 수 있다.

239

Monday

노동운동

노동자의 권익을 보호하기 위한 이익운동. 18세기 후반 영국에서 산업혁명이 본격화되면서 프롤레타리아, 즉 공장 노동자가 대거 발생하기 시작한다. 노동자들은 임금을 비롯한 근로 조건을 두고 자본가와 대립하기 시작하는데 조합을 결성하고 태업이나 파업 등의 단체 행동을 통해 자신들의 이권을 쟁취하기 위해 노력한다. 비슷한 시기 영국의 많은 개혁가는 노동자들을 보호하기 위한 법률을 만들었고, 자본주의의 구조적 모순을 비판하며 혁명을 주장한 사회주의운동도 이즈음에 등장한다. 이후 독일을 중심으로 노동운동과 사회주의운동이 연대하며 발전하기 시작한다. 러시아나 중국의 공산주의 혁명, 북유럽의 사회민주주의 등이 이러한 흐름 가운데 만들어진 것이다.

우리나라 노동운동의 직접적인 배경은 1919년 3.1 운동과 사회주의다. 3.1 운동은 민족 독립에 대한 자각뿐 아니라 각계각층이 자신의 형편과 처지에 대해 각성하는 기회를 제공했다. 따라서 3.1 운동 이후 각종 단체가 만들어지면서 학생운동, 여성운동, 농민운동, 노동운동, 사회주의운동 등 다양한 활동이 시작된다.

그중 사회주의운동은 강력한 영향력을 행사했고, 노동운동과 깊은 관련을 맺는다. 대표적인 노동운동은 1929년에 벌어진 원산 노동자 총파업이다. 당시 원산은 거대한 공업 지대였는데, 영국계 라이징선 회사의 고타마라는 일본인 감독이 조선인 노동자를 멸시하고 구타한 사건을 발단으로 약 4개월간 2천 명이 넘는 노동자들이 파업을 벌였다. 총파업은 해외에도 널리 알려져서 프랑스 노조 등에서 격려 전문이 오는 등 치열한 투쟁을 벌였으나 잔혹한 탄압으로 실패하고 만다. 당시 일제는 본국에서 실시하던 공장법을 조선에 적용하지 않는 등 철저하게 기업과 자본가를 지원했으며 경찰력을 파견하여 노동운동을 탄압하는 정책을 펼쳤다. 조선인은 일본인에 비해 여러 차별을 받았는데 조선인 여성 노동자나 유소년 노동자는 성별과 연령 때문에 남성 성인 노동자보다 더욱 어려움을 겪었다.

해방 후 1960년대에 들어서면서 비로소 한국은 급격한 산업화의 길에 들어섰고 그만큼 노동운동 또한 빠르게 발전했다. 1987년 6월 항쟁 이후 7, 8월에는 노동자 대투쟁이 벌어지는데 울산, 창원 같은 대규모 공단에서 현대중공업 등의 공장 노동자들이 시위를 주도했다.

손기정

1936년 베를린 올림픽에서 마라톤으로 금메달을 땄다. 공교롭게도 당시 올림픽은 히틀러의 독일이 주관한 행사였다. 일제 강점기 때 일본 선수로 출전하여 나치가 이끄는 행사에서 금메달을 땄다는 점이 참으로 이채롭다. 동메달은 남승룡이 땄는데 이 둘은 우승 이후에도 큰 세레모니를 하지 않았고 메달 수여식에서는 고개를 숙인 채 의기소침하게 임했다.

그럼에도 불구하고 올림픽 마라톤에서 우승한 것은 대단한 성과였다. 따라서 〈조선중앙일보〉, 〈동아일보〉를 비롯한 당시 언론사들은 일장기를 지운 채 보도했다. 그 결과 〈조선중앙일보〉는 폐간당했고, 〈동아일보〉도 무기한 정간 처분을 당한다. 일장기 말소 사건이 일어난 것이다.

손기정의 신화적인 우승은 1992년 바르셀로나 올림픽에서 재현됐다. 당시 황영조가 금메달을 따면서 손기정 이후 56년 만에 두 번째 금메달리스트가 됐다. 황영조는 1994년 일본 히로시마 아시안 게임에서도 금메달을 땄다.

손기정을 비롯한 스포츠 영웅이 한민족의 고달픈 마음을 달랬던 사건은 여럿 있었다. 사이클 영웅 엄복동은 일제 강점기에 가장 유명한 스포츠 스타였다. 그는 1910년~1920년대 수많은 사이클 대회에서 일본인 선수들을 물리치고 우승을 거머쥐었다. 스포츠 영웅은 아니지만 최초의 비행사로 불렸던 안창남 역시 스타였다. 여러 민간 비행사 시험에서 수상하며 비행사가 됐고 〈동아일보〉의 주도하에 고국 방문 비행을 감행하여, 금강호를 타고 서울 상공을 날아서 수많은 식민지 청년들에게 희망을 줬다. 당시에 "떴다, 올려 보아라 안창남의 비행기. 달린다, 내려 보아라 엄복동의 자전거"라는 노랫말이 유행할 정도였다.

○ 스포츠 영웅의 역사는 계속됐다. 장정구, 유명우 등 복싱 챔피언에 열광하기도 했고, 차범근 이래 박지성, 손흥민 등이 축구사의 계보를 잇고 있다. 1997년 외환위기 당시 메이저리그에 진출한 투수 박찬호와 미국 LPGA에 진출한 박세리가 엄청난 인기를 누리기도 했다. 피겨 스타 김연아, 수영 스타 박태환도 있다.

창원

현재 창원시는 마산, 진해, 창원이 합쳐진 대한민국 통합 도시 1호다. 마산, 진해, 창원 일대는 지리적 중요성으로 인해 일찍부터 경상도 물자 운송의 중심지였고, 특히 고려, 조선 시대 때는 '조운 제도'의 중심지였다. 세금을 쌀과 특산물로 거두었기 때문에 이를 해안가에 옮겨와서 서울까지 배로 옮겼는데, 창원은 경상도의 조창이 집결한 지역이다. 창원 일대는 합포라고 불렸는데, 이곳은 고려 후기 몽골의 일본 원정 전진 기지 역할을 했다. 1차 원정 당시 큰 전함 300척, 작은 배 600척 등 900척이 건조됐고, 2차 원정 때는 전함 900척을 만들었다. 창원 일대의 주민들이 모든 고생을 감당했다.

지금도 자산동에 '몽고정'이라는 우물이 있는데, 몽골 군사와 말이 우물물을 먹었다는 데서 붙여진 이름이다. 이 우물물 맛이 좋아 장을 담구는 데 활용됐는데, 일제 강점기 때 '몽고간장'이라는 상표가 나온 것도 여기에 기인한다.

조선 전기 창원은 대일 무역의 중요한 거점지가 된다. 세종은 계해약조를 통해 일본과의 무역량을 규정했고, 이때 삼포를 개항하며 일본인들의 활동을 부분적으로 허용한다. 세종이 개항한 삼포(부산포, 제포, 염포) 중 제포(내이포)는 오늘날 제포구 웅천동 일대를 말한다. 중종 때는 이곳에서 삼포왜란이 일어났다.

창원 일대에는 일제 시대 유산이 많이 남아 있다. 진해역에서 남원로터리까지를 귤통이라고 불렸는데, 진해를 해군의 주요 거점으로 삼고 군항으로 개발하려고 한 것이다. 1931년 진해면은 진해읍이 되는데 이 지역은 일본인들만 살 수 있는 곳이었다. 따라서 조선인들은 경화동 등 외곽에서 살아야 했다. 그래서 이곳에 일본식 가옥이 많이 남아 있다. 일본식 2층 가옥을 장옥이라고 부르는데, 1층은 상점, 2층은 살림집으로 구성돼 있다.

중원로터리 선학곰탕집은 일제 강점기 때 진해해군통제부 병원장 사택이었다. 근처 진해 우체국도 1912년에 지어져서 2000년까지 우체국 청사로 활용됐다. 가장 인상적인 곳은 '원해루'로, 원래는 영해루였는데 한국 전쟁 당시 중공군 출신으로 유엔군 포로가 된 장철현 씨가 1956년에 연 중국집이다. 이승만 대통령이 즐겨 먹었고 장제스 총통이 다녀갔으며, 영화 〈장군의 아들〉도 이곳에서 촬영했다.

242

Thursday

소쇄원

소쇄원은 전라남도 담양에 위치한 사대부가 만든 개인 정원이다. 한·중·일은 각각 독특한 정원 문화가 발전했다. 일본은 인위적인 조경 작업을 통해 삼라만상의 이치를 정원에 드러내고자 했다. 중국과 조선은 엄밀히 말해 정원보다 원림이라는 표현을 사용한다. 인위적으로 자연물을 가공하기보다 자연 그 자체의 흐름을 중시하고 자연에 순응할 것을 강조한다. 중국의 원림은 규모가 엄청나다. 원림 안에 여러 개의 산이 있는데, 수백 수천의 기암괴석과 산수를 자랑하는 황실 정원이 대표적이다. 애초에 정원을 가꾸는 것 자체가 왕이나 귀족 혹은 사대부의 취향이기 때문이다. 우리나라는 중국에 비해 규모가 작고 일본에 비해 조형미가 부족하지만 특유의 자연친화적 성격이 강하다.

소쇄원은 조선을 대표하는 원림이다. 기묘사화 때 조광조 일파가 처단을 당하자 조광조의 제자였던 양산보가 은둔을 결심하고 소쇄원을 만들었다고 한다. 계곡의 물길 위에 소박한 건물을 지었고 아래로는 대나무 숲이 그득하다. 광풍각과 제월당은 건축미가 소박하며 독창적이다. 깊은 지식이 없어도 이곳을 거닐다보면 풍요로운 마음을 얻을 수밖에 없다. 건너야 하거나 올라야 할 곳이 많고 건물이 빈약하기 때문에 조심스럽게 자리 잡아야 한다. 마루에 앉으면 하늘과 숲이 보이고, 창과 문 사이로 다시 자연과 마주한다. 시선을 아래로 돌리면 절개를 상징하는 푸른 대나무 숲이 가득하고 물소리가 멈추지 않는다. 자연과 벗하는 것이 무엇인지, 자연에 순응하는 것이 무엇인지를 온몸으로 누릴 수 있다.

243

Friday

김춘수와 천상병

내가 그의 이름을 불러 주기 전에는
그는 다만 하나의 몸짓에 지나지 않았다.
내가 그의 이름을 불러 주었을 때
그는 나에게로 와서 꽃이 되었다.

김춘수(1922년~2004년)가 쓴 〈꽃〉이라는 유명한 시의 일부다. 〈행복〉으로 유명한 시인 유치환의 결혼식 시동이 〈꽃〉의 시인 김춘수였다. 그리고 마산중학교 교사였던 김춘수에 눈에 띄었던 학생이 바로 〈귀천〉의 시인 천상병이다. 김춘수와 천상병은 중학교 사제 관계이자 문학적 사제 관계였는데, 이 둘의 인생은 참으로 대조적이었다.

김춘수는 모든 면에서 성공한 삶을 살았다. 첫 시집《구름과 장미》는 시인 유치환이 서문을 썼고,《늪》이라는 시집은 서정주가 서문을 썼다. 당대 최고의 시인들이 김춘수를 주목했고, 그는 시인이 누릴 수 있는 수많은 영광을 누린다. 시문집을 잇달아 발표하며 시인뿐 아니라 평론가의 지위도 누렸으며, 국문학 교수, 시인협회 중앙위원은 물론 국회의원과 KBS 이사까지 역임한다. 김춘수는 릴케의 영향을 깊이 받았으며 철학적 시 쓰기의 지평을 열었다.

그의 제자 천상병(1930년~1993년)도 시작은 그와 비슷했다. 1949년 시 〈강물〉을 〈문예〉에 발표했고, 1951년 서울대학교 상과대학에 입학한다. 이미 대학생 때《나는 거부하고 저항할 것이다》라는 평론을 발표했고, 1952년 〈문예〉에 시 〈갈매기〉를 발표하며 일찌감치 문단에 등단한다. 하지만 1967년 동백림 사건에 휘말려 억울하게 투옥당했고, 전기 고문까지 받아서 정신병원을 전전하는 신세가 된다. 이후 1970년에는 실종되어 동료 문인들에 의해 유고 시집이 발간되기도 한다. 살아 있는 시인이 유고 시집을 낸 것이다.

천상병의 시는 세련되지 않고 담백하다. 또 가난이라는 삶의 무게가 곳곳에 배여 있다. 그럼에도 불구하고 천상병의 시는 순수하며 사람의 마음을 그윽한 경지에 이끈다. 천상병의 시 중에는 〈귀천〉이 유명하다.

244

Saturday

6두품

진골귀족 아래 머물렀던 신라의 6두품은 애매한 계층이었다. 평민이나 하급 지배층에 비해 신분이 높았지만 현실적으로 고위 관료로 진출할 수는 없었기 때문이다. 그 때문인지 6두품 출신의 학자나 고승이 많았다.

원광, 원효 등이 6두품 출신의 승려였고 원효의 아들인 설총, 강수 등이 저명한 학자였다. 설총은 이두 문자를 만들어 한문 사용의 어려움을 일정 정도 해소했다. 이두는 한자의 음과 뜻만 빌려와서 글을 쓰는 방식인데 한글이 등장하기 전까지 널리 사용됐다.

신라 말기에는 최치원이 유명했다. 탁월한 유학자이며 《계원필경》 등을 지었던 당대의 지식인이었다. 일종의 외국인 전용 시험인 빈공과에 합격한 후 당나라에서 관직 생활을 했는데 황소의 난이 일어나자 〈토황소격문〉을 지어 적장의 간담을 서늘하게 했다는 일화가 전해진다. 유교 사관의 입장에서 역사를 정리하고 한문학을 수용하여 발전시켰음은 물론 유교, 불교, 도교를 통합하는 독특한 세계관을 발전시키기도 했다.

하지만 정치적으로는 불운한 시절을 보냈다. 당시 당나라와 신라 모두 멸망기에 접어들었고 귀국한 그를 받아줄 곳은 어디에도 없었다. 진성여왕에게 개혁안을 건의했지만 국왕은 개혁 의지가 없었고 이후 은거하며 세월을 보냈다고 한다.

○ 신라 말기 '3최'라고 불리던 인물이 있었으니 최치원, 최승우, 최언위였다. 당나라에 유학하여 빈공과에 합격하면서 문명을 떨쳤는데 각자의 길이 달랐다. 최치원이 신라로 돌아왔다면, 최승우는 후백제의 견훤을, 최언위는 고려의 왕건을 찾아간 것이다.

함석헌

혹들 하는 말이 우리 사회는 아직 민주주의를 하기에는 정도가 모자란다 하지만 모르는 말이다. 민주주의일수록 어린 아기 때부터 해야 한다. 낳은 어미가 아니니 아직은 계모의 심정을 좀 부리다가 차차 진짜 어미 노릇을 하겠다면 되는 말인가? 낳지 않았을수록 처음부터 어미 노릇을 더 정성으로 해야 할 것 아닌가? 착한 일에도 무슨 시기가 있느냐? 없다. 아직은 독재를 좀 하다가 점진적으로 민주정치를 한다는 그런 모순된, 어리석은, 거짓말이 어디 있나?

(⋯) 혁명은 민중의 것이다. 민중만이 혁명을 할 수 있다. 군인은 혁명 못 한다. 아무 혁명도 민중의 전적 찬성, 전적 지지, 전적 참가를 받지 않고는 혁명이 아니다. 그러므로 독재가 있을 수 없다. 민중의 의사를 듣지 않고 꾸미는 혁명은 아무리 성의로 했다 하여도 참이 아니다. 또 민중의 의사를 모르고 하는 것이 자기네로서는 아무리 좋은 일이라 해도, 또 사실 민중에게 물질적인 행복을 가져온다 해도, 그것은 성의는 아니다.

(⋯) 그러므로 민중을 앞에 두지 않고 꾸미는 혁명은 참 혁명이 아니다. 반드시 어느 때 가서는 민중과 관계가 나빠지는 날이 오고야 만다. 즉, 다시 말하면 지배자로서의 본색을 나타내고야 만다. 그리고 오래 속였으면 속였을수록 그 죄는 크고 그 해악은 깊다.

1961년 함석헌(1901년~1989년)이 〈사상계〉에 쓴 〈5.16을 어떻게 볼까?〉라는 글의 일부다. 〈사상계〉는 1960년대를 상징하는 잡지로, 초기에는 의외로 5.16 군사쿠데타를 긍정적으로 봤다. 6월호 권두언에는 "5.16 군사정변은 부패와 무능과 무질서와 공산주의의 책동을 타파하고 국가의 진로를 바로잡으려는 민족주의적 군사 혁명"이라고까지 했으니 말이다. 하지만 함석헌은 일찍이 군사쿠데타의 위험성을 비판하며 혁명성을 부정했다. 함석헌은 박정희 정권은 물론 전두환 정권과도 싸우며 한국의 민주화에 큰 공헌을 했다. 또 '씨알 사상'을 비롯한 독특한 사상 체계를 발전시키기도 했다.

246

Monday

독트린

독트린은 종교의 교리를 의미하는 단어이지만, 한국 현대사에서는 미국 대통령의 새로운 정책 방향을 표현할 때 주로 사용된다. '트루먼 독트린', '닉슨 독트린'이 대표적인 예다.

1945년 해방부터 지금까지 대한민국은 동아시아의 복잡한 국제 관계에 큰 영향을 받고 있다. 분단, 전쟁 그리고 냉전 다시 탈냉전까지 대한민국을 요동치게 한 사건들은 대부분 미국과 미국을 중심으로 한 국제 문제들이었다.

시작부터 그랬다. 1943년 카이로 선언과 1945년 포츠담 선언에서는 한반도에 독립 국가를 세운다는 사실을 미국, 영국, 소련 그리고 중국이 합의했는데 종전 후 이행됐다. 1945년 얄타회담에서 미국과 영국은 소련의 태평양 전쟁 참전을 종용했다. 결국 소련군은 만주와 한반도에 진주하며 분단의 단초를 제공했다.

1947년 트루먼 독트린은 냉전을 확정 지은 사건이다. 당시 유럽과 중동에서는 미국과 소련의 힘겨루기가 한창이었다. 폴란드, 헝가리 같은 동유럽 국가들은 공산화됐으며 그리스, 터키마저도 공산화될 지경에 이르자 미국 대통령 트루먼은 반공 정책을 공식화하며 냉전의 신호탄을 쏘아 올렸다. 그리스와 터키의 공산화를 좌시하지 않겠다는 건데 지중해와 흑해 그리고 중동과 관련한 미국, 영국, 프랑스의 이권 문제 때문이기도 했다. 이후 미국은 나토를 창설하여 군사 동맹을 강화하면서 냉전이 본격화된다. 미국의 태도 변화는 우리나라를 비롯한 동아시아에도 많은 영향을 끼쳤다. 남북한은 분단이 확정됐고 일본은 반공을 명분으로 전범들이 정계로 복귀했다.

1969년 닉슨 독트린 역시 미친 파장이 엄청났다. 베트남 전쟁에서 패배를 거듭하던 미국은 결국 '명예로운 철군'을 선택한다. 닉슨은 독트린을 발표하여 아시아에서의 군사적 개입을 피하고자 했고, 남한이나 일본 같은 나라에 핵무기 지원은 계속하겠지만 핵의 위협 같은 특별한 경우를 제외하고는 아시아 국가끼리 사율적이고 자주적으로 협력하기를 촉구했다.

미국이 아시아 문제에서 일정 정도 발을 뺌에 따라 북베트남은 통일을 이룰 수 있었다. 닉슨 독트린에 정면으로 반발하던 박정희 정권은 독재 체제를 강화했고 한일 간의 협력 관계는 더욱 강화됐다.

247

Tuesday

이광수

우리 민족의 성질은 열악합니다. (…) 나는 생각하기를 30년만 이대로 버려두면 지금보다 배 이상의 피폐에 달하여 그야말로 다시 일어날 여지가 없이 되리라 합니다.

(…) 그러면 이것을 구제할 길이 무엇인가. 오직 민족 개조가 있을 뿐이니 곧 본론에 주장한 바외다.

(…) 이 개조운동이 정치적이나 종교적인 어느 주의와도 상관이 없다 함이니 곧 자본주의·사회주의·제국주의·민족주의 또는 독립주의·자치주의·동화주의, 어느 것에나 속한 것이 아니외다. 개조의 성질이 오직 민족성과 민족 생활에만 한하였고, 또 목적하는 사업이 상술한 바와 같이 덕체지(德體知) 삼육(三育)의 교육적 사업의 범위에 한한 것인즉 아무 정치적 색채가 있을 리가 만무하고 또 있어서는 안 될 것이외다.

이광수(1892년~1950년)가 1922년 〈개벽〉이라는 잡지에 기고한 〈민족개조론〉의 일부다. 이와 더불어 이광수는 〈동아일보〉에 비슷한 논조로 '민족적 경륜'이라는 글을 기고했는데, 당시 엄청난 논란이 됐다. 이광수가 보기에 현재 절실한 것은 일제로부터의 독립이나 사회주의 같은 이념을 수용한 혁명운동이 아닌 민족성 개조인 것이다. 그만큼 한민족의 민족성이 저열하고 심각한 위기에 처해 있기 때문에 어떤 이념이나 주의보다 민족 개조에 집중해야 한다는 주장이다.

이광수는 민족 개조론을 주장하면서 동시에 자치론을 전개했다. 일본이 허락하는 범위 내에서 활동하자는 것으로, 위의 글처럼 의도적으로 정치성과 사회성을 배제했다. 1920년대 이광수는 자치론을 주도하면서 민족주의 진영 분열에 중요한 역할을 했다. 이상재, 안재홍 등이 비타협적 민족주의를 내세우며 사회주의와의 연대를 모색했다면 이광수, 최린, 김성수, 최남선 등 자치론자들은 친일의 길로 나아갔다. 결국 이광수는 1937년 중일 전쟁 이후 해방될 때까지 일본 제국주의를 앞장서서 홍보하고 선전했다. 징병 제도 실시를 환영했고, 영국과 미국을 타도해야 한다고 주장했으며, 문인들의 대표자 격으로 각종 대회에서 중요 역할을 담당했다.

결국 해방 이후 반민특위 당시 체포됐고, 일제가 망할 줄 몰랐기 때문에 어쩔 수 없이 협력했다고 변명을 늘어놓아 세간의 빈축을 사기도 했다.

강화도

김포를 마주하고 있는 섬. 강화도만큼 한반도 역사에서 각종 이야기가 얽힌 곳도 없을 것이다.

몽골의 침략 당시 무신 정권은 강화도에서 30년을 항쟁했다. 이후 강화도는 외적을 방비하기 위한 최고의 섬이라는 인식이 널리 퍼졌다. 일명 강화도 만능론이다. 하지만 병자호란 당시 이곳으로 피난했던 이들은 처참한 최후를 맞는다.

김포와 맞닿아서 해안선이 길고 가늘며 맑은 날에는 물결이 잔잔하기 이를 데 없다. 통상 물길이 거칠어서 방어에 유리하다고 하지만 항상 그런 것도 아니고 지켜야 할 해안선이 길기 때문에 많은 병력을 유지하지 않으면 오히려 수비하기에 매우 곤란하다.

몽골 침략 당시에는 수만 명의 삼별초가 이곳을 지켰으며 수차례 치열한 전투를 벌이기도 했다. 무엇보다 몽골이 물에 익숙하지 않았기 때문에 수비하기 편했다. 하지만 청나라는 달랐다. 여진족은 수렵 민족이기 때문에 물에 익숙했고 당시 명나라의 수군이 대거 투항했기 때문에 해전을 하는 데 어려움이 없었다.

비슷한 어려움을 개항기 때도 겪는데, 프랑스군과 미국군이 각각 병인양요와 신미양요를 일으켜서 이 지역을 유린했기 때문이다. 강화도는 한양과 가깝고 당시에는 물길을 통해 이동했기 때문에 강화도가 점령당한다는 것은 수도가 위기에 처하는 것을 의미했다. 프랑스 군대는 이때 외규장각 도서를 약탈했다. 외규장각은 정조가 별도로 만든 창고로, 1,007종의 5,067책이 보관돼 있었다. 은궤, 어새 등을 프랑스로 가져갔는데, 1975년 박병선이 이를 발견하면서 도서 반환 논의가 시작됐다. 2010년 이명박 정부 때 296권이 반환되면서 마무리됐다.

강화도는 세계적으로도 드물게 고인돌이 집중적으로 분포하고 있는 곳이다. 팔만대장경도 이곳 선원사에서 만들었다.

○ 기독교와 조선 문화가 아름답게 절충된 대한성공회 강화성당도 강화도의 사적이다. 이 근처에 각종 역사 유적이 몰려 있기도 하다.

249

Thursday

신윤복

월하정인

신윤복(1758년~?)은 조선 후기에 활동한 풍속 화가로, 김홍도에 비견되는 인물이다. 김홍도에 비해 신윤복은 양반들의 생활을 묘사하는 데 집중했고 채색이 뛰어났다. 섬세하고 치밀하게 그렸다는 점에서 김홍도와는 느낌이 다르다.

〈미인도〉는 중국에서는 수차례 그려졌으나 국내에서는 이와 같은 작품을 찾아보기 드물고 여타의 작품과 비교 불가의 수준이다. 〈월하정인〉, 〈단오풍정〉 등도 매우 유명한데 이를 통해 당시 여성들의 의복과 유행을 가늠해볼 수 있다. 특히 〈월하정인〉에 나오는 '거꾸로 뜬 달'은 실제로 보고 그린 것인지에 대한 연구가 진행되기도 했다. 수백 년에 한 번 그러한 경우가 있으나 신윤복이 활동할 당시에는 아니었던 것으로 결론이 났다.

조선일보

1920년 창간됐고 친일 신문으로 시작했다. 1921년 친일파 송병준이 인수했는데 덕분에 대중들에게 외면당해 경영이 악화됐다. 그러던 중 1924년 신석우가 매입하고, 민족 지도자 이상재를 사장으로, 주필을 안재홍으로 세우면서 민족지로 변신했다. 이때 〈동아일보〉 편집국장 출신이자 사주 김성수와 사이가 나빴던 이상협이 스카우트됐다. 〈동아일보〉와 〈조선일보〉의 경쟁 구도가 만들어진 것이다.

놀랍게도 한때 〈조선일보〉는 사회주의의 전위대 역할도 했다. 기자의 상당수가 사회주의자였기 때문이다. 〈동아일보〉가 균형 있게 사회주의를 다뤘다면, 〈조선일보〉는 매우 적극적으로 1933년까지 기조를 이어갔다. 하지만 금광 사업으로 크게 성공한 방응모가 신문사를 인수하면서 사회주의적인 성격은 사라지고 만다.

1940년 폐간을 당하지만 폐간 보상금으로 20만 원을 받았다. 당시 일본군 전투기 한 대가 10만 원이었으니 꽤 큰 보상액이었다. 폐간 후 〈조선일보〉는 〈조광〉 같은 월간 잡지, 단행본 출판 사업도 계속 벌여나갔다. 이승만·박정희 정권 때는 여타의 언론과 마찬가지로 정권의 나팔수 노릇을 했다. 더구나 1980년대 초반까지만 해도 〈동아일보〉와 〈한국일보〉의 위세에 눌려 있었다.

하지만 1980년대 전두환 정부를 거치면서 〈조선일보〉는 비약적으로 성장한다. 이때 〈월간조선〉을 창간했고 당시 중소기업 고유 업종인 상업 인쇄, 문화 사업, 스포츠 사업, 부동산 임대 사업을 할 수 있는 혜택을 누렸다. 더구나 국가보위입법회의 의원으로 〈조선일보〉 사주 방우영, 간부 송지영, 김윤환, 남재희 등이 참여했으니 좀 더 적극적인 권언유착이 시작된 것이다. 〈동아일보〉와 마찬가지로 1980년대 이후 〈조선일보〉는 미디어 재벌로 거듭난다.

○ 김대중·노무현 정권을 거치면서 〈조선일보〉를 비롯한 보수 언론은 정치적 입장을 뚜렷이 한다. 대표적인 사건이 1998년 '최장집 사건'이다. 최장집은 당시 대통령자문 정책기획위원장으로 임명됐는데, 보수 언론이 이른바 좌파학자로 몰아붙이면서 김대중 정권을 곤란에 빠뜨렸다.

251

Saturday

고문

> 본인은 9월 한 달 동안, 9월 4일부터 9월 20일까지 전기고문과 물고문을 각 다섯 시간 정도 당했습니다. 전기고문을 주로 하고 물고문은 전기고문으로 발생하는 쇼크를 완화하기 위해 가했습니다. 고문을 하는 동안 비명이 바깥으로 새어나가지 않게 하기 위해 라디오를 크게 틀었습니다.
>
> 그리고 비명 때문에 목이 부어서 말을 못 하게 되면 즉각 약을 투여하여 목을 트이게 하였습니다. 이러한 과정에서 9월 4일 각 다섯 시간씩 두 차례 물고문을 당했고 9월 5일, 9월 6일 각 한 차례씩의 전기고문과 물고문을 골고루 당했습니다.
>
> — 1985년, 고(故) 김근태의 증언 중

고문은 우리 역사의 가장 추악한 측면이다. 일제 시대 때 독립운동가들에게 가해졌던 고문은 해방 이후에도 계승되어 민주화 요구를 억압하는 수단으로 활용되었을 뿐만 아니라 용공 조작을 위해 무고한 시민들을 잡아서 억지 자백을 받는 수단으로도 사용됐다. 고문 기술자 이근안에게 당한 김근태의 고통은 영화 〈남영동 1985〉에서 자세히 묘사됐다. 고문은 그 자체로 끔찍하지만 육체적, 정신적 후유증으로 평생을 괴롭힌다. 김근태는 고문 후유증으로 파킨슨병을 앓았고 트라우마에 시달렸다. 이런 증상은 고문 피해자들에게 빈번히 나타난다.

고문을 통한 인권 유린은 셀 수 없을 정도다. 1974년 민청학련사건이 대표적이었고 각종 간첩단 사건도 대부분 고문에 의해 조작됐다. 발가벗겨서 두들겨 패거나 잠을 안 재우는 것은 기본이었고 나무 송곳 등으로 손톱 밑을 후비거나 성기를 때리는 등 끔찍한 일이 반복됐다. 물고문과 전기고문은 악명의 절정이었고, 여성을 대상으로는 성고문도 일상이었다고 한다. 경우에 따라 이상한 약물을 먹여서 자백을 받아냈다고도 한다.

고문에 못 이겨 허위 진술을 작성하고 재판장에서 억울함을 토해내는 일은 다반사였다. 하지만 검사와 판사들은 이런 현실을 외면했고 고문 집행자였던 형사들은 은폐하기에 급급했다. 1987년 민주화 이후 5.18 광주민주화운동에 대한 진상 규명을 시작으로, 과거 고문에 따른 인권 유린에 대한 광범위한 조사와 피해자 보상을 위한 노력이 진척되고 있다.

252

Sunday

이번 일은 참으로 하늘이 도우셨다

여러 장수들을 불러 모아서 "병법에 이르기를 '죽으려 하면 살고 살려고 하면 죽는다' 했고 또 '한 사람이 길목을 지키면 천 명도 두렵게 할 수 있다'는 말이 있다. 이는 모두 오늘의 우리를 두고 이른 말이다. 너희 여러 장수들이 조금이라도 명령을 어긴다면 군율대로 시행해서 작은 일이라도 결코 용서하지 않겠다" 하고 엄하게 약속했다.

(…) 곧 모든 배에 명령하여 닻을 올리고 바다로 나갔더니 적선 130여 척이 우리 배들을 둘러쌌다. 여러 장수들은 양쪽의 수를 헤아려보고는 모두 도망하려는 꾀만 내고 있었다. (…) 나는 노를 빨리 저어 앞으로 나아가며 지자, 현자 등 각종 총통을 마구 쏘았다. 탄환이 폭풍우같이 날아갔다. 그러자 적의 무리가 감히 대들지 못하고 쳐들어왔다 물러갔다 했다. 그러나 여러 겹으로 둘러싸여 형세가 어찌 될지 헤아릴 수 없으니 온 배에 있는 사람들이 서로 돌아다니며 얼굴빛이 하얗게 질려 있었다.

(…) "그림 무늬 놓은 붉은 비단옷을 입은 자가 바로 안골진에 있던 적장 마다시입니다" 하고 말했다. 내가 물 긷는 군사 김돌손을 시켜 갈고리로 낚아 올렸더니, 준사가 펄쩍 뛰면서 "정말 마다시입니다" 하고 말했다. 곧바로 명령을 내려 토막토막 잘랐더니 적의 기세가 크게 꺾였다. 우리 배들이 적을 물리칠 수 있다는 것을 알고 일제히 북을 올리고 함성을 지르면서 쫓아 들어갔다. 지자, 현자 대포를 쏘니 그 소리가 산천을 뒤흔들었고, 화살을 빗발처럼 쏘았다. 적선 31척을 깨뜨리자 적선은 도망하고 다시는 우리 수군에 가까이 오지 못했다.

(…) 이번 일은 참으로 하늘이 도우셨다.

- 이순신, 《난중일기》 중

《난중일기》에 나온 명량해전 기록이다. 12척의 배밖에 없는 상황에서 울돌목이라는 좁은 해협의 물길을 이용하여 10배가 넘는 적을 기적적으로 물리친 유명한 승전이다. 하지만 당일의 기록을 보면 전략은 기본이요, 이순신의 탁월한 리더십과 결단력을 엿볼 수 있다.

253

Monday

동학농민운동

1894년 전봉준(1855년~1895년)과 동학교도를 중심으로 진행된 반봉건, 반외세운동. 동학은 경주 몰락 양반 최제우에 의해 창도됐다. 유교, 불교, 도교는 물론 무속 신앙까지 받아들였고 서학(천주교)에 대한 반대를 분명히 했다. 동학이 농민들 사이에 급속도로 퍼져나가는 가운데 1대 교주 최제우는 이단으로 몰려 처형당했고, 2대 교수 최시형이《동경대전》,《용담유사》같은 경전을 편찬하면서 발전했다. 초기에는 억울하게 죽은 교주 최제우의 신원을 회복하라는 운동(교조신원운동)으로 시작했지만 점차 사회 개혁, 외세 배격 같은 당시 농민들의 보편적인 의식과 궤를 같이하며 무장 저항운동으로 발전했다.

동학농민운동은 고부 군수 조병갑의 학정에 대한 농민들의 반발에서 시작했다. 하지만 사태를 수습하러 왔던 안핵사 이용태가 조병갑의 편을 들면서 사태가 악화됐다. 이에 반발하면서 전봉준을 중심으로 김개남 등 각지의 동학 지도자들과 농민들이 합세, 백산에 집결하여 조선 왕조에 대항하는 거대한 농민운동이 시작된다. 황토현과 황룡촌 전투에서 승리하면서 전라북도의 중심지 전주를 점령했고 전라 감사 김학진은 동학농민군에 크게 감화가 돼 전봉준과 함께 전라도 개혁 정치를 주도하고 무기를 지원하는 등 파격적인 모습을 보였다.

관군의 진압이 실패하자 고종과 명성황후는 청나라에 원군을 요청한다. 청나라 군대가 아산만을 통해 한반도에 진입하자 일본은 이를 빌미로 군대를 파병한다. 이에 당황한 조선 조정은 황급히 동학농민군과 타협을 도모하고, 전주화약을 맺는다.

동학농민군은 각종 봉건 폐습의 타파와 과감한 토지 개혁을 주장한다. 여성의 재혼을 허용하고, 백정에 대한 차별을 철폐하며 소작농들에게 땅을 나눠줄 것을 요구하는데 전주화약을 맺은 후 중앙에는 교정청, 전라도 등지에는 집강소가 설치되면서 한때 일부 개혁이 실천되기도 했다.

하지만 이후 청일 전쟁이 발발했고 갑오개혁이 진행되자 동학농민군은 종래의 목표를 수정하고, 조선 왕조를 구원하고자 2차 봉기를 일으킨다. 이번에도 전봉준의 주도로 손병희가 이끌던 충청도 동학농민군이 참여했으나 결국 공주 우금치 전투에서 궤멸되고 만다. 대부분의 동학 지도자들이 체포, 처형되는 가운데 손병희 등은 일본으로 탈출에 성공하여, 교단을 수습하며 천도교로 이름을 바꾼다.

254

Tuesday

김영삼

김영삼(1927년~2015년)은 정치가이자 14대 대통령이다. 국회의원을 아홉 번 하면서 반독재 투쟁을 주도했고, 박정희, 전두환, 노태우 이래 최초의 민간인 대통령이었기 때문에 문민정부라고 불렸다.

김영삼은 대표적인 야당 정치인이었다. 1954년 26살에 최연소로 국회의원에 당선됐고 1960년대 후반 40대 기수론을 주창하며 야당 혁신의 견인차가 됐다. 최연소 원내총무, 최연소 야당총재가 되는 등 김대중과 더불어 가장 신망받는 정치가였다. 1970년대에는 선명 야당을 외치며 박정희 정권과 대립했다. 특히 1979년 〈뉴욕 타임스〉에 '미국은 박정희와 한국의 민주주의 중 하나를 선택하라'는 취지의 인터뷰를 한 것이 빌미가 돼 의원직을 제명당하기도 했다. 하지만 사상 초유의 의원직 제명 사건은 2차 석유 파동, YH 사건과 겹치면서 부마항쟁의 기폭제가 됐고, 결국 10.26 사태를 통해 급작스레 박정희 정권이 무너졌다.

1980년대에는 23일 단식 투쟁, 민주화추진협의회 결성, 천만인 서명운동 등을 주도했다. 하지만 6월 항쟁 이후 실시된 대통령 선거에서는 김대중과 동시에 출마하면서 낙선했고, 국회의원 선거에서도 김대중이 이끌던 평화민주당에 밀리면서 제2야당 총재가 되는 등 정치 위기를 맞는다. 결국 1990년 당시 집권당이자 노태우 대통령이 이끌던 민주정의당, 박정희 정권을 계승하는 김종필의 신민주공화당과 합당한 후 대통령 선거에서 승리했다. 1993년 문민정부의 시작이다.

문민정부는 초기 각종 개혁 정치를 통해 지지율이 90%를 넘는 등 엄청난 인기를 누렸다. 공직자 재산 공개, 금융실명제, 전면적 지방자치제, OECD 가입, 역사 바로 세우기 차원에서 추진된 조선총독부 건물 철거, 전두환·노태우 재판 등이 모두 이 시기에 진행됐다. 특히 군대 내 사조직인 하나회를 숙청함으로 군부 쿠데타의 가능성을 제거한 것이 여전히 그의 업적으로 회자된다.

하지만 3당 합당을 통해 지역감정에 기반한 거대 여당을 만든 것은 이후 한국 정치에 커다란 부담 요인이 됐다. 무엇보다 과거 독재 정권 세력과 결탁하면서 스스로 입지를 좁히고 여러 정책에서 일관적인 태도를 보이지 않은 부분도 많은 비판을 받았다. 개혁은 꾸준히 체계적으로 추진되지 못했고 무엇보다 세계화라는 명분으로 추진된 무분별한 개방 정책은 결국 1997년 외환위기의 원인이 됐다.

255

Wednesday

인천

대한민국의 대표 도시이자 서울에서 가장 가까운 항구가 있는 곳이다. 인천은 서울의 관문이자 서해의 요충지이기 때문에 전쟁과 관련이 깊다. 러일 전쟁 당시 이곳에서 러시아 군함 바략호와 카레에츠호가 침몰한다. 제물포해전 중에 일어난 사건으로, 2003년 러시아는 제물포해전 100주년 기념식을 인천에서 치르기도 했다. 연안 부두 친수공원에 관련 추모비가 남겨져 있다. 친수공원 일대는 한국과 러시아의 우호 교류를 상징하는 상트페테르부르크광장이 들어서 있기도 하다.

한국 전쟁 당시 인천상륙작전을 통해 연합군과 국군은 상황을 반전시킬 수 있었다. 이 와중에 수많은 민간인이 미군이 쏜 네이팜탄이나 기관총에 희생되기도 했다. 현재는 자유공원에 맥아더 동상이 들어서 있는데 철거 문제를 두고 격렬한 논란이 있다. 사실 자유공원은 3.1 운동 당시 한성정부 수립을 선언했던 곳이다. 3.1 운동 도중에 민중이 직접 국민대회를 열고 정부를 선포한 뜻 깊은 곳인데 이를 아는 사람은 드물다.

부산, 목포, 군산처럼 인천에도 근현대사 유적이 많다. 개항장의 특징인데 그중 차이나타운은 구한말 청나라 조계 지역이 변화 발전한 곳으로, 현재는 대표적인 관광 명소다. 임오군란 이후 청나라 군대를 따라 화교들이 본격적으로 들어왔고 상당수가 인천에 정착했다. 그중 우희광이라는 인물이 있었는데, 그가 공화춘이라는 음식점을 열었고 이곳에서 짜장면의 역사가 시작됐다. 1970년대 이전까지만 해도 화교가 중국 음식점을 경영하는 게 일반적이었고 예전에는 청요리집이라 불렸는데, 화교들이 기존의 중국 짜장면과 다른 조리법을 개발하면서 한국형 중국 음식이 시작된 것이다.

256

Thursday

천도교 중앙대교당

낙원상가와 인사동 일대는 한국 근대사와 깊은 관련을 맺고 있다. 흥선대원군, 박영효를 비롯한 급진 개화파의 유적과 천도교 중앙대교당 등이 모두 이곳에 밀집해 있기 때문이다. 낙원상가 뒤편으로 쭉 올라오면 재동초등학교와 운현궁이 연이어 나온다. 재동초등학교는 계동소학교였는데 매동소학교와 더불어 1895년 왕실 교육 기관으로 만들어진 곳이다. 운현궁은 흥선대원군의 저택이다. '궁'이라는 칭호가 붙어 있지만 종친의 사택 정도로 생각하면 된다.

북촌과 인사동은 조선 최고의 명문가들이 모여 사는 곳이었기 때문에 북촌의 윤보선 대통령 생가와 더불어 운현궁에 들러 조선 양반 사대부의 기풍을 느껴보는 것도 좋을 것이다.

운현궁에서 건널목을 건너 내려오면 천도교 중앙대교당이 있는데 그 뒤로 들어가면 경인미술관이 있다. 경인미술관은 급진 개화파 박영효의 생가였다. 근처 헌법재판소에 박규수의 집이 있었고 광혜원 터에는 홍영식의 집, 덕성여고 인근에는 서광범의 집이 있었으니 구한말 주요한 정치 지도자는 모두 이곳에 살고 있었던 것이다. 현재 박영효가 살던 집은 남산한옥마을로 옮겨 보존되고 있다.

천도교 지도자 손병희는 천도교 중앙대교당을 지으면서 자금을 모금했고, 그 돈으로 3.1 운동을 일으켰다. 앞에는 방정환의 어린이운동을 기념하는 비석이 세워져 있다. 소년인권운동에 힘썼던 방정환 역시 천도교 신자였다. 근처에는 이종일의 집이 있었는데 그 역시 천도교 신자로서, 자신이 운영하던 보성사에서 〈독립선언서〉 2만 부를 인쇄했다.

인사동은 해방 이후부터 골동품과 고서화가 유통되던 공간이었고, 이후에는 화랑들도 들어왔다. 박수근, 이중섭, 천경자 등의 작품이 모두 이곳에서 소개됐다.

○ 낙원상가 일대는 원래 술집이나 요정이 몰려 있던 재래시장이었다. 늘어나는 서울의 교통량을 감당하기 위해 낙원상가 건물을 높이고 아래에는 교통로를 만들어서 종로에서 창덕궁으로 이어지는 길을 만들었다. 여전히 악기 상가로 유명한 이곳은 1980년대 밴드 인력 시장이기도 했다.

257

Friday

동일방직 투쟁

"아무리 가난하게 살아왔어도 똥을 먹고 살지는 않겠다."

이 울부짖음은 지난 2월 21일 인천 동일방직 공장에서 노동조합을 파괴하려는 조종을 받은 깡패 같은 근로자들에게 당한 저희들이 똥물을 뱉으며 하던 말입니다. 고무장갑을 낀 남자들은 똥을 바께스로 들고 와 머리서부터 뒤집어 씌우고 손으로 찍어 투표하러 들어오는 저희들의 입속에 쑤셔넣고 걸레에 묻혀 얼굴에 문대어 똥으로 뒤범벅이 된 눈은 뜰 수가 없었으며 귓구멍에 틀어박힌 똥 때문에 말을 들을 수도 없었습니다.

(…) 저희들 전국 섬유노동조합 동일방직 지부의 조합원들은 1972년 우리나라 최초의 여성지부장을 선출하고 근로자를 대변하는 노동조합이라고 자부한 이후 탄압과 채찍 속에서 살아왔습니다.

(…) 치안유지를 위해 동원된 정복경찰들은 도와달라고 외치는 저희들에게 "야 이 쌍년들아 입 닥쳐! 이따가 말릴 거야" 하며 욕설만 퍼붓고 구경만 하는 것이었습니다. 이래도 대한민국이 법치국가입니까? 이렇게 매를 맞고 똥을 뒤집어썼어도 우리는 투표하려고 노조 사무실을 들어가려 했으나 깡패 남자들이 점령하여 난투극이 벌어져 우리는 70명이 부상을 당하고 내던지는 유리에 손이 찢겨 일곱 바늘이나 꿰매야 하는 중상을 입었습니다.

1978년 동일방직 조합원의 성명서 중 일부다. 1960년대 산업화가 진척되었는데, 주로 경공업 위주의 발전이었기 때문에 여성 노동자가 급증하는 현상이 발생했다. 당시 여성 노동자들이 처한 열악한 근무 조건은 충격적이었다. 일단의 선교회 목사들과 여성 노동자들은 이에 문제의식을 느끼고 노동조합운동을 벌여나가기 시작한다. 당시에는 한국노총을 비롯한 산업체별 노조가 존재했지만 정부와 기업에 순응하는 어용 노조들이었다. 노동자들이 직접 선출하며, 노동자들의 권리 보장을 요구할 수 있는 민주 노조 결성이 시급했다.

동일방직은 민주노조운동의 선구적인 곳이있는데, 위의 글에 보듯 엄청난 노동 탄압을 받았다. 남성 노동자의 폭력, 똥물을 퍼붓는 만행, 경찰의 비호와 강경 진압 등 여성 노동자들은 말할 수 없는 고초를 겪었다.

258

Saturday

공명첩

돈을 받고 형식상 관직을 내려주는 제도이자 신분 상승의 수단으로, 조선 후기에 광범위하게 쓰였다. 조선은 양반 관료 제도라는 독특한 신분 제도로 운영됐다. 쉽게 말해 과거에 합격하여 관료가 되면 귀족의 대우를 받은 것이다. 하지만 과거에 합격하기란 쉽지 않았고 무엇보다 과거 합격자를 배출하는 집안이 고착되면서 신분 상승의 수단이 사실상 사라진다. 하지만 임진왜란과 병자호란을 겪으면서 국가 재정에 위기가 발생했고 붕당 정치, 농업과 상업의 발전 등 조선 후기 광범위한 사회 변동이 일어났다.

공명첩은 초기에는 납속책의 일환이었다. 임진왜란으로 인한 재정 문제를 자발적 기부를 통해 해결하고 그 대가로 관직을 하사하는 제도로 운영됐다. 일종의 명예직으로, 실제 관료로 임명하는 것이 아니었다. 하지만 돈으로 관직을 사는 방식 자체가 일종의 신분 상승 수단으로 인식되기 시작했다. 붕당 정치로 인해 향반, 잔반으로 불리는 몰락한 양반이 나타났고 농사로 크게 성공한 부농들이 등장하면서 신분제가 흔들리기 시작했다. 많은 사람이 자신의 경제력을 이용해 공명첩을 구입하며 일종의 신분 세탁에 나서게 된 것이다.

하지만 공명첩 매입 등으로 신분제가 무너졌는지에 대한 의문은 있다. 노비, 양민, 중인 등이 자신의 처지를 개선하기 위해 여러 노력을 통해 직역을 개선하여 명부상으로 지위를 바꾼 것은 사실이다. 하지만 이런 변화는 실질적인 사회 변화라기보다 서류상의 변화, 세금 제도에서의 변화 정도였다. 여전히 상위 계층의 지위는 공고했고, 양반과 양인, 양반과 쌍놈을 나누는 제도적, 문화적 태도는 공고했기 때문이다.

○ 조선 후기 공명첩을 통해 조선의 백성들이 각자도생의 방식을 선택했다면 17세기 영국, 18세기 프랑스는 '자유와 평등'이라는 가치 아래 '박애'의 정신으로 연대해 신분제 타도에 성공했다.

농사직설

농사는 천하의 대본(大本)이다. 예로부터 성왕(聖王)이 이를 힘쓰지 아니한 사람이 없었다. (…) 오방(五方)의 풍토가 같지 않아 곡식을 심고 가꾸는 법이 각기 적성(適性)이 있어, 옛 글과 다 같을 수 없다 하여, 여러 도의 감사에게 명하여 주현의 노농(老農)들을 방문토록 하여, 농토의 이미 시험한 증험에 따라 갖추어 아뢰게 하시고 (…) 그 중복된 것을 버리고 그 절실하고 중요한 것만 뽑아서 찬집하여 한편(編)을 만들게 하고 제목을 《농사직설》이라고 했다. 농사 외에는 다른 설(說)은 섞지 아니하고 간략하고 바른 것에 힘을 써서, 산야(山野)의 백성도 환히 쉽사리 알도록 했다. (…) 백성을 인도하여 살림을 넉넉하게 해서, 집집마다 넉넉하고 사람마다 풍족하게 되도록 할 것이다.

세종 대 편찬한 농서 《농사직설》의 일부다. 논농사는 조선뿐 아니라 동아시아의 가장 일반적인 생산 방식이었다. 벼농사는 이미 기원전 6000년부터 확인될 만큼 오래됐다. 양쯔강 하류에서 시작했다는 주장도 있고 베트남에서 시작했다는 주장도 있다. 한반도에서도 오랫동안 농사를 지었지만 농업 발전을 위한 체계적인 농서 보급 같은 것은 제대로 이루어지지 못했다.

고려 시대 때는 중국 북위에서 만든 《제민요술》, 원나라에서 만든 《농상집요》를 수입해서 사용했다. 조선 초에도 《농상집요》를 사용했는데 풍토가 다르니 한계가 뚜렷했다. 이를 문제로 여기고 세종 대에는 전국에 관리를 파견하여 농민들을 직접 만나 각종 농법을 수집했다. 이 밖에도 강희맹이 《금양잡록》을 편찬하는 등 농업 혁신을 위해 각종 노력을 펼쳤다.

260

갑오개혁과 광무개혁

조선 말기, 대한제국기의 근대화를 목표로 한 대규모의 개혁이다.

세계 각국의 역사를 보면 개혁의 시대가 있다. 종교개혁처럼 유럽 문명 자체가 변화하기 시작한 사건도 있고, 뉴딜 정책처럼 새로운 경제 정책을 도입해 국가 위기를 극복한 사례도 있다. 한민족의 역사도 마찬가지다. 신라 말기에는 최치원이 진성여왕에게 개혁안을 제시했고, 고려 말에는 공민왕이 적극적인 개혁 정책을 펼치다가 실패하기도 했다.

갑오개혁은 1894년부터 1896년에 진행됐던 조선 말기 대규모의 개혁이고, 광무개혁은 1897년 고종이 대한제국을 선포한 이후 추진한 개혁이다. 두 개혁은 모두 근대화를 목표로 했다. 갑오개혁은 크게 세 차례에 걸쳐 추진되는데 신분제와 과거제 폐지, 각종 전근대적인 관습 폐지부터 근대적 학교 설립, 단발령 실시 등 그야말로 개혁의 종합체였다.

과거제도가 사라지면서 전통적인 양반 엘리트들의 기득권이 위기에 처했고, 신분제가 철폐되면서 민족적인 근대 국가의 가능성이 열렸다. 이밖에도 과부의 재혼을 허용하거나 죄인에 대한 잔혹한 형벌을 폐지하는 등 전통 질서의 근간이 무너지기 시작했다. 광무개혁 때는 상공업 진흥 정책을 실시하고, 군사력을 강화하고자 했으며 근대적 토지 제도를 만들기 위해 양전 사업과 지계(토지 문서)를 발급하는 등 각양의 노력을 했다.

하지만 두 개혁의 이면을 살펴보면 복잡하기 그지없다. 갑오개혁은 동학농민운동, 청일 전쟁과 관련이 깊다. 동학농민운동이 일어나자 이를 빌미로 청나라와 일본은 군대를 파견하여 한반도에서 전쟁을 벌인다. 일본은 일방적인 승리를 거두는 가운데 경복궁을 점령했고 근대적 개혁을 강요한다. 온건 개화파 등이 이러한 현실을 수용하며 입헌군주제적인 견지에서 시도한 개혁이 갑오개혁이다. 하지만 일본의 영향력, 왕실과 개혁 세력의 갈등, 러시아의 간섭, 을미사변의 발생 등 복잡한 국면에서 개혁의 목표에 온전히 도달할 수 없었다. 광무개혁 역시 고종의 주도로 부분적인 성취가 있었던 것은 사실이지만 러시아의 영향력, 독립협회의 몰락, 진지한 개혁 세력의 부재, 고종 본인의 일관성과 역량 부족 등 각종 문제가 겹치면서 중도에 좌절되고 만다.

김일성

김일성(1912년~1994년)은 북한의 정치 지도자로, 주체사상을 바탕으로 김일성 유일 체제 확립에 성공했다. 해방 이전까지 김일성에 관한 기록은 미미하다. 그의 항일 투쟁에 대해서는 여러 논란이 있지만, 1930년대 초반 만주 일대에서 활발한 활약을 펼쳤고 1937년에는 보천보 전투라는 국내 진공전을 펼쳤으며 끝내 일제에 체포되지 않고 소련 지역으로 망명했다는 사실만큼은 분명하다.

해방 후 당시 남한에 저명한 정치가들이 서로 격심한 좌우 갈등을 겪었다면, 그는 소련의 후원 가운데 북한에서 수월하게 권력을 장악한다. 애초에는 '조선공산당 북조선분국'이었으나 남한에서 공산당 활동이 불법이 되면서 자연스럽게 '북조선공산당'을 창당한 후 사회주의 세력을 통합한다. 조만식을 중심으로 한 기독교 민족주의 세력을 제거한 후 토지 개혁과 친일파 처단을 비롯한 광범위한 사회 개혁을 이미 1946년부터 실시했다. 남한에 대한 태도는 이중적이었는데 이승만과 미군정은 반동 세력으로 규정하고 배척하면서도 남북의 평화통일을 촉구하는 공세를 계속했다. 결국 중국의 마오쩌둥, 소련의 스탈린을 설득하여 한국 전쟁을 일으킨다.

한국 전쟁 이후에는 치열한 정치 투쟁에서 모두 승리한다. 연안파였던 무정, 소련파였던 허가이를 일찍 숙청했고 가장 저명했던 조선공산당의 지도자 박헌영도 제거한다. 1950년대 후반이 되면 '반종파 투쟁'을 통해 유일 권력을 장악한다. 1960년대 중국과 소련의 분쟁이 심각할 때 외교적인 역량을 발휘해 두 나라의 원조와 지원을 모두 받는 성과를 이루어내기도 한다. 1960년대부터는 주체사상이라는 독자적인 세계관을 주장하여 김일성 중심의 수령 체제뿐 아니라 아들로 이어지는 백두혈통 체제까지 만들어낸다.

1989년 이후 냉전 체제가 붕괴하고 소련과 중국이 남한과의 관계를 적극적으로 개선하면서 외교적 고립에 시달렸고 핵 개발을 시도하면서 미국과 심각한 갈등을 겪는다. 미국 대통령 카터와 협상하는 등 제네바 합의를 통해 1차 핵 위기를 일단락한 후 남한의 김영삼 대통령과 남북정상회담을 준비하던 중 1994년 심근경색으로 사망했다.

하와이

하와이는 세계적인 관광지이자 로스앤젤레스와 더불어 한국 교민들이 많이 사는 곳이기도 하다. 또 하와이는 노동 이민의 아픈 역사를 간직하고 있다.

19세기 미국에서 산업혁명이 일어났고 많은 노동력이 필요했다. 이 시기 미국은 태평양을 가로질러 아시아의 여러 국가에 적극적으로 진출하기 시작했고 이런 조건에 부합하여 많은 일본인과 중국인이 하와이와 캘리포니아 등지에 노동 이민을 시작했다. 주로 고된 업종에 종사했는데 대규모로 동양인들이 몰려오는 것에 거부감을 느낀 미국인들이 일본인과 중국인을 배척해, 이들을 대체할 수 있는 노동력을 모색했고 결국 대한제국의 승인과 보증으로 한인들의 노동 이민이 시작된다. 1903년부터 1905년 사이에 하와이로 7,266명이 떠났다. 이들 중 일부는 다시 샌프란시스코, 로스앤젤레스, 콜로라도, 네브래스카 등 미국 본토로 이주했다.

노동 이민을 떠났던 이들은 모두 남성이었기 때문에 이들의 결혼 문제가 대두되는데, 대부분 가난해서 본국으로 돌아와서 선을 볼 수 없었다. 따라서 '사진 신부'라는 웃지 못할 일이 벌어지는데, 가족들이 사진을 들고 선을 보러 다녔다. 사진만으로 남편감을 고르고 하와이까지 결혼하러 와야 했던 것인데 사진과 외모가 너무 다르거나 젊은 시절의 사진을 도용해서 선을 보는 등 여러 문제가 발생했다. 하지만 사진만 보고 결혼하러 올 정도로 가난했던 여성들은 실상 하와이에 정착해서 가정을 일구며 억척스럽게 살아갈 수밖에 없었다.

하와이 중심의 미주 지역은 독립운동사에서 가장 중요한 자금 공급처였다. 1910년에는 여러 자치 기구들이 통합돼 대한인국민회가 만들어진다. 대한인국민회는 일종의 준정부 조직이었고 조선 왕조를 배척하고 민주 정부를 새롭게 만들자는 주장을 하는 등 급진적인 모습을 보이기도 했다. 이곳을 기반으로 활동한 이들이 안창호, 이승만, 박용만이다. 이승만은 일제 강점기 상당 기간을 하와이에서 머물렀고 1960년 4월 혁명을 통해 하야를 낭한 후 하와이로 망명해 죽을 때까지 이곳에서 머물렀다. 박용만은 이곳에서 1914년 무장투쟁을 위한 대조선국민군단을 창설한다. 오아후 섬 카할루우 지역의 약 1,660에이커의 파인애플 농장을 경영하던 박종수가 박용만의 의지에 공감하여 자신의 농장을 내놓았고 하와이 각 섬에서 한인 군인들을 모집했다. 여기서 농사일과 군사 훈련을 병행했고, 1914년 12월 기준으로 218명의 학생들이 훈련을 받았다. 하지만 이승만과 박용만의 갈등, 일본인들의 항의 그리고 미국 정부의 결정에 따라 폐교된다.

263

Thursday

화성

정조가 수원에 지은 성으로, 도시를 건설한 후 성곽을 둘러쌓았다. 수원 팔달산 인근에 위치를 정했고 근처 화산 일대에 있던 인구를 이곳으로 옮겼다. 아버지 사도세자의 묘도 인근으로 옮겨 현륭원이라 불렀다.

화성 둘레는 총 5.4km, 성벽의 높이가 8m다. 팔달문, 장안문, 창룡문, 화서문 네 개의 관문이 있는데, 각 문에는 반원형 옹성이 있고 일정 구간마다 치성과 포루, 적대, 공심돈을 만들었다. 이는 적을 막아내기 위한 방어 시설로, 다른 성에서는 볼 수 없는 형태다. 관문에 만원형 옹성을 만들면 적이 문을 부수러 쳐들어왔을 때 에워싼 모양으로 적을 공격할 수 있다. 성벽 곳곳에서 접근하는 적을 사전에 파악하고 공격할 수 있음은 물론 병사가 숨거나 휴식할 수 있는 각종 시설까지 만들었다. 그래서 화성에 가면 조선 후기에 발전된 도성 방어 기술을 한눈에 살펴볼 수 있다. 적이 모르게 군수 물자를 들일 수 있는 암문, 쇠뇌를 쏠 수 있는 노대, 봉홧불을 피우기 위한 봉돈 등을 만들어 성의 방어 기능을 크게 강화했다. 필요에 따라 벽돌을 사용했다는 것도 독특하다.

화성의 내부 구조도 이전과는 다르다. 보통 조선의 도시들이 T자형 도로를 중심으로 구성됐다면 화성은 십자형 형태다. 서울의 시전처럼 활발한 상행위를 고려한 도로 구성이라고 한다. 도성을 지을 때 동원된 백성들에게 임금을 지급했고, 주둔 병력에게는 경작할 수 있는 둔전이라는 토지를 지급했고, 상업 거리를 조성했다. 18세기 경제와 상업의 발달을 인정하고 실용적인 도시 건설을 이루고자 했던 정조의 합리적인 노력의 결과라고 할 수 있다.

사실 화성은 한국 전쟁 당시 많은 부분이 파괴됐다. 하지만《화성성역의궤》를 통해 복원에 성공했다. 건축 과정을 상세히 기록한 자료가 있었기 때문에 가능했다. 이러한 노력을 인정받아서 화성과《화성성역의궤》는 유네스코 세계 유산에 등재됐다.

김수근

잠실 올림픽 경기장

김수근(1931년~1986년) 건축가는 한국 건축사에 획을 그은 인물이다. 서양 건축에 기반을 두되 동양적 전통, 한국적 가치를 수용하여 새로운 건축상을 제시하고자 했다. 종합 예술지 월간 〈공간〉을 창간하여 건축을 넘어 문화예술의 발전을 위한 소통의 영역을 개척하기도 했다. 그가 만든 건물은 건축의 미를 넘어 지역 공간을 새롭게 하며 새로운 문화적 이정표를 제시했다는 측면에서 의미가 깊다. 또 1950년대 한국 전쟁 이후 폐허가 된, 전통문화를 잃어버리고 가난에 찌든 도심에 새로운 활력을 불어넣었다. 멋진 건물이 아닌 새로운 문화적 상상력을 창조한 것이다. 잠실 올림픽 경기장, 공간 사옥, 경동교회, 아르코미술관, 국립진주박물관, 주한미국대사관 등 수많은 건축물이 그의 작품이다.

265

Saturday

아나키즘

19세기 서양에서 시작한 좌익 급진주의 사상. 보통 '무정부주의'로 번역이 되지만 이는 잘못된 번역이라는 지적이 많다. 아나키즘은 단순히 정부를 전복시키는 사상이 아닌 모든 권위의 해체를 주창하는 급진주의 사상이기 때문이다. 권위의 종류는 다양하다. 사회적으로는 정치, 경제, 종교의 영역이 있을 것이고 가족, 아버지, 남성도 대상이 될 수 있을 것이다. 인간은 복합적인 억압 상태에 놓여 있는데 이런 것들을 모두 해체해야 한다는 생각이 아나키즘이다.

이 사상은 매우 이상적인 생각이기 때문에 운동의 방식이 다양하게 나타난다. 개인적인 자유를 주장하며 타인의 재산을 약탈하거나 폭력 행위를 일삼는 파괴적인 아나키즘부터 자유롭고 책임 있는 개인들이 연대하는 이상 공동체 혹은 권위주의 체제를 타파하고자 하는 테러리즘적인 아나키즘도 있다. 이론가로는 러시아의 무정부주의자 바쿠닌(1814년~1876년)과 크로폿킨(1842년~1921년)이 유명한데, 바쿠닌은 권위의 전복을 위한 테러 활동을 예찬한 반면 크로폿킨은 상호부조론을 강조했다.

아나키즘의 경쟁 사상은 공산주의다. 같은 사회주의 안에 아나키즘과 공산주의를 포함시키기도 하고 공산주의를 사회주의와 동의어로 사용하기도 한다. 어쨌든 공산주의는 혁명을 위해 계급을 조직화하고, 당을 만들고, 혁명가가 당과 민중을 이끄는 형태를 추구했는데 아나키스트들은 이에 적극 반대했다. 기성 권위를 타파하기 위해 또 다른 권위를 만드는 것이 잘못됐다고 생각한 것이다.

한국에서 아나키즘은 영향력이 미미했고 사회주의에 압도됐다. 중국의 독립운동가 중 일부가 아나키즘을 수용한다. 대표적인 국내 인물로는 신채호, 이회영, 박열 등이 있다.

○ 영국의 저명한 아나키스트 중 하나가 조지 오웰이다. 그는 작품 《동물농장》에서 스탈린에 의해 독재 체제가 돼가는 공산주의 국가 소련을 신랄하게 비판했다. 흥미롭게도 《동물농장》은 우리나라에서 권장도서로 많이 보급됐다. '적의 적은 친구'라는 말이 있듯이 반공주의에 활용되기 좋은 작품이었던 것이다.

266

Sunday

용비어천가

해동의 여섯 용이 나시어서, 그 행동하신 일마다 모두 하늘이 내리신 복이시니

(…)

뿌리가 깊은 나무는 아무리 센 바람에도 움직이지 아니하므로, 꽃이 좋고 열매도 많으니

샘이 깊은 물은 가뭄에도 끊이지 않고 솟아나므로, 내가 돼서 바다에

(…)

우리 시조가 경흥(慶興)에 사시어서 왕업을 여시니

(…) 야인들이 모여 사는 가운데에 가시어, 야인들이 침범하거늘 덕원(德源)으로 옮기신 것도 하늘의 뜻이시니

(…) 고려의 운명이 쇠퇴하매 나라를 맡으실 것이므로

(…) 뱀이 까치를 물어 나뭇가지에 얹으니, 이것은 성손(聖孫, 태조)이 장차 일어나려 하매 그 아름다운 징조가 먼저 나타난 것이니

1445년 세종 27년에 완성된 《용비어천가》의 일부다. 《용비어천가》는 조선 왕조 건국을 서사시로 표현한 악장이다. 궁중 가사로의 의미뿐 아니라 왕실의 권위를 한글 사용을 통해 표현했다는 점에서 국문학사적 큰 의의를 지닌다.

267

Monday

베트남 파병

1960년대 국군 최초의 해외 파병으로, 베트남 전쟁은 동아시아 반공 전쟁의 일환이자 외화벌이 전쟁이기도 했다.

베트남, 라오스, 캄보디아를 포함한 인도차이나 반도 일대는 프랑스의 식민지였다. 제2차 세계 대전 중에는 일본군이 이 지역을 관할했는데, 전쟁이 끝나자 다시 프랑스 군대가 들어온 것이다. 베트남은 오랜 기간 독립운동을 했고 프랑스에 맞서 전쟁을 벌였다. 이를 제1차 베트남 전쟁이라고 한다. 결국 북베트남을 이끌던 호치민이 디엔비엔푸에서 결정적 승리를 거둔 후 프랑스는 쫓겨나고 만다. 북베트남의 승리는 미국에게 큰 위협이었다. 동북아시아에 이어 동남아시아까지 공산주의가 확산될 상황이었기 때문이다. 따라서 1964년부터 미국은 남베트남 일대에 군대를 파견했고, 제2차 베트남 전쟁이 시작된다.

이때 미국은 남한을 비롯한 여러 동맹국에게 파병을 요청했고, 남한은 연간 5만여 명의 대병을 파병한다. 군사 지원을 통한 한미 동맹 강화, 북한 견제, 동아시아 자유 진영 수호 등 여러 이유가 복합적으로 작용한 것이다. 미국은 1966년 14개 조항에 걸친 각서를 주한대사 브라운을 통해 보낸다. 핵심 내용은 한미 군사 동맹을 강화하고, 국군의 현대화를 지원하며, 베트남 파병 비용은 물론 전쟁 관련 물자 조달을 한국을 통해 하겠다는 등 파격적인 조건이었다. 남한 입장에서는 참전의 대가로 국방력 강화와 다양한 경제적 이득을 얻을 수 있는 기회가 도래한 것이다.

실제로 전쟁은 많은 경제적 윤택함을 불러왔다. 참전 군인의 월급과 미국산 TV, 카메라, 선풍기, 카세트 등이 귀국 장병을 통해 쏟아져 들어왔기 때문이다. 군인은 물론 2만 4천 명에 달하는 민간인 기술자들도 베트남에 진출한 미국 기업에서 일했고, 한진 같은 물류회사는 이때 재벌로 성장한다. 베트남 전쟁 기간 동안 1억 달러 이상의 사업 실적을 올렸으니 말이다.

베트남 전쟁은 긍정적인 효과만 있었던 것이 아니다. 명분 없는 전쟁이었고 육군 중심의 작전을 펼쳤기 때문에 민간인 대상 범죄로부디 자유로울 수 없었다. 참전 군인들은 작전 지역에서 민간인에 대한 폭력, 강간, 학살 등 각종 범죄를 저질렀다. 주둔 지역에서는 '라이따이한' 문제를 일으키기도 했다. '라이따이한'은 한국인들이 현지 여성과 낳은 아이들을 말하는데, 종전이 되자 무책임하게 여성과 자녀를 버리고 온 것이다. 이 밖에도 고엽제 살포로 인해 고통을 겪고 있는 참전 용사 문제도 있다.

전두환

전두환(1931년~)은 12.12 군사 반란의 주모자이자 제5공화국 대통령이다. 5.16 군사쿠데타 당시 육군사관학교 생도들의 군사 혁명 지지 행진을 주도하면서 박정희의 눈에 띄었다. 육군 내 사조직인 하나회를 만들었는데, 이들이 주도하는 세력을 통상 신군부라고 부른다. 육사 11기생이 주축으로, 기존 박정희 세력과 구분하기 위해 신군부라는 말을 사용한다.

전두환은 1979년 10.26 사태로 박정희 대통령이 서거할 당시 보안사령관이었다. 12.12 군사 반란을 통해 계엄사령관 정승화를 체포하면서 권력자로 부상했고, 1980년에 보안사령관과 중앙정보부장 서리를 겸직하면서 정보기관을 완벽하게 장악한다.

전두환과 신군부는 5.17 전국비상계엄 확대, 5.18 광주민주화운동 진압을 통해 저항 세력을 무력화시킨 후 국가보위비상대책위원회를 설치하여 새 헌법을 만든다. 대통령 임기는 7년 단임이었고 유신 체제 때와 마찬가지로 선거인단을 별도로 구성하여 장충체육관에서 간선제로 대통령에 당선됐다. 제5공화국이 시작된 것이다.

전두환은 집권 기간에 무소불위의 권력을 휘둘렀다. 경제 관료 김재익 등을 등용하여 박정희 정권기 경제 시스템의 모순을 일정 정도 수정했고, 3저 호황이라는 좋은 경제 여건 가운데 물가 안정, 높은 경제 성장, 88 서울올림픽 유치 등의 업적을 일구기도 했다. 또 3S 정책, 교복 자율화, 두발 자율화, 학원 자율화 조치 등 유화 정책을 통해 민심을 달래고자 했으며 이러한 정책은 이후 한국 사회의 문화 변동에 주요한 영향을 미치기도 했다. 박정희 정권이 억압적인 문화 정책으로 일관했던 것과는 다른 면이다.

하지만 군사 반란, 5.18 무력 진압, 대통령 간선제 등 민주화에 역행하는 조치로 일관했기 때문에 집권 기간 내내 대학생 시위가 끊이지 않았고, 정권을 유지하기 위해 고문, 용공 조작 등 수많은 인권 유린을 자행했다. 또 일해재단을 만드는 등 퇴임 이후를 대비하기 위한 각종 사전 작업을 취하기도 했다.

하지만 6월 항쟁 이후 상상을 초월하는 각종 비리가 세간에 폭로돼 공분의 대상이 됐고, 백담사에 은신하기도 했다. 결국 1995년 군사 반란 주도, 광주민주화운동 강경 진압, 각종 비리 문제 등으로 구속돼 사형 판결을 받았다. 하지만 2심 때 감형, 3심 확정 얼마 후 사면됐다.

269

Wednesday

임진강

남북한을 가로지르는 강으로, 한강으로 흘러들어 서해로 빠져나간다. 원래는 예성강, 한탄강 사이에 위치하며 황해도와 경기도를 가로지르는 강이었으나 분단으로 인해 DMZ를 넘나드는 강이 됐다. 현재는 임진강을 따라 임진각, DMZ, 판문점 등 주로 남북 관계와 관련한 주요 시설들이 자리 잡고 있다.

임진강과 예성강 사이에는 고려의 수도 개성이 있다. 동쪽으로는 임진강을 넘어 한탄강이 있는데 이곳은 철원평야가 유명하다. 남쪽에는 한강이 흐르기 때문에 조선 시대를 기준으로 본다면 임진강과 한강 사이에 수도 한양이 들어선 셈이다. 지금의 관점에서 보면 서울에서 일산, 파주를 거치면 개성이 나오고 조금 시야를 넓히면 황해도 일대가 보인다. 임진강, 예성강, 한강이 강화도 일대에서 만나 서해로 흘러가기 때문이다. 황해도에는 해주, 옹진 같은 유명한 도시들도 있는데 2007년 10.4 남북공동선언 당시 개성공단을 넘어 서해협력특별지구, 해주공단, 황해경제특구 같은 야심찬 경제 협력을 약속하기도 했다. 임진강을 중심으로 멀지 않은 곳에 강과 평야, 도시가 지형적으로 절묘하게 결합돼 있기 때문이다.

임진강변은 한강에 비해 강의 폭이 좁고, 장단석벽을 비롯한 지근거리에서 지켜볼 풍경이 많다. 그러한 이유로 예부터 찾아드는 사람이 많았고 여러 문인의 일화가 남겨진 곳이기도 하다.

조선 시대 율곡 이이가 이 근처에서 살았기 때문에 이이와 관련된 이야기가 여럿 전해진다. 임진나루 근처에는 화석정이 있는데 살아 있을 때 화석정 기둥에 기름을 먹이라는 충고를 자주했다고 한다. 이이가 죽은 후에도 고을에서는 전통처럼 기둥에 기름을 먹였는데 얼마 후 임진왜란이 일어나서 선조가 피난길에 올랐다. 한밤중 임진강가에 도착하여 강을 건널 방법을 찾지 못하던 차에, 한 신하가 이를 기억하고 화석정에 불을 질렀다. 활활 타오르는 불을 등대 삼아 선조 일행은 무사히 평양으로 피난을 갔다고 한다. 죽은 이이가 살아 있는 선조를 도운 셈이다.

○ 임진강을 기준으로 지도를 펼치면 오른편에 연천, 동두천, 의정부가 수직으로 이어지고 있다. 수도를 방위하고 북한의 남침을 방비하기 위해 이곳에는 국군뿐 아니라 미군 부대까지 주요 군사 시설이 집결돼 있다.

270

Thursday

움집

신석기 시대 거주지로, 구석기 시대와 신석기 시대는 질적으로 다르다. 구석기 시대는 통상 70만 년 전, 신석기 시대는 1만 년 전에 시작됐다고 본다. 청동기 시대가 만주와 한반도 일대에서는 기원전 1천 년 전에 시작됐다는 것을 고려하면 인류는 대부분 구석기 시대에 살았던 셈이다.

구석기 시대에는 이동 생활을 했다. 생산 능력이 없었기 때문에 사냥과 채집에 의존했다. 하지만 신석기 시대로 들어가면서 인류의 생활 방식은 완전히 뒤바뀐다. 농경과 목축, 즉 농사를 짓고 동물을 길들이는 등 인류가 스스로 생산 능력을 가지게 됐고 자연스럽게 정착 생활을 시작한 것이다.

구석기 시대에는 식량을 구할 수 있는 곳을 찾아다니면서 거주했기 때문에 특별한 주거 양식이 발달하지 않았다. 동굴에 거주하거나 바위 그늘에 대강 집을 짓는 막집 정도가 있었을 뿐이다. 하지만 신석기 시대에는 경작지나 목초지 일대에 오랫동안 주거하면서 움집이 만들어졌다. 아직 건축술이 발전하지 않았기 때문에 땅을 깊숙이 파고, 중앙에 화덕을 놓는 정도였다. 외풍을 방지하고 난방을 유지하기 위한 방법이었는데 집 바깥에는 저장구덩을 만드는 등 집의 기초적인 형태가 자리 잡힌다. 청동기 시대가 되면 기둥이 만들어지고, 사각형 형태의 건축물 그리고 사용 목적이나 거주 계층의 권력 정도에 따라 건물의 규모가 차이를 보이는 등 본격적인 발전이 이루어진다.

신석기 시대에는 토기 제작이 본격화된다. 만주와 한반도 일대에는 빗살무늬토기가 많이 만들어졌다.

○ 신석기 시대에는 본격적으로 원시 신앙이 발전한다. 영혼을 믿는 '애니미즘', 동식물을 숭배하는 '토테미즘', 영적 세계와 현실 세계를 이어주는 무당에 대한 믿음인 '샤머니즘'이 이때 나타난다.

271

Friday

삼계탕과 치킨

조선 시대에만 해도 닭고기는 고급 식재료였다. 꿩 사냥이 활발했기 때문에 닭보다 꿩고기 값이 쌌다. 한국의 모든 음식 역사가 그렇듯 닭 요리 역시 1920년대 일제 강점기, 1960년대 산업화와 밀접한 관련을 맺는다. 1920년대 조선총독부는 농촌에서의 양계 사업을 적극적으로 권장한다. 집집마다 닭을 길러서 무엇보다 달걀의 생산량을 높이고자 했다. 총독부는 실제로 전 세계 여러 나라에서 좋은 종을 구해와 보급하기도 했다. 기록에 따르면 1925년에 닭 천만 마리를 잡았다고 하니 닭고기 소비가 급격하게 발전을 이룬 것이다.

닭 요리 중 대표 음식은 백숙이었다. 그러다가 1950년대 후반이 되면 백삼 가루를 넣은 닭국이 시중에 팔리기 시작한다. 인삼을 갈아서 닭국에 넣어 음식의 맛과 향, 영양가를 강화하겠다는 전략이었을 텐데 자연스럽게 삼계탕의 시대를 예비한 것이다.

1960년대가 되면 비로소 삼계탕이 등장한다. 홍삼 재배가 광범위하게 이루어지면서 인삼을 통째로 넣은 닭국이 만들어진 것이다. 산업화가 되면서 대규모 양계 시스템이 마련되고 인삼 재배가 확대되면서 영양가가 강조된 음식으로 발전한 것이다.

1970년대가 되면 비로소 통닭구이가 나타난다. 전기 구이 시설을 마련해서 닭을 통째로 구운 것인데 아버지가 월급 받는 날, 통닭이 든 봉투를 들고 오면 가족끼리 야식으로 먹는 문화가 시작됐다. 이때부터 닭 요리의 중심은 닭국에서 프라이드치킨으로 넘어간다.

1977년 신세계백화점 지하에 '림스치킨'이 오픈하면서 국내산 프라이드치킨이 만들어졌고 1984년에는 비로소 세계적인 치킨 브랜드인 KFC가 한국에 상륙했다. 당시에는 바삭바삭한 튀김옷을 만드는 기술을 KFC가 독점하고 있었고 설비에 많은 돈이 들었기 때문에 이를 둔 뜨거운 경쟁이 펼쳐지기도 했다. 또 이 시기, 대전에서 페리카나치킨이 양념치킨을 개발하면서 큰 인기를 끌기도 했다. 림스치킨은 인삼을 활용한 '진생치킨'으로 세계 시장에 도전하기도 했다. 이후 다양한 형태의 치킨이 개발되고 '치맥 문화'가 정착하면서 한국은 세계적인 닭 소비 국가로 발전한다.

272

Saturday

공녀

약 30년간의 침탈 이래 고려는 몽골에 항복한다. 여러 교섭 조건 중 하나가 고려 여인을 몽골에 바치는 것이었고 이때 '공녀'라는 말이 등장한다. 1275년 충렬왕 때 10명의 여성이 보내진 것을 시작으로 이는 수십 차례 반복됐다. 여성뿐 아니라 환관에 대한 요구도 같이 있었는데 명나라와 조선이 세워진 이후에도 이런 요구는 계속된다.

공녀는 주로 13세에서 16세까지의 처녀를 대상으로 했는데 이를 위해 금혼령이 내려지기도 했다. 그래서 이를 피하고자 조혼 문화가 발생했다고 보기도 한다.

원나라로 끌려간 여성들의 처지는 다양했다. 노비가 되거나 군인의 아내가 되기도 했고 간혹 고관대작의 첩이 되는 경우도 있었다. 몽골 황실에 들어가서 시녀나 후궁이 되는 경우도 간혹 있었는데 예외적으로 원나라 순제의 황후가 된 이가 있었으니 그녀가 기황후였다. 기황후 덕분에 그녀의 집안은 고려의 권세가로 거듭난다. 부친 기자오는 영안왕으로 책봉됐고 고려 국왕은 매해 기황후 집안에 성대한 잔치를 베풀었다. 특히 기황후의 오빠 기철은 충혜왕을 몰아내는 등 무소불위의 권력을 휘둘렀다.

공민왕은 기철 일파를 처단했고 이후 기황후와 공민왕 간에 치열한 다툼이 계속됐다. 기황후가 공민왕을 몰아내기 위해 1만의 군사를 보냈고 고려 군사가 이를 물리치기도 했다.

기황후와 기씨 집안의 권세를 두고 예외적인 성공으로 평가하는 경우도 있지만 이는 옳지 못하다. 결국 기씨 집안은 몽골의 내정 간섭의 전위대 역할을 하면서 고려 국정을 혼란에 빠뜨렸고, 무엇보다 노비가 되든 황후가 되든 공녀 제도의 야만성이 해소되는 것은 아니기 때문이다.

○ 여성을 약탈하는 행동은 이후 우리 역사에도 종종 나타난다. 임진왜란이나 병자호란 당시 외적에 의해 강제로 여성들이 끌려가기도 했지만 연산군을 몰아낸 후 반정공신들이 그의 애첩들을 나눠 갖거나 신하가 죄를 지으면 집안의 여성들을 노비로 나누는 등 전근대 사회에서는 여성 인권에 대한 개념 자체를 찾아보기 힘들었다.

여자 광복군

우리 여성의 임무가 어찌 집안에서 아해(아이)나 양육하고 밥이나 해주고 길쌈이나 하는 것이겠습니까? (…) 광복군은 남자의 전유물이 않이오. (…) 우리는 우리 혁명을 위하여 또는 광복군의 전도를 위하여 우리 여성 자신의 권리와 임무를 위하여 이 위대한 광복군 사업에 용감히 참가합시다. 그리고 총과 폭탄을 들고 전선에 뛰어 나아가서 우리 여성의 피를 압록 두만강 연안에 흘리며 이 선혈 위에 민족의 자유화가 피고 여성의 평등 열매를 맺게 합시다.

여자 광복군 오광심이 광복군 기관지 〈광복〉에 밝힌 입대 동기다. 오광심은 일종의 이중혁명론을 주장했다. 1차적으로 일제를 몰아내는 민족 혁명을 취한 후, 2차적으로는 남녀가 절대적으로 평등한 새로운 사회 혁명을 이룩하고 싶었던 것이다.

임시정부 헌법이 빈부와 신분의 구천을 구별하지 않고 특히 남녀평등을 강조한 데 자극받아 미력이나마 일조를 하고 싶어서였지요. 당시 여군에 대한 대접도 좋아 월급도 중국 돈 5원으로 남자들과 큰 차이가 없었습니다.

또 다른 여자 광복군 지복영의 회고다. 여성 대원의 숫자는 정확하지 않다. 각 지대(支隊)당 약 20명~30명 정도로 추정되는데, 해방 직전 광복군이 총 700여 명이었으니 그중 십분의 1이라는 수는 결코 적지 않았다. 그들은 남성 대원과 똑같이 훈련받았다. 한국청년훈련반, 한국광복군훈련반에서 진행하는 교육을 이수했으며 초모 활동을 통해 중국에 사는 한인, 탈영병, 포로 등을 병력으로 충원시키는 일을 맡았다. 일본군의 사기를 떨어뜨리기 위해 편지를 써서 비행기로 살포하고 방송하는 일도 담당했다.

274

Monday

만민공동회

독립협회가 러시아의 이권 침탈에 대응하여 일으킨 대중 집회. 1896년 미국에서 돌아온 서재필과 정동파 관료(친미·반일 관료)들을 중심으로 독립협회가 만들어진다. 초기 독립협회는 개혁적이고 반일적인 관료들의 모임이었다. 고종의 후원을 받아 최초의 민간 신문인 〈독립신문〉을 간행하고, 과거 청나라 사신을 맞는 영은문과 청나라 사신이 숙소로 썼던 모화관을 해체하고 독립문과 독립관을 만들었다. 또 아관파천 이후 러시아공사관에 머물고 있던 고종의 환궁을 강력히 요청하기도 했다.

1897년 약 1년 만에 환궁을 한 고종은 대한제국을 선포한다. 동시에 러시아에 여러 도움을 요청하면서 반일 정책들을 추진하는데 이를 기회로 여겨 러시아 공사 스페이예르를 중심으로 각종 이권 침탈이 본격화된다. 이미 수년 전부터 동학농민운동(1894년), 청일 전쟁(1894년), 갑오개혁(1894년), 을미사변(1895년) 같은 굵직한 사건이 여러 차례 발생하면서 혼돈을 거듭하던 차에 러시아 세력이 본격적으로 진출했고 독립협회는 조선의 주권과 열강의 이권 침탈에 맞서 좀 더 강력한 대중 단체로 거듭난다.

1898년 종로 일대에서 독립협회 회장 윤치호와 회원을 포함한 약 1만 명의 사람들이 모여 우리나라 최초의 근대적 대중 집회를 연다. 백정 박성춘이 연설하는 등 행사 자체가 파격적이었고 주로 러시아의 이권 침탈을 비판하는 내용이 주를 이루었는데 질서 정연하게 행사가 진행됐다. 폭동이 일어날까 우려했던 외국 공사나 기자들은 이에 감탄했고 결국 이를 계기로 러시아가 요구한 여러 이권들이 대부분 철회된다. 군사 고문과 재정 고문의 철수, 한러 은행 폐쇄, 부산 절영도 조차 거부 등이 그 성과다.

이후 만민공동회를 중심으로 한 독립협회의 활동은 한층 활발해진다. 의회 설립운동을 주도하며 고종에게 국정 개혁안을 담은 '헌의 6조'를 올리기도 했다. 이러한 독립협회의 활동에 대해 고종이 초기에는 호의를 보이며 관리를 파견하여 관민공동회가 개최되기도 한다. 하지만 권력을 쥐고 있던 수구파가 고종과 독립협회의 이간질을 부추기면서 고종과 독립협회의 갈등이 본격화된다. 익명서 사건, 김홍륙 독다(독차) 사건 등 여러 우여곡절을 겪은 끝에 결국 고종은 황국협회라는 어용 단체와 병력을 동원해 무력으로 독립협회를 제압한다.

최남선

(…) 이런 중에 북방 민족 중 아직까지도 중원의 무대를 밟아보지 못하고 남아 있으면서 또한 그 남방 민족의 강렬한 동화력에서 피하여 온 민족은 해양에 잇든 대화민족(일본)과 반도에 잇는 조선 민족이다. (…) 현재 최후로 남아 있는 일본 민족이 대륙을 향하여 진출하는 그 형식과 내용은 (…) 침략 정복이 아니라 아세아 민족의 전체적 번영(때문이다. 따라서) (…) 이 일본 민족을 선두로 한 동방 민족의 중원 진출이야말로 동양 역사에 유례가 없다.

(…) 일본이 황색인으로서 백색인을 대항하는 것이라든지 동양인으로서 소련을 방위하는 것이라든지 그 유례가 없는 진보력 등은 이제 동양 역사에 빗나는 기록이 될 것이라고 본다.

1937년 중일 전쟁 발발 당시 최남선이 쓴 〈동방민족의 중원 진출과 역사상으로 본 아세아 제 민족의 동향〉이라는 글의 일부다. 당시 최남선은 만몽문화론을 주창했고, 얼마 후 만주국건국대학교 교수로 취임한다. 이 시기 최남선은 중국 침략의 당위성을 설파했다. 그가 보기에 중국은 이미 늙은 제국이고 민족 자체가 노쇠하고 있었다. 또 몽골족이나 만주족은 중국에 동화돼 생명력이 없었기 때문에 새로운 동아시아 역사를 일구어낼 민족은 일본 민족과 조선 민족밖에 없다고 주장했다. 그는 여러 논설에서 중국에 대한 혐오감을 드러냈고 끊임없이 일본 민족과 조선 민족의 공통점을 강조하며 일본 민족과 조선 민족이 함께 동아시아에 진출해서 새로운 동양 평화를 이끌어야 한다고 역설했다.

그는 조선과 일본의 공통점을 역사적으로 입증하려 했고, 나아가 만주와 몽골도 같은 범주에 묶고 싶어 했다. 사실 이런 주장은 일본 제국주의 정책을 합리화하려는 어용학자의 입장이다. 조선의 식민화, 만주 점령과 괴뢰 국가인 만주국 수립 그리고 중국 침략을 학문적으로 합리화했기 때문이다.

이 시기에 그는 적극적인 친일 활동에 가담한다. 징병제를 옹호했을 뿐 아니라 일본의 대륙 침략을 찬동하는 각종 행사에서 강연하고 여러 글도 발표했다. 그로 인해 반민특위에 체포됐으나 곧 풀려났고, 1950년대까지 언론 활동을 했다.

○ 최남선은 〈해에게서 소년에게〉라는 최초의 신체시를 썼고, 이광수와 함께 1910년대 2인 문단 시대를 이끌었다. 더불어 조선광문회를 만들어 고전을 간행했고, 3.1 운동 당시 독립선언서를 쓰기도 했다. 문학, 언론, 역사 연구에서 발군의 능력을 발휘했다.

276

Wednesday

명동

나는 어디로 어디로 들입다 쏘다녔는지 하나도 모른다. 다만 몇 시간 후에 내가 미쓰코시 옥상에 있는 것을 깨달았을 때는 거의 대낮이었다. (…) 사람들은 모두 네 활개를 펴고 닭처럼 푸드덕거리는 것 같고 온갖 유리와 강철과 대리석과 지폐와 잉크가 부글부글 끓고 수선을 떨고 하는 것 같은 찰나, 그야말로 현란을 극한 정오다.

— 이상, 《날개》 중

이 글에서의 '미쓰코시'는 미쓰코시백화점, 오늘날 명동 신세계백화점을 말한다. 이상은 당대 유명한 모던보이였다고 한다. 그는 돈이 없어도 명동 거리에서 커피를 마시며 낭만을 누렸다.

일제 강점기 때 명동은 대표적인 일본인 거주지로 '메이지마치'라 불렸다. 근처 충무로 역시 일본인 거주지였는데 '혼마치'라고 불렸다. 지금도 그렇지만 명동과 충무로, 을지로 일대는 일제 강점기부터 상업이 번창한 곳이었다.

1882년 조선과 청이 조청상민수륙무역장정을 맺은 이후, 외국 상인들이 한성에 거주하기 시작했다. 일본 상인들은 진고개 주변의 남촌에 정착했다. 오늘날 충무로2가와 퇴계로 일대라고 하는데 북촌과 달리 일반 양민이나 상인들이 사는 한미한 곳이었다. 약 10년 후인 1894년, 일본이 청일 전쟁에서 승리한 후 일본 상인들은 본격적으로 활동 구역을 넓혀가기 시작한다. 진고개와 남대문 사이의 도로 확장 공사를 주도했고 러일 전쟁 이후에는 회현부터 을지로 일대까지 권역을 넓혔다. 일제 강점기 때는 이러한 경향이 더욱 확대되어 오늘날 명동, 소공동부터 을지로, 남대문, 남산 일대에 주요 일본인 시설이 몰렸다. 미쓰코시백화점, 미나카이백화점, 조지아백화점, 조선호텔, 반도호텔 등 근대 문물의 상징들이 모두 여기에 있었고, 현재도 같은 용도로 사용되는 건물이 많다. 조선호텔은 고종이 황제를 선언한 환구단을 헐고 지은 한국 최초의 호텔이다.

○ 의열단 단원 나석주 의사가 폭탄을 던진 동양척식주식회사 경성점은 을지로2가에 있었는데, 지금은 사진만 남아 있다. 군산, 목포 등 지방에는 동양척식주식회사 지점이 남아 역사박물관으로 활용되고 있다.

277

Thursday

백제금동대향로

부여 능산리 일대에서 발견된 백제 시대 향로다. 화려한 청동기 예술품을 제작하는 기술은 고대 중국에서 절정을 이루었다. 중국 산동성에는 박산(博山)이 있는데, 그 산의 모양을 본뜬 향로가 한나라에서 큰 인기를 끌었다.

백제금동대향로는 청동으로 만들고 금박을 입힌 것으로, 중국 문화의 영향을 받아 만들어진 제품이다. 흥미로운 점은 향로에 각종 백제의 종교 전통이 어우러져 있다는 점이다. 용으로 묘사된 받침은 전통 신앙을 반영했고, 향로 하단부의 연꽃은 불교를 상징한다. 뚜껑부에는 주로 신선이 사는 이상 세계를 묘사했는데 불로장생하는 신선이 살고 있는 삼신산, 다섯 마리의 새, 스물네 개의 산봉우리 그리고 나무, 바위, 폭포, 시냇물이 섬세하게 묘사돼 있다. 또 유교의 예악을 표현하기 위해 5악사를 넣었고 꼭지는 봉황으로 마무리했다. 4세기 이후 유교, 불교, 도교가 본격적으로 삼국에 들어와서 경쟁하고 갈등하며 어우러졌던 시대 상황이 예술품에 고스란히 반영된 것이다.

278

Friday

박수근

박수근(1914년~1965년)은 이중섭과 더불어 가장 저명한 현대 화가로, 음악가 슈베르트나 미술가 고흐와 유사한 인생을 살았다. 생전에 알아주는 사람이 없었고, 유명한 화가도 아니었고, 작품이 비싼 값에 팔린 적도 없었다. 개인전을 열기는커녕 개인 화실이 없어서 전농동 소재 집 마루에서 그림을 그렸고 마루에 그림을 늘어놓았다.

> 어느 날 그가 화집을 한 권 옆구리에 끼고 출근을 했다. 나는 속으로 '꼴값하고 있네. 옆구리에 화집 낀다고 간판쟁이가 화가 될 줄 아남' 하고 비웃었다.

이는 소설가 박완서의 회고다. 강원도 출생으로 평양에서 생활하던 그는 기독교인이었기 때문에 해방 이후 감시를 피해 남쪽으로 내려온다. 피난민이었던 박수근은 주변의 도움으로 미군 초상화 그리는 일을 하고 있었는데, 당시 미군 PX에서 일하던 박완서가 그의 행색을 비웃었던 것이다. 이후 둘은 한국을 대표하는 화가와 소설가가 된다.

이중섭이 일본에 유학을 갔고 이른 시절부터 두각을 나타냈다면, 박수근은 미술학교를 다닐 정도로 집안이 유복하지 못했다. 1932년 조선미술전람회에 입선한 적이 있지만 이 또한 변변한 것이 못 된다. 그럼에도 불구하고 그는 미군 PX에서 초상화 그리는 일을 그만두고 전업 작가의 길을 선택한다.

그의 작품은 어머니와 여인네 그리고 뒷모습, 나뭇잎 없는 나무들로 가득 차 있다. 작품의 질감이 유달리 독특하다. 농촌 출신이지만 동물이 등장하는 그림이 없다시피 하고, 전체를 묘사하기보다 특정한 단위와 대상에 집중하고 색 표현을 극도로 자제한다. 해방과 분단, 전쟁과 가난의 시대를 살아간 평범한 민중과 어머니를 그린 화가로 평가받고 있다.

실향민

한국 전쟁으로 고향을 잃고 남한으로 내려온 이들을 말한다. 1953년 휴전 당시 남쪽으로 내려온 실향민은 500만 명이 넘는데, 황해도에서 내려온 이들이 가장 많았다. 1960년 조사에 따르면 황해도가 35%, 평안남도가 22%, 함경남도가 21%, 평안북도가 17%, 함경북도가 5%로 거리순에 따른 분포가 나타난다.

이들은 주로 서울과 경기도에 정착했고, 그 밖에는 강원도와 부산을 포함한 경상남도 일대에 뿌리를 내렸다. 주로 1.4 후퇴 때 내려왔다. 강원도 속초는 주민 70%가 실향민이라는 조사까지 있다.

이들의 연대 의식은 대단한 것으로 유명하다. '이북5도민'이라 부르며 아직도 '이북5도청', '5도 도지사'를 운영하는 등 각종 단체를 만들어 지금까지 결속을 다지고 있다. 실향민 중에 저명인사들도 많다. 백두진, 정일권, 노신영 등은 각각 이승만, 박정희, 전두환 정권 때 국무총리를 한 인물들이다. 재계에서는 정주영 현대그룹 회장이 유명하지만 태평양, 삼양, 샘표 등 유명 기업의 회장들이 모두 북한 출신이다. 이들은 특히 기독교에 큰 영향을 미쳤는데 한경직 목사, 강원룡 목사, 지학순 주교 등이 대표적이다. 문화계 인사로는 《오발탄》을 쓴 이범선, 《망향》을 쓴 선우휘 그리고 정비석, 모윤숙 등이 있다.

강한 반공 의식으로 북한에 대립적인 여론과 국가 운영을 주도해온 상당수의 인사가 실향민이었던 것이다.

서울 용산의 '해방촌', 남대문의 '도떼기시장', 동대문의 '평화시장', 강원도 속초의 '아바이 마을' 등이 실향민이 정착하고 생계를 잇던 곳으로 유명하다. 그로 인해 만두, 냉면같이 북한 사람들이 즐겨먹던 음식이 남한의 대중 음식으로 자리 잡기도 했다.

○ 속초는 아예 실향민을 지역 관광 상품으로 활성화하고 있다. 실향민 문화촌이 있고 실향민 문화축제도 벌어진다.

7.4 남북공동성명

쌍방은 다음과 같은 조국 통일 원칙들에 합의를 봤다.

첫째, 통일은 외세에 의존하거나 외세의 간섭을 받음이 없이 자주적으로 해결하여야 한다.

둘째, 통일은 서로 상대방을 반대하는 무력행사에 의거하지 않고 평화적 방법으로 실현하여야 한다.

셋째, 사상과 이념·제도의 차이를 초월하여 우선 하나의 민족으로서 민족적 대단결을 도모하여야 한다.

1972년 남북한이 합의한 7.4 남북공동성명의 일부다. 일명 '자주, 평화, 민족 대단결'이라는 세 가지 대원칙의 합의가 이루어진 것이다. 당시 이후락 중앙정보부장이 밀사로 남북을 오가며 합의를 이끌어냈는데, 분단 이후 최초의 남북 간 합의였기 때문에 역사적 의미가 크다. 또 남북통일 정책의 시발점이 된 사건이기도 하다.

7.4 남북공동성명은 구 중앙정보부 강당에서 발표됐다. 이곳은 조선 시대 경종이 묻힌 의릉 안쪽 으슥한 곳에 있는 건물이다.

의병

일제로부터 조선의 주권을 지키고자 했던 실력 항쟁이다. 의병의 기원을 고구려와 백제 유민의 부흥운동에서 찾는 이들이 있다. 나라가 위기에 처했을 때 스스로 세력을 규합하여 무장 저항을 하는 모든 행위를 의병으로 간주하면 가능한 설명이지만 지나치게 범주가 넓다.

우리 역사에서 의병의 등장은 임진왜란과 궤를 같이한다. 양반 유생들이 가산을 털어 민병대를 만들고 직접 지휘하며 왜군과 싸웠는데, 곽재우는 경상도 의령에서 최초로 의병을 조직했고 이후 진주성 전투를 비롯한 주요한 격전에서 혁혁한 공을 세운다. 이러한 공을 인정받아 광해군 때가 되면 각종 군사 요직에 오르기도 한다. 곽재우뿐 아니라 고경명, 정인홍, 정문부를 비롯하여 휴정, 유정 같은 승병이 구성될 정도로 세력이 막강했으며 한때는 그 수가 5천 명에 달했는데 당시 관군 숫자에 버금가던 규모였다. 하지만 병자호란 때 의병 규모는 이보다 훨씬 미미했다. 청나라 군대가 단기간에 도성을 포위하는 등 전혀 다른 방식의 군사 전략을 사용한 이유 때문이기도 하지만 인조반정에 의해 광해군이 실각하는 등 혼란스러운 내부 정치 상황도 한몫했다. 더구나 임진왜란 당시 의병의 주요 세력은 북인들이었는데 이들은 광해군과 함께 인조에 의해 축출된 세력이었다.

1895년 명성황후가 시해당하자 다시 한 번 의병이 역사의 전면에 등장한다. 을미사변과 단발령에 대한 반발로 을미의병이 등장한 것이다. 하지만 고종이 러시아 공사관으로 피난한 후 단발령을 철회하고 의병 해산 권고령을 내리면서 의병 활동은 수그러든다. 이후 1905년 을사조약, 1907년 정미7조약 등이 맺어지면서 조선이 국권 강탈의 위기에 처하자 더욱 강렬한 기세로 의병 항쟁이 진행된다. 최익현이나 신돌석 등이 을사의병을 주도하는데 신돌석은 양반이 아닌 평민이었다. 정미의병 당시에는 해산된 군대가 의병에 참여하면서 무장 수준이 강화되고 한때나마 서울진공작전을 시도하는 등 기세가 대단했다. 가장 최후까지 격렬한 의병전을 벌인 곳은 전라도였다. 그러나 1909년 일본의 남한대토벌 작전에 의해 국내에서의 무력 항쟁은 종결된다.

한편 평민 출신의 의병장이 등장하고, 다양한 계층의 사람들이 의병에 참여하면서 의병의 성격에도 변화가 생겼고 무엇보다 이들 중 일부는 향후 독립군이 된다.

장보고

장보고(?~846년)는 신라 후기 해상 무역을 주도한 지방 호족으로, 완도에 청해진을 설치해 서남해권을 장악했고 신라, 당나라, 일본을 잇는 해상 무역을 통제했다.

그는 매우 독특한 인물이다. 우리 역사에서 해상을 기반으로 활약한 인물이 극히 드물기 때문이다. 사실 그에 대한 기록은 많지 않다. 일찍이 당나라에 건너가서 무용을 뽐냈고 이후 신라 홍덕왕 대에 완도에 청해진을 설치해 일대의 해적을 섬멸했다고 한다.

당시 중국 당나라는 동아시아의 표준 모델로 거듭나고 있었다. 유교, 불교, 율령, 한자 등 중국의 문화가 한반도와 일본 그리고 북방 민족과 동남아시아 일대까지 널리 퍼져나갔다. 당나라의 장안성은 동아시아 도성 건축의 기본 모델이 돼 발해의 상경성, 신라의 금성, 일본 헤이조쿄의 모델이 될 정도였다. 따라서 당나라 해적이 서남해에 빈번히 등장하거나 일본의 구법승들이 당나라에 유학을 시도하는 등 해상 활동이 활발했다. 이때 장보고가 완도를 기반으로 독특한 활약을 펼친 것이다.

하지만 장보고는 신라 내정에 개입하면서 곤란에 처한다. 당시는 통일신라 후기였기 때문에 왕위 쟁탈전이 심각했다. 홍덕왕이 사망하자 김균정과 김제륭이 싸웠는데 결국 김제륭이 김균정을 죽이고 희강왕이 된다. 이때 김균정의 아들인 김우징이 장보고에게 목숨을 의탁한다. 이후 김명이 희강왕을 죽이고 민애왕으로 즉위하자 이를 기회로 여기고 군사를 일으켜 김우징을 왕으로 세우니 그가 신무왕이다. 하지만 신무왕은 3개월 만에 죽고 그의 아들이 문성왕으로 즉위한다. 신무왕의 즉위에 큰 공을 세웠던 장보고는 이때 진해장군으로 임명이 되는 등 중앙 정계에서도 널리 이름을 떨치게 된다. 하지만 딸을 문성왕의 아내로 만들려다 실패한 후 결국 무성왕에게 죽임을 당한다.

장보고의 실패는 전형적인 지방 호족의 모습이다. 바로 혼란기를 이용해 중앙 정계의 연줄을 잡고 크게 출세하지만 결국 중앙 귀족에게 배척당한 후 반기를 들다 몰락하는 모습이다. 이는 우리나라뿐 아니라 세계 역사에서 흔히 반복되는 지방 귀족의 모습이기도 하다. 이후 후삼국 시대가 본격화되고 장보고 같은 지방 호족들은 결국 후고구려나 후백제에 의탁하면서 새로운 역사에 참여하게 된다.

283

군산

전라북도 북서쪽에 있는 도시로, 북으로는 금강, 남으로는 만경강이 군산을 거쳐 서해로 나간다. 군산에서 내륙을 향하면 익산을 거쳐 전주에 닿는다. 일대에 광대한 호남평야가 펼쳐져 있다. 군산에서 남쪽으로 내려가면 김제시가 있는데 김제만경평야는 우리나라에서 유일하게 지평선을 볼 수 있는 곳이다. 전라남도나 김해등 여러 곳에 평야가 있고 쌀 생산이 활발하지만 전국에서 으뜸이라고 불리는 곳이 이곳이다.

공교롭게도 이러한 지역적 특성으로 인해 군산은 일제 시대 쌀 수탈의 중심지이기도 했다. 호남평야의 쌀이 군산에 집적돼 일본에 팔려나갔기 때문이다. 많은 일본인이 이곳에 왔기 때문에 각종 산업이 발전했고 현재도 근현대 유산이 많이 남아 있다. 동국사나 히로쓰가옥은 일제 강점기 건축물인데 보존이 잘돼 있다.《탁류》를 쓴 저명한 근대 문학가 채만식을 배출한 곳이기도 하다.

전주한옥마을처럼 집중된 구조로 관광지가 형성돼 있지는 않지만, 남아 있는 일제 강점기 유산을 바탕으로 근대사를 연상시키는 각종 건축물이나 철도를 활용하여 마을을 만드는 등 다양한 시도를 하고 있다.

284

Thursday

남대문

한양도성의 정문으로, 정식 명칭은 숭례문이다. 조선의 수도 한양은 긴 성곽으로 둘러싸여 있었고 곳곳에 출입이 가능한 문을 만들어놓았다. 동서남북에는 네 개의 큰 관문이 있었는데 동쪽은 흥인지문, 서쪽은 돈의문, 남쪽이 숭례문, 북쪽은 숙정문이다. 인의예지라는 유교적 가치를 담았는데 현재 돈의문은 남아 있지 않다.

오늘날에도 남대문 일대는 교통의 요지다. 남대문을 통과해서 쭉 올라오면 좌우에 덕수궁과 시청이 나오고 광화문을 거쳐 경복궁까지 도달할 수 있다. 남대문과 경복궁을 기준으로 오른편에는 명동, 을지로, 청계천, 종로가 이어지고 왼편에는 정동부터 세종문화회관, 서촌으로 이어진다.

태조 7년인 1398년 완공된 남대문은 세종 때부터 개보수 논란에 휩싸인다. 주로 풍수적인 관점 때문인데 경복궁 우측 산세가 낮으니 이를 보완하고자 숭례문의 터를 높이거나 연못을 만들어야 한다는 주장이 나왔다. 성종 때는 방어를 강화하기 위해 남대문 주위에 옹성을 쌓자는 주장도 나왔다. 하지만 그러려면 일대의 민가를 헐어야 하고, 백성을 부역에 동원해야 했기 때문에 성종의 반대로 무산됐다.

조선 후기에는 남대문 바깥쪽에 무허가 상인들이 몰려들어 큰 상권을 형성하는데 오늘날 남대문 시장의 기원이다. 대한제국 때는 전차가 만들어지는데 철로가 남대문을 통과했다. 이후 교통량이 증가하면서 남대문 주위의 낮은 담을 헐고 추가로 선로를 만들자는 주장도 나온다. 근대화가 진행되면서 남대문과 주변 성곽이 걸림돌이 된 것이다. 결국 일제 강점기 당시 다이쇼 천황이 조선을 방문할 때 행차에 방해가 된다며 남대문만 남기고 주변 성곽을 모두 헐어버린다.

이후에도 남대문 수난사는 계속된다. 한국 전쟁 때는 심각하게 파손되어 전쟁 중에 복구 공사가 진행되기도 했고 1960년대에는 전면적인 해체 보수 공사가 진행된다. 2008년에는 개인적인 원한을 빌미로 남대문에 불을 지르는 사건이 발생했고, 숭례문 2층 누각이 불타서 무너지는 장면이 생중계로 보도되기도 했다. 따라서 추가로 복구 작업에 들어갔는데 그간 축적된 연구 역량을 바탕으로 이전보다 훨씬 원형에 가까운 형태로 복구하여 지금에 이르렀다.

○ 문화재는 원형 그대로 보존돼 내려온다고 생각하는 경우가 많다. 하지만 삼국 시대 때 돌로 만들어진 불상은 애초에 색칠했던 것이 대부분이고, 기와나 목재는 시간이 흐르면 썩기 때문에 지속적으로 보수 공사를 해야 한다. 전통은 끊임없이 만들어지고 있는 것이다.

285

Friday

군대

서양 역사에서 국민 모두가 병역의 의무를 갖는 '국민개병제'는 특별한 제도였다. 중세까지만 해도 군인은 스스로 무장할 수 있는 귀족들만으로 한정됐다. 자신의 돈으로 군마를 마련해야 했으니 충분한 재산이 없는 사람들은 전투에 참여할 수도, 지휘관이 될 수도 없었다. 하지만 17세기 절대왕정 시기 때 유럽 국가들은 앞다투어 상비군을 창설했다. 이전까지만 해도 전쟁이 임박할 때 귀족들이 병사들을 이끌고 싸웠다면 비로소 강력한 왕권을 바탕으로 항시적인 병력을 유지하게 된 것이다. 그리고 프랑스혁명 이후 신분제가 혁파되면서 비로소 군대는 국민과 국가를 수호하게 됐고, 모든 국민은 병역 의무를 지게 된다. 메이지 유신을 통해 근대화에 성공한 일본이 가장 먼저 실시한 개혁도 국민개병제였다. 일본에서도 전투는 무사들만의 특권이었다.

하지만 오랜 기간 중앙집권제도가 발전한 우리나라는 고려, 조선 시대 때부터 16세 이상 60세 이하의 남성은 모두 군역의 의무를 져야 했다. 사실상 평생 병역 의무를 짊어지고 산 셈이었다. 나이가 들면 전투보다 보급과 성벽 수리 등의 역할을 감당했다. 조선 후기 훈련도감을 비롯한 직업군인 제도가 마련되자 이때부터는 군역세를 내는 형태로 바뀌었다. 구한말 별기군을 비롯한 여러 근대적인 군사 제도를 만들기 위해 노력했으나 1907년 군대가 해체되는 수모를 겪기도 했다.

해방 이후 국방경비대 등의 과도기를 거쳐 국군이 창설된다. 국군 창설을 주도한 군사영어학교 등에 일본 육군사관학교 출신, 만주 군관학교 출신 인사들이 대거 참여하면서 국군의 정통성 문제는 이후에도 문제가 된다. 최근에는 신흥무관학교와 광복군의 정통을 강조하며 이 부분에 대해 일신하고자 노력하고 있다.

국군은 한국 전쟁을 거치면서 한때 70만 대군에 이를 정도로 비약적으로 성장했다. 장교들은 미국에 유학하면서 여러 선진 문물을 배우고 돌아왔는데 당시로서는 특별한 기회였다. 하지만 당시 군대는 기형적이었다. 이승만 대통령은 장기 집권의 수단으로 군인을 활용하고자 했고, 정치군인들이 등장했다. 백선엽, 송요찬 등이 대표적인 인물이다. 이들은 병사들을 압박해 여당에 표를 몰아주거나 노동을 시켜 정치자금을 조달하기도 했다. 역설적이게도 이러한 군대 내 부정부패를 비판했던 박정희, 김종필 같은 이들이 5.16 군사쿠데타를 주도하는 세력이 된다. 5.16 군사쿠데타와 12.12 군사반란은 군인의 정치 참여라는 새로운 장을 열었다.

286

Saturday

사대주의

> 중국과 조선의 나라 됨은 별자리가 같고, 강역의 맥이 같으며 인종이 같고 윤
> 상 제도와 문물 학술이 같다.
>
> — 유인석,《의암집》중

사대주의의 극치를 엿볼 수 있는 문장이다. 조선 후기 의병장 유인석은 화서학파
를 계승한 인물로, 그에게 실상 중국과 조선은 동질적인 단위다. 화서학파는 이항
로를 중심으로 위정척사 세력을 이루어 개화를 반대했던 집단이다.

> 이적이 비록 중화를 혼란하게 하고 그 이후 시간이 많이 흘렀어도 중화는 역
> 시 중화이고 이적은 역시 이적이라는 것은 변하지 않는다. 그들 간의 귀천존
> 비의 등급을 분명히 하여 서로 혼란케 해서는 안 된다.

이 글은 이항로가 쓴 것으로, 사대주의를 단순히 중국을 맹종하는 사상이라고
볼 수는 없다. 유교 사상을 최고의 가치로 삼으며, 유교 윤리를 도덕적 절대 선으
로 인식해서 유학 사상과 유교 윤리의 본산인 중국을 '중화 문명'으로 여기며 흠모
하는 문화적 태도에서 기인한다.

사대주의는 이미 조선 전기부터 노골적으로 발전해왔다. 정도전 등은 사대주의
를 새로운 시대의 외교 전략으로 적극 수용했고, 세종은 사대주의를 충실히 따랐
다. 현실적으로 조선 전기 동아시아를 주도하는 나라가 명나라밖에 없었다는 점도
고려해야 한다.

하지만 병자호란 이후 성리학 국가 명나라가 무너지자 조선 후기의 성리학자들
은 조선중화주의 혹은 소중화주의를 주창했다. 조선의 지배층에게 중화는 단순히
중국이 아닌 유학에 기초한 중화 문명이었다. 그런데 오랑캐인 청나라가 명나라를
무너뜨렸기 때문에 중화 문명이 사라졌다고 본 것이다. 영조는 이러한 경향을 강
화시켰다. 명나라를 기리는 제사를 지냈고 본인이 명나라를 계승한 나라의 국왕
임을 강조했다. 양반들도 마찬가지였다. 송시열을 주도로 명나라 황제에게 제사를
지내는 만동묘를 세웠다. 국왕은 국왕대로 양반은 양반대로 자신들의 문화적 자부
심을 망한 나라 명나라에 둔 것이다.

287

Sunday

나라와 백성의 치욕이 이 지경에 이르렀으니

아! 나라와 백성의 치욕이 이 지경에 이르렀으니, 우리의 인민은 장차 생존 경쟁 속에서 진멸돼 갈 것이다. 무릇 살기를 구하는 자는 반드시 죽고, 죽기를 기약하는 자는 사는 법이니 제공들이 어찌 모르겠는가? 민영환은 마침내 한 번 죽어 황상의 은혜에 우러러 보답하고 우리 이천만 형제 동포에게 사죄하노라. 영환은 죽어도 죽지 아니하여 구천 아래에서 제군을 도울 것이다. 바라옵건대 우리의 형제 동포들이 천만 배 더 분발하여 지기를 굳건히 하고 학문에 힘쓰며 마음을 묶고 힘을 모아 우리의 자유와 독립을 회복한다면, 죽은 자는 마땅히 저승에서 기쁘게 웃으리라. 아! 조금도 실망하지 마라. 우리 대한제국 이천만 동포에게 사별하며 고하노라.

1905년 을사조약에 분노하여 자결한 민영환의 유언이다. 민영환은 민씨 척족 중 유일하게 긍정적인 평가를 받은 인물이다. 외교관으로 시베리아 횡단열차를 오고가며 조선의 주권을 유지하기 위해 동분서주하기도 했다. 민영환이 자결한 자리에서 절개를 상징하는 대나무가 돋아나서 큰 화제가 되기도 했다.

288

Monday

청년단

해방 공간에서 우익 세력이 만든 청년 단체로, 우익의 전위대 역할을 했다.

해방 공간에서 우익은 좌익에 비해 열세였다. 김구, 이승만 같은 저명한 민족주의 지도자들은 오랫동안 해외 망명 생활을 했기 때문에 국내에 기반이 없었고, 김성수, 송진우 같은 국내 민족주의자들은 일제 협력 경력으로 인해 지지 기반이 협소했다. 이에 반해 좌익은 여운형, 박헌영 등을 중심으로 광범위한 전국 조직을 가지고 있었고 민중의 지지가 대단했다. 여운형은 건국준비위원회를 인민위원회로 개편했고 이후 좌익 계열에서는 조선노동조합전국평의회(전평), 민주주의민족전선(민전) 같은 전국적인 조직망을 구축해 우익을 압도했다.

이에 대항하기 위하여 우익은 미군정과 관료, 경찰 세력의 도움을 받아 청년단을 급조하기 시작했다. 대한민주청년동맹(대한민청), 평안청년회(평청), 독립촉성국민회 청년회(국청), 서북청년회(서청) 등이 그것이다. 이들은 체계적으로 민족주의 이념을 교육받지 못했다. 당시 실업 상황이 심각했고 그나마 일자리를 얻었던 노동자의 하루 평균 임금이 60원 정도였는데, 청년단에서 활동하면 일당 300원~500원을 받을 수 있었기 때문에 참여한 사람들이었다.

이들은 우익의 전위대 역할을 자임하며 좌익에 대한 대대적인 폭력 공세를 시작한다. 대한민주청년동맹의 경우 60명 단위로 50개 특공대를 조직하여 권총, 단검 등으로 무장한 후 주로 경상북도 일대에서 활동했다. 평안청년회나 서북청년회는 이름에서 알 수 있듯 북한에서 쫓겨 내려온 이들이었기 때문에 좌익에 대한 경멸감이 극도로 높았다. 좌익에 대한 사적인 원한, 우익의 지원, 격화된 좌우 갈등 그리고 일자리 문제까지 겹치면서 서북청년회는 제주 4.3 사건 당시 끔찍한 만행을 저지르기도 했다.

○ 우익의 세력 확장은 친일파들에게도 큰 기회를 줬다. 반공주의자가 되면 친일의 죄를 덮을 수 있었기 때문이다. 이러한 이유로 우익은 좌익에 비해 친일파 처단에 매우 미온적인 태도를 취했다.

289

Tuesday

전봉준

심문: 기포할 때 네가 어찌 주모(主謀)가 되었는가.

진술: 여러 백성들이 다 저를 추대하여 주모하라 하기에 백성들의 말에 따랐습니다. (…)

심문: 고부에서 기포할 때 동학이 많았는가, 억울한 백성이 많았는가.

진술: 기포 당시에는 억울한 백성과 동학이 합하였으나 동학은 적고 억울한 백성이 많았습니다.

심문: 기포 후에 무슨 일을 하였는가.

진술: 기포 후에 황무지에서 강제로 거둔 세금을 돌려주고 관에서 쌓은 보를 철폐하였습니다. (…)

심문: 다시 기포한 것은 무슨 까닭인가.

진술: 그 후에 들으니 일본이 개화라 칭하고 처음부터 민간에 일언반구도 언급하지 않고 또 격문도 없이 군사를 이끌고 우리 도성에 들어가 야반에 왕궁을 습격하여 임금을 놀라게 하였다 하기로 초야의 사족과 백성들이 충군애국(忠君愛國)의 마음으로 비분강개하여 의병을 규합하여 일본인과 전투하여 이런 사실을 우선 일차 따져 묻고자 함이었습니다.

동학농민운동의 지도자 전봉준이 법정의 심문에 답한 재판 기록인《전봉준공초》내용의 일부다. 전봉준은 사형당하기 전 일본 영사와 법부대신 서광범에게 심문을 받았다. 동학농민운동이 실패한 1894년 그는 전라도 순창에서 체포됐다.

전봉준이 이끌던 동학농민운동은 국내외로 엄청난 충격을 줬다. 단시일 내에 농민들을 규합하여 전라 감영을 뒤흔들었고, 관군을 끝내 물리치며 정국의 핵으로 부상했기 때문이다. 난을 진압하러 온 초토사 홍계훈은 그와 타협을 도모했고 전라 감사 김학진도 전봉준과 개혁 정치를 추진할 정도였다. 특히 김학진은 전주 감영에 있는 무기를 동학군에 넘겼고, 집강소를 중심으로 한 각종 개혁의 든든한 후원자가 되기도 했다. 전봉준의 저돌적인 도전에 천우협 같은 일본 낭인 단체들도 감격했고 특히 흥선대원군은 그와 거사를 도모하고자 했다. 2차 봉기 당시에는 훗날 을사오적이 되는 박제순이 충청 감사로 내려와 그를 체포하려고도 했다. 전성기 때는 전라도를 중심으로 함경도와 평안도까지 민란의 여파가 이어졌으나 결국 실패하고 만다.

연해주

중국, 북한과 경계를 마주하고 있는 극동 아시아의 러시아 영토. 러시아의 절대 군주 표트르 대제는 본격적으로 시베리아 진출을 시도한다. 이에 따라 17세기 러시아는 우랄산맥을 넘어 중앙아시아부터 중국 북부까지 광대한 영토를 거머쥐게 된다. 당시만 해도 중국의 청나라는 강희제, 옹정제가 통치하는 전성기였기 때문에 러시아 군대와의 접전에서 승리를 거뒀고 네르친스크조약, 캬흐타조약을 통해 러시아의 시베리아 진출을 일정 정도 저지한다. 하지만 청나라가 혼란기에 접어들고 영국, 프랑스와 제2차 아편 전쟁을 벌이게 되자 러시아는 중재의 대가로 오늘날 연해주 일대를 할양받는다.

연해주의 대표적인 도시는 블라디보스토크인데, 대한제국 때는 이곳을 해삼위라고 부르기도 했다. 블라디보스토크는 시베리아 횡단열차의 종착역이자 출발역이기 때문에 많은 관광객이 여기서부터 바이칼 호, 모스크바까지 주요 지역을 관광하기도 한다. 이 지역은 조선 조총 부대가 청나라 군대와 함께 나선정벌을 했던 곳이기도 하지만 무엇보다 발해의 영토였던 곳이다. 지금은 러시아의 역사학자들이 이곳에서 발해 연구를 활발히 수행하고 있다.

연해주는 간도와 더불어 조선 말기 한인들이 대거 이주했던 곳이기도 하다. 일찍부터 많은 독립운동가가 이곳으로 이주했고 신한촌이라 불리는 한인 마을이 대거 형성되기도 했다. 간도 일대처럼 벼농사가 보급되고 독립군 기지가 건설됐으며 권업회, 대한광복군정부 같은 중요한 독립운동조직이 만들어지기도 했다. 1937년에는 스탈린의 이주 정책에 따라 대거 중앙아시아로 강제 이주를 당하는 고통을 겪기도 했다.

○ 연해주를 배경으로 활동한 저명한 독립운동가는 이상설, 이동휘를 비롯해 셀 수 없이 많다. 하지만 그중 최재형을 기억할 필요가 있다. 극심한 가난으로 어릴 때 연해주로 이주했고 이미 17살에 성공을 거두어서 농장을 세운다. 그는 러시아어에 능통했기 때문에 러시아인들과 한인 사회의 연결고리가 된다. 심지어 당시 제정 러시아 수도인 상트페테르부르크에 가서 차르 니콜라이 2세를 직접 만나 훈장도 받는다. 그는 이를 기반으로 연해주에서 무장독립운동에 매진한다. 연해주 독립군은 러시아제 5연발총을 소지하는 등 상대적으로 강력한 화기로 무장했다. 이미 1907년경 무려 삼사천 명 정도의 의병이 편성됐고 1908년에는 국내 진공 작전까지 시도한다. 최재형에게 직간접적으로 도움을 받았던 인물 중에는 안중근도 있다. 이후 그는 대한민국임시정부 재무부장으로 선임되기도 한다. 하지만 러시아혁명으로 러시아가 공산화되고 이를 빌미로 시베리아에 일본군이 출병하는 등 연해주 상황은 급속도로 어수선해진다. 최재형은 독립 세력을 규합해 일본군과 싸우지만 체포된 이후 처형당한다.

291

Thursday

동의보감

1610년 광해군은 허준이 《동의보감》을 완성하자 이를 치하하며 간행을 명한다. 허준과 관련한 숱한 일화는 대부분 허구다. 중풍 병자를 일으키고, 시신을 해부하고, 위암 환자를 치료했다는 등의 일화는 역사적 사실이 아닌 소설 《동의보감》, 드라마 〈허준〉을 창작한 작가의 상상에 불과하다.

허준이 의학자로 칭송받는 이유는 탁월한 의술 때문이 아닌 《동의보감》을 편찬했기 때문이다. 의서 편찬은 조선 시대 들어와 본격화됐다. 국내에서 만들어진 가장 오래된 의서는 《향약구급방》이다. 정확한 편찬자와 편찬 시기를 알 수 없고 고려 시대 것으로 추정된다. 약 170여 종의 약초와 관련된 내용이 소략히 정리돼 있어 의서로서는 분명한 한계가 있다.

의학 발전에 취약했던 당시 상황을 개선하기 위해, 조선 전기 《향약집성방》,《의방유취》가 편찬된다. 중국의 의서와 민간 의학의 축적 경험을 결합하여 이룬 성과다. 《향약집성방》이 의서라면 《의방유취》는 의학 사전쯤으로 볼 수 있다. 그러다 조선 후기 임진왜란 이후 선조의 명에 따라 허준이 주도해 의서 편찬에 힘쓴 것이다.

《동의보감》을 만드는 과정 중에 어려움이 많았다. 정유재란이 발발하여 편찬이 중단되기도 했고, 공무를 감당하면서 책을 편찬했기 때문에 진도가 더뎠다. 당시 국왕이 죽으면 어의는 책임을 다하지 못했다는 이유로 유배를 가거나 처형되기도 했는데, 선조가 죽자 허준도 의주로 유배 길에 올랐다. 하지만 유배지에서도 의서 편찬에 집중하여 결국 광해군 대에 《동의보감》을 완성한다.

《동의보감》은 당시에 존재했던 중국과 조선 의술의 집약체다. 중국 의술에 대한 깊은 이해는 물론 조선의 민간 현실까지 반영해 만들었다. 의서 간에 상호 모순되는 내용을 해결하기 위해 애썼고 민간에서도 널리 활용할 수 있게 단방 처방(특정한 병에 한 가지 약재를 쓰는 방식)을 제시하기도 했다. 각종 약재가 들어가야 병이 쉽게 나음에도 이러한 방식을 고민한 것은 평범한 민중들이 들과 산에서 쉽게 풀을 구해 병을 치료하게 하기 위한 민본적인 태도에 기인한다. 18세기 이후 《동의보감》은 중국과 일본에서도 간행되는 등 국제적인 명성을 누리며 한의학의 중추가 된다.

292

Friday

청문회

국회에서 국정 감사나 국정 조사를 할 때 증인 등을 불러 필요한 증언을 듣는 제도다. 1988년 13대 국회에서 국회법이 개정되면서 처음 실시됐다.

오랜 기간 독재 정권이 유지됐던 대한민국에서 국회의 역할은 제한적이었다. 특히 1970년대 유신 체제 이후 국회는 대통령의 거수기 역할을 할 정도로 권한이 취약했다. 1987년 6월 항쟁 이후 민주화의 열기 속에 다양한 분야의 개혁이 논의됐고 국회법도 예외는 아니었다. 여기에 다음 해 실시된 13대 국회의원 선거에서 야당이 압승하면서 국회법 개정은 급물살을 탄다. 이에 따라 정부에 대한 보고나 서류 제출 요구, 증인, 감정인, 참고인 등의 출석을 요구할 수 있도록 했고, 국회 의사 활동을 TV 등으로 중계 방송하여 일반 국민에게 의사 결정 과정을 공개하는 등 국회 권한을 강화하는 법 개정이 이루어졌다.

당시 전두환 정권의 부정과 비리가 폭로되면서 제5공화국 부정부패 수사에 대한 목소리가 높아졌다. 또 5.18 광주민주화운동의 진상 규명과 책임자 처벌을 비롯한 지역감정 해소, 민주화를 위한 법률 정비 등 각종 문제 해결을 위한 특별위원회가 구성된다. 그리고 개정된 국회법을 바탕으로 대한민국 역사 최초로 5공청문회와 광주청문회가 진행됐다. 국회의원들이 관련 증인을 채택하여 공개적으로 증언을 듣는 모습이 TV로 생중계되면서 큰 화제가 됐다. 이 와중에 통일민주당 노무현 같은 청문회 스타 국회의원이 등장하기도 했다. 국회법은 이후에도 지속적으로 개정돼 전문가를 위촉하여 청문회를 위한 사전 조사를 실시하거나 인사청문회, 입법청문회 등 다양한 공개 조사와 질의 과정을 할 수 있게 됐다. 현재는 과거와 비교할 수 없는 수준의 제도화된 민주주의를 향유하고 있다.

○ 1988년 5공청문회 당시 끝까지 오리발을 내미는 증인들 때문에 골머리를 앓았다. 이러한 문제를 해결하기 위해 특별법과 특별 검사 제도를 도입하고 최근에는 고위 공직자 처벌을 위한 별도의 기구를 만드는 등 각종 제도 개혁이 추진돼 왔다. 모두 1987년 민주화 이후에 나타난 현상들이다.

293

Saturday

식민지 근대화론

대한민국의 역사 발전이 일제 강점기에 기초를 두고 있다는 주장이다. 1990년대 이후 경제사학계에서 문제를 제기하면서 논란이 진행 중이다. 그간 역사학계는 주로 수탈론과 내재적 발전론으로 일제 강점기를 설명했다. 즉, 제국주의 국가 일본이 조선을 식민화하면서 자국의 이해관계에 따라 식민지를 운영했고, 만약 식민화되지 않았다면 스스로 근대 국가로 발돋움할 수 있었다는 입장이다. 수탈론이 주로 일제의 침탈적인 지배 상황을 설명하는 데 집중했다면, 내재적 발전론은 조선 후기부터 대한제국기까지 이어온 여러 노력을 입증하고자 했다. 조선 후기 상공업의 발달이라든지 대한제국기 당시 고종의 주체적인 개혁 정책 같은 것을 의미 깊게 본 것이다.

여전히 두 주장이 한국 근대사 교육에 중요하게 자리 잡고 있지만 비판도 만만치 않다. 우선 조선 후기 상공업의 발전이 의미가 없는 것은 아니지만 산업혁명은 커녕 공장제 수공업 단계에도 이르지 못할 정도로 취약했다는 점을 부인할 수는 없기 때문이다. 또 강화도조약 이후 지속적으로 추진된 개화 정책에 대한 한계도 조목조목 비판받고 있다.

이러한 문제의식을 바탕으로 등장한 것이 식민지 근대화론이다. 일제 강점기의 본질이 '지배와 수탈'이라는 사실을 부인할 수는 없지만 이때의 여러 경험이 근대화로 나아가는 귀중한 자산이 됐다는 입장이다.

하지만 식민지 근대화론에 대한 비판도 만만치 않다. 우선 일제 강점기 통치는 철저하게 본국을 위한 정책이었기 때문에 식민지가 경험한 근대화라는 것은 매우 부수적이다. 따라서 지나치게 의미 부여를 해서는 안 된다는 것이다. 무엇보다 해방 이후 1950년대까지 극도의 빈곤에서 벗어나지 못했고 1960년대 들어서야 산업화에 성공했다는 점을 감안해야 한다는 것이다. 일제 시대 주요 산업 시설이 북한에 집중돼 있고 남한의 산업 성장은 지역적, 시기적으로 별도로 시작됐다는 것을 고려하면 식민지 근대화론은 식민지 미화론에 불과하다는 것이다.

이 밖에도 식민지 근대성론이라는 것이 있다. 실증적으로 검토했을 때 일제 강점기 당시 광범위한 사회 변화를 부정할 수 없기 때문에 이를 인정하며 새로운 인식을 정립해야 한다는 주장이다.

심리록

대저 시골이란 양반과 상민을 구분할 것 없이 정숙한 여자가 포악한 자들에게 욕을 당하거나 나물을 캐다가 한번 끌려가기라도 하면 갑자기 바람을 피운다고 손가락질을 받아 온갖 오명을 쓰게 된다.

그러면 강간을 당했든 안 당했든 간에 바람을 피웠다는 모함은 자신이 죽을 때까지 씻기 어려운 것이라서 방 안에서 목을 매 자결하기로 맹세하게 되니, 그 일은 어둠에 묻혀 밝혀지지 않고 그 심정은 잔인하고도 비장하다.

집으로 돌아와 식구들에게 호소해봤자 더러는 눈물을 훔치며 방문을 나서고, 더러는 남 보듯 하면서 다른 데로 가버리니, 적적한 빈 방에서 수치와 분노가 가슴속에 교차되어 구차하게 살아보려 하여도 참으로 어떻게 할 도리가 없었던 것이다.

조선 후기 정조 때 사형 죄수에 대한 판례집인 《심리록》에 나오는 내용이다. 극도의 가부장주의가 득세하던 조선 후기에는 이러한 심각한 사례가 반복됐다. 정조 집권 18년째인 1794년에는 전라도 전주의 청상과부 정 여인이 남성과 정을 통하여 가문을 더럽혔다는 이유로 친족들에게 자살을 강요당해 죽었다는 보고가 나온다. 당숙 정대붕이 비상을 마시라고 위협했고 숙모 이 여인이 독약과 술을 준비한 후 숨이 끊어지기도 전에 땅에 매장해버린 끔찍한 사건이 발생한 것이다. 《심리록》에 수록된 자살자 명단을 살펴보면 31건이 여성이다. 전체 자살자가 38명이었으니 여성들이 얼마나 어려움을 겪었을지 짐작할 수 있다.

295

Monday

신간회운동

1927년에 결성된 좌우 합작 단체로, 민족주의자와 사회주의자가 연대하여 일제에 대항한 항일단체다. 1917년 러시아혁명이 성공한 후 소련의 지도자 레닌은 제국주의에 대항하는 피압박민족을 적극적으로 지원한다. 아시아나 아프리카 같은 식민지는 아직까지 산업화가 이루어지지 않았기 때문에 프롤레타리아(공장 노동자)가 적고 사회주의에 대한 이해도 별로 없었지만, 제국주의에 반대하는 적극적인 민족해방운동이 벌어지고 있었다. 레닌은 중국의 민족주의자 쑨원에게 자금과 무기 그리고 군사 고문단을 지원했고 이에 힘입은 쑨원은 중국 남부 광저우에 정부를 세워 북벌에 나선다. 당시 쑨원은 국민당을 이끌고 있었는데 중국 공산당원을 받아들이는 통합 작업을 벌인다. 이것이 제1차 국공합작이다.

당시 우리의 상황도 유사했다. 러시아 대표 무장 투쟁가이자 임시정부 국무총리를 역임했던 이동휘는 한인사회당을 창당하면서 민족주의 노선에서 이탈한다. 여운형이나 조봉암 등도 사회주의운동에 참여했고 김규식이나 김원봉 역시 사회주의운동에 개방적인 태도를 견지했다. 또 국내에서는 '마르크스 보이'라는 말이 유행할 정도로 학생들 사이에 사회주의 사상이 선풍적인 인기를 끌었고 각종 독서회와 학생회가 만들어지기도 한다. 더불어 조선공산당이 결성되는데 일제는 치안 유지법을 제정하여 강력하게 탄압한다.

독립운동 진영이 민족주의와 사회주의로 분열돼가는 와중에 중국의 국공합작은 새로운 대안으로 떠올랐다. 안창호 등은 민족유일당운동을 주도하면서 좌우합작을 강력히 요청했고 이러한 흐름 가운데 국내에서 비로소 신간회가 만들어진 것이다. 신간회는 민족 단결, 정치·경제적 각성 촉구, 친일 기회주의 배격이라는 3대 강령을 내세웠다. 당시 이광수, 최린 등이 자치론을 주장하며 일제에 타협하고 있는 상황에서 그들을 기회주의자라 비판하며 독립운동의 정체성을 분명히 한 것이다. 또 막연한 독립이 아닌 정치사회적 이슈에 대한 관심을 촉구했는데 교육 제도의 개선, 노동자의 처우 개선, 농촌 문제 개혁 등 훨씬 구체적인 사회적 관심을 바탕으로 운동을 실천해나갔다.

특별히 1929년 광주학생항일운동이 발발하자 이를 지원하면서 대규모 민중 집회를 계획했으나 총독부의 탄압으로 실패하고 만다. 이후 지도부가 온건하게 투쟁 노선을 선회하면서 갈등이 표출됐고, 사회주의자들끼리의 갈등과 분열, 민족주의자와의 결별과 독자 노선을 요구하는 소련의 결정 등에 의해 해체되고 만다.

296

Tuesday

이이

이이(1536년~1584년)는 조선 중기의 성리학자이자 경세가로, '구도장원공(九度壯元公)' 이라는 별명이 말해주듯 자타가 공인하는 천재 중 천재였다. 최종적으로 장원 급 제하기까지 총 9번의 관문을 통과해야 하는데 단 한 번의 낙방 없이 수석으로 통 과했다. 조선 왕조 500년간 이 기록은 유일무이하다.

이이는 이황에 비견되는 탁월한 성리학자였지만 젊은 날에는 불교를 탐독하는 등 자유분방한 모습을 보이기도 했다. 무엇보다 이이는 사회 개혁에 적극적이었던 사회 경장론자였다. 당시는 조선 중기였고 각종 사회 문제가 심화되고 있을 때다. 연산군 이래 재정 적자가 지속되다 명종 대에는 관리에게 월급을 주지 못하는 사 태가 발생했고, 월급을 받지 못한 관료들이 하급 관리인 서리와 결탁하여 백성의 가렴주구에 동참하는 등 구조적 문제가 발생하기 시작했다. 조세 징수가 여러 면 에서 문제였는데 그중 방납의 폐단이 단연코 심각했다. 방납은 공물을 대리 납부 하는 제도였는데, 실무자가 대리 납부하면서 불법 폭리를 취했기 때문이다. 세금 은 갈수록 과중해졌고, 지주제가 발전하면서 농민들은 소작농이 돼갔다. 농사지을 땅을 지주들에게 빌렸는데 수확량의 절반을 내야만 했다. 지주는 각종 방법을 동 원하여 농민들을 소작농으로 만들기에 혈안이 됐다. 따라서 도망가는 농민들이 증 가하고 마을 인구가 격감하는 등 총체적인 위기였다.

이이는 선조 때 과거에 합격한 후 각종 사회 개혁안을 적극적으로 제기하면서 정력적인 활동을 펼쳤다. 조세 제도의 모순을 극복하고, 경제 시스템 개혁을 구체 적으로 제안했는데 '십만양병설'도 이러한 논지에서 제기됐다. 안정적인 시스템을 바탕으로 강병을 양성하여 외침에 대비해야 한다는 주장이었다.

하지만 이이는 개혁 의지가 없는 선조와 당쟁만 일삼는 동료들 사이에서 뜻을 펼치지 못한다. 선조는 빈번히 이이의 개혁안을 무시했고 수많은 조정 신료는 민 생 문제보다 붕당을 만들어 주도권 다툼을 하는 데 골몰한다. 결국 이이 사후 임진 왜란이 일어났을 때 조선은 10만은커녕 5천의 병사도 제대로 동원하지 못하는 수 준이었으니, 조선의 천재는 어떤 업적도 이루지 못한 것이다.

297

Wednesday

통영

경상남도 남해안에 위치한 시로, 근처에 거제도가 있다. 통영은 이순신과 관련이 깊다. 한산도 대첩이 벌어진 한산도가 여기 있기 때문이다. 현재는 이순신공원이 조성돼 있는데 공원 중앙에 있는 이순신 동상에서 정면에 보이는 섬이 한산도이고, 그 앞바다에서 결전이 벌어졌다. 해마다 통영의 어선들이 총집결하여 한산도 대첩을 재현하는 장관을 연출한다.

또 이곳에는 충청, 전라, 경상도 삼도수군을 관할하는 삼도수군통제영이 있었다. 이순신이 한산도에 진영을 만들었고 선조 38년부터는 세병관을 비롯하여 통제영 건물이 정식으로 조성됐다. 통영이라는 지명은 삼도수군통제영의 준말이기도 하다.

통영은 저명한 문화 예술인의 고향이기도 하다. 대하소설 《토지》를 쓴 박경리와 음악가 윤이상이 모두 이곳 출신이고, 〈행복〉이라는 시로 유명한 유치환, 〈꽃〉이라는 시로 널리 알려진 김춘수를 비롯한 많은 문인을 배출했다. 또 시인 백석, 화가 이중섭 등 통영과 인연을 맺고 예술혼을 발전시킨 인물들이 적지 않다.

조선 말기부터 일제 강점기 그리고 해방까지를 다룬 소설 《토지》는 한국 문학사에 가장 위대한 작품으로 손꼽힌다. 유치환이 시조 시인 이영도를 사랑해서 수백 통의 편지를 보냈던 우체국을 지나 서피랑(서쪽 망루)으로 오르면 박경리 생가를 만날 수 있다. 화가 이중섭은 통영과 제주도 서귀포에 머물면서 화풍에 큰 변화가 생긴다. 보통 북방 화가들의 그림은 색감이 단순하고 차가운데 평안도 출신인 이중섭은 남쪽에 머물면서 남방 화가들의 밝은 화풍을 수용하며 그림의 수준을 높였다. 통영 출신의 대표적인 화가로는 전혁림이 있는데 남도 출신답게 화려한 색감을 자랑하는 저명한 현대 화가다. 독일에서 활동한 세계적인 음악가 윤이상도 클래식에 대한 동양적 해석으로 유명하다.

통영은 한려수도의 심장, 동양의 나폴리 같은 별명을 가지고 있는데 남해 다도해의 수려한 경관을 보유했기 때문이다. 해상 케이블카, 벽화 마을 등 적극적인 문화 콘텐츠 개발로 전국에서 가장 인기 있는 관광지이기도 하다.

298

Thursday

신라의 세 가지 보물

신라의 세 가지 보물은 황룡사 구층목탑, 황룡사 장륙존상, 옥으로 만든 허리띠다. 《삼국유사》에는 이 세 가지 보물 때문에 왕건이 신라 침공을 포기했다는 이야기도 나온다.

황룡사 구층목탑은 선덕여왕이 승려 자장의 권유를 받고 만든 탑이다. 선덕여왕은 탑을 만들기 위해 백제의 석공들까지 초빙했다. 탑은 645년에 완공되었는데 현재는 남아 있지 않다. 발굴 터를 분석한 결과 바닥 한 변의 길이가 22.1m, 탑의 높이는 무려 78m로 추정되고 있다. 9개의 층은 주변 국가들이다. 1층은 왜, 2층은 중국, 3층은 오월, 4층은 탁라, 5층은 응유, 6층은 말갈, 7층은 단국, 8층은 여적, 9층은 예맥인데 당시 신라가 인식하던 세계의 모습이라 봐도 무방할 것이다. 하지만 몽골의 침략 당시 불탔기 때문에 탑의 구체적인 모양은 전혀 알 수 없다.

장륙존상은 인도 아소카왕이 보내줬다는 석가삼존상으로, 금과 철로 주조됐다고 하는데 이 또한 불타서 모양을 확인할 수 없다. 옥으로 만든 허리띠는 옥황상제가 내려준 것으로, 금과 옥으로 장식됐었다고 한다. 신라의 마지막 왕 경순왕이 왕건에게 바쳤다고 하는데 역시 이후의 행방을 알 수 없다.

세 보물 모두 불교문화가 신라 사회에 깊숙이 뿌리내렸음을 알 수 있는 흔적이다.

○ 삼국 초기에 절은 평지에 큰 규모로 건설됐다. 고구려는 1탑 3금당(탑을 앞에 하나 세우고 그 주변에 건물을 세 개 짓는 것), 백제는 1탑 1금당식(건물 하나에 탑 하나씩 짓는 것)으로 만들었다. 신라도 고구려와 같은 양식을 따랐지만 건물 배치 방식이 달랐다.

299

Friday

채용신

최익현 초상화

조선 말기 화가로, 아마 채용신(1850년~1941년)의 그림 만큼 역사책에 자주 인용되는 작품도 없을 것이다. 영조의 초상화를 복원하고 고종의 초상화를 그렸다. 또 흥선대원군 이하응, 최익현, 황현 등을 그렸다. 최익현 은 을사의병을 일으켰다가 쓰시마섬에서 요절한 유학자이고, 황현은 《매천야록》이라는 역사책을 남겼고 1910년 조선 강제 병탄에 고통스러워하다 자결한 인물이다. 《매천야록》이라는 글은 당시 상황을 이해할 수 있는 중요한 기록이기도 하다. 채용신은 〈운낭자상〉이라는 그림도 남겼는데 운낭자는 홍경래의 난 당시에 충절을 지킨 의녀였다. 이렇듯 채용신은 그림을 통해 절개와 충절을 노래하던 화가였다.

300

3S 정책

1980년대 전두환 정권의 문화 정책. 스크린(screen, 영화), 스포츠(sport), 섹스(sex)를 통칭하여 3S라고 부른다. 전두환 정권은 박정희 정권과 정반대의 문화 통치 전략을 구사한다. 박정희 정권기, 특히 유신 정권기에는 문화적 박해가 대단했다. 당시 유행하던 남성의 장발과 여성의 미니스커트를 규제했고, 노래 가사부터 영화 장면까지 검열을 자행했다. 길 가던 남자들을 잡아서 현장에서 가위로 머리를 자르거나 자를 들고 미니스커트 길이를 재는 모습이 떠오를 것이다.

12.12 군사반란, 5.18 광주민주화운동 유혈 진압 등 불법적 수단으로 권력을 장악한 전두환 정권은 허문도를 등용하여 문화 정책을 주관한다. 그는 1981년 '국풍81'이라는 국가적인 잔치판을 벌인다. 현재는 여의도공원이 된 여의도광장에서 '민족문화계승'을 표방하면서 연예인은 물론 전국 194개 대학 6천여 명을 동원해 5일간 659회의 공연을 벌였다.

전두환 정권의 문화 정책은 이후 본격화되는데 할리우드 영화가 이때 광범위하게 수입됐다. 〈람보〉, 〈록키〉, 〈인디아나 존스〉, 〈터미네이터〉 같은 작품이 크게 흥행했고, 해리슨 포드, 브루스 윌리스, 톰 행크스 같은 할리우드 스타들이 국내에서 큰 인기를 끌었다. 마돈나부터 헤비메탈 밴드 같은 팝 음악도 이때 본격적으로 유입된다.

프로야구와 프로축구도 이때 개막하는데 프로야구 첫 시구자로 전두환 대통령이 등판하기도 했다. 당시 전라남도 광주를 연고로 한 해태 타이거즈는 전두환 정권 기간 한국 시리즈를 세 번이나 재패하면서 프로야구를 주도했는데, 정치적 아픔을 문화적으로 해소했다는 평을 받기도 했다. 해태 타이거즈의 선동열, 롯데 자이언츠의 최동원의 대결이나 장종훈, 이종범, 이승엽 같은 스포츠 스타의 등장도 이런 문화의 산물이라 할 수 있다.

또 〈뽕〉, 〈애마부인〉 같은 에로 영화도 대거 제작됐는데 비디오가 보급되면서 성을 소재로 한 작품들이 사회적 논란거리가 되기도 했다. 1990년대에 인터넷이 보급되면서 외국산 불법 포르노의 급격한 유통으로 에로 영화의 시대는 막을 내린다.

○ 국민들의 정치의식 약화를 목적으로 이루어진 대중문화의 성장은 이후 한국 대중문화의 비정치적 성격에 큰 영향을 주었다. 칠레의 국민 가수 빅토르 하라가 사회 혁명의 주역이 된 사례나 밥 딜런, 비틀즈 같은 유명한 팝스타들의 정치사회적 행보가 우리나라에서 발견되지 않는 이유도 이 때문이라 할 수 있다.

301

Sunday

언론자유수호선언

우리는 오늘날 우리 사회가 처한 미증유의 난국을 극복할 수 있는 길이 언론의 자유로운 활동에 있음을 선언한다. 민주 사회를 유지하고 자유 국가를 발전시키기 위한 기본적인 사회 기능인 자유 언론은 어떠한 구실로도 억압될 수 없으며 어느 누구도 간섭할 수 없는 것임을 선언한다.

우리는 교회와 대학 등 언론 밖에서 언론의 자유 회복이 주장되고 언론인의 각성이 촉구되고 있는 현실에 대하여 뼈아픈 부끄러움을 느낀다. 본질적으로 자유 언론은 바로 우리 언론 종사자들 자신의 실천 과제일 뿐 당국에서 허용받거나 국민 대중이 찾아다 쥐어주는 것이 아니다.

따라서 우리는 자유 언론에 역행하는 어떠한 압력에도 굴하지 않고 자유민주 사회 존립의 기본 요건인 자유 언론 실천에 모든 노력을 다할 것을 선언하며 우리의 뜨거운 심장을 모아 다음과 같이 결의한다.

1. 신문 방송 잡지에 대한 어떠한 외부 간섭도 우리의 일치된 단결로 강력히 배제한다.
1. 기관원의 출입을 엄격히 거부한다.
1. 언론인의 불법 연행을 일체 거부한다. 만약 어떠한 명목으로라도 불법 연행이 자행되는 경우 그가 귀사 할 때까지 퇴근하지 않기로 한다.

1974년 10월 24일 〈동아일보〉사 기자들이 발표한 언론자유선언이다. 1972년 유신 체제 이후 박정희 정권은 극단적인 독재 정권으로 거듭난다. 그만큼 언론의 자유가 통제받았는데 당시 긴급조치 1호를 보면 유신 체제 비판과 관련된 일체의 사항에 대한 보도를 금지했다. 〈동아일보〉사 기자들은 이에 직접적으로 반발하며 언론 자유를 수호하는 데 앞장선다. 정부는 이에 대응하여 광고주들에게 압력을 넣어 〈동아일보〉 광고란이 수개월간 백지로 간행되기도 했다. 결국 언론자유운동을 주도한 기자 대부분이 해고당하면서 사태가 일단락됐다.

302

Monday

6.15 공동선언

분단과 한국 전쟁 이후 남한과 북한은 교류는커녕 긴장 관계의 연속이었다. 특히 베트남 전쟁이 격화되던 1960년대 중반부터 1970년대 초반까지는 가장 위태로운 시기였다. 남한은 베트남에 군대를 파병했고 북한은 휴전선 일대에서 각종 도발을 일삼으면서 한반도 안보 상황이 심각해졌기 때문이다. 실제로 제2의 전면전을 북한이 주장했고 이를 중국이 말리는 등 여러 외교 비사가 뒤늦게 알려지기도 했다. 그러던 중인 1972년 7.4 남북공동성명은 남북 관계의 중요한 전환점이었다. 평화적 관계 수립을 통한 통일 방안에 대해 최초로 합의를 봤기 때문이다. 하지만 이런 상황은 오래가지 못했다. 남한은 그해 10월 유신 체제를 단행했고, 북한도 주체사상에 근거한 김일성 유일주의로 내달았기 때문이다.

이후 시간이 흘러 1989년 냉전 구조가 붕괴되면서 새로운 기회가 찾아왔다. 소련(현 러시아) 서기장 고르바초프가 개혁과 개방을 외쳤고 동유럽의 여러 나라에서 공산 정권이 속절없이 무너졌다. 이 와중에 남한은 헝가리와의 외교 관계 수립을 시작으로 러시아, 중국 같은 공산권의 지도 국가와 외교 관계를 수립했다.

이러한 여파 가운데 1991년 남한은 북한과 동시에 유엔에 가입했으며 '남북기본합의서'라는 포괄적인 남북 관계 개선 방안에 합의한다. 수차례 남북한 고위급 회담이 이어졌지만 1994년 북한의 제1차 핵 위기 이후 남북 관계는 급속도로 어려워진다.

1998년 김대중 대통령은 햇볕정책을 천명하면서 기존의 남북 관계를 청산하기 위한 새로운 방향성을 제시했다. 같은 해 오랫동안 금강산 관광 개발을 추진하던 정주영 현대그룹 회장이 소 떼 천여 마리를 끌고 방북하면서 금강산 관광이 시작된다. 그리고 2000년 김대중 대통령이 직접 방북하여 평양에서 김정일 위원장과 6.15 남북공동선언에 합의한다. 그동안 남한이 주장한 연합제 안과 북한이 주장한 연방제 안에 공통점이 있다는 것을 인정하고 다양한 분야에서의 교류 협력을 통해 통일의 기초를 만들자는 내용이다. 이로 인해 개성공단 개발, 경의선 복원, 개성 관광 등 괄목할 만한 남북 경제 협력이 시작됐다. 2007년에는 노무현 대통령과 김정일 위원장이 다시 한 번 6.15 공동선언을 계승한 10.4 남북정상선언을 발표했다. 그간의 성과를 바탕으로 해주공단 개발, 서해평화협력특별지대 건설, 백두산 관광 등 다양한 형태의 교류 심화 방안을 마련했다. 하지만 이명박, 박근혜 보수 정권의 등장 이후 이러한 화해 기조는 다시 퇴조하고 말았다.

인물

나혜석

나혜석(1896년~1949년)은 한국 최초의 여성 서양화가이며 특별히 글쓰기에서 발군의 재능을 발휘했던 인물이다. 나혜석은 신여성의 전형이다. 일본 도쿄사립여자미술학교 서양학부에 진학했고 이곳에서 여권 사상에 눈을 뜬다. 대부분의 여성 유학생들이 자수, 조화, 수예 같은 것을 전공했는데 나혜석은 서양화를 전공했고 여성 최초로 서양화 개인전을 서울에서 열기도 했다. 1921년 〈경성일보〉사 내청각에서 열린 개인전은 이틀간 5천여 명이 몰렸고 70점 중 20점의 작품이 팔렸다. 하지만 이때부터 아버지와의 갈등이 시작된다. 유학을 보냈지만 '때가 되면' 좋은 사람과 결혼해서 여성의 몫을 감당해야 한다는 것이 아버지의 생각이었다.

나혜석은 1918년에 《경희》를 발표하며 최초의 페미니즘 소설을 썼다. 이후 나혜석은 세 가지 결혼 조건을 걸고 변호사이자 외교관이었던 김우영과 결혼한다. 일생을 두고 자신만 사랑할 것, 그림 그리는 것을 방해하지 말 것, 시어머니와 전실 딸과는 따로 살게 해줄 것. 일종의 '혼전 계약서'를 맺은 것이다. 하지만 이후 파리 유학 생활 중 최린과 사랑에 빠지면서 복잡한 이혼 소송에 빠져들고 만다.

> "조선 남성들 보시오. 조선의 남성이란 인간은 참으로 이상하오. 잘나건 못나건 간에 그네들은 적실, 후실에 몇 집 살림을 하면서도 여성에게는 정조를 요구하고 있구려. 하지만 여자도 사람이외다! 한순간 분출하는 감정에 흩뜨려지기도 하고 실수도 하는 그런 사람들이외다. 남편의 아내가 되기 전에, 내 자식의 어미이기 전에 나는 사람인 것이오."
>
> – 나혜석,《이혼 고백장》중

나혜석이 사생활을 공개적으로 발표한 내용으로, 이후 그녀는 최린에게 위자료 청구 소송을 걸기도 한다. 이 때문에 그녀는 엄청난 비난에 시달렸고 미술가의 삶도 실패의 길을 걷는다. 그리고 1948년 12월 10일 저녁 8시 30분 서울시립자제원 무연고자 병동에서 생을 마감한다. 영양실조, 실어증, 중풍에 소지품 하나 없는 행려병자로.

304

Wednesday

제주도

제주도는 고려 중기 때 편입됐고, 조선 시대 때 비로소 관리가 파견돼 전라도에 속한 지역으로 관할됐다. 위치상 한반도의 주류 문화에서 벗어난 지역이었던 만큼 독특한 문화유산이 많이 남겨져 있다. 일본 오키나와나 규슈 지역과 가깝기 때문에 이들 지역과의 문화 교류도 활발했다.

제주도는 다양한 신화, 특히 여성 신화가 풍성한 곳이다. 그중 설망대할망 이야기가 가장 유명한데, 할망이 경기도의 토사를 한 줌 손에 쥐고 바다에 뿌리니 제주도가 생겼다고 한다. 할망이 매우 컸기 때문에 한라산 꼭대기 백록담의 물로 머리를 감았다고도 하고 물장오리오름에 가서 지팡이로 이 산 옆구리를 두들겼더니 물이 난데없이 솟아나와 호수가 생겨 그곳에 몸을 담갔다는 이야기도 전해진다.

제주도는 한라산을 중심으로 계란을 풀어놓은 것처럼 퍼지는 구조이기 때문에 마을도 산촌, 양촌, 해촌으로 나뉜다. 산 쪽에 몰려 살면 산촌, 바다 쪽에 몰려 살면 해촌이고 그중 양촌은 가장 좋은 땅을 차지하고 농사짓는 지역을 의미한다. 양촌에는 양반들이 살았고 유교 문화의 영향이 강했다. 해촌에서는 물질을 하면서 살았고 잠녀라고 불렸던 해녀들이 이곳에서 경제를 주도했기 때문에 가난하고 천시되던 지역이었다. 토지가 없어도 생존이 가능하다는 특성 때문에 해촌에서는 독립적으로 생계를 꾸리는 여성들이 많았다고 한다.

해녀들의 삶은 고됐다. 임신, 월경과 상관없이 조업했는데 10대 초반부터 훈련받아서 10대 중반에는 정식 해녀가 됐다. 뛰어난 해녀들을 상군이라 불렀는데 그중 가장 탁월한 이들을 대상군이라고 했다. 대상군은 물질보다 날씨를 예측하는 능력이 더 중요하다. 일제 시대 때 해녀들의 능력에 주목한 수산업자들은 그들과 계약을 맺어 제주도뿐 아니라 일본과 연해주 일대까지 진출해서 물질을 했다고 한다. 1932년에 해녀들은 지정 판매, 계약 보증금, 해녀 조합비 등을 두고 노동 조건 개선을 요구하며 투쟁을 벌이기도 했다. 현재는 이 사건을 '항일 투쟁'으로 기리지만 당시 내용을 살펴보면 여성노동운동이라는 표현이 정확할 것이다.

305

Thursday

경천사 십층석탑

고려 시대에는 다각 다층탑이 유행한다. 고구려 식 석탑의 계승된 것으로 추정하는데, 시간이 흐를수록 고려만의 독자적인 석탑으로 만들어졌다. 월정사 팔각구층석탑이 대표적인 예다.

1348년에는 경천사 십층석탑이 만들어지는데 탑의 규모가 매우 크고 모양도 독특하다. 원나라 장인이 만든 탑으로 알려져 있다. 당시 원나라에서 티베트의 라마 불교가 유행해서 라마형 석탑 양식이 많이 깃들어 있었지만 목조 지붕 형식은 라마탑에서는 볼 수 없는 모습이다. 경천사 십층석탑은 우리나라 최초로 대리석으로 만들어졌다. 화강암에 비해 돌이 무르기 때문에 좀 더 화려하고 정교한 제작이 가능했다. 하지만 안타깝게도 오랜 시간이 흐르며 훼손되어 복원, 재조립 끝에 현재 국립중앙박물관 역사의 길 말미에 전시돼 있다.

이 탑의 제작 비용을 제공한 인물은 강융, 고용보 등으로, 이들은 고려 말 대표적인 친원파다. 강융의 딸은 원나라 재상 탈탈의 애첩이 됐고, 고용보는 환관이 돼 원나라 황제의 신임을 받았다. 고용보의 후원으로 공녀로 끌려간 기자오의 딸이 황후가 되기도 했으니 많은 사연을 간직한 탑이라 할 것이다.

이 탑은 1908년에 밀반출됐다가 헐버트, 베델 같은 외국인들이 이 문제를 널리 알리면서 1918년에 국내로 돌아온다. 현재 탑골공원에 있는 원각사지 십층석탑이 이 탑의 영향을 받았다.

306

Friday

기업

이윤을 목적으로 만들어진 조직체로, 현재는 대한민국 국민 경제의 기본 요소로 자리 잡았다. 기업의 탄생은 자본주의의 발전과 밀접한 관련을 맺는다. 단순한 상업 행위는 지역의 범주를 넘지 못하고, 무역 행위는 귀족의 사치품 소비에 제한돼 왔다. 하지만 유럽에서 신대륙을 발견하고 독자적으로 아시아 항로를 개척한 이후, 상업과 무역의 의미는 종래의 가치를 뛰어넘는다. 신대륙을 개척해서 대규모 농장을 건설하여 단일한 농산물을 싼 가격에 생산하면 큰 이윤을 남길 수 있고, 중국이나 인도에서 특산품을 구매해 유럽으로 가져오면 큰 이득이 될 수 있다는 것을 알면서 상업과 무역은 비약적으로 발전한다. 또한 자본주의의 가장 중요한 기틀이 됐다. 이러한 흐름은 산업혁명을 통해 가속화됐고, 일이 체계적으로 분업화되면서 이윤만을 목적으로 하는 기업이 일반화되기에 이른다.

우리나라 기업의 역사는 '재벌'이라는 독특한 현상과 함께했다. 최초의 재벌은 백낙승으로, 그는 이승만에게 정치 자금을 제공하는 대가로 고려방직, 영등포 공장, 조선기계 등을 얻었고, 500만 달러를 대출받아 홍삼 판매권을 얻기도 했다. 백낙승은 4.19 혁명 이후 부정 축재자로 지탄받으며 전 재산을 몰수당한다.

재벌 형성의 근저에는 권력이 있다. 이승만 정권 당시에는 일본인이 남기고 간 재산, 즉 귀속 재산을 불하(拂下)받는 게 가장 중요했다. 십분의 일 가격, 15년 이상 할부, 저리의 은행 융자로 갚아나가면 되는 구조로 특혜 불하가 진행됐는데, 당시 물가 상승률이 엄청났기 때문에 일단 귀속 재산을 불하받으면 단숨에 재벌이 될 수 있었다. 삼성도 이때 등장했다. 이병철 회장이 이끄는 삼성은 수입 대체 산업에서 두각을 나타냈다. 이승만 정권은 제일제당, 제일모직 같은 귀속 재산을 이병철에게 헐값에 팔았고, 삼성은 선거 자금을 제공했다. 이병철은 자유당에 6,400만 환을 줬다는 혐의로 기소되기도 했다. 삼성은 은행 민영화 특혜도 누린다. 1950년대 후반 상업은행, 조흥은행 등 4개 시중 은행의 최대 주주가 됐고, 1960년대 늘어 한국타이어, 안국화재, 한국기계, 조선양조 등 12개의 다양한 업종에 진출했다. 이러한 경향은 박정희 정권에서 극적으로 강화됐다. 정부가 경제 개발을 주도하면서 재벌을 파트너로 삼았기 때문이다.

재벌 중심의 경제 성장은 여전히 많은 문제를 일으키고 있다. 대기업과 중소기업의 임금 격차 문제, 갑질 문제 그리고 재벌 일가의 도덕적 해이 등이 사회적 지탄을 받고 있으며 각종 개혁 방안을 모색하고 있는 형편이다.

307

Saturday

시민단체

비정부 조직(non-governmental organization)이자 시민들의 자발적인 결사체로, 이익 단체와 구분된다.

시민단체의 탄생에는 1987년 6월 항쟁이 결정적이었다. 이전까지는 반독재 민주화투쟁이 주를 이뤘고, 정부가 사회를 압도했으며, 종교단체를 제외하고는 이렇다 할 시민 결사체를 찾기 어려웠다. 하지만 6월 항쟁을 통해 극적으로 민주화가 이루어지자 사회에서는 다양한 시민적 욕구가 분출했고, 각종 이슈가 사회적 의제로 등장했다. 과거사 청산 문제, 일본과의 역사 문제, 환경 문제, 탈핵 문제, 여성 문제, 성 소수자 문제 등 아직까지도 영향력을 행사하는 여러 주제들이 모두 이 시점에 분출됐다고 봐도 무방하다.

우리나라 최초의 시민단체는 1989년에 만들어진 '경제정의실천연합'이다. 약칭 경실련이 만들어지면서, 각양의 사회 의제를 두고 시민들의 자발적인 연대가 이루어졌고 관련 전문가들이 합세했다.

시민단체의 발전은 운동권의 쇠퇴와도 밀접한 관련이 있다. 1980년대 전두환 정권과의 투쟁을 통해 성장한 운동권은 민주화 이후에도 전대협, 한총련 등을 결성하면서 독자적인 활동을 벌였지만 국민들에게 외면받으면서 급속도로 쇠퇴한다. 이 와중에 〈조선일보〉 같은 보수 언론이 적극적으로 시민단체의 활동상을 보도하기도 했다.

시민단체는 활동가와 전문가들의 도움을 받아 여러 이슈에 대해 대안을 마련하는 것은 물론 적극적인 활동을 통해 정부 정책을 수정하거나 국민 인식을 개선하는 등 여러 성과를 올렸다. 시민단체 간의 연대를 통해 정치에 개입하여 특정 후보를 낙선시키거나 시민단체 출신 인사가 국회에 진출하는 등 정치 활동을 벌이기도 한다.

국내의 대표적인 시민단체는 환경운동연합과 참여연대 등이 있다. 환경운동연합은 공해추방운동으로 활동을 시작했고 생태 보존, 하천 정비, 멸종 위기종 보호 등 환경과 관련한 각양의 활동을 벌이고 있다. 참여연대는 권력 감시에 주력하고 있다. 정부 감시는 물론 재벌 개혁, 이라크 파병, 한미 FTA 같은 여러 사회 이슈에서 뚜렷한 목소리를 내며 여론을 주도하기도 했다.

한 번 벼슬을 잃으면

사대부의 집에서 한 번 벼슬길을 잃게 되면 집안이 탕진되어 유리걸식하며 천한 무리에 섞이지 않는 사람이 없는데, 그 이유의 하나는 자포자기하여 경 전과 사서를 포기하기 때문이요, 다른 하나는 놀고먹으며 습관을 고치지 못 하기 때문이다. 비록 음풍영월로 어려운 운자를 넣어 시의 우열을 겨루어서 한때의 헛된 명예를 얻는다 하더라도, 이런 것이야 물결에 떠가는 꽃잎과 같 아서 곧 없어져버리는 것이다. 근본과 근원이 없는 학문이 어떻게 크게 떨칠 수 있으랴.

또한 의복과 음식의 근원이 되는 것은 오직 뽕나무와 마를 심고 채소와 과일 을 심는 것이며, 부녀자는 길쌈을 부지런히 해야 한다. (…) 공손하고 성실하 게 경전을 정밀히 연구하고, 부지런하고 검소하게 과일나무와 채소를 심어 가 꾸는 데에 힘을 다하며, 겸손한 마음으로 도를 지키며 일을 줄이고 경비를 절 약하면 집안을 보존하는 어진 큰아들이 되리라.

정약용이 1810년 유배지였던 강진 다산초당에서 아들 학연에게 보낸 글이다. 정 약용은 글에서 자신의 일가를 '폐족'이라고 자주 지칭한다. 정조 사후 집안이 풍비 박산 났기 때문이다. 그럼에도 정약용은 자포자기하거나 쓸데없는 명예를 추구하 기보다 성실하게 일하며 학문을 포기하지 않고 자기 자신을 잘 다스려 나갈 것을 강조했다.

올바름을 추구하고 기회가 오면 의로운 일을 사회 가운데 이루고, 기회를 잃으 면 자기 자신만이라도 지키며 훌륭한 인간의 가능성을 포기하지 않으려는 유학자 의 마음이 담뿍 드러난 글이다.

갑신정변

1884년 급진 개화파의 정변으로, 3일 만에 실패로 끝난다. 흥선대원군이 1873년에 실각하고 강화도조약이 체결되는 등 조선 조정은 개화 정책을 추진하기 시작한다. 개화 정책은 곧장 격렬한 찬반론을 불러일으키고 개화파와 위정척사파 등으로 세력이 분화된다. 개화파는 박규수, 오경석, 유홍기 등 통상 개화파의 맥을 잇는 세력이다. 이들은 김옥균, 박영효를 중심으로 한 급진 개화파, 김홍집 등을 중심으로 한 온건 개화파로 분화돼 있었다. 김옥균 등은 일본식의 급진적이고 과감한 개혁을 주장했고, 김홍집 등은 청나라의 양무운동 같은 온건하고 점진적인 개혁을 선호했다. 김옥균은 일본에서 자금 지원을 받아 유학생을 보내고 통화 개혁을 비롯한 각종 부국강병책을 제안했다. 박영효는 강병 양성에 주력하는데 이런 노력이 민씨 척족에게 미움을 사면서 문제가 된다. 더구나 급진 개화파는 청에 대한 사대를 철폐하는 즉각적인 독립을 주장한 데 반해 온건 개화파는 청나라와의 사대 관계를 강조하고 청나라의 보호 아래 역량 강화를 선호하면서 갈등이 불거졌다.

당시 개화 사무를 주관하던 곳이 통리기무아문인데, 이곳에 청나라에서 파견한 독일인 묄렌도르프가 머물면서 급진 개화파의 정책을 방해하는 등 문제가 심각해진다. 급진 개화파는 문제의 근원을 명성황후와 민씨 척족의 전횡으로 봤다. 2년 전인 1882년에 일어난 구식 군인의 난(임오군란)을 진압하지 못한 고종과 명성황후는 이후 청나라에 의존하면서 파행적인 정치를 거듭했다. 급진 개화파는 이를 해결하지 못하는 한 정상적인 개화 정책은 불가능하다고 봤던 것이다.

급진 개화파는 우정국 개국 축하연 때 민영익 암살 시도를 시작으로 정변을 일으킨다. 당시 베트남에 대한 지배권을 두고 청나라와 프랑스의 전쟁이 일어나는 등 어수선한 상황을 이용하려고 한 것이다. 하지만 고종의 입장 선회, 명성황후의 반격, 청의 예상보다 빠른 개입 그리고 민중 지지의 괴리 등이 맞물리면서 3일 천하로 끝나고 만다. 홍영식을 비롯한 개화파의 상당수는 현장에서 살해되거나 처형됐고 김옥균, 박영효, 서재필, 서광범 등은 간신히 탈출하여 망명 생활을 전전한다.

김옥균은 고종이 보낸 암살자들에게 시달리다 결국 홍종우에게 살해됐고 박영효는 갑오개혁 당시, 서재필은 독립협회 활동 당시 국내에 돌아와서 개혁을 시도하다 실패하고 만다. 박영효는 이후 친일파로 거듭난다.

박헌영

박헌영(1900년~1955년)은 공산주의 지도자로, 일제 강점기에 화요회, 경성콤그룹 등을 이끌며 조선공산당운동을 주도했다. 해방 이후에는 조선공산당, 남조선노동당의 지도자로 활약한 후 북한에서 부수상을 역임하면서 한국 전쟁을 주도했다.

박헌영은 한국 공산주의운동의 상징적인 인물이다. 3.1 운동 이후 본격적으로 사회주의운동에 투신했는데, 이동휘가 민족운동의 수단으로 사회주의를 수용하려 했다면 박헌영 등은 본격적으로 사회주의 자체를 수용해 독립운동사의 새 장을 열었다. 김단야, 주세죽 등과 밀접한 사이였고, 〈동아일보〉와 〈조선일보〉 기자 생활을 했다. 1925년 조선공산당을 결성하려고 노력했지만 일제의 가혹한 탄압에 의해 실패한다. 조선공산당이 와해되는 가운데 체포됐는데, 미치광이 행세로 병보석으로 풀려난 후 소련으로 망명한다. 이때 그의 행적을 두고 변절 의혹이 꾸준히 일었다.

모스크바공산대학교에서 교육받았으나, 1933년 상해에서 다시 체포돼 국내로 압송됐고 약 6년을 복역한 후 해방 때까지 공장 인부로 가장해 살았다. 1945년 해방이 되자 여운형과 더불어 가장 저명한 사회주의 지도자로 활약했다. 여운형이 우익과의 타협을 모색하며 좌우합작운동을 벌여나갈 때 박헌영은 미군정과 우익에 대한 비타협적 태도를 분명히 했고 좌우합작운동도 거부했다. 조선공산당 재건에 성공했으며 이후 조선인민당, 신민당 등 좌익 계열의 정당을 흡수해 남로당과 남조선노동당을 이끌었다. 하지만 미군정에 대한 적대적이고 투쟁 일변도의 정책은 성공적이지 못했고 결국 미군정과 우익의 탄압으로 인해 북한으로 쫓겨 가고 만다.

북한에서는 부수상을 역임했고, 한국 전쟁을 적극적으로 주장했다. 전면전이 발생했을 때 남한에서 거대한 민중 봉기가 일어날 것을 주장하며 여러 공산주의 지도자들을 설득하는 데 성공했다. 결국 김일성이 한국 전쟁 패배에 대한 책임을 묻고 숙청했다. '미국의 간첩' 등의 죄목으로 죽었으니 일생을 공산주의자로 살았던 입장에서는 참으로 억울한 죽음이었을 것이다.

○ 박헌영은 여성 공산주의의 리더 주세죽과 결혼했고 아이까지 낳았다. 하지만 박헌영이 1933년 상해에서 체포된 이후, 그의 행방을 알 수 없었던 주세죽은 김단야와 재혼한다. 김단야는 박헌영과 공산주의운동 동지이자 가까운 친구였다. 출소 이후 박헌영은 이 사실을 알았고 끝내 주세죽과의 만남을 거부했다.

311

Wednesday

목포

전라남도 서남단에 있는 시. 남해의 많은 도시가 그렇듯 목포 역시 이순신과의 연관이 깊다. 정유재란 때 목포 앞바다 고하도에서 군량미와 군수 물자를 마련했기 때문이다. 유달산이 유명한데, 유달산 노적봉도 이순신이 군량미를 쌓아둔 것처럼 활용하여 적군을 물리치는 데 기여했다는 이야기가 전해진다.

목포항은 1897년에 개항했고 일제 시대 때 크게 발달했다. 많은 일본인이 넘어와서 각종 사업을 벌였고 대표적인 항구 도시로 발전했다. 현재 특산물로 유명한 무화과 역시 이때부터 재배됐다.

목포 앞바다인 신안군은 유명한 섬이 많다. 암태도, 하의도, 흑산도가 대표적인데 암태도는 일제 강점기 소작쟁의에서 승리를 거둔 곳, 하의도는 김대중이 태어난 곳, 흑산도는 유배지로 유명하다. 흑산도 근해에서 잡히는 홍어는 전국적으로 유명하고 조선 시대 때는 위도, 연평도와 함께 파시(波市), 즉 항구에서 열리는 생선 시장으로 알려졌다. 흑산도는 중국으로 오가는 배가 머물던 곳으로, 정약용의 형이자 《자산어보》라는 책을 남긴 정약전이 이곳에서 16년간 유배를 당한 후 생을 끝냈다. 《자산어보》는 우리나라 최초의 수산학 서적으로 분류되는데, 흑산도에 머물면서 근해의 어업과 생태를 관찰하며 얻어낸 성과였다. 저명한 현대 화가 김환기 화백은 현재 안좌도라 불리는 기좌도에서 태어났다.

312

Thursday

공평도시 유적전시관

종로 일대에는 매장 문화재 전시관이 많다. 청진지구 유적전시장, 공평도시 유적 전시관 등이 그것이다.

청진지구 유적전시장은 별도로 전시관이 있지 않다. 대신 광화문에서 종각, 종 로1가 일대를 걷다 보면 길거리에서 쉽게 마주칠 수 있다. 길바닥을 투명한 유리 로 만들어 조선 시대의 유적을 현장에서 볼 수 있게 해놓았기 때문이다. 청진지구 일대는 조선 시대 상업 중심지였다. 시전 상인들이 활동했고 피맛길 같은 유명한 거리가 있었다. 따라서 당시 상인들의 생활상을 엿볼 수 있다. 유적은 4m 간격으 로 이어지고 있는데 국가가 정한 규격 기준을 따랐다. 일종의 도시 정비 사업이 그 때도 있었던 것이다. 일부 유적에서는 불탄 목재가 대거 나오는데 임진왜란 때문 인 것으로 추정하고 있다.

공평도시 유적전시관은 세계에 내놓아도 손색이 없을 정도로 특별한 공간이다. 종로타워 뒤편에 위치하고, 26층 고층 빌딩의 지하 전체를 현장 박물관으로 만들 었다. 무려 108개 동의 건물지 그리고 건물을 둘러싼 길과 천여 점이 넘는 생활 유 물이 쏟아져 나왔는데, 아예 권역 전체를 보존하기로 합의했다. 그 결과 16세기부 터 19세기까지 도시의 생활 문화를 생생하게 알 수 있는 공간으로 활용되고 있다.

오늘날 종로 일대가 그렇듯 당시에도 이 일대는 일종의 핫플레이스였는데, 상 인들을 비롯한 양반, 노비 등 각종 지위의 사람들이 몰려들었다. 밀집 지역이었기 때문에 건축물의 규모는 대개 작았지만 건물을 두 채씩 이어서 사용한다던지, 사 람이 생활할 수 있었을지 의심될 정도로 작은 주택지도 발굴됐다. 당시 법에 따르 면 78평 이하의 집에서는 살면 안 됐는데, 이 지역 건물지는 보통 20~40평 정도 였다. 밀집 지역에서 나타나는 특수 현상이라고 볼 수 있다.

○ 이 밖에 서울시청 지하에 조선 시대 무기 제조 기관인 군기시 유적, 그랑서울 건물의 시전행랑 유적 등 각 종 전시 공간이 마련돼 있다. 최근에는 광화문 시민열린마당 일대에서 '의정부' 터 복원이 한창이다.

313

Friday

정주영

현대그룹 창시자로, 삼성그룹 이병철과 더불어 한국 기업사의 핵심적인 인물이다. 통일국민당을 창당해 대통령 후보로도 출마했고, 1998년에는 금강산 관광을 성사시키며 남북 교류의 물꼬를 트기도 했다. "자네, 해봤어?", "시련은 있어도 실패는 없다"는 그의 유명한 어록이다.

정주영이 이끄는 현대그룹은 1970년대 건설과 조선, 자동차 분야에서 신기원을 이뤘다. 당시는 중동 건설 붐이 한창이었는데, 빈약한 기술력에도 불구하고 의지로 진출하여 수많은 건설 사업을 수주하는 큰 성과를 일군다. 같은 시기 강남 개발에서도 중요한 역할을 감당하여, 한강에 수많은 다리를 놓았고 기업 이름을 딴 최초의 아파트를 압구정동에 건설했다. 현대는 자동차 조립 기술 정보를 보유한 가운데 20개가 넘는 해외 기업을 선정해 독자적으로 자동차 개발에 나선다. 낮에는 외국 기업의 기술자들과 함께 제품을 만들고 밤에는 낮에 배운 기술을 복기하며 기술을 축적해나갔다고 한다. 그렇게 만든 한국 최초의 차가 '포니 1'이었다. 이후 미국 시장을 겨냥하여 '엑셀'을 개발하고 200만 대 이상의 수출을 달성한다.

하지만 정주영 회장도 정경유착에서 자유롭지 못했다. 1987년 민주화 이후 전두환 정권의 비리를 수사하는 5공 청문회가 열렸을 당시 증인으로 불려나와 고초를 치르기도 했다. 그러나 1990년대 한국이 산업화에 성공하면서 기업인에 대한 관심이 높아지는 가운데 대우그룹 김우중 회장과 더불어 큰 인기를 누렸다. 이후 삼성 이병철 회장의 아들 이건희 회장이 이 인기를 물려받는다. 정주영 회장이 산업화의 선두주자로 명성을 떨쳤다면 이건희 회장은 기업 혁신, 삼성의 글로벌화 등을 주도하며 차세대 경제 지도자로 군림한 것이다.

현대그룹은 1997년 외환위기 이전까지만 해도 부동의 1위 재벌로 군림했다. 하지만 정주영 사후 기업이 자식들에게 분할 상속되고, 삼성이 반도체, 핸드폰을 비롯한 IT 산업에서 엄청난 성장을 이루면서 예전의 지위를 잃게 됐다.

재벌과 대기업 주도의 경제 성장은 많은 비판을 받았다. 가혹한 노동 조건을 문제 삼으며 민주노총 같은 노동운동이 활성화되는 한편에서는 한국의 기업 문화를 비판하며 새로운 형태의 기업을 만들려는 시도가 일어난 것이다. 도덕성과 창의력에 근거한 이윤 창출, 적정한 노동 시간과 좋은 노동 환경 그리고 자유롭고 도전적인 기업 문화를 주창하는 벤처 기업이 등장했다.

314

Saturday

수중 고고학

육상 고고학과 반대되는 개념으로, 바다나 강을 탐사하는 고고학을 말한다. 보통 고고학은 지층을 파고 들어가서 유물과 유적을 발굴한다. 하지만 기술 발전에 힘입어 해저 탐사선이 만들어지는 등 수중 고고학도 큰 발전을 이루고 있다. 지진으로 사라진 도시 헤라 클 리온이 알레산드리아 연안으로부터 3km 떨어진 아부키르만에서 발견된 사례가 수중 고고학의 대표적인 성과다.

한반도는 삼면이 바다이고 고대부터 중국, 왜와 활발한 교류가 펼쳐진 지역이다. 해상 교역뿐 아니라 조운 제도 등으로 연근 해안에서 수많은 배가 다녔기 때문에 수중 고고학이 큰 역할을 할 수밖에 없다.

1973년 음파탐지기로 거북선을 찾는 작업을 추진한 것이 시초였는데 얼마 후인 1976년에 신안에서 해저선을 발견하는, 한국 수중 고고학사에 엄청난 일이 벌어진다. 어부 한 명이 그물을 걷어 올리던 중에 청자와 백자 6점이 올라왔고, 이를 심상치 않게 여긴 동생이 문화재관리국에 연락하면서 발굴이 시작된 것이다. 이 소식을 들은 도굴꾼이 몰려와서 청자화병 등을 몰래 인양해 판매하려다가 검거되는 사건도 발생했다. 발굴의 결과는 엄청났다. 중국 원나라에서 일본을 향해 가던 무역선을 비롯하여 송나라, 원나라 도자기 2만 2천여 점, 동전 28톤, 자단목 1,017본 등 어마어마한 유물이 쏟아져 나온 것이다. 긴 목병, 항아리, 팔괘 무늬 향로, 두 귀 달린 병, 사자 모양 연적 등 각종 모양의 고가품이 천 년간 바닷속에 잠들어 있다 올라온 것이다.

덕분에 한동안 '보물섬 신드롬'이 벌어지기도 했다. 이후 전국적으로 배가 침몰하기 좋은 지역에서 꾸준한 수중 조사가 이루어졌다. 고선박의 발굴은 이어지지 않았지만 다량의 유물이 군산, 진도, 보령, 태안, 무안, 제주 등에서 발견되기도 했다.

한편 1989년부터 2001년까지 해군이 주도하여 '이충무공 해전유물 발굴조사단'을 꾸려 거제도 일대, 진해, 경남 남해, 여수 백도 등 임진왜란의 격전지 일대를 조사했다. 음향 측심기, 자력계, 측면주사음파 탐지기, 해저 지층 탐사기, 금속 탐지기, 수중 카메라, 항법 장치 등 각종 첨단 장비를 동원했으나 별다른 성과는 없었다.

315

Sunday

상인에 관하여

중국 사람들은 가난하면 상인이 되는데 참으로 현명한 생각이다. 그래서 그 사람의 풍류와 명예는 그대로 인정된다. 유생들은 직접 책방에 가서 책을 산다. 재상들도 가끔은 융복사 근처 시장에 직접 가서 골동품을 사기도 한다. 나는 지체 높은 사람이 융복사 시장에서 물건을 사는 것을 직접 목격한 일도 있다. 우리나라에서는 그런 신분으로 시장에 출입하면 모두들 비웃을 것이다. 그러나 그럴 일이 아니다. 청나라의 이런 풍속은 어제오늘에 비롯된 것이 아니다. 벌써 명, 송 시대부터 내려온 것이다.

우리는 어떠한가. 겉치레만 알고 고개를 저으며 꺼려하는 일이 너무 많다. 사대부는 놀고먹을 뿐 하는 일이라곤 없다. 아무리 가난해도 사대부가 들에서 농사를 지으면 알아주는 자가 없다. 사대부는 짧은 바지에 대나무로 만든 갓을 쓰고 시장에서 물건을 판매해서는 안 된다. 또 자와 먹통, 칼과 끌 등을 가지고 남의 집에서 품팔이를 해서도 안 된다. 그러면 많은 사람이 그를 부끄러워하고 우습게 여기며, 그의 혼인길마저 끊어놓기 때문이다. 따라서 비록 집에 돈 한 푼이 없어도 높다란 갓에 넓은 소매가 달린 옷으로 치장하고 어슬렁거리며 큰소리만 치는 것이다.

그러면 그들이 입는 옷과 먹는 양식은 어디서 나오는 것인가? 그들은 권력에 기대는 수밖에 없는 것이다. 이로 인해 청탁하는 습성이 생겨나고, 모든 일에 요행을 바라게 된 것이다. 그래서 시장의 장사치들도 그들이 먹던 나머지를 더럽다고 한다. 그래서 겉치레만 아는 우리보다 장삿길에 나서는 중국 사람이 훨씬 낫다고 말한 것이다.

- 박제가,《북학의》중

조선 후기 실학자 박제가(1750년~1805년)가 쓴 내용이다. 박제가는 서얼 출신인데 정조의 개혁 정치에 힘입어 규장각의 관원이 될 수 있었다. 그는 1778년 사은사 채제공을 따라 중국을 다녀온 후《북학의》를 썼다. 그가 보기에 조선의 정치와 산업이 좀 먹는 이유는 상업을 천시하기 때문이었다. 당시는 사대주의가 강했기 때문에 그는 상업을 중요시 여기는 중국의 풍토가 비단 청나라뿐 아니라 성리학이 탄생한 송나라, 성리학을 관학으로 삼은 명나라에서도 똑같다고 논증한다.

316

Monday

6.10 민주항쟁

1987년 독재 타도를 외치며 벌어진 전 국민적인 민주화 투쟁. 이를 통해 비로소 대한민국은 독재 체제에서 완전히 벗어나게 된다. 1980년 등장한 전두환 정권은 대다수 국민의 입장에서는 납득하기 힘든 권력이었다. 박정희의 유신 체제가 붕괴하면서 민주화가 진행될 것이라 믿었기 때문이다.

그리고 1983년부터 다시금 민주화를 위한 광범위한 도전이 시작된다. 당시 유력 정치인 김영삼은 5.18 광주민주화운동 기념일을 기해 23일간 단식 투쟁에 돌입했다. 정치권에서 의미 있는 움직임이 벌어질 때 재야인사들과 대학생 운동권은 더욱 적극적인 행보를 보였다. 결국 이러한 흐름은 다음 해인 1984년 민주화추진협의회의 결성으로 이어졌고, 1985년에는 망명 중이던 정치 지도자 김대중이 귀국을 강행하면서 더욱 강력한 힘으로 발전한다. 수많은 대학생이 매일매일 가두시위를 벌였고 경찰이 쏜 최루탄으로 거리가 온통 연기와 매캐함으로 가득했다.

그리고 1987년 1월 박종철 군 고문치사사건이 일어난다. 정부는 사건의 조작과 은폐를 시도했으나 결국 진상이 알려지면서 국민적 분노는 나날이 커져갔다. 그리고 4월 13일 전두환 대통령은 '호헌 조치'를 통해 수년간 요구했던 대통령 직선제를 정면으로 거부했고 이를 기점으로 불난 집에 기름을 끼얹는 격으로 사태는 걷잡을 수 없이 타오르기 시작한다. 다시 6월 9일에는 대학생 이한열이 경찰이 쏜 최루탄에 맞아 사경을 헤매는 사건이 발생한다.

그로 인해 6월 10일에는 전국 22개 주요 도시 약 24만 명의 학생과 시민들이 거리로 나오면서 6월 항쟁이 시작된다. 6월 18일에는 '최루탄 추방의 날'을 선포하면서 150여 만 명의 국민이 거리에 나왔고, 6월 26일에는 국민평화대행진이 시작됐으며 전국 34개 도시와 4개 군에서 100만 명이 넘는 인파가 쏟아져 나왔다.

경찰이 대학생을 쫓으면 창문을 열고 시위를 보던 직장인들이 야유를 보냈고, 상인들은 숨겨주었다. 퇴근 시간이 되면 넥타이 부대가 거리로 쏟아져 나오니 수천의 경찰 병력으로도 상황은 통제되지 않았다. 일정한 시간이 되면 항의의 의미로 택시, 버스, 승용차가 함께 경적을 울리는 경적 시위가 벌어지기도 했다.

결국 6월 29일 노태우 민정당 대표는 직선제와 민주화를 수용하는 '6.29 선언'을 전격 발표하여 국민적 열망을 수용했다. 국민이 직접 투표로 대통령을 뽑은 5년 단임제 선거를 비롯하여 현재 우리가 누리고 있는 여러 민주주의 제도의 초석이 되는 87년 헌법이 만들어진 것이다.

317

Tuesday

김대중

정치가이자 15대 대통령. 김대중(1924년~2009년)의 별명은 '인동초'다. 인동초는 겨울을 이겨내는 꽃으로 유명한데, 오랜 기간 독재 정권과 맞서 싸우면서 큰 고난을 감당했기 때문이다. 낙선, 5.16 군사쿠데타로 인한 의원직 상실 등 어려움을 겪으며 국회에 입성한 김대중은 1960년대 가장 탁월한 역량을 가진 정치인이었다. 뛰어난 연설 능력과 합리적인 정책 제시 등 그 유능함을 널리 인정받았다. 1971년 40대 기수론에 동참하여 결국 당내 경선에서 김영삼을 이긴 후 대통령 후보가 돼 박정희와 자웅을 겨루었다. 당시 박정희는 집권 연장을 위해 3선 개헌을 단행했고 '이번이 마지막'이라며 집권 의지를 불태우고 있었다. 김대중은 대중경제론, 4대국 안보론 등을 주장하며 박정희의 경제 성장과 반공주의에 대해 분배 경제와 주변국 참여에 기반한 남북 교류 등을 대안으로 제시했다.

하지만 불행은 이때부터 연이어진다. 유신 체제에 반대하며 미국, 일본 등지에서 반독재 투쟁을 하다 중앙정보부에 납치당해 현해탄에서 수장당할 뻔 했다. 하지만 미국의 개입으로 간신히 살아남았고, 유신 체제 동안 가택 연금을 당했다. 1980년에는 신군부에 의해 '내란 음모죄'로 사형 선고를 받고 복역하다 미국으로 강제 망명 생활에 나선다. 1985년 귀국하여 6월 항쟁의 불쏘시개가 됐으나 1988년에는 김영삼과 함께 출마하여 또 낙선한다. 1992년에는 3당 합당에 성공한 김영삼과 대결하여 또다시 낙선했으나 1997년 김종필이 이끌던 자유민주연합과 야권 단일화에 성공하는 등 보수 세력을 끌어들여 대통령이 된다.

김대중에게는 최초라는 수식어가 따라다닌다. 1997년 대통령 당선을 통해 우리나라 최초로 평화적 정권 교체를 이루어냈고, 햇볕정책을 주창하며 남북 교류에 적극적으로 나섰기 때문에 최초로 평양에 방문하여 최초의 남북 정상 회담을 이끌어냈고 그로 인해 한국인 최초로 노벨평화상을 받기도 했다.

외환위기를 수습했고 일본 문화를 개방했으며 2002년 월드컵을 성공리에 주최하기도 했다. '아시아적 가치'를 두고 싱가포르 수상 리콴유와 국제적인 논쟁을 벌이기도 했다. 리콴유가 유교 문화에 근거한 아시아적인 가치를 주장했다면 김대중은 민주주의 가치를 역설하면서 의미 있는 논쟁을 벌인 것이다.

외환위기를 수습하는 과정에서 신자유주의적인 정책을 관철시킨 점, 광범위한 기층 민중들의 지지가 있었지만 정책 구현에 한계가 있었다는 점, '용서'를 강조한 나머지 기득권 세력의 여지를 넓혀줬다는 점에서 비판받기도 한다.

장소

북촌

지금은 남의 땅 빼앗긴 들에도 봄은 오는가
나는 온몸에 햇살을 받고
푸른 하늘 푸른 들이 맞붙은 곳으로
가르마 같은 논길을 따라 꿈속을 가듯 걸어만 간다.
입술을 다문 하늘아 들아
내 맘에는 나 혼자 온 것 같지를 않구나
네가 끌었느냐 누가 부르더냐 답답워라 말을 해 다오.

- 이상화, 〈빼앗긴 들에도 봄은 오는가〉 중

이 시는 북촌 중앙고등학교 운동장 귀퉁이에 새겨져 있다. 이상화뿐 아니라 채만식, 변영로, 염상섭, 이상, 서정주, 현상윤 등 저명한 문인들이 이 학교를 다녔다.

오늘날 북촌 일대는 유명한 관광지다. 한옥마을까지 이르는 여러 길에 예쁜 가게들과 맛있는 먹을거리가 즐비하다. 왼편에는 경복궁, 오른편에는 창덕궁이 있고 아래편에는 인사동이 있고, 헌법재판소, 정독도서관 같은 유서 깊은 공간도 있다. 제2공화국 대통령 윤보선과 고려대학교, 〈동아일보〉를 세운 김성수가 살았던 고택도 있다. 한때 이곳에 경기고, 휘문고, 창덕여고, 풍문여고, 덕성여고 등 여러 명문 고등학교들이 몰려 있기도 했다.

사실 북촌은 오늘날 우리가 아는 북촌보다 규모가 컸다. 또 북촌에 사는 양반이야말로 조선 시대 최고의 양반들이었다. 지방에서 공부하고 과거 시험에 합격한 후 한양에서 관료 생활을 하는 모습이 사극에 자주 그려지지만, 실제 가장 많은 과거 합격자를 배출하며 조선 왕조를 쥐락펴락했던 양반들은 실상 북촌에 모여 살았다.

○ 시인 서정주는 문학적 능력이 탁월했으나 권력에 아부하는 인생을 살았다. 일본 제국주의부터 독재 정권까지 모든 권력에 적극적으로 고개를 숙였던 문인으로, 그가 쓴 〈국화 옆에서〉라는 시비도 중앙고등학교에 세워져 있다.

319

Thursday

한양도성

조선 시대 수도 한양을 방어하기 위해 만든 도성으로, 그 둘레가 18.64km다. 남한산성이 12.4km, 북한산성이 12.7km, 부산 금정산성이 17.34km인 것을 감안하면 대단한 규모로, 현재 우리나라에서 가장 긴 성이기도 하다.

태조 이성계가 두 차례 공사에서 각각 118,700명, 79,400명을 동원하여 지었고 세종 때 한 달간 322,400명을 다시 동원하여 보수했다. 한양도성은 한반도의 어떤 성보다 빨리 쌓았다. 태조 때 진행된 두 차례 공사는 합쳐서 98일이 소요됐고 세종 때는 한 달이 걸렸다. 남한산성 2년, 수원 화성 2년 9개월을 고려해도 빠르다. 고려의 개성은 21년, 고구려의 평양성은 35년이 걸렸다고 한다. 하지만 공사를 진행하는 동안 구간마다 책임 실명제를 실시하는 등 엄격한 관리를 통해 탄탄하게 건설했다.

성은 시간이 지나면 자연히 허물어지기 때문에 조선 왕조 500년 동안 수백 차례 작은 개보수가 이루어졌고 대대적인 보수도 몇 차례 진행됐다. 현재 이곳을 지나다 보면 돌의 모양을 통해서 대강의 시기를 가늠할 수 있다. 태조 때 쌓은 구간은 단단한 자연석들을 옮겨서 쌓았기 때문에 모양이 울퉁불퉁하다. 하지만 세종 때부터는 반듯한 정육면체 형태로 돌을 다듬어서 쌓았기 때문에 확연히 다르다. 한양도성에 대한 대대적인 보수는 조선 후기 숙종 때 이루어지는데, 성벽 아래의 돌보다 위의 돌을 좀 더 작게 쌓아서 내구성을 튼튼히 했다. 이때는 '여장'을 대대적으로 손보기도 했다. 여장은 성벽 위에 병사가 지켜 서는 공간 일체를 말하는데, 애초에는 너무 낮게 지어져서 병사들이 숨을 공간이 없었던 듯하다. 숙종 때는 조총을 쏠 수 있는 공간을 마련했는데 멀리 있는 적을 향하는 원총안, 가까이 있는 적을 사살하는 근총안 그리고 전세를 확인하거나 기어오르는 적을 향해 창이나 활을 쏠 수 있는 타구 같은 것이 마련됐다. 벽돌을 활용하면서 좀 더 튼튼하고 섬세한 건축이 가능하기도 했다.

한양도성은 워낙 긴 구간이기 때문에 한 번에 모두 돌아보기는 어렵다. 서촌 창의문에서 오르는 백악 구간, 혜화문 쪽으로 오르는 낙산 구간, 동대문 일대인 흥인지문 구간 그리고 남산 구간, 숭례문 구간으로 나누어서 일대를 돌아보면 여느 둘레길 못지않은 의미 있는 여정이 될 것이다.

320

Friday

운동권

대학생 운동권의 등장은 1980년대 상황과 관련이 있다. 유신 체제에 대한 저항이 오랫동안 이어지면서 민주화를 열망하는 정치인, 재야 지도자들이 등장했고 1970년대 후반에 대학가에서 언더서클이 등장하기 시작했다. 10.26 사태를 통해 박정희 대통령이 서거하자 민주화가 당연시되는 분위기였으나 곧장 12.12 군사반란, 5.18 광주민주화운동 진압 그리고 전두환 정권이 등장하면서 상황이 급격히 바뀐다. 일명 '서울의 봄'이 무너진 것이다. 특히 5.18 광주민주화운동에 대한 잔혹한 진압은 1980년대 대학생들에게 심각한 정신적 트라우마를 입혔다. 대학생이 된 후 학내 비밀 상영회를 통해 비디오테이프로 '광주 학살'을 직접 목격한 학생들이 가두 투쟁에 나서게 된 것이다.

1970년대까지만 해도 민주화운동은 명망 있는 인사들, 특히 개신교나 천주교를 배경으로 한 인물들이 많았다. 성경이나 기독교 정신에 근거한 인권, 자유민주주의, 박애주의 같은 소박한 성격이었다. 하지만 1980년대 이후 본격적으로 마르크스-레닌주의가 소개됐고, 학생들은 기존의 온건한 학습 방식을 버리고 급진주의 사조를 수용하면서 이념적으로 강경한 태도를 갖게 된다. 단순히 군부 독재 정권을 비판하는 수준을 넘어 반미주의, 노동운동 등 다양한 생각이 분출하기 시작한다. 미국을 제국주의 국가로 인식하면서 서울미문화원을 점거하거나 부산미문화원을 방화하는 반미주의 행동이 처음 등장했고, 노동 현장에 위장 취업을 하여 노동자를 조직화하고 파업을 선도하는 역할도 했다. 또 운동권은 민족 해방을 외치는 NL계와 민중 민주를 주창하는 PD계로 분산했고, 북한을 추종하는 주사파가 등장하기까지 했다. 1986년에는 처음으로 '연공연북노선'이 등장하는데 북한을 비롯한 공산권과의 연대를 공식화하는 주장이었다. 소위 '좌경세력'이 등장한 것이다. 1990년대 전대협(전국대학생대표자협의회), 한총련(한국대학생총학생회연합) 등이 발기하지만 냉전 구조가 무너지면서 공산권의 실상이 드러나고 일반 국민들에게 외면받으면서 급격하게 몰락했다.

○ 1980년대는 우리 역사에서 가장 급진적인 시대였다. 흥미로운 사실은 이 시대를 주도했던 운동권이 1990년대 이후 시민운동, 평화운동 등 각종 사회운동을 주도하고 일부는 정치권에 들어가 개혁적인 정당운동을 하고 있다는 점이다. 급진주의 투쟁을 이끌던 사람들이 스스로 온건화된 것이다.

321

Saturday

중앙정보부

국가정보원의 전신으로, 5.16 군사쿠데타 이후 김종필의 주도로 만들어진 정보기관이다. 전두환 정권기에는 안전기획부로 이름이 바뀌어 현재에 이른다.

박정희 정권기 때 중앙정보부의 역할은 막대했다. 민간 전문가들을 고용해 산하에 연구 기관을 뒀고, 주요 국가 정책을 설계하기도 했다. 초대 중앙정보부장인 김종필은 5.16 군사쿠데타에서 박정희와 더불어 가장 중요한 역할을 담당했다. 김형욱은 이집트에서 볍씨를 들여와 '희농 1호'를 개발하는 등 식량 문제에 개입했고, 삼선개헌을 주도한 후 희생양이 된다. 이후락은 7.4 남북공동성명을 주도했고, 김재규는 경호실장 차지철과 박정희를 시해하는 등 박정희 정권의 역사는 중앙정보부의 역사라고 해도 과언이 아니다.

중앙정보부는 창설 초기부터 각종 의혹에 휩싸였다. '4대 의혹 사건'이 대표적이다. 이는 증권 파동, 워커힐 사건, 새나라 자동차 사건, 파칭코 사건을 말하는데 중앙정보부가 증권 회사를 설립하고 주가를 조작한 사건, 광진구에 위락 시설인 워커힐을 세우면서 자금을 유용한 사건, 일본에서 불법 수입한 자동차로 폭리를 취한 사건, 불법 도박 기기를 밀수하여 이득을 보려 했던 사건들이다. 정치 자금을 모으기 위해 벌인 일로 추정하지만 김종필이 옷을 벗는 선에서 무마되고 말았다.

중앙정보부는 박정희 정권이 독재의 길로 나아가는 데 중요한 역할을 했다. 용공 조작과 인권 유린으로 수많은 문제를 일으켰기 때문이다. 부일장학회 헌납 사건, 〈경향신문〉 매각 사건, 동백림 사건, 인민혁명당 사건, 김대중 납치 사건, 민청학련 사건 등 중앙정보부는 불법 연행, 고문을 통한 자백을 바탕으로 각종 간첩 사건을 발표했다. 이를 통해 국민들의 반공 심리를 자극하고 독재 정권을 유지하는 데 혁혁한 공을 세웠다.

전두환 정권 때 안전기획부로 이름을 바꾼 후에도 비슷한 사건을 벌여 많은 문제를 일으켰다. 남편에게 살해당한 여성을 간첩으로 위장한 수지 김 사건이 대표적이다.

김대중 정권이 들어서면서 국가정보원으로 이름이 바뀌었지만 논란이 완전히 가라앉지는 않은 상태다. 2000년대 초반에 '미림팀'을 꾸려 광범위하게 민간인 사찰을 한 것이 2005년에 폭로됐고, 인터넷 회선에서 발생하는 패킷을 감청한 것도 문제가 됐다. 이 밖에 최근까지도 남북 정상 회담록 무단 공개, 서울시 공무원 간첩 조작 사건, 카카오톡 사찰, 문화예술계 블랙리스트 사건 등을 일으켰다.

322

Sunday

근로기준법을 준수하라

(…) 저는 서울특별시 성북구 쌍문동 208번지 2통 5반에 거주하는 22살 된 청년입니다. 직업은 의류 계통의 재단사로서 5년의 경력을 가지고 있습니다. 저의 직장은 시내 동대문구 평화시장으로서 의류 전문 계통으로선 동양 최대를 자랑하는 것으로 종업원은 2만여 명이 됩니다. 큰 맘모스 건물 4동에 분류되어 작업을 합니다. 그러나 기업주가 여러분인 것이 문제입니다만 한 공장에 평균 30여 명은 됩니다. 근로기준법에 해당이 되는 기업체임을 잘 압니다.

그러나 저희들은 근로기준법의 혜택을 조금도 못 받으며 더구나 2만여 명이 넘는 종업원의 90% 이상이 평균 연령 18세의 여성입니다. 기준법이 없다고 하더라도 인간으로서 어떻게 여자에게 하루 15시간의 작업을 강요합니까?

(…) 2만여 명 중 40%를 차지하는 시다공들은 평균 연령 15세의 어린이들로서 육체적으로 정신적으로 성장기에 있는 이들에게는 회복할 수 없는 결정적이고 치명적인 타격인 것을 부인할 수 없습니다. 전부가 다 영세민의 자녀들로서 굶주림과 어려운 현실을 이기려고 하루에 90원 내지 100원의 급료를 받으며 하루 16시간의 작업을 합니다. 사회는 이 착하고 깨끗한 동심에게 너무나 모질고 메마른 면만을 보입니다. 저는 여기에서 각께게 간구하지 않을 수 없습니다.

(…) 이런 휴식으로썬 아무리 강철 같은 육체라도 곧 쇠퇴해버립니다. 일반 공무원의 평균 근무시간 일주 45시간에 비해 15세의 어린 시다공들은 일주 98시간의 고된 작업에 시달립니다. 또 평균 20세의 숙련 여공들은 6년 전후의 경력자로써 대부분이 햇빛을 보지 못한 안질과 신경통, 신경성 위장병 환자입니다. 호흡기관 장애로 또는 폐결핵으로 많은 숙련 여공은 생활의 보람을 못 느끼는 것입니다. 응당 기준법에 의하여 기업주는 건강진단을 시켜야 함에도 불구하고 법을 기만합니다.

1969년 12월 19일 동대문 평화시장 재단사 전태일이 당시 대통령 박정희에게 보낸 편지다. 근로기준법을 준수하는 사업장을 만들어달라는 요구로, 적극적인 개선 요구라기보다 법으로 보장된 만큼만이라도 노동 조건을 지켜달라는 애처로운 호소문이다. 전태일의 적극적인 활동과 분신자살은 우리 사회에서 노동 문제를 자각하게 하는 첫 번째 계기가 됐다.

323

Monday

청산리 대첩

1910년 조선 병합 이후 간도 일대에는 다양한 무장 독립 부대가 만들어진다. 간도는 압록강과 두만강 넘어 백두산 일대의 조선인 거주 지역을 주로 지칭한다. 통상 백두산 북쪽을 북간도, 백두산 서쪽을 서간도로 칭한다. 서간도에서는 신민회가 세운 신흥무관학교가 대표적인 단체다. 이 밖에 경학사, 부민단, 서로군정서 등의 단체가 있었다. 북간도는 오늘날에도 조선족 자치주가 있을 정도로 많은 한인이 이주했던 곳이다. 이곳에는 서전서숙, 명동학교 같은 교육 기관이 만들어졌고 대표적인 무장 투쟁 단체로는 북로군정서가 있었다. 명동학교는 김약연이 세운 민족 학교로 이곳에서 윤동주, 문익환 같은 한국 근현대사의 굵직한 인물들이 배출되기도 했다.

간도는 수많은 한인이 거주하고 적극적인 민족의식이 교육되는 공간이었기 때문에 연해주와 더불어 독립운동을 하기에 안성맞춤인 곳이었다. 또 군대를 이끌고 직접 한반도에 진입하기도 수월했다. 1920년 6월 7일, 청산리 대첩 4개월 전에 봉오동 전투가 벌어진다. 간도 지역의 독립군이 두만강을 건너 일본 감시소를 공격하는 일이 수십 차례 벌어지자 일본군은 월강 추격대를 조직해서 두만강을 건너온다. 하지만 봉오동 일대에서 홍범도의 대한독립군, 최진동의 군무도독부, 안무의 국민회군, 신민단 등이 연합하여 일본군을 격파하는 전과를 올린다.

이에 격분한 일본은 훈춘 사건을 일으킨다. 인근에서 집단 도적 활동을 하던 마적대를 매수해, 독립군인 것처럼 행세해 훈춘 지역의 일본영사관을 약탈하게 한 것이다. 이를 빌미로 일본군은 대규모 부대를 편성하여 독립군 토벌에 나선다. 어쩔 수 없이 독립군은 후퇴해 일본군에게 추격을 당하고 청산리 일대에서 전투하게 된다. 김좌진의 부대는 백운평 일대에서 큰 승리를 거두었고 일본군을 어랑촌으로 유도한다. 그리고 완루구에서 전투를 치르고 온 홍범대의 부대가 후미를 막고 연합 공격에 나서 일본군을 패퇴시킨다. 이후 맹개골, 만기구, 천보산, 고동하 등에서 10월 21일부터 26일까지 약 10여 회 전투에서 큰 승리를 거두고 일본군을 천 명 넘게 사살하는 등 큰 전과를 올린다.

봉오동 전투와 청산리 대첩은 무장 독립 투쟁사에서 가장 큰 승리로 기록된다. 3.1 운동 이후 독립에 대한 뜨거운 열기, 간도 지역 주민들의 적극적인 지원 등에 힘입어 이루어낸 값진 승리였다.

명성황후

명성황후(1851년~1895년)는 고종의 아내로, 고종이 대한제국을 선포하고 황제를 칭하면서 황후라는 칭호를 받게 된다. 조선 말기 흥선대원군과 명성황후는 정치사에 주도적인 인물로 부상한다. 흥선대원군이 섭정을 통해 권력을 장악했다면, 명성황후는 흥선대원군이 실각하고 고종이 직접 통치를 하면서 영향력을 행사하기 시작했다.

명성황후의 업적으로는 개화 정책과 외교 정책을 꼽는다. 흥선대원군이 통상수교 거부 정책을 펼쳤다면, 명성황후는 개화파를 지지하고 미국 선교사들의 활동을 보장하는 등 개화 정책에 든든한 버팀목이 되었기 때문이다. 특히 손탁호텔을 통한 적극적인 외교 활동이 유명하다. 러시아 공사와 함께 내한하여 25년간 한국에서 활동한 손탁은 호텔을 운영했고, 이곳에서 대한제국 관료들과 외국인 공사 간의 외교 활동이 활발히 이루어졌다. 손탁과 친밀한 관계를 유지했던 명성황후는 손탁호텔을 통해 막후 작업을 벌이기도 했고 갈수록 세를 더하는 일본의 위협을 막아내고자 친미·친러파 관료를 지원하는 등 여러 노력을 벌였다.

하지만 명성황후에 대한 비판론 또한 거센 것이 사실이다. 우선 그녀가 집권하면서 세도 정치가 부활했다. 민씨 집안사람들이 능력과 상관없이 대거 등용됐고 매관매직을 일삼고, 통화 제도를 악용하여 큰 이득을 보는 등 여러 문제를 일으켰기 때문이다. 또 외교 정책을 적극적으로 펼쳤다고 하지만 뚜렷한 성과가 없었고, 무엇보다 임오군란 이후 지나칠 정도로 청나라에 의지하는 바람에 오히려 각종 외교 문제를 불러일으켰다. 실제로 1882년 임오군란부터 시해되는 1895년까지 명성황후는 청나라에 전적으로 의존하면서 주체적인 개화 정책을 포기하고 만다. 더구나 러시아, 일본 등은 보호국을 자처하면서 청나라의 자리를 대신하려 하는 등 사대주의 외교는 국권 피탈의 명분을 주기도 했다.

사치함과 방탕함도 오랫동안 지적돼 왔다. 임오군란 당시 경기도 이천 장호원에 피신했는데, 한 무당이 권력이 회복될 것을 알려준다. 신통하게도 예언한 날짜에 복귀할 수 있었는데, 이때부터 명성황후는 무당을 진령군(君)으로 칭하고 언니라고 부르는 것은 물론 무당의 아들에게 관직을 주는 등 여러 말썽을 일으켰다.

1895년 명성황후는 일본 낭인들에 의해 시해를 당한다.

325

Wednesday

금강산

한상억 작사, 최영섭 작곡의 가곡 〈그리운 금강산〉은 한국인이 사랑하는 대표적인 가곡으로, 1960년대 초반 한국 전쟁을 기념하여 만들어진 노래라고 한다. 아름다운 금강산을 그리워하는 노래인데 가사를 자세히 살펴보면 당시의 강렬한 반공주의, 북진 통일적인 기상이 느껴지기도 한다. 지금은 통일을 염원하는 노래로 많이 불리고 조수미 같은 세계적인 성악가의 관심으로 해외에 알려지기도 했다.

금강산은 태백산맥 북부에 펼쳐져 있고, 1,638m의 비로봉이 최고봉이다. 남쪽에서는 설악산이 금강산과 가장 닮았다고 하는데, 촘촘하게 이어진 절리, 거대한 암괴와 암판, 기암괴석이 장관이다.

'금강(金剛)'이라는 이름은 《화엄경》에서 연원하는데, 그만큼 금강산은 절이 많고 불교 유적과 유물이 넘치는 곳이다. 신라가 고려에 항복하자 경순왕의 아들 마의태자가 아버지와 작별하고 이곳에 들어와 일생을 마쳤다고 한다. 조선 시대 때는 세조가 이 산에 다녀갔다고 하고, 성종 때는 사신 격으로 온 일본의 승려가 금강산에 방문하고 싶다고 해 신하들 간의 한바탕 논쟁이 벌어지기도 했다.

조선 후기 정조 때 제주도는 심각한 기근에 시달린다. 이때 거상 김만덕이 재물을 풀어 백성을 구휼한다. 김만덕은 어린 시절 기생으로 지내는 등 큰 어려움을 겪었으나, 전라도와 제주도의 뱃길을 활용해 재물을 모아 거상이 된 여성이다. 제주도의 심각한 기근을 극복하는 데 그녀가 큰 역할을 하여 조정은 이에 대해 치하하고자 했다. 정조가 김만덕을 직접 알현하여 원하는 바를 묻자 금강산 유람을 말했다고 한다. 국왕이 기생 출신의 상인을 알현하는 것도 특별한 일이었는데 다른 어떤 포상이 아닌 금강산 유람을 원했던 것도 인상적이다. 한반도에 수많은 명산이 있지만 금강산만큼 사랑받은 곳도 없을 것이다.

326

Thursday

대동여지도

대동여지도는 1861년 김정호가 편찬한 전국 지도다.

조선 후기에는 국학이 발전한다. 국학은 자기 나라의 고유한 역사, 언어, 풍속, 신앙, 제도, 예술 따위를 연구하는 학문으로, 중국과는 다른 우리 것에 대한 관심이라고 할 수 있다. 다양한 분야에서 걸출한 인물들이 여러 성과를 냈는데, 역사 분야에서는 안정복이 《동사강목》, 이긍익이 《연려실기술》, 한치윤이 《해동역사》를 쓰면서 한민족의 역사 발전에 대한 이해가 크게 심화된다. 유득공의 《발해고》도 이 시기 작품이다.

신경준은 《훈민정음운해》, 유희는 《언문지》 등을 남기는데 한글 연구에 중요한 저작이다. 미술에서는 정선의 '진경산수화'를 필두로 강세황, 김홍도, 신윤복, 장승업 등이 등장하면서 화단의 새로운 분위기를 주도했고, 금석학에서는 김정희가 큰 성과를 냈다. 박지원, 정약용 등이 실학의 발전을 주도하고, 정제두 등이 성리학에서 벗어나 양명학을 추구한 것 역시 이러한 시대 흐름의 산물이다.

지도 제작도 이 시대의 산물이다. 정상기가 '동국지도'를 만들었고, 김정호도 대동여지도에 앞서 '청구도'를 만들었다. 이러한 노력의 결실이 대동여지도다. 전국을 동서 80리, 남북 120리로 나누어 총 22개의 목판에 나누어 그렸다. 전체 가로 4m, 세로 6.6m의 크기를 자랑하는데, 따로 필요한 부분만 펼쳐 볼 수 있고 전국을 한눈에 볼 수도 있는 등 여러 장점을 지닌다.

김정호는 평소에 지도와 지리지를 동시에 이용해야 지리를 통합적으로 이해할 수 있다고 봤고, 대동여지도와 함께 이용할 수 있는 《대동지지》라는 시리서도 편찬했다.

327

Friday

민화

조선 후기 중인과 서민층이 향유했던 그림이다. 조선 후기에는 사회 변동이 격렬해진다. 당쟁으로 인해 몰락한 양반이 대거 발생하고 공명첩을 구매하여 양인에서 양반으로, 천민에서 양인으로 신분 상승하기도 한다. 농촌에서는 모내기법이 확산되고 농업 생산력이 발전하면서 경제력을 거머쥔 부농층이 등장한다. 이에 따라 기존 양반들과 대립하는 '향전'이 벌어지기도 했고 상업적 성공으로 큰 부를 누리는 상인도 나타났다.

이전까지는 사대부들이 문화를 주도했고 서예, 산수화 같은 고급 예술이 주였다면 이러한 시대 변화에 맞추어서 새로운 문화 소비 방식이 대두된다. 중인들끼리 명산에 놀러가서 그들끼리 시를 쓰고 음률에 맞추어 노래를 부르거나, 탈춤 같은 마을 놀이를 통해 양반을 비꼬는 것이 대표적인 예다. 이러한 시대 흐름에 맞춰 민화도 크게 유행했다.

민화는 작가가 정확히 누구인지 알 수 없고 예술적 정교함이 크게 떨어지는 것이 사실이다. 또 무병장수와 현세의 복을 기리기 때문에 장수를 상징하는 소나무와 잉어, 까치, 액운을 방지하는 호랑이 등이 반복적으로 등장한다. 하지만 그만큼 민중 문화가 확산되고 있다는 것을 의미하며 최근에는 민화가 가진 독특한 색감과 미색을 활용하여 다양한 창작이 이루어지고 있다.

328

Saturday

북벌론

청나라에 군사력으로 복수하자는 주장으로, 조선 후기 효종에 의해 추진됐고 숙종 대 윤휴 등이 제기하기도 했다. 효종은 인조의 둘째 아들로, 병자호란에서의 치욕적인 패배 이후 형 소현세자와 함께 청나라 진영에 끌려가 고초를 당했다.

소현세자는 청나라에 머물면서 상당한 인식 변화를 보였다. 청나라가 단순한 오랑캐가 아닐 뿐더러 무엇보다 가톨릭 선교사들을 통해 중국에 들어온 문물이 지닌 가치를 눈여겨본 것이다. 하지만 아버지 인조의 의심으로 뜻을 펼치지 못한 채 사망하고 만다. 같은 시기 같은 모욕을 겪었던 효종의 생각은 달랐다. 막강한 군사력을 구비하여 청나라를 공격해 치욕을 씻어야 한다고 봤다.

효종은 장군 이완을 중심으로 국방력을 강화하고자 한다. 금군을 600명에서 천 명으로 늘렸고 정예병을 4천 명에서 6천 명으로 확대한다. 군사력의 부족을 해결하기 위해 도망간 노비를 잡아와서 군역을 감당케 하는 노비 추쇄까지 실시했다.

이러한 과감한 국방 정책의 배경에는 송시열이 있었다. 송시열은 당시 가장 저명한 유학자이자 서인의 영수였는데, 효종은 송시열이 북벌을 지지했다고 주장하며 사대부들의 동의를 얻고자 한 것이다. 하지만 송시열은 원론적 입장에서 치욕을 갚아야 한다고 주장했을 뿐 구체적인 군제 개혁에 대해서는 별 생각이 없었다. 더구나 송시열은 주자학의 관점에서 중화와 오랑캐를 구분하고 오랑캐의 멸시를 극복해야 한다는 입장이었기 때문에 그다지 진취적이지도 않았다.

여하간 효종의 강경한 의지에도 불구하고 신하들은 북벌에 노골적으로 반대했고 결국 무산되고 만다. 이후 숙종에 이르러 윤휴에 의해서 북벌론이 다시 제기된다. 당시 청나라는 강희제가 통치하고 있었는데, 오삼계 등이 '삼번의 난'을 일으키면서 혼란에 빠진 것이다. 오삼계는 명나라 장수로 만리장성을 지켰는데 이자성의 난이 일어나서 명나라가 스스로 무너지자 만주족과 합세하여 청나라를 세운 인물이 있다. 그 덕에 중국 남부에 어마어마한 영지를 소유한 세후가 됐는데 강희제가 이들을 몰아내려 하면서 싸움이 발생한 것이다. 하지만 당시에도 숙종은 물론 대부분의 신하가 반대했기 때문에 북벌론은 끝내 무산된다.

329

Sunday

절명시

대궐은 침침한데 시각이 더디구나.
조칙(詔勅)은 이제 다시 내리지 않을 것이니
구슬 같은 눈물이 주르륵주르륵 얽히는구나.

새와 짐승들이 슬피 울고 강산도 찡그리네.
무궁화 온 세상이 이젠 망해버렸구나.
가을 등불 아래 책 덮고 지난날 생각하니
인간 세상에 글 아는 사람 노릇하기 어렵기만 하구나.

일찍이 나라를 지탱함에 조그마한 공도 없었으니
충(忠)은 아니요, 단지 인(仁)을 이루려 함이로다.
겨우 능히 윤곡(尹穀)을 따르는 데 그칠 뿐이요.
당시의 진동(陳東)의 행동을 취하지 못함이 부끄럽구나.

시인이자 역사학자인 황현(1855년~1910년)이 남긴 〈절명시〉의 일부다. 그는 1910년
조선이 병합을 당하며 역사에 사라지자 이 시를 남기고 목숨을 끊었다. 윤곡과 진
동은 모두 중국 송나라 때 사람들이다. 윤곡은 몽골의 침입 때 자결한 인물이고,
진동은 간신배를 처단해야 한다고 주장하다 도리어 참형을 당한 인물이다.

황현은 《매천야록》이라는 글을 남겨 구한말의 실상을 현재까지 전하고 있는데,
당시에는 특별한 활약을 펼치지 못했다. 그로 인한 안타까움과 나라 잃은 설움에
대한 고통이 그의 마지막 시에 깊이 배어 있다.

반정

반정이란 현 국왕에 반대하여 축출한 후 새 국왕을 세우는 일이다. 조선 시대에 수많은 난이 있었지만 왕이 신하들에 의해 쫓겨난 경우는 두 차례 즉, 중종반정과 인조반정뿐이었다. 중종반정을 통해 연산군이 쫓겨나고 중종이 왕이 됐고, 인조반정을 통해 광해군이 쫓겨나고 인조가 왕이 됐다. 중종은 반정 세력에 의해 추대된 경우고, 인조는 반정에 적극 가담한 경우다.

반정은 조선 시대 권력 교체의 독특한 경우였다. 권력을 장악하고 '이씨' 성을 가진 왕을 쫓아낸 후에 본인이 직접 왕이 되지 않고 또 다른 '이씨'를 추대했다. 유교 윤리가 뿌리 깊게 정착돼 나타난 현상이라고 할 수 있다. 또 기존의 지배 집단을 무너뜨리고 나라를 새로 세우는 것이 아닌 단지 지배층 내부에서의 권력 교체였다.

이런 사례는 우리 역사에서 빈번하게 나타난다. 통일신라 말기에는 진골귀족 간의 '왕위 쟁탈전'이 벌어졌다. 혜공왕 이후 무열계 혈통이 끊기면서 진골귀족이라면 누구나 왕이 될 수 있었다. 김헌창의 난, 96각간의 난, 대공의 난 등 여러 진골 귀족들 간의 끊임없는 권력 쟁탈전은 나라를 멸망에 이르게 했다.

고려 시대에는 무신 집권이 대표적인 경우다. 애초에 호족 연합 정권의 성격이 강했던 고려는 문벌귀족들의 영향력이 매우 강했다. 호족끼리 혼인하고, 권력을 강화하면서 특정 성씨 가문이 나라를 좌지우지한 것이다. 이들은 과거제도, 음서 제도 등을 이용해 문관으로 진출하여 권력을 유지했는데 이에 대한 반발이 무신들의 난이었다. 이때도 권력은 무신들에게 옮겨갔지만 '왕씨' 혈통은 유지됐다. 문벌귀족 이자겸은 본인이 왕이 되고 싶어 했지만 실패한다. 큰 권력을 가졌다는 것과 왕이 된다는 것은 본질적으로 다르기 때문이다.

조선 시대가 되면 국왕과 신하, 왕과 양반사대부라는 지배 구도가 명확해진다. 따라서 왕권과 신권, 신하들 간의 세력 다툼이 수를 이룬다. 정도전이 재상 수도 정치를 천명하고 이에 반해 태종이나 세조가 '6조 직계제'를 통해 왕권 강화를 추구하거나 세종이 '의정부 서사제'를 통해 적당히 신권과 타협하는 것 등이 이러한 배경에서 나온 것이라 할 수 있다. 조선 전기에는 훈구파와 사림파, 조선 후기 서인과 동인, 노론과 소론 등의 붕당 정치가 신하들 간의 정쟁이라고 할 수 있다.

331

Tuesday

공민왕

공민왕(1330년~1374년)은 고려 말기의 개혁 군주로, 반원 자주 정책을 끝까지 관철시켜 원나라의 수중에서 벗어난 인물이다. 재위 5년 차에 원나라와 혼맥을 이용하여 정동행성을 장악하며 위세를 부렸던 기철, 권겸, 노책 일당을 제거한다. 장수 인당을 보내 압록강 일대 거점을 선제적으로 장악하여 원나라의 침공을 대비했고, 이성계의 아버지 이자춘을 끌어들여 함경도 일대의 쌍성총관부를 수복한다. 몽골의 침략 이래 100년간 빼앗겼던 땅을 회복한 것이다. 원나라는 군대를 파견하는 등 공민왕을 제거하려 했으나, 무력 응전을 통해 몰아냈다.

공민왕의 왕권은 안정적이지 못했다. 충렬왕, 충선왕 등 고려 왕조는 이미 오랫동안 원나라에 의지하여 권력을 유지했기 때문에 지배권이 제한적이었고, 원나라를 배경으로 성장한 권문세족의 힘이 막강했다. 또 조일신, 김용 등 측근이라 믿었던 이들의 반란에 위협을 당하기도 했다.

무엇보다 국제 정세가 위태롭게 돌아갔다. 원나라에 반기를 든 홍건적은 두 차례에 걸쳐 고려를 침공했고 공민왕은 수도를 버리고 오늘날 안동인 복주로 피신했다. 왜구의 침공도 문제였다. 단순히 남해안을 약탈하는 수준을 벗어나 한반도 전역에 대규모로 출몰했기 때문이다. 수차례 개혁안을 발표하며 정력적으로 국정을 운영했지만 이러한 여건 때문에 번번이 실패할 수밖에 없었다.

공민왕은 23년간 통치했는데 집권 중반기에 들어서면 개혁 의지를 잃고 타락과 향락에 빠진다. 특히 1365년 정신적 지주였던 아내 노국대장공주가 사망하자 크게 실의에 빠져 무리하게 불교 행사를 벌이거나 아내를 위한 토목 공사를 강행하면서 혼란을 야기했다.

승려 신돈을 등용하여 전민변정도감을 설치한 후 재차 개혁을 시도했으나 큰 성과가 없었다. 지나친 측근 의존 통치, 일관적이지 못한 정책 수행, 근본적인 문제 해결을 위한 정책 부재 등 여러 문제로 인해 개혁 의지에도 불구하고 고려 사회는 제자리걸음이었다.

하지만 이색을 등용하여 성균관을 유교 교육 기관으로 개편하면서 신진 사대부를 육성했고, 끝내 반원 자주 정책을 관철시키면서 원명 교체기를 무사히 넘겼다. 무엇보다 강력한 개혁 의지가 당시 많은 사람의 공감을 샀고 이러한 정열적인 모습이 조선 초까지도 많은 이에게 영향을 미쳤다.

원산

현재 북한의 강원도에 속한 원산시를 지칭하는데, 이전에는 함경남도의 행정구역에 포함되기도 했다. 통상 함경남도와 강원도 북부 지역을 원산 일대로 부르는데 이곳은 연맹 왕국인 동예의 영토이기도 하다. 동해를 바라보며 평야가 넓게 형성되어 선사 시대 유적이 존재할 만큼 사람들이 빨리 정착했고, 이른 시기에 나라가 세워졌다.

강화도조약 당시 일본은 부산, 인천과 더불어 원산의 개항을 요구했다. 북한을 넘어 만주까지 진출하기에 유리했기 때문이다. 일제 강점기 당시 이곳에는 대규모 공업 공단이 만들어졌다. 1929년 원산노동자총파업은 그러한 배경에서 발생한 사건이다.

원산은 교육의 요람이기도 했다. 우리나라 최초의 근대식 학교인 원산학사가 만들어졌고 이후 개신교 선교사가 만든 루시여학교를 비롯한 여러 교육 시설이 마련됐다. 천주교 베네딕도 수도회는 원산 일대에 뿌리내렸는데, 해방 이후 큰 박해를 받았고 현재는 경상북도 왜관 일대로 옮겨와서 명맥을 잇고 있다.

한국 전쟁 당시에 맥아더는 원산상륙작전을 감행했다. 인천상륙작전이 큰 성공을 거두며 세계사의 한 페이지를 장식했다면, 원산상륙작전은 실패한 작전으로 유명하다. 신속하게 군대를 이끌고 평양을 포위하기 위한 작전이었지만 영흥만 일대에 설치된 기뢰 때문에 상륙이 쉽지 않았고, 상륙 당시 이미 국군이 원산을 점령한 상태였다.

흥미롭게도 원산은 2010년 이후 김정은 위원장이 집권하면서 다시 주목받고 있다. 원산을 제2의 평양으로 개발하려는 의지를 내보이며 '원산·갈마 해안 관광지구', '마식령 스키장' 등을 건설하여, 북한식 개발주의의 상징으로 부상하고 있다.

333

Thursday

월매도와 묵죽도

묵죽도

어몽룡의 〈월매도〉는 조선 시대 매화도의 백미다. 보름달을 바라보고 곧게 올라선 모습, 가는 가지이지만 각자의 방향으로 바르게 뻗친 채 매화꽃이 드문드문 피어오르는 모습은 수직적이고, 대조적이며, 은밀하지만 강건하여 매화를 통한 당시 조선 선비들의 미학을 가늠하게 한다.

이정도 조선을 대표하는 화가 중 하나로, 드물게도 왕족 화가였다. 〈묵죽도〉는 81세에 그린 그의 만년작이자 가장 유명한 작품이다. 어몽룡이 〈월매도〉에서 흐릿한 보름달을 그렸듯 〈묵죽도〉 뒤편에도 대나무 한 떨기가 더 있다. 안개 가운데 흔들리는 듯한 모습이다.

당시에는 어몽룡의 〈묵매〉, 이정의 〈묵죽도〉, 황집중의 〈묵포도〉를 삼절이라고 불렀다. 묵으로 매화, 대나무, 포도를 그리는 데 있어서 따를 자가 없었다는 말이다.

334

Friday

과거사 특별법

특별법은 특정한 문제를 해결하기 위해 만든 법으로, 일반법과 대조되는 개념이다. 현재 우리나라에는 각종 특별법이 제정돼 운영되고 있다. 역사 문제에 대해서도 특별법이 제정되는 경우가 있다. 특히 1987년 6월 항쟁 이후 사회가 민주화되면서 과거사에 대한 진상 규명 등을 요구하는 목소리가 높아졌고 이를 해결하기 위해 특별법이 제정됐다.

1990년 노태우 정부는 광주보상법을 제정하여 5.18 민주화운동 관련자들에 대한 피해 보상을 시도했다. 하지만 진상 규명과 책임자 처벌에 대한 내용이 빠져 문제가 됐고 결국 1995년 김영삼 정부 때 추가 특별법을 제정하기에 이른다. 이듬해인 1996년에는 한국 전쟁 당시 거창에서 벌어진 양민학살사건에 관한 특별법이 만들어져 관련자의 명예 회복을 위한 조치가 이루어졌고, 김대중 정부 때는 좀 더 다양한 특별법이 제정된다. 제주 4.3 사건 진상 규명 및 희생자 명예 회복에 관한 특별법, 의문사 진상 규명에 관한 특별법이 제정됐고, 민주화운동 기념사업회법을 만들어 독재 정권과 싸워온 민주화운동사를 국가가 기억하고 보존하려고도 했다. 또 2002년에는 일본군 위안부 피해자들을 위한 생활 안정 지원과 기념 사업에 관한 특별법도 제정했다.

노무현 정부로 들어서면서 포괄적인 과거사 정리를 위한 각종 특별법이 제정된다. 삼청교육대, 노근리 사건, 친일 반민족 행위, 일제 강제 동원 피해 나아가 동학 농민혁명 참여자의 명예 회복, 친일 반민족 행위자 재산의 국가 귀속에 관한 특별법이 제정되면서 한국 근현대사 100년에 관한 광범위한 청산 노력이 있어왔다.

○ 과거사 관련 특별법은 주로 진상 규명, 피해자의 명예 회복, 기념사업을 목표로 한다. 12.12 군사반란과 5.18 광주민주화운동 관련해서는 책임자 처벌까지 진행됐지만 판결 이후 형량을 채우지 않은 채 조기 사면을 시킴으로 특별법의 위상을 스스로 훼손하기도 했다.

경제개발계획

대표적인 대한민국 경제 성장 전략으로, 1962년 제1차 경제 개발 5개년 계획이 실시됐고 이후 정부 주도형 한국 경제 발전의 핵심 사업으로 자리 잡았다. 국가가 주도하여 경제를 개발하는 방식은 사회주의권에서 시작됐다. 소련의 지도자 스탈린이 이 정책을 통해 비약적인 경제 성장을 이루어냈기 때문이다.

이승만 정권 당시에도 경제개발계획 제안이 있었지만 이런 측면 때문에 거부됐다. 제2공화국 당시 종합적인 경제개발계획의 모델은 잡혔으나 쿠데타에 의해 성공하지 못했다. 박정희 정권기에는 정부가 경제 발전 모델을 수립하고 관료가 주도하여 인위적으로 경제를 성장시키는 방식을 통해 대한민국 경제 구조의 기본 틀을 확립했다. 에너지 공급원 확보, 기간산업 확충과 사회 간접 자본 충족, 수출 증대를 통한 국제 수지 개선, 기술 진흥 등이 목표였고 연간 8%에 달하는 높은 경제 성장과 산업 구조 개선을 보이며 큰 성공을 이루었다.

경제학자보다는 법학이나 행정학을 전공한 관료들이 중심을 이루었는데, 제1차 계획을 통해 이루어진 성과는 다음 단계의 기초가 됐다. 제2차, 제3차에서는 공업 구조의 고도화, 지속적인 국제 수지 흑자 관리, 고용 증대와 인구 팽창 조절, 국민소득 향상 등을 목표로 했다. 이러한 노력에 힘입어 1960년대에는 경공업 발전, 1970년대에는 중화학 공업 발전 같은 단계적 성장 모델을 통해 큰 성취를 이루어냈다.

하지만 소득 분배와 농업 생산성 부분에서는 어려움을 겪었다. 성장의 결과가 고루 나누어지지 못했고 농업 분야에서는 이렇다 할 성과를 내지 못했다. 이 부분은 여전히 한국 사회의 고질적인 문제로 남아 있다. 또 지나친 수출 의존, 내수 시장의 한계 등도 여전하다.

경제개발계획은 국토 종합 개발 계획과도 밀접한 관련이 있다. 특히 균형적인 지역 발전은 역대 정부의 오랜 과제였다. 이촌향도, 서울 중심의 발전, 대도시 집중 현상 등이 문제였기 때문에, 이를 완화하고자 전국 주요 도시를 광역화하거나 서울 주변에 새로운 도심을 설계하는 등 각종 방안이 강구됐다. 하지만 서울과 경기도를 중심으로 인구의 절반이 몰려 사는 등 이 부분에서 특별한 진전을 이루어내지는 못한 상황이다.

민중가요

찢기는 가슴 안고 사라졌던 이 땅의 피울음 있다
부둥킨 두 팔의 솟아나는 하얀 옷의 핏줄기 있다
해 뜨는 동해에서 해 지는 서해까지
뜨거운 남도에서 광활한 만주 벌판
우리 어찌 가난하리오
우리 어찌 주저하리오

가수 김광석, 안치환 등이 부른 〈광야에서〉라는 노래다. 이 노래는 1980년대 운동
권을 중심으로 한 대학생들의 의식화에 큰 영향을 줬다. 이로 인해 민중가요가 등
장한다.

〈광야에서〉, 〈솔아 푸르른 솔아〉는 진보적 노래 운동모임 '새벽'에서 창작됐다.
김민기, 정태춘과 박은옥, 노래를 찾는 사람들을 비롯한 많은 가수와 그룹이 민중
가요 장르를 심화시켰고, 대학가를 중심으로 많은 히트곡이 쏟아져 나오기도 했
다. 기존의 가요 문화가 대학생들의 문제의식을 반영하지 못했고, 사회상을 심도
있게 드러내지 못했기 때문에 나온 현상이기도 하다.

김지하의 시 〈타는 목마름으로〉 같은 작품이 민중가요로 만들어지기도 했고,
〈처음처럼〉, 〈바위처럼〉 같은 노래는 여전히 대학가에서 애창되고 있다. 노래를 찾
는 사람들의 〈사계〉는 노동 현장의 어려움을 풍자한 노래인데 리메이크되어 대중
가요로 소개되기도 했다.

337

Monday

좌우합작운동

좌우 갈등을 극복하고자 해방 공간에서 여운형, 김규식이 주도한 운동이다. 좌우 갈등 문제는 식민지 시대부터 조짐이 뚜렷했다. 구한말부터 이어져온 조선 왕조에 대한 충성심, 전통 문화에 대한 호의적인 태도, 미국 선교사들의 영향, 민주공화국에 대한 이상 등이 결합하여 민족주의가 탄생했다면, 1920년대 이후에는 마르크스-레닌주의를 수용하며 사회주의자들이 등장했기 때문이다.

　해방이 임박했다고 판단한 여운형은 건국동맹을 결성한다. 1945년 8월 조선총독은 패배 수습, 일본인들의 무사 귀환 등을 고민하며 여운형을 부른다. 여운형은 정치범의 즉각 석방, 3개월 치의 식량 보존 등 조선인들에 의한 자주독립국가 건설에 대한 불개입을 전제로 협상한 후 안재홍과 함께 건국준비위원회를 결성한다. 국내 대표적인 좌우익의 지도자가 연합한 것이다. 하지만 또 다른 민족주의 지도자 송진우가 임시정부추대론을 주장하면서 합류를 반대한다. 여기에 박헌영을 비롯한 좌익이 대거 건국준비위원회에 참여, 일방적인 행태를 반복하면서 안재홍 등의 우익은 탈퇴를 선언한다. 첫 번째 좌우합작 시도가 실패한 것이다.

　해가 지나 1946년 좌우 갈등이 심각해지는 가운데 여운형은 김규식과 좌우합작위원회를 결성한다. 오랜 독립운동의 동지이자 대화와 타협을 통한 합작에 신념을 가지고 있던 이들의 연대였다. 좌우합작위원회는 좌우합작 7원칙을 마련하여 당시 좌우 갈등의 쟁점에 대한 타협을 도모한다. '미소 공동위원회를 속히 재개하여 통일정부 수립에 매진한다', '토지 문제는 유상 매입, 무상 분배를 통해 개혁을 달성한다', '친일파는 관련법을 제정 조속히 처리한다' 등이 핵심 내용이다.

　하지만 박헌영이 이끄는 좌익이 타협안에 대해 하루 만에 반박하고, 선결 조건 5원칙을 제기한다. 이에 격분한 우익도 8개조 선결안을 제시하면서 결국 합작 7원칙은 무력화된다. 우익은 세력마다 입장이 달랐고, 좌익도 여운형의 선택에 정면으로 반발하면서 좌우 갈등 문제는 해결되지 못한다.

　결국 1947년 두 번째 열린 미소공동위원회가 결렬되면서 미국과 소련 역시 이전의 입장을 번복하고, 점령 지역에서 각자가 후원하는 정부를 세우는 방향으로 나아간다. 좌우합작운동이 두 번째로 실패한 것이다.

338

Tuesday

남자현

남자현(1872년~1933년)은 '여걸 남자현 선생'이라 불렸던 인물로, 대표적인 여성 독립운동가다. 남자현의 남편 김영주는 1896년, 남자현의 나이 24살 때 홍구동 전투에 참여했다 죽는다. 당시 임신 중이던 남자현은 아들을 낳아 키우는 한편 시어머니를 극진히 봉양하여 효부상을 받기도 한다. 이후 친정아버지 남정한과 함께 의병 궐기에 참여하여 역사의 전면에 등장한다. 1919년 3.1 운동 당시에는 남대문교회를 중심으로 만세 시위에 참여했고, 경상도 만세 시위 조직 책임을 맡아 활동을 벌이기도 했다. 이후 남자현은 만주 삼원보로 망명하여 서로군정서에 참여, 부상병 간호를 맡는다. 또 길림성에서 20여 개가 넘는 교육 단체를 조직했고, 이관린, 이양숙 등과 함께 조선혁명자후원회에서 활동한다.

1925년에는 사이토 마코토 총독의 암살 계획을 세운다. 김문거로부터 권총 한 자루와 탄환 8발을 받고 서울로 잠입하여, 오늘날 대학로 근처 혜화동 28번지에 머물렀으나 결국 때를 잡지 못하고 만주로 돌아온다.

1931년 만주사변 당시 국제연맹에서 이 문제를 조사하기 위해 '리턴조사단'을 파견한다. 이에 남자현은 하얼빈에서 손가락 두 마디를 잘라 혈서를 쓰고 독립을 청원한다. 하지만 안타깝게도 조사단과의 만남은 실패한다. 이후 그녀는 만주국 건국 1주년 기념식장에서 일본 고위 관료들에 대한 암살에 착수하면서 권총과 탄환, 폭탄 2개를 마련한다. 하지만 이 또한 밀정의 밀고로 결국 실패하여 일본 경찰에 체포된다.

남자현은 옥고를 치르다 병보석으로 출소하는데, 얼마 후인 만 60세에 세상을 떠난다. 유언에 따라 전 재산 200원은 해방 이후 서울 운동장에서 김구에게 전달된다.

○ 남자현은 영화 〈암살〉이 흥행하면서 널리 알려졌다. 하지만 〈암살〉의 여주인공이 보여준 모습은 그녀의 인생과 공통점이 전혀 없다. 남자현 인생은 '실패'의 연속이다. 총독 암살을 시도했지만 실패했고, 손가락을 두 마디나 잘랐지만 혈서 전달에 실패했다. 그럼에도 불구하고 끝없이 각종 투쟁에 진력했다. 안타깝게도 한국의 역사 교과서는 의거에 성공한 인물, 특히 남성 위주로 서술돼 있기 때문에 그녀는 오랫동안 잊힌 인물이었다.

통일의 집

통일의 집은 목사이자 사회운동가 문익환(1918년~1994년)이 1970년부터 살던 집을 박물관으로 개조한 곳이다. 문익환은 북간도 출신으로 용정에서 어린 시절을 윤동주 등과 함께 보냈다. 윤동주의 장례식은 문익환의 아버지 문재린 목사가 주관했다.

문익환은 일본 유학 시절 장준하를 만난다. 장준하는 목숨을 걸고 중경 임시정부로 망명해, 광복군의 일원으로 특수 훈련을 받았고, 해방이 되자 미공군기를 타고 서울 공항에 내려 일본군과 대치했다. 잡지 〈사상계〉를 발행했고, 박정희의 폭압 통치에 맞서 치열하게 투쟁하다 결국 의문사를 당한다.

장준하의 죽음 이후 문익환은 본격적으로 민주화운동에 뛰어든다. 이전까지는 구약학자로서 《공동번역 성서》를 번역했고, 시인으로 등단하는 등 비교적 고요한 삶을 이어갔다. 하지만 〈3.1 민주구국선언〉을 기초하면서 유신 체제에 도전했고, 1980년대 전두환 정권에 가장 강력한 투쟁을 이어갔다. 윤동주와 장준하의 죽음 그리고 1980년대 수많은 대학생의 분신 사건은 그에게 큰 고통이자 투쟁의 동력이었던 듯하다.

문익환은 1989년 방북, 김일성을 면담한 후 공동성명을 발표했다. 당시 세간의 엄청난 비판을 받았고 여당의 공안 정국에 빌미를 주는 등 문제가 됐으나 정부가 아닌 민간 주도의 남북 대화라는 측면에서 큰 의미를 갖는다. 그는 인생 후반기에 여섯 차례 투옥되어 10년이 넘게 감옥 생활을 했다.

340

Thursday

김정희와 세한도

김정희(1786년~1856년)는 조선 후기 학자이자 관료로, 대표적인 엘리트다. 아버지를 따라 이른 시절에 북경에 가서 당대 저명한 학자인 완원, 옹방강 등과 교류했고, 국내에서는 실학자 박제가 등에게 배웠다. 다양한 분야에서 탁월한 능력을 발휘했는데 그중에서도 금석문에서 일가를 이루었다. 북한산정계비가 무학대사비가 아닌 진흥왕순수비임을 밝힌 사례도 유명하다.

그는 순조 시대에 관료를 역임하며 개혁을 시도하지만 실패했고 오랜 기간 유배지에서 세월을 보낸다. 제주도에서 '추사체'를 완성했고, 〈세한도〉라는 조선 문인화의 걸작을 남기기도 했다. 그는 문인이 지녀야 할 학문적 깊이를 강조했고 난을 치거나 그림을 그리는 데 있어서도 붓글씨의 기초가 있어야 함을 역설했다. 또 청나라의 문인들에게 실력과 탁월함을 인정받은 국제적인 인사이기도 했다. 사실 그의 붓글씨나 그림을 쉽게 이해하고 경탄하기는 힘들다. 오랜 기간 발전한 조선과 동아시아 예술사의 대미를 장식했기 때문이다.

세한도

341

Friday

김소월과 조지훈

나 보기가 역겨워

가실 때에는

말없이 고이 보내 드리우리다.

영변에 약산

진달래꽃

아름따다 가실 길에 뿌리우리다.

- 김소월, 〈진달래꽃〉 중

김소월(1902년~1934년)은 〈엄마야 누나야〉 등 숱한 명시를 남긴 한국의 대표 시인이다. 전통적인 조선 민중의 한과 얼 그리고 고단한 고향의 숨결을 담백하고 서정적인 언어로 표현하여 독창적인 시 세계를 열었다. 1920년에 동인지 〈창조〉를 통해데뷔했으나, 사업 실패 후 실의의 나날을 보내다 1934년 겨울에 생을 등졌다. 당시 33살이었고, 문단 활동은 짧았다.

벌레 먹은 두리 기둥, 빛 낡은 단청, 풍경 소리 날려간 추녀 끝에는 산새도 비둘기도 둥주리를 마구 쳤다. 큰 나라 섬기다 거미줄 친 옥좌 위엔 여의주 희롱하는 쌍룡 대신에 두 마리 봉황새를 틀어 올렸다. 어느 땐들 봉황이 울었으랴만, 푸르른 하늘 밑 추석을 밟고 가는 나의 그림자. 패옥 소리도 없었다.

- 조지훈, 〈봉황수〉 중

조지훈(1920년~1968년)이 1940년에 발표한 글로, 몰락한 조선 왕조의 무너진 궁궐터를 돌아보며 한때나마 왕권을 상징하던 봉황을 바라보는 애처로운 마음을 드러난다. 식민지 시절에 대한 암울함과 비통한 역사적 실패에 대한 회한의 감성이어우러진 조지훈의 대표작이다. 그는 박목월, 박두진 등과 청록파 시인으로 분류되고, 〈승무〉를 비롯한 울능안 시를 발표하니 한국 문학사에 중요한 역할을 감당했다.

조지훈은 통상 한국의 정통 보수주의자로 평가받는다. 1950년대 이후 초기의고전적인 미학에서 벗어나 《역사 앞에서》, 《지조론》 등을 발표하며 해방 이후 암울한 민족사를 비판하며 대안을 모색코자 노력했다.

342

Saturday

물산장려운동

1920년대 국산품을 사용하여 우리 민족 경제의 자립을 이루자는 운동으로, 한국의 독특한 경제민족주의에 영향을 준 사건이다.

경제적인 노력을 통한 구국운동은 1907년 국채보상운동으로 거슬러 올라간다. 당시 대한제국의 차관 빚 1,300만 원을 갚고자 대구 갑부 서상돈이 800원을 쾌척하면서 돈모으기운동이 벌어졌다. 양기탁이 주도하는 〈대한매일신보〉의 주도 아래 〈황성신문〉, 〈제국신문〉 등 당시 애국 계몽 신문이 적극적으로 참여하면서 전국적인 운동으로 확산됐다. 특히 당시 폐물과 돌 반지를 가지고 몰려든 여성들이 주도했기 때문에 한국사에 최초로 '여성'의 모습이 등장한 순간이라고 평가하기도 한다.

1920년대는 일본의 산업이 팽창하는 가운데 식민지 조선을 산업기지로 활용하려는 시기였다. 회사령, 관세 등이 철폐되면서 미쓰이, 미쓰비시 같은 일본 기업이 본격적으로 진출하려 한 것이다. 동시에 경성방직회사, 평양메리야쓰 공장 같은 소위 민족 자본가가 세운 회사가 성장하는 때이기도 했다.

일본 기업 진출에 대한 경계심, 민족 자본에 대한 육성을 목표로 민족주의자 조만식이 주도하여 평양에서부터 국산품애용운동이 전개된다. 국채보상운동 때도 그랬지만 이번에도 금주, 단연 운동이 함께 실천됐다. 술과 담배를 끊어 그 돈으로 나라 빚을 갚자는 주장부터 술과 담배에 찌든 잘못된 생활을 개혁하자는 운동까지 여러 목적이 있었던 것이다.

물산장려운동은 사회주의자들에게 격렬한 비판을 받는다. 자본의 속성에 대한 이해가 부족하다는 것이다. 실제로 국산품애용운동을 활용하여 민족 자본가들이 국산품의 가격을 올려 이득을 보는 현상이 나타나기도 했다.

국채보상운동과 물산장려운동은 모두 실패했다. 보통 일제의 탄압에 의해 실패했다고 하지만 애초에 보금운동이나 캠페인이 지닌 한계도 고려해야만 할 것이다.

○ 물산장려운동은 이후 대한민국의 독특한 국산품애용운동에 큰 영향을 미쳤다. 외환위기 당시 '금모으기운동'이 대표적이다. 외국산 축산품이 들어올 때 '신토불이'나 '한우', '한돈'을 외치거나 '우리 것이 좋은 것이여'를 주창하는 문화가 모두 이러한 흐름에 기인한 것이다.

343

Sunday

훈민정음해례 후서

중국의 글자를 빌려서 그 일용(日用)에 통하게 하니, 이것이 둥근 장부가 네 모진 구멍에 들어가 서로 어긋남과 같은데, 어찌 능히 통하여 막힘이 없겠는 가. (…) 우리 동방의 예악 문물이 중국에 견주어졌으나 (…) 글을 배우는 사람은 그 글이 가리키는 뜻을 이해하기 어려움을 근심하고(…) 어려움을 괴로 워했다.

(…) 옛날에 신라의 설총이 처음으로 이두(吏讀)를 만들어 관청과 민간에서 지금까지 이를 행하고 있지만, 그러나 모두 글자를 빌려서 쓰기 때문에 혹은 어려워서 막히고 혹은 질색하여 다만 비루하여 근거가 없을 그뿐 아니라 언어 의 사이에서도 그 만분의 일도 통할 수가 없었다. 계해년(1443, 세종 25) 겨울 에 우리 전하께서 정음(正音) 28자를 처음으로 만들어 (…) '훈민정음'이라 했 다. (…) 지혜로운 사람은 아침나절이 되기 전에 이를 이해하고, 어리석은 사 람도 열흘 만에 배울 수 있게 된다. (…) 어디를 가더라도 통하지 않는 곳이 없 어서, 비록 바람 소리와 학의 울음이든지, 닭 울음소리나 개 짖는 소리까지도 모두 표현해 쓸 수 있게 됐다. (…) 마침내 해석을 상세히 하여 여러 사람들에 게 이해하라고 명하시니 (…) 삼가 모든 해석과 범례를 지어 (…) 이를 본 사 람으로 하여금 스승이 없어도 스스로 깨닫게 했다.

《훈민정음해례본》 끝에 붙어 있는 정인지(1396년~1478년)의 글 중 일부로, 한글 창 제에 대한 자부심과 그 유용성에 대해 역설하고 있다. 정인지는 세종 시대에 가장 탁월한 관료 중 한 명이었다. 한편 한자 사용이 얼마나 고역이었는지도 추론할 수 있다.

344

Monday

김구 암살 사건

1949년 안두희에 의해 김구가 경교장에서 암살당한 사건이다. 해방 이후의 상황은 혼돈에 가까웠다. 스스로 독립을 이루지 못했기 때문에 38선을 기준으로 소련과 미국 군대가 주둔했고 좌우이념 갈등이 심각했다. 해방 초기 김구는 우익의 결집과 임시정부의 정통성을 동시에 강조하며 정치 활동에 매진한다. 하지만 이러한 활동은 곧 한계에 봉착하고, 남북 분단이 가시화가 된 상황에서 김구는 기존의 입장에서 대전환을 감행하여 남북협상운동에 매진한다. '이념이 민족을 앞설 수 없다'는 입장에서 최초의 통일운동가가 된 셈이다.

하지만 이러한 선택으로 김구는 큰 위기에 내몰린다. 좌우 갈등은 극단적으로 흘러갔고, 남한과 북한에는 두 개의 정부가 수립되면서 분단이 확정됐기 때문이다. 또 제주 4.3 사건, 여수순천 10.19 사건, 반민특위활동 실패 등 정국이 숨 가쁘게 돌아가는 가운데 김구는 분단을 받아들일 수 없다면서 초대 정부 수립에 참여하지 않는다.

김구를 비롯한 김규식, 안재홍, 조소앙 등 이념 갈등과 분단에 반대하며 제3의 길을 추구했던 중도파 지도자들은 이때부터 암살 위기에 몰린다. 그리고 1949년 6월 26일 12시 36분 육군 포병 소위 안두희는 임시정부의 마지막 거처였던 경교장에서 김구를 암살한다.

김구 암살 사건에 대한 관심은 주로 이승만이 배후인가에 집중돼 있다. 당시 김익진 검찰총장이 담당 검사였던 최대교에게 '저 영감이 망령이 들어 이런 짓을 했나 보네'라고 발언하는 등 배후를 짐작케 하는 여러 정황이 있었고, 무엇보다 당시 이승만의 가장 강력한 라이벌이 김구였다는 점 등이 합리적 의심을 가능케 하는 부분이다.

하지만 사건은 생각보다 복잡하다. 암살의 배후로 88구락부가 거론되는데 여기에는 신성모, 김창룡, 김태선, 전봉덕 등이 참여했다고 한다. 신성모는 당시 국방장관이었고 극도의 무능함으로 6.25 전쟁 초기 패전에 큰 책임을 가지고 있을뿐더러 거창양민학살사건을 무마하려고 한 인물이다. 김창룡은 일본군 출신의 친일파로, 군 정보기관 특무대를 만들어 좌익 색출 선봉에 섰던 인물이며 수많은 용공 조작 사건을 일으켰던 사람이기도 하다. 안두희나 같은 암살 단원으로 분류된 홍종만 같은 이들은 모두 서북청년회 소속으로 활동했던 인물들이기도 하다.

345

Tuesday

조광조

조광조(1482년~1519년)는 조선 전기 중종 때 문신으로, 유교적 개혁 정치를 실천하다 처형당했다.

조광조는 김굉필의 제자고, 김굉필은 김종직의 제자였는데 연산군의 무오사화 당시 유배 중이었다. 용감하게도 조광조는 유배 중인 김굉필을 찾아가서 사사받는다.

조광조는 과거에 합격한 후 조정에 들어가자마자 여론을 주도하면서 중종의 눈에 들었다. 학문적 탁월함, 정치적 이상의 선명성 그리고 자신의 의견을 명확히 표현하며 여론을 주도할 수 있는 정치력까지 지녔던 것이다. 당시 중종은 연산군이 쫓겨난 후 사실상 반강제로 국왕이 됐기 때문에 여러 공신 세력에게 위축된 상황이었다. 중종은 조광조를 비롯한 사림파를 적극 등용해 왕권을 강화하려 했고, 조광조 역시 중종을 통해 유교적 이상 사회를 만들고 싶어 했다.

조광조의 노력을 보통 '도학 정치'라고 부르는데, 매우 적극적이며 포괄적인 개혁안들을 제시했다. 조광조는 소격서의 폐지와 현량과 향약의 실시를 주장했다. 소격서는 도교 제사 기관으로서, 조선은 유교 국가였음에도 소격제가 유지되고 있었고 특히 왕실 여성들이 이곳에서 신앙생활을 했다. 결국 조광조의 주장은 받아들여졌으나 이를 통해 왕실과 조광조의 사이에 금이 간다. 현량과는 천거제를 말한다. 지방의 뛰어난 사림들을 과거 시험 없이 단숨에 등용하자는 주장인데, 이를 통해 여러 인재가 조정에 들어와 세력을 형성했다. 향약은 향촌 자치 규약으로, 조광조는 중국 향약의 모범이라고 할 수 있는 여씨향약을 수입하여 마을 단위로 유교 공동체를 건설하자고 주장했다. 사림파의 세력을 강화하고 유교적인 이상 정치를 심화시키자는 데 중종도 공감했기 때문에 이를 수용하고 실시한다.

하지만 시간이 지날수록 중종과 조광조, 중종과 사림파 간의 갈등이 심각해진다. 애초에 중종은 그다지 적극적인 개혁 의지가 없었고 조광조와 사림파는 적당한 유교 정치가 아닌 좀 더 근본적인 사회경제적 변혁까지 꿈꾸었기 때문이다. 서얼에 대한 차별 정책은 폐지하고, 왕실의 이자 놀이를 금하고, 지주의 횡포를 막으며, 잘못된 조세 제도를 개선하는 등 급진적인 개혁안들이 이들에 의해 주창됐다.

그리고 위훈 삭제 사건이 일어난다. 조광조 등은 중종반정 당시 책봉된 공신 117명 중 자격이 없다고 평가된 정국공신 76명의 이름을 빼고 토지와 노비를 환수하자고 주장한다. 하지만 중종은 입장을 180도로 선회하여, 조광조 일파를 숙청한다. 결국 조광조의 개혁 정치는 약 5년 만에 실패한다.

346
Wednesday

신세계백화점 본점

소공동 일대는 일제 시대 때 유명했던 미쓰코시백화점과 조지아백화점이 자리 잡고 있었다. 이곳은 모던 보이, 모던 걸들의 선망의 대상이었다. 조지아백화점은 사라졌고 그 자리에는 현재 롯데백화점이 들어서 있다.

미쓰코시백화점은 해방 이후 동화백화점으로 영업하다 신세계백화점으로 바뀌었다. 1930년에 지었던 건물 외관이 그대로 유지되고 있는데, 이곳에서 시인 이상이 차를 마시고 온갖 문학적 성찰을 거듭했다고 한다. 우리나라 최초의 바겐세일, 신용카드 발급도 이 백화점에서 시작했고, 림스치킨 같은 한국 치킨의 역사도 이곳 식품부에서 시작됐다.

맞은편에는 한국은행 건물이 있는데 현재는 화폐박물관으로 운영되고 있다. 일제 강점기 때 조선은행 본점 건물로 이용되다 해방 후 1950년 대한민국의 중앙은행인 한국은행 건물로 사용됐다. 한국은행 건물은 조선총독부 건물, 서울역 건물과 더불어 대표적인 일제 강점기 건물로 당시에는 식민지 조선 최대의 금고가 지하에 있었다고 한다.

○ 신세계백화점 일대에는 화폐박물관 건물뿐 아니라 중앙우체국이 독특한 외관을 자랑하며 자리한다. 또 조선저축은행 본점과 헤이그 특사 사건, 신민회, 3.1 운동 등을 이끈 상동교회도 있다.

347

Thursday

첨성대

고대 사회에서는 별의 움직임을 통해 자연 환경의 변화를 감지하고 인간사의 여러 일을 예지하는 행위가 일반적이었다. 고대 그리스에서는 별 사이를 선으로 잇는 별자리 문화가 발달했고, 만유인력의 법칙을 발견한 뉴턴이 점성술에 큰 관심을 가졌다는 사실도 유명하다.

삼국 시대 신라의 첨성대는 동아시아에서 가장 오래된 천문 관측 시설이다. 기단 위에 27단의 높이로 돌을 쌓아 볼륨감 있는 원통을 만들었고, 최상단부는 우물 정자 모양을 취했다. 돌의 개수가 음력 1년을 의미하는 362개이고, 출입문을 기준으로 위로 12단, 아래로 12단을 쌓았는데 이 또한 24절기를 상징한 것으로, 외관 자체가 매우 수려하다.

첨성대가 정말로 천문을 관측하는 도구였는지에 대한 의문은 있다. 천문 관측 시설이 아니라는 주장도 있지만 고려 시대에도 첨성대가 만들어졌다는 점 등을 고려하면 단순한 상징 공간은 아니었던 듯하다. 현재로는 기록이 없기 때문에 정확한 활용 유무를 파악하기는 어렵고 다만 첨성대 일대에서 천문 관측을 위한 여러 노력이 있었다는 점을 추정할 뿐이다.

○ 천문에 대한 관심은 고려를 거쳐 조선 시대에서도 이어졌다. 태조 이성계가 만든 천상열차분야지도는 고구려의 천문도를 계승했다고 한다. 1,467개의 별이 새겨져 있는데 별의 밝기에 따라 크기를 달리 했고 새로 관측한 별도 함께 새겨 넣었다.

348

Friday

조선 시대 결혼

꼼짝도 못 하고 앉아서 보지도 먹지도 못 한다. 예전에는 눈에다 한지를 붙이기도 했다고 한다. 신부는 결혼식 날 발이 흙에 닿으면 안 되기 때문에 가족이 들어다가 좌석에 앉힌다. (…) 자기 앞에 큰상에 놓인 온갖 음식을 절대로 먹어서는 안 된다. (…) 신부는 하루 종일 안방에 앉아서 마치 그림자처럼 눈 감은 채 아무 말 없이 모든 칭찬과 품평을 견뎌내야 한다. (…) 반면에 신랑은 다른 별채에서 온종일 친구들과 즐겁게 먹고 마시며 논다.

　　　　　　　　　　　　　　　- 엘리자베스 키스, 《코리아 1920~1940》 중

조선 시대 때는 사랑에 의한 혼인을 천하게 여겼다. 사실 유럽에서도 순수한 남녀 간의 연애를 예찬하는 문화는 18세기나 돼야 등장했기 때문에 특별한 일은 아니다.

조선 시대 결혼은 집안과 집안의 관계였다. 《경국대전》에는 남자 15세, 여자 14세가 넘어야 결혼할 수 있다고 했다. 결혼의 과정은 육례를 거쳐야 했다.

우선 신랑 집 사람이 신부 집에 가서 규수 간택 의사 통보하는 '납채'를 한 후, 신부의 이름을 물어 길흉을 점치거나 신부 외가를 파악하기 위해 신부 어머니의 이름을 묻는다. 이를 '문명'이라 한다. 그 후 신랑의 집 사당에서 점을 쳐 길한 점괘를 신부 집에 통보하는 '납길'을 한다. 그런 후 신부 집에서 혼서와 혼수를 보낸다. 이를 '납폐' 혹은 '납징'이라고 하는데 "함 사시오" 하는 문화가 여기에서 기인한 듯하다. 신랑 집에서 혼인할 날짜를 받아 신부 집에 가부를 묻는 편지를 보내는 '청기'라는 과정을 거친 후 신랑이 신부 집에서 신부를 데려오는 '친영'을 거치면 혼사가 완성된다. 철저하게 가부장적이고 남성 중심 주의에 기반을 둔 결혼 문화였다.

○ 결혼식은 저녁 어둑어둑할 무렵에 지냈다. 사람을 동원해 청사초롱을 들고 행진했는데 횃불을 사용했다는 기록도 있다. 김홍도의 〈풍속도〉를 보면 기럭아비가 길을 이끌고, 관복을 걸쳐 입고 백마 탄 신랑이 뒤따라가는 모습을 볼 수 있다. 관복을 입었다는 것은 그만큼 경사스러웠음을 의미하는 것이다.

349

Saturday

레드 콤플렉스

레드 콤플렉스란 공산주의에 대한 공포증을 의미하는 말이다. 해방 후 격렬한 좌우 갈등을 겪은 후 분단을 넘어 한국 전쟁까지 겪은 한국 사회에는 현재까지도 레드 콤플렉스가 만연하다. 반공주의, 빨갱이, 종북, 친북, 좌파 등 시기에 따라 각종 표현으로 각색됐고, 최근에는 정치적 극단주의자들에 의해 혐오 표현으로 활용되기도 한다.

레드 콤플렉스는 단순히 공산주의에 대한 이념적 경각심을 넘어 민주화를 요구하거나 사회 개혁을 요구하는 국민들을 억압하는 수단으로 종종 오용돼왔다. 관련 사건으로는 '총풍 사건'이 유명하다.

총풍 사건은 1997년 대통령 선거 당시 한나라당 이회창 후보 측 관련자 세 명이, 북한에 휴전선 근처에서 무력 시위를 요청한 사건을 말한다. 당시 총풍 3인방이라 불렸던 오정은, 장석중, 한성기는 이회창 후보의 지지율을 끌어올리기 위해 조선아시아태평양평화위원회 참사관 박충 등을 접촉한다. 그들은 북한 측 인사들을 만난 자리에서 이회창 후보가 당선되면 비료를 비롯한 북한이 원하는 물자를 지원하겠다고 약속하면서 적극적으로 북풍 공작을 주도했다. 이 사실이 알려지면서 지난 수십 년간 선거철마다 발생한 북풍몰이가 조작된 기획이라는 세간의 의심이 확신을 갖게 됐고, 2003년 대법원은 이들 3인방에 대한 유죄를 확정한다. 하지만 이들만 수사를 받았을 뿐 안기부(국가안전기획부)와 한나라당에 대한 조사가 부족하거나 없었으며 안기부장 권영해도 무죄가 확정됐다. 이때 '몸통은 빠지고 깃털만 처벌받았다'는 말이 화제가 되기도 했다.

레드 콤플렉스는 한국의 보수적인 정치적 지향성 즉, 반공을 위해서라면 어지간한 부정부패는 용인할 수 있다는 문화와 관련이 깊다. 이와 관련한 사건으로 2002년 '차떼기 사건'을 들 수 있다. 이회창 후보는 대세론을 등에 업고 여당의 노무현 후보와 두 번째 대선을 치른다. 당시 야당이던 한나라당에서는 '차떼기'라는 희한한 방식을 통해 불법적으로 정치 자금을 조달한다. 하지만 이 역시 차떼기를 주도한 한나라당 법률 고문 서정우 변호사가 긴급 체포되는 선에서 마무리됐고 한나라당은 물론 재벌들도 특별한 처벌을 받지 않았다.

350

Sunday

광주 시민 궐기문

우리는 왜 총을 들 수밖에 없었는가? 그 대답은 너무나 간단합니다. 너무나 무자비한 만행을 더 이상 보고 있을 수만 없어서 너도 나도 총을 들고 나섰던 것입니다. 본인이 알기로는 우리 학생들과 시민들은 과도 정부의 중대 발표와 또 자제하고 관망하라는 말을 듣고 학생들은 17일부터 학업에, 시민들은 생업에 종사하고 있었습니다.

그러나 정부당국에서는 17일 야간에 계엄령을 확대 선포하고 일부 학생과 민주 인사, 정치인을 도무지 믿을 수 없는 구실로 불법 연행했습니다. 이에 우리 시민 모두는 의아해했습니다. 또 18일 아침에 각 학교에 공수부대를 투입하고 이에 반발하는 학생들에게 대검을 꽂고 '돌격, 앞으로'를 감행했고, 이에 우리 학생들은 다시 거리로 뛰쳐나와 정부당국의 불법 처사를 규탄했던 것입니다. 그러나 아! 이럴 수가 있단 말입니까? 계엄당국은 18일 오후부터 공수부대를 대량 투입하여 시내 곳곳에서 학생, 젊은이들에게 무차별 살상을 자행했으니!

(…)

여러분! 잔인무도한 만행을 일삼았던 계엄군이 폭도입니까? 이 고장을 지키겠다고 나선 우리 시민군이 폭도입니까? 아닙니다. 그런데도 당국에서는 계속 허위 날조, 유포하는 데 혈안이 돼 있습니다. 시민 여러분! 우리 시민군은 온갖 방해에도 불구하고 여러분의 안전을 끝까지 지킬 것입니다. 또 협상이 올바른 방향대로 진행되면 우리는 즉각 총을 놓겠습니다. 일부에서는 우리 시민군에 대해 오해가 많은 것 같습니다. 민주시민 여러분! 우리 시민군을 절대 믿어주시고 적극 협조해주시기 바랍니다. 감사합니다.

1980년 5월 25일에 발표된 〈광주 시민 궐기문〉의 일부다. 5월 17일 비상계엄을 전국으로 확대하면서 5.18 광주민주화운동이 촉발된다. 첫날부터 무차별적인 시위 진압이 이루어졌고 5월 21일 전남도청과 전남대학교 앞에서 계엄군과 시위대가 대치하다 계엄군의 무차별 발포로 수많은 시민이 살상당한다. 이에 격분한 시민 중 일부가 무장 대치했으나 5월 27일 진압이 완료된다. 궐기문에서 시민 무장의 당위성, 공수부대원들의 잔혹성 그리고 지역감정 등 아픈 시대 상황을 살펴볼 수 있다.

351

Monday

외환위기

1997년 말 일어났던 대한민국의 경제 위기. 가혹한 구조조정을 통해 회생에 성공했으나 실업자, 노숙자 문제가 발생했고 이후 대한민국의 경제 체제에 큰 변화가 발생한 것이다. 국제통화기금(IMF)으로부터 자금 지원을 받았기 때문에 통상 IMF 사태라고 부른다.

1990년대는 세계화가 본격화되는 시점이었다. 다자간 무역 협상인 '우루과이라운드'가 체결됐고, 1995년 세계무역기구(WTP)가 등장했다. 김영삼 정부도 세계화를 외치며 이러한 흐름에 적극 부응하는 태도를 취했다. 하지만 세계화에 대한 이해가 부족한 상황에서 금융 기관과 산업 구조의 부실함이 개선되지 않았고, 동남아시아 일대에 묻지마 투자가 횡행했다. 결국 태국, 홍콩 등지에서 연이어 경제 위기가 발생했고, 투자금을 회수하지 못하는 일이 벌어지자 대한민국의 위기를 감지한 외국 자본이 급속도로 빠져나가면서 외환위기가 발생했다.

사실 위기는 여러 곳에서 감지되고 있었다. 1997년 1월에 한보그룹이 부도가났고 3월에는 기아그룹이 무너졌다. 같은 시기 삼미그룹, 진로그룹, 한신공영그룹 등이 연이어 무너지고 있었는데, 오랜 기간 누적돼온 기업의 방만한 경영이 구조적인 부분에서부터 문제를 일으키기 시작했던 것이다. 외환위기가 가속되면서 기업의 연쇄 부도는 연이어졌다. 해태그룹, 뉴코아그룹, 고려증권, 한라그룹이 무너졌고 현대, 삼성 같은 국내 대표 그룹들이 구조 조정에 들어갔다. 그리고 당시 재계 3위였던 대우그룹마저 부도가 난다.

이 와중에 정부는 국제통화기금에 도움을 요청한다. 국제통화기금은 자금 지원을 약속하는 동시에 고강도 구조 조정을 요구했다. IMF가 195억 달러, 세계은행(IBRD)이 70억 달러, 아시아개발은행(ADB)이 37억 달러를 지원했다.

1998년 대통령 선거에서 승리한 김대중 정권은 외환위기를 극복하기 위한 각종 조치를 취한다. 여러 기업이 외국에 인수 합병됐고 각종 금융사들이 퇴출되거나 통합됐다. 연쇄적인 기업 도산과 정부의 고강도 구조조정은 엄청난 사회적 파장을 일으켰다. 수많은 중소기업이 연쇄 도산했고 그로 인해 국민 대다수가 엄청난 사회경제적 위기를 경험한다. 실업자가 넘쳐났고 이전에 찾아볼 수 없던 노숙자들이 기차역과 지하철역에 들끓기도 했다.

352

Tuesday

권기옥

권기옥(1901년~1988년)은 우리나라 최초의 여성 비행사이자 독립운동가다. 학생 시절에는 '송죽회'라는 비밀 결사에 참여하여 활동했다. 3.1 만세운동에 뛰어들었고 돈을 모아 임시정부 독립운동을 지원하기도 했다. 1920년에는 발동기가 없는 목선을 타고 멸치잡이 배에 숨어드는 등 갖은 고생을 하며 상해로 망명했고, 이후 김규식의 부인 김순애의 소개장을 받아 다시 난징을 향했다. 이 시기 영어 공부를 계속했고 임시정부의 추천을 받아 1923년 운남육군항공학교 1기생으로 입학한다. 1925년에는 중국의 군벌 평위상의 공군 부대에서 한국인 최초의 여류 비행사로 복무했다. 1927년에는 중국 국민당이 북벌을 시도하는데, 이때 최용덕과 함께 참전하여 중국 공군에서 10년간 활약했다. 당시 중국 국민당에 참여하여 독립운동 정신을 잇고자 했던 이들은 많았지만 공군 파일럿으로 활약한 인물은 극히 적었다. 그녀는 총 7천 시간의 비행 기록을 남겼으나 '일본 밀정'이라는 모함으로 체포된 후 옥고를 치렀다.

권기옥은 1940년대에 중일 전쟁에 따라 임시정부가 중경으로 이전하자 함께 따라간다. 김순애 등과 한국애국부인회를 재건하는 데 힘썼고, 최용덕 등과는 광복군 공군 창설을 위하여 노력했다.

해방 이후에도 그녀의 당찬 도전은 멈추지 않았다. 1950년대에는 국방위원회 전문위원을 역임했고 한때는 정계에서도 활약했다.

○ 최용덕도 보통 인물은 아니었다. 일찍 중국으로 건너가 1916년에 당시 중국 지도자 위안스카이가 설립한 육군군관학교에 입학해 중국의 유력 군벌 단치루이의 사단에서 근무했다. 3.1 운동이 일어나자 독립운동에 투신했다. 의열단, 임시정부와 교류했고 중국 국민당 산하 공군으로 활약했다. 1940년대에는 임시정부 광복군의 공군 창설을 주도했고 해방 이후에는 국방부 초대 차관, 공군사관학교 교장, 제2대 공군 참모총장을 지냈다.

353

Wednesday

개성

개성은 북한 황해도에 있는 도시로, 고려의 수도답게 예성강과 임진강이 감싸고 있어 수원이 풍부하고, 서해를 통해 중국, 일본, 아라비아 상인들이 들어오기에 유리한 구조다.

> 개성은 고려의 옛 도읍지로 한양과 가깝고, 서쪽으로 중국의 물화를 무역하여 화려한 것을 숭상하는 풍속이 있으니 아직도 고려의 유풍이 남아 있다 하겠다. 성조(이성계)가 건국한 뒤 고려의 유민들이 복종하지 않자, 나라에서도 그들을 버려 가두어두었으므로 사대부의 후예들이 문학을 버리고 상업에 종사하여 몸을 숨겼다. 그러므로 손재주 좋은 백성들이 많아 그곳 물건의 편리함이 나라 안에서 으뜸이다.

조선 후기 실학자 이익이 쓴《성호사설》에 나오는 내용이다. 짧은 글이지만 고려에 관한 많은 인상이 담겨 있다. 우선 '고려의 유풍'이 남아 있고 '중국과의 무역', '화려한 것을 숭상'한다는 것에서 고려와 조선의 차이 즉, 다원적인 문화와 유교적인 문화의 차이에 대한 인식이 확연히 드러난다.

또 조선 후기에 상업이 발달했고 의주 만상, 평양 유상, 동래 내상 등 큰 상단이 많았다는 사실도 반영돼 있다. 여러 지역에 상인이 많았지만 인삼 무역을 장악하고, 송방이라는 전국적인 조직과 지점을 확보했던 상단은 개성 송상밖에 없었다. 더구나 이들은 사개치부법이라는 독특한 회계부기법을 사용했는데, 고려 시대부터 내려온 것이라고 한다.

이성계에게 복종하지 않았다는 이야기는 '두문불출' 고사와 관련이 있다. 개풍군 광덕산 서쪽 골짜기에 두문동이 있었는데, 이곳에 72명의 선비가 들어가 고려에 충성을 다하며 조선에 출사하지 않고 있었다. 불을 내면 나올까 하여 불을 질렀다가 모든 선비가 죽었다는 이야기가 전해지는 곳으로, 개풍군은 개성 외곽 지역이다.

서경덕과 황진이의 일화도 개성에서 비롯됐는데 서경덕, 황진이 그리고 박연폭포를 묶어 송도 3절이라고 불렀다. 여기서 송도가 개성을 의미한다.

○ 개성공단은 남북경제협력의 상징이자 남북협력교류의 가장 중요한 성과로, 2000년 6.15 공동선언을 통해 마련됐다.

354

Thursday

유적 · 유물

삼신할매

삼신할매는 아이를 점지하고 가족의 평안을 담당하는 집안 신, 즉 가신(家神)이다. 삼신할매 신앙은 전통적인 향촌 공동체의 믿음에서 비롯됐다. 농사를 주업으로 하는 마을 공동체가 있고, 이 마을 공동체는 수백 년을 내려온다. 자연재해나 전쟁 같은 특별한 사건이 없는 한 풍요를 기원하며 매해 자연의 리듬에 따라 같은 방식으로 살아가는 사람들의 집합체인 것이다. 따라서 이들에게 가장 중요한 것은 대를 잇는 공동체의 안정적인 유지와 보존이다. 삼신할매 신앙은 그러한 평범한 향촌 공동체의 신념을 고스란히 반영한다.

가족의 보존과 번영에 관련한 신은 삼신할매뿐이 아니다. 부엌을 주관하는 조왕신, 집터를 관리하는 터줏대감신도 있고 쌀독을 관할하는 성주신 혹은 성주단지, 그 집안 자손들의 건강을 주관하는 신으로 앞마당에서 정화수를 떠놓고 기도를 올리던 칠성신 등도 있다.

그 밖에 마을 어귀에는 장승이 있다. 최근에는 천하대장군, 지하여장군으로 모양이 정형화됐지만 애초에는 제각각이었다. 벅수라고도 불렸고 제주도의 돌하르방도 장승의 일종이다. 전쟁이나 재해, 전염병이 마을에 들지 않기를 염원하는 모습이다.

○ 최근 저승사자와 삼신할매, 성주신이 한꺼번에 등장하는 드라마나 영화가 만들어지기도 한다. 매우 현대적인 상상력이다. 왜냐하면 삼신할매나 성주신은 민속 신앙이고 저승사자는 무속이나 불교, 도교와 관련된 이야기이기 때문에 전통사회에서는 만날 수 없는 존재들이기 때문이다.

사람의 아들

소설가 이문열이 쓴 베스트셀러 작품이다. 이문열을 제외하고 1980년~1990년대 한국 문학사를 설명할 수는 없다. 숱한 작품이 베스트셀러가 됐고 작품성도 탄탄했기 때문이다. 그가 쓴 《삼국지》는 2천만 부가 팔리면서 독특한 한국형 삼국지 문화의 저변을 형성하기도 했고 단편 소설 《우리들의 일그러진 영웅》은 여전히 청소년 필독서로 자리매김하고 있다. 《추락하는 것은 날개가 있다》,《레테의 연가》는 통속 연애 소설로 큰 성공을 거두었고 《젊은 날의 초상》,《황제를 위하여》는 작품성에서 높은 평가를 받고 있다.

스스로 표방했듯 그의 철학은 '시대와의 불화'다. 인간사의 부조리와 실존적 고뇌를 각양의 방식으로 풀어내었는데 많은 평론가들은 그의 개인사에 주목한다. 아버지가 월북하여 북한의 고위 지도자를 역임했고 덕택에 어린 시절부터 경찰의 감시를 받으면서 어렵게 성장해왔기 때문이다.

수많은 작품 중에도 《사람의 아들》은 특별한 주목을 받았는데, 종교 문제를 다루었기 때문이었다. 소설은 액자 구조 형식으로, 기독교를 믿다가 회의를 느낀 후 스스로 새로운 종파를 만든 이단 지도자가 다시 기독교로 회귀하면서 벌어지는 갈등이 한 부분이다. 다른 한편에서는 예수가 살던 시대의 이야기가 진행되는데 예수를 시험한 사탄을 악마가 아닌 아하스 페르츠라는 사람으로 가정하면서 이야기가 전개된다. 성욕을 창조하고, 성욕을 금기시한 신에 대한 분노, 경건한 신자임에도 불구하고 불륜을 저지르는 데 적극적인 목사 아내, 자신을 따르던 이들을 버린 지도자와 주인을 잃은 신도들 등 온갖 흥미로운 캐릭터가 등장하여 각양의 고민을 던져 주는 작품이다. 혹자는 기독교인이라면 더욱 신앙이 깊어질 것이고, 기독교인이 아니라면 기독교를 더욱 배척할 수밖에 없는 것이 이 소설의 매력이라고 평가하기도 했다.

○ 1990년대 후반부터 이문열은 논쟁의 복판에 선다. 1997년 발표한 《선택》이라는 소설은 당시 페미니즘 정서와 충돌하며 반품운동이 벌어지기도 했다. 문학사 초유의 사태였으며 광범위한 논쟁이 벌어지기도 했다.
○ 2000년대 들어 이문열은 노골적으로 우파적인 정치 발언을 일삼았고 여러 사정과 겹치면서 문학적 영향력을 상실하고 만다.

356

Saturday

전경련

전경련은 '전국경제인연합회'의 준말로, 대기업이 주도하는 경제인들의 이익 단체다. 2017년 기준 600여 개 회원사를 거느리고 한 해 400억 원의 예산을 보유한 막강한 단체로, 박근혜 정권 당시 정경유착의 통로가 됐고 각종 극우 단체에 후원했다는 이슈가 불거지면서 주요 그룹이 탈퇴하는 등 위기를 겪기도 했다.

전경련의 기원은 뜻밖에도 4.19 혁명이다. 이승만 정권이 무너진 후 다양한 사회 개혁의 욕구가 분출하는 가운데 이에 대응하기 위해 '한국경제협의회'가 만들어졌다. 올바른 경제 윤리 확립을 표방했지만 당시 기업인들은 이승만 정권과 유착 관계였기 때문에 살아남기 위한 방편이기도 했다. 이후 5.16 군사 쿠데타가 일어났고 군부는 주요 기업인들을 부정 축재자로 몰아 잡아넣은 후 정부의 경제 재건 계획에 협력할 것을 조건으로 풀어준다. 그리고 1961년 이병철 삼성그룹 회장을 비롯한 90여 명의 경제인들이 '한국경제인협회'를 만든다. 이후 이 단체는 1968년에 '전국경제인연합회'로 개명하여, 오늘날에 이른다.

전경련이 연루된 정경유착은 한두 건이 아니다. 대표적으로 1988년 전두환 전 대통령의 일해재단 모금 사건이 있다. 일해재단은 88 서울올림픽 등을 대비해 우수 선수 및 체육 지도자 육성을 비롯한 다양한 목적을 표방하며 설립된 재단이지만 사실상 전두환 대통령의 퇴임 이후를 대비한 조직이었다. 이때 전경련은 무려 598억 5천만 원의 재단 기금을 조성했다. 1995년 노태우 전 대통령 비자금 사건도 대표적이다. 삼성그룹 이건희 회장, 대우그룹 김우중 회장 등 재벌 총수 8명을 포함한 기업인 35명이 뇌물 공여 혐의로 불구속 기소된 사건으로, 삼성그룹은 1988년부터 1992년까지 약 250억 원의 비자금을 제공했으며 금융 기관이 비자금을 관리하는 등 세간에 엄청난 충격을 줬다. 2011년 전경련 로비 할당 사건은 '반대기업 정책 입법 저지를 위한 대국회 활동'이라는 명목으로 청와대 정책실장, 경제수석 등에 대한 로비를 강화하며 정치인 리스트를 작성해 주요 그룹이 로비 대상자를 분류, 할당한 사건이다.

문제가 불거질 때마다 대기업 회장이 나서서 대규모 자금의 사회 환원을 약속하는 형태로 무마됐고 간혹 기업 총수가 구속되더라도 사면되는 등 여전히 해결되지 못한 부분이다. 최근에는 기업 3세의 경영권 승계 문제, 중소기업에 대한 갑질 문제 등 새로운 문제가 부상하고 있다.

잃어버린 30년

비가 오나 눈이 오나 바람이 부나 그리웠던 30년 세월
의지할 곳 없는 이 몸 서러워하며 그 얼마나 울었던가요
우리 형제 이제라도 다시 만나서 못 다한 정 나누는데
어머님 아버님 그 어디에 계십니까 목메이게 불러봅니다

내일일까 모레일까 기다린 것이 눈물 맺힌 30년 세월
고향 잃은 이 신세를 서러워하며 그 얼마나 울었던가요
우리 남매 이제라도 다시 만나서 못다 한 정 나누는데
어머님 아버님 그 어디에 계십니까 목메이게 불러봅니다

가수 설운도의 〈잃어버린 30년〉 노래 가사다. 1983년 KBS에서 처음으로 이산가족 찾기 방송을 한다. 단순한 특별 프로그램 형식으로 만들었는데 전국에서 수많은 사람이 방송사에 연락하고 직접 KBS가 있는 여의도 일대에 쏟아져 나왔다. 이때부터 수개월간 이산가족 찾기를 통해 전쟁 중에 잃었던 가족을 찾았다.

방송은 6월 30일부터 11월 14일까지 약 5개월간 생방송으로 진행되는, 세계 방송 사상 전무후무한 기록을 세웠다. 세계 최초, 최대 규모의 이산가족 프로그램은 기네스북을 넘어 유네스코 세계기록 유산에 등재되기도 했다.

이러한 분위기 가운데 당시 무명 가수였던 설운도의 〈잃어버린 30년〉이 크게 히트한다. 현재 임진각 망향의 노래비에 이 가사가 새겨져 있다.

358

Monday

의열단

1919년 김원봉 등이 주도하여 만들어진 단체다. 김원봉 등은 만주 길림에서 폭탄 제조법을 배웠고 사상적으로는 아나키즘을 신봉했다. 1920년대 초반은 의열단의 시대였다. 수많은 의열단원이 거사를 실행에 옮겼고, 그중 김상옥과 나석주 의거 가 제일 유명하다. 김상옥은 종로경찰서, 나석주는 동양척식주식회사에 폭탄을 던 졌다. 종로경찰서는 독립운동가를 잡아서 혹독하게 고문하던 곳으로 유명했고, 동 양척식주식회사는 농민들의 토지를 약탈하는 악명 높은 기업이었다.

김상옥과 나석주의 폭탄 투척은 성공하지 못했다. 김상옥이 종로경찰서에 폭탄 을 던졌는지는 여전히 미스터리이고, 나석주가 던진 폭탄은 불발됐기 때문이다. 하지만 일본 경찰의 추격전에 맞서 싸운 의기가 조선 민중들에게 깊은 인상을 남 겼다. 당시 기록을 보면 동원된 일경이 수백 명으로, 김상옥의 경우 혜화동과 효제 동 일대에서 격렬한 시가전을 벌였고, 나석주의 경우 을지로에서 격전을 벌였다. 결국 각각 일경 여러 명을 사살한 후 스스로 목숨을 끊었다.

의열단 최고령 단원으로 불렸던 김지섭의 사연은 안타깝다. 동료들이 체포된 상태에서 홀로 폭탄을 들고 가까스로 일본 도항에 성공해 천황이 사는 궁 앞에서 폭탄을 던졌으나 불발에 그쳤다. 밀항 중 습기로 인해 폭탄이 망가진 것으로 추정 된다. 이 밖에 김익상의 조선총독부 폭탄 투척 사건, 최수봉의 밀양경찰서 폭탄 투 척 사건도 유명하다.

의열단의 활동을 일부 지사들의 활동으로 생각하는 경우도 있지만, 실상은 훨 씬 광범위한 계획과 도전이 있었다. 1920년 제1차 암살 파괴 계획 당시에는 폭탄 16개, 권총 2정, 탄환 10발을 준비해 의열단원 10여 명이 국내로 잠입하여 서울, 부산, 마산, 밀양 등에서 운신했다. 1923년 제2차 암살 파괴 계획 때는 이르쿠츠크 파 공산당의 지원을 받아 30여 개의 고성능 폭탄을 국내에 들여왔고, 같은 해 하 반기에는 만주와 서울, 도쿄 동시 파괴 계획을 실행에 옮기려 했다. 하지만 일제의 추격과 밀정의 방해로 인해 계획은 빈번히 실패했고, 그중 몇몇 지사의 뜻깊은 성 취가 있었던 것이다.

○ 의열단 활동은 비판을 불러일으켰다. 수많은 민족 지사가 쉽게 체포됐고 파괴의 성과가 미미했기 때문이 다. 따라서 조직적 투쟁의 필요성을 느낀 김원봉 등은 이후 황포군관학교에 입학해 군사 훈련을 받고 중국 국민당의 지원을 받아 조선혁명간부학교를 세우는 등 좀 더 조직적인 투쟁에 나서게 된다.

윤봉길

윤봉길(1908년~1932년)은 홍커우 공원 투탄 의거를 성공시킨 독립운동가로, 윤봉길의 의거는 당시 중국의 지배자 장제스를 크게 감동시킨다. 이후 장제스가 임시정부를 지원하고 광복군을 결성하는 등 임시정부는 새로운 전성기를 맞이한다.

일본 해군은 이봉창의 천황 폭살 시도에 대한 중국 언론의 호의적 태도를 문제삼아 상해 사변을 일으켜 상해를 점령한다. 일제는 1932년 4월 상해 사변 승리를 기념하고 천황의 생일을 축하하기 위해 홍커우 공원에서 기념행사를 벌인다. 이때 윤봉길 의사가 물통과 도시락으로 위장한 폭탄을 들고 거사를 감행하여 단상에 있던 일본 지휘관들을 대거 척살한다. 시라카와 대장과 가와바타 거류민 단장이 사망했고, 노무라 중장은 실명, 우에다 중장은 다리 절단, 무라이 총영사와 도모노 거류민단 서기장은 중상을 당하는 등 안중근 의사 의거 이후 독립운동사에서 보기 드문 성과를 이룬다. 당시 시게미쓰 마모루 공사도 폭탄으로 인해 다리 하나를 잃는데 그는 훗날 미주리 함정에서 미국에 공식으로 항복 서명을 한 인물로 유명하다.

윤봉길 의거의 성과는 하루아침에 이루어진 것이 아니다. 1931년 말부터 김구가 이끄는 한인애국단은 일본의 점령 지역에서 광범위한 의열 활동을 전개한다. 1931년 10월에는 난징에서 만주철도회사(일본이 만주국을 세운 후 일대를 경영하기 위해 만든 회사)의 총재를 처단하려 했다. 1932년 1월에는 이봉창의 의거가 있었고, 2월에는 상해 일본 조계지를 관할하는 이즈모호를 폭파하고자 했고, 3월에는 윤봉길과 여러 지사들이 상해 비행장 폭파를 시도했다. 같은 달 이덕주, 유진식 등은 국내로 잠입해 조선총독 처단을 시도했다. 그리고 4월에 윤봉길 의거가 성공했고, 5월에 최흥식, 유상근 등은 만주에 잠입해 관동청 폭파를 시도했다. 알려진 것이 이 정도로, 이 밖에 각종 거사가 진행됐다.

윤봉길은 이봉창과는 달리 이른 시점에 민족 모순에 눈떴다. 19세에 천도교 잡지 〈개벽〉을 읽으면서 조선 농민들의 어려운 처지를 목도한다. 《농민독본》을 쓰고 월진회를 만드는 등 한동안 농민운동에 매진하지만 23살이 되던 1930년에 중국에 망명한다. 일본 제국주의 타도를 위해 더 큰 거사를 계획했던 듯하다. 하지만 돈을 벌면 월진회에 송금하는 등 식민지 조선 농민에 대한 애틋한 마음을 잃지 않았다.

남영동 대공분실

경찰청 산하 대공 수사 기관. 1976년 5층 규모로 만들었다가 1983년 7층 규모로 증축돼 현재의 모습이 됐다. '해양연구소'라는 위장 기관으로 운영됐고 국가 안보를 표방했지만 실제로는 민주화를 요구하는 수많은 시민과 대학생을 빨갱이로 몰고, 고문과 가혹 행위를 벌인 독재 정권의 하부 기관이자 인권 유린 장소였다.

515호에서 고문기술자 이근안에게 김근태가 모진 고문을 당했고, 1987년 박종철고문치사사건을 통해 세상에 드러났다. 박종철이 머물던 공간은 현재 복원돼 있다.

검은 벽돌에 탈출이 불가능한 작은 창문 그리고 한 번 들어오면 층을 알 수 없는 원형 계단이 이곳을 거쳐 간 수많은 사람에게 트라우마를 안겼다.

이곳은 남산에 있던 중앙정보부 건물과 함께 '끌려가면 살아 돌아오지 못한다'는 악명을 떨쳤던 건물인데, 당시 피해자의 증언에 따르면 '남영동이 비교적 덜 때렸다' 같은 결코 웃지못할 이야기가 전해지기도 한다. 현재는 이곳에 민주화운동기념사업회가 들어서 있고 민주인권기념관으로 개축 중이다.

남영동 대공분실은 김수근에 의해 설계됐다. 그러나 보통 김수근의 건축을 이야기할 때 남영동 대공분실 이야기는 하지 않는다.

약탈 문화재

거의 대부분의 묘가 온전한 모양새를 가지지 않은 참상을 보여주었다.

— 우메하라 스에지

왕릉군 근처에 가면 무수한 묘영이 파헤쳐져 모든 산과 언덕이 벌집처럼 구멍
이 나 있다.

— 다나카 만소

20세기 초반 강화도와 개성 일대를 돌아본 일본인 고고학자들의 기록이다. 조선 침탈의 역사는 조선 문화재 수탈과 궤를 같이한다. 병인양요 당시 프랑스군이 외규장각 도서를 약탈한 것으로 시작해 열강의 침탈이 가속화되면서 무차별적인 도굴과 약탈이 벌어진다. 특히 일본인들에 의한 문화재 약탈이 심각했는데 조선이 병합되면서 이 경향은 가속화된다. 조선에 파견된 일본인 관료나 총독부의 정책을 통한 합법적인 수탈부터 수집가들의 후원을 받아 한몫 챙기려는 도굴까지 그 수를 가늠하기 어려울 정도였다. 이토 히로부미가 고려자기를 좋아해서 닥치는 대로 사들였다는 일화도 유명하다.

조선 병합 이후 총독부는 한반도 전체에 대한 포괄적인 고적 답사를 실시한다. 당시 문화재는 갑·을·병·정으로 분류됐고, 병·정은 가치가 떨어진다고 판단하여 부수거나 아무렇게나 활용되기도 했다. 경희궁이 대표적인데, '병' 판결을 받아 사라졌고 그 자리에 일본인들이 다니는 경성중학교가 세워졌다. 경희궁은 '흥화문'만이 살아남았는데 안중근에 의해 암살당한 이토 히로부미를 애도하는 '박문사'의 대문으로 이용됐다.

강우량을 측정하기 위해 세종 대부터 만들어진 측우기도 이 시기에 사라진다. 강우량을 측정하거나 전국에 배치하는 방식이 모두 세계 최초로 이루어진 만큼 중요한 문화유산임에도 불구하고, 일본인이 유출하여 영국에 기증하거나 행방불명되기까지 했다. 1920년대에는 평양 일대의 낙랑군 발굴 조사 붐이 일었는데 이때도 500기가 넘는 낙랑 고분이 도굴을 당했고, 신라 금관총도 발굴 도중에 대량의 금붙이가 사라지기도 했다. 2010년 한국문화재청은 유출 문화재 107,857점 중 61,409점이 일본에 있다고 발표했다. 1965년 한일 협정 이후 수백 점의 문화재가 반환됐지만 나머지 문화재의 반환은 여전히 요원할 따름이다.

362

Friday

편두

> 아이가 태어나면 곧 돌로 그 머리를 눌러서 납작하게 만들려고 하므로, 지금
> 진한(辰韓) 사람의 머리는 모두 납작하다. 왜(倭)와 가까운 지역이므로 남녀가
> 문신(文身)을 하기도 한다.

중국의 역사서《삼국지》〈위서〉 오환선비동이전의 기록이다. 진한과 변한 지역에
서 편두 문화가 있었다는 기록으로, 고고학적 연구 결과와 일치한다. 예안리 85호,
99호분에서 출토된 두개골이 편두 모양이기 때문이다.

　편두 풍속은 삼한에서만 발견되는 것은 아니다. 신체 특정 부분의 모양을 조절
하는 문화는 원시사회의 특징이기도 한데 편두 문화는 동남아시아, 아프리카 등
다양한 지역에서 보고되고 있다.

　문신의 풍속이 일본과 가깝기 때문이라고 분석했는데 이 또한 합리적이다. 일
본뿐 아니라 해양 문화에서 문신은 일반적인 풍속이기 때문이다. 각종 옷을 걸치
고 치장하는 것이 바닷가에 사는 사람들에게는 번거로울 수밖에 없으니 말이다.

　헤어스타일이나 의복도 마찬가지다. 상투를 트는 문화는 동이족이나 예맥족의
특징이고, 머리를 아예 미는 것은 동호족, 변발은 말갈이나 숙신 계열에서 나타난
다. 조선의 관복은 중국 송나라를 기준으로 만들어진 것이다. 조선의 사신단이 명
나라를 방문했을 때, 중국 관리들이 그들의 고루한 의복을 비판했던 기록을 찾아
볼 수 있다. 청나라의 관복은 호복, 즉 만주족의 의복이기 때문에 명나라와는 또
달랐다.

○ 부여와 고구려의 풍속 중 형사취수제라는 것이 있다. 형이 죽으면 동생이 형수를 아내로 취한다는 것으로
흉노를 비롯한 북방 유목 민족들에게서도 동일한 흔적이 발견된다. 유사한 환경에서 유사한 문화가 전승되
는 것이다.

양명학

명나라 당시 왕양명에 의해 주창된 사상으로, 유학의 한 계보이면서 성리학을 비판하며 등장했다. 우리나라에서는 양명학에 대한 배척 기운이 높았고, 영조 때 정제두 정도가 수용했을 뿐이다. 정제두는 강화도에 유배된 기간 동안 양명학에 대한 이해를 심화했고, 이를 일가친척에게 전파하여 가학(家學) 형태로 발전한다. 구한말 박은식 등이 양명학을 계승했다.

왕양명의 일화는 유명하다. 성리학의 창시자 주희는 우주 만물에 모든 이치가 아로새겨져 있기 때문에, 무엇이든 선택하여 깊이 공부하면 그곳에서 진리를 발견할 수 있다고 주장했다. 열렬한 주희의 추종자였던 왕양명은 21살 때 대나무를 선택한 후 일주일간 진리를 찾기 위해 노력했다. 하지만 대나무를 통해 얻을 수 있는 것은 없었고 결국 병만 나고 말았다.

이후 왕양명은 성리학의 주지주의적인 기풍을 비판하면서 심즉리(心卽理)와 지행합일설 등을 주장한다. 마음이 곧 이치이며, 마음의 뜻을 실천해야 한다는 간명한 논리를 제안한 것이다. 성리학은 우주의 본질, 인간의 본질 그리고 인간 안의 도덕과 마음의 관계 등 복잡한 사변적 논리를 강화시켜나갔는데, 왕양명이 보기에 이런 것들은 잘못된 태도였다. 그가 보기에 마음은 언제나 진리로 나아갈 단초를 제공하고 사람들이 이를 따르지 않을 뿐이었다. 누군가 사고를 당하면 도와주고 싶은 마음을 가지게 되고, 누군가 어려움을 겪으면 함께 슬퍼하고 애통하는 것이 모든 인간에게 있는 기본적인 심성이다. 따라서 왕양명은 그러한 마음의 이치에 따라 직접 행동에 옮기는 삶을 군자의 삶으로 보았다.

하지만 왕양명의 사상에 대해 퇴계 이황이 정면으로 반박하며 논쟁이 벌어졌고 이후 율곡 이이가 등장하는 등 조선은 중국과는 다른 사상의 경로로 진입했다.

○ 중국은 청나라로 들어서면 '기'를 강조하는 기철학이 등장한다. 하지만 조선 후기 실학은 성리학의 영향 가운데 청나라의 학풍과 다른 방향으로 발전한다. 일본 역시 이토 진사이, 오규 소라이 같은 독창적인 유학자들이 등장하면서 삼국이 제각각의 철학을 발전시켰다.

8호 감방의 노래

진중이 일곱이 진흙 색 일복 입고
두 무릎 꿇고 앉아
주님께 기도할 때
접시 두 개 콩밥덩이
창문 열고 던져줄 때
피눈물로 기도했네
피눈물로 기도했네

대한이 살았다 대한이 살았다
산천이 동하고 바다가 끓는다
에헤이 데헤이 에헤이 데헤이
대한이 살았다 대한이 살았다

3.1 운동을 주도했다는 이유로 유관순, 심명철, 어윤희, 권애라, 신관빈, 임명애, 김향화 등이 서대문형무소에 투옥돼 있었는데, 서대문형무소 여 옥사 8호에서 함께 불렀던 노래다. 이 가사는 심명철의 아들에 의해 2019년에 공개되었다.

심명철이 노래를 불렀던 것을 아들이 기록한 것으로, 첫 문장에 '진중이'는 '전중이'로 추정된다. 당시 옥살이를 하던 사람들을 전중이라고 불렀기 때문이다. 옥에 갇혀 있음에도 불구하고 대한의 독립을 확신했으며, 자신들이 믿는 신앙의 뜻이 민족을 위해 헌신하는 것이라고 확신했던 열사의 긍지가 느껴지는 작품이다.

365

Monday

조선물산공진회

일제가 1915년 9월 11일부터 약 두 달간 경복궁에서 실시했던 대규모 박람회다. 박물관과 박람회는 제국주의의 산물이다. 영국, 프랑스 같은 나라들이 전 세계에 식민지를 건설하면서 각지에서 문화재를 약탈했고, 한편에서는 자동차, 비행기 같은 근대 문물과 각종 신기술을 자랑하기 위한 행사를 열었는데 이런 문화가 박물관과 박람회로 정착한 것이다.

급진적 근대화를 표방한 일본도 서구 열강과 궤를 같이했다. 이미 1880년대 후반부터 도쿄, 교토, 나라 등에 '제국박물관'을 건설했고, 수많은 학자를 동원해 일본은 물론 조선, 만주, 중국까지 광범위한 조사를 펼쳐나갔다. '동양 으뜸의 박물관과 전시회'를 펼쳐 1867년에 열린 파리 만국박람회와 1873년에 열린 만국박람회에 버금가는 위상을 연출하고 싶었던 것이다.

1915년 조선 병합 5주년을 기념하고자 서울에서는 '시정 5주년 기념 조선물산공진회'를 대대적으로 개최했다. 전시장은 경복궁으로, 궁궐 19만 평 중 무려 7만 평이 전시장으로 활용됐다. 광화문, 근정전, 경회루에는 수백 개의 전구를 달아서 밤에 화려한 전등이 은하수처럼 보이게 했다. 오늘날 세종문화회관 일대인 육조거리에는 거대한 탑과 석등 모양의 등롱을 수십 개 세워서 일본 현지에서 벌어지는 축제를 방불케 했다. 농업부, 임업부, 수산부, 공업부, 토목건축부, 경제부, 위생부, 경무부 등으로 구분해 행사를 치렀고, 근대화된 일본 제국의 위상을 조선 민중들에게 널리 알리고자 했다. 궁궐 곳곳에 여러 행사 건물을 지었고 높은 탑을 세웠으며 해군 서치라이트까지 동원하여 화려함을 더했다.

○ 조선을 병합한 다음 해인 1911년에 창경궁이 창경원으로 이름을 바꿨고, 1970년대까지 벚꽃놀이나 동물원 구경을 하는 서울의 대표적인 유원지로 활용됐다. 1984년부터 복원 공사가 진행됐고 동물원은 서울대공원으로, 벚나무는 윤중로로 옮겨졌다. 궁궐 뒤편의 식물원도 일제 때 만들어졌다.

긴 여정을 마치며

나는 지난 수년간 '중요하고 의미 있는' 이야기를 '시민의 눈높이'에 맞춰 전해보려고 했다. 그러한 생각을 가지고 글뿐 아니라 강연, 방송, 직접적인 소통을 통해 몇 년의 시간을 보냈다. 그러다 문득 이런 생각이 들었다. 내가 '중요하다고 여기는 것'이 정말 중요한 것일까? 일반 대중이 아닌 역사학자나 특정 지식인들만의 생각은 아닐까? 이 책은 개인적으로 중대한 생각의 변화가 담긴 새로운 책이다. 《읽기만 하면 내 것이 되는 1페이지 한국사 365》는 제목처럼 '한국사'에 대해 다루고 있지만 더 정확히 말하면 '한국에 관한 거의 모든 것'을 다루고 있다. 마치 백과사전처럼 우리의 시간과 공간, 우리나라 사람들의 상상력이 빚어낸 수많은 이야기를 꾹꾹 눌러 담았다. 모두가 잘 아는 세종대왕, 김구에 대한 이야기부터 도깨비, 저승사자 그리고 서태지와 아이들에 대한 이야기까지 말이다.

이번 책은 한반도의 1만 년 역사를 365개의 장면으로 선정해 1페이지로 충실히 담아내야 했던 만큼, 읽기는 쉽지만 쓰기는 어려운 책이었기 때문에 오랜 시간 고민할 수밖에 없었다. 그 과정에서 몇 번이나 제안하고 멋지게 만들어준 비에이블에 감사의 마음을 전한다.

내 사랑 아내와 아이들, 그들이 주는 힘으로 한 문장 한 문장을 써내려갈 수 있었다. 자, 이제 어떤 이야기가 세상 사람들 사이에서 펼쳐나갈까. 그 신비한 이야기를 이루어 가실 하나님을 찬양하며.

1. 참고 도서

- 강민기, 이숙희, 장기훈, 신용철 저,《클릭, 한국미술사: 빗살무늬토기에서 모더니즘까지》, 예경, 2011
- 강항 저, 이을호 역,《간양록: 바다 건너 왜국에서 보낸 환란의 세월》, 서해문집, 2005
- 강희정, 구하원, 조인수 저,《클릭, 아시아미술사: 선사토기에서 현대미술까지》, 예경, 2015
- 교수신문, 부산대학교 한국민족문화연구소 로컬리티의인문학연구단 등 저,《한국 근현대사 역사의 현장 40: 근대의 심장 경복궁에서 분단의 상징 판문점까지》, 휴머니스트, 2016
- 김소월 저,《김소월 시집》, 범우사, 2002
- 김경임 저,《약탈 문화재의 세계사 1: 돌아온 세계문화유산》, 홍익출판사, 2017
- 김경임 저,《약탈 문화재의 세계사 2: 빼앗긴 세계문화유산》, 홍익출판사, 2017
- 김인호, 박재우, 윤경진, 추명엽 저,《고려시대사 1: 정치와 경제》, 푸른역사, 2017
- 전덕재 등 저,《한국 고대사 2: 사회 운영과 국가 지배》, 푸른역사, 2016
- 김춘수 저,《처용》, 민음사, 1997
- 동아자유언론수호투쟁위원회 저,《자유언론 40년: 실록 동아투위 1974~2014》, 다섯수레, 2014
- 박제가 저, 박정주 역,《북학의: 시대를 아파한 조선 선비의 청국기행》, 서해문집, 2003
- 박종기 저,《고려사의 재발견》, 휴머니스트, 2015
- 서재필 등 저,《한국 산문선 근대의 피 끓는 명문》, 민음사, 2020
- 설혜심 저,《인삼의 세계사: 서양이 은폐한 '세계상품' 인삼을 찾아서》, 휴머니스트, 2020
- 송기호 저,《동아시아의 역사분쟁》, 솔, 2007
- 송호정, 임기환, 여호규 저,《한국 고대사 1 고대 국가의 성립과 전개》, 푸른역사, 2016
- 신주백, 김천수 저,《사진과 지도, 도면으로 본 용산기지의 역사 1(1906~1945)》, 선인, 2019
- 심용환 저,《단박에 조선사》, 위즈덤하우스, 2018
- 심용환 저,《단박에 한국사: 근대편》, 위즈덤하우스, 2016
- 심용환 저,《단박에 한국사: 현대편》, 위즈덤하우스, 2017
- 심재우 저,《네 죄를 고하여라: 법률과 형벌로 읽는 조선》, 산처럼, 2011
- 아라이 신이치 저, 이태진, 김은주 역,《약탈 문화재는 누구의 것인가: 일제의 문화재 반출과 식민주의 청산의 길》, 태학사, 2014
- 오광수 저,《박수근》, 시공아트, 2002
- 오연호 저,《노무현 마지막 인터뷰》, 오마이뉴스, 2017
- 유득공 저, 정진헌 역,《발해고: 잊혀진 제국, 발해를 찾아서》, 서해문집, 2006
- 류성룡 저, 김흥식 역,《징비록》, 서해문집, 2014
- 이규보 등 서, 이종묵, 장유승 편역,《한국 산문선 1: 우렛소리》, 민음사, 2017
- 이순신 저, 송찬섭 편역,《난중일기: 임진년 아침이 밝아오다》, 서해문집, 2004
- 이영도 저,《외따로 열고》, 시인생각, 2013
- 이임하 저,《이임하의 여성사 특강: 여성들은 무엇을 하고 있었는가?》, 철수와영희, 2018
- 이종서, 박진훈, 강호선, 한정수 저,《고려시대사 2: 사회와 문화》, 푸른역사, 2017
- 이중환 저, 허경진 역,《택리지》, 서해문집, 2007
- 정은정 저,《대한민국 치킨전: 백숙에서 치킨으로 한국을 지배한 닭 이야기》, 따비, 2014

• 조지훈 저, 《시》, 나남, 1997
• 조한 저, 《서울, 공간의 기억 기억의 공간: 건축가 조한의 서울 탐구》, 돌베개, 2013
• 주영하 저, 《식탁 위의 한국사: 메뉴로 본 20세기 한국 음식문화사》, 휴머니스트, 2013
• 천상병 저, 《저승가는 데도 여비가 든다면》, 답게, 2003
• 최석태 저, 《황소의 혼을 사로잡은 이중섭》, 현실문화연구(현문서가), 2015
• 최석호 저, 《골목길 역사산책 개항도시편》, 시루, 2018
• 허병식, 김성연 저, 《서울, 문학의 도시를 걷다》, 터치아트, 2017
• 한일여성공동역사교재 편찬위원회 저, 《여성의 눈으로 본 한일 근현대사》, 한울아카데미, 2011

2. 참고 사이트

• TIMF 통영국제음악재단 www.timf.org
• 국토환경정보센터 정보시스템 www.neins.go.kr
• 백남준아트센터 njp.ggcf.kr
• 우리역사넷 contents.history.go.kr
• 조선왕조실록 sillok.history.go.kr
• 통일의집 www.문익환.닷컴
• 파주시 문화관광 tour.paju.go.kr
• 한국민족문화대백과사전 encykorea.aks.ac.kr
• 네이버 지식백과, 두산백과 등

3. 참고 기사

• BBC코리아, 판문점: 남쪽 땅도 아니고 북쪽 땅도 아닌 이곳의 굴곡진 역사, 2018. 4. 24,
  https://www.bbc.com/korean/news-43875546
• VOA, 박근혜 대통령 "DMZ 평화공원, 유엔과 단계적으로 추진", 2013. 8. 23,
  https://www.voakorea.com/korea/korea-politics/1735467
• VOA, 유엔군사령부, DMZ 평화공원 협력 의사 밝혀, 2013. 8. 22,
  https://www.voakorea.com/korea/korea-politics/1734213

4. 본문에 사용된 이미지 출처

인덱스는 페이지가 아닌 001일부터 365일까지의 날짜 숫자로 표기했습니다

세상의 모든 지식이 내 것이 되는
1페이지 한국사 365

초판 1쇄 발행 2021년 7월 28일
초판 12쇄 발행 2023년 10월 13일

지은이 심용환
펴낸이 이경희

펴낸곳 빅피시
출판등록 2021년 4월 6일 제2021-000115호
주소 서울시 마포구 월드컵북로 402, KGIT 16층 1601-1호

ⓒ 심용환, 2021
ISBN 979-11-974387-6-9 04900
     979-11-974387-2-1 (세트)